普通高等学校公共体育教材
“互联网+”新形态教材

Xiandai Daxue Tiyu

现代大学体育

主编　袁建国　高宇飞　布　特

高等教育出版社·北京

内容提要

本书为普通高等学校公共体育教材，是在贯彻《全国普通高等学校体育课程教学指导纲要》《高等学校体育工作基本标准》和《国家学生体质健康标准（2014年修订）》等文件精神的基础上编写而成。本书具有科学性、针对性、实用性和规范性等特点，语言严谨、图文并茂，书中设有“名人名言”“学习导航”“知识目标”“能力目标”等模块，并链接了大量的二维码。全书分为19章，主要内容包括：大学体育概述，科学健身理论与方法，运动、营养与保健，体育文化与欣赏，小型体育竞赛组织与编排，田径运动，足球运动，篮球运动，排球运动，乒乓球运动，羽毛球运动，网球运动，游泳运动，健美操，体育舞蹈，中华民族传统体育，跆拳道，瑜伽，定向运动。本书既可作为大学生公共体育教材，也可作为体育锻炼爱好者的指导用书。

图书在版编目（CIP）数据

现代大学体育 / 袁建国，高宇飞，布特主编．-- 北京 ：高等教育出版社，2018.8

ISBN 978-7-04-050248-0

Ⅰ. ①现… Ⅱ. ①袁… ②高… ③布… Ⅲ. ①体育-高等学校-教材 Ⅳ. ①G807.4

中国版本图书馆 CIP 数据核字（2018）第168660号

策划编辑 范　峰　责任编辑 王　曼　特约编辑 蔡佳妮　封面设计 张　楠
版式设计 范晓红　插图绘制 黄云燕　责任校对 吕红颖　责任印制 尤　静

出版发行 高等教育出版社
社　　址 北京市西城区德外大街4号
邮政编码 100120
印　　刷 北京明月印务有限责任公司
开　　本 787mm×1092mm 1/16
印　　张 22.75
字　　数 510千字
购书热线 010-58581118
咨询电话 400-810-0598
网　　址 http://www.hep.edu.cn
　　　　 http://www.hep.com.cn
网上订购 http://www.hepmall.com.cn
　　　　 http://www.hepmall.com
　　　　 http://www.hepmall.cn
版　　次 2018年8月第1版
印　　次 2018年8月第1次印刷
定　　价 41.20元

物 料 号 50248-00

编 委 名 单

前 言

党和政府历来高度重视青少年的健康成长。党的十八届三中全会工作报告明确提出，“强化体育课和课外锻炼，促进青少年身心健康、体魄强健。”《国家中长期教育改革和发展规划纲要（2010—2020年）》指出，“加强体育，牢固树立健康第一的思想，确保学生体育课程和课余活动时间，提高体育教学质量，加强心理健康教育，促进学生身心健康、体魄强健、意志坚强。”同时还提出，“大力开展‘阳光体育’运动，保证学生每天锻炼一小时，不断提高学生体质健康水平。”这为当前的学校体育工作指明了方向。大学教育不仅要贯彻立德树人的根本任务，增强学生的社会责任感，培养学生的创新精神和实践能力，而且还要促进德育、智育、体育、美育有机融合发展，提高学生综合素质，使学生成为德智体美全面发展的社会主义建设者和接班人。体育是大学教育的重要内容，大学体育课程是国家规定的必修课程，是高等学校课程体系的重要组成部分，是大学体育工作的中心环节。

教材建设是课程建设的重要环节。编写高质量的大学体育教材，是有效实施大学体育课程教学、提高大学体育课程教学质量的重要保障。为深入贯彻《全国普通高等学校体育课程教学指导纲要》《高等学校体育工作基本标准》和《国家学生体质健康标准（2014年修订）》等文件精神，推动“亿万学生阳光体育运动”的开展，牢固树立“健康第一”指导思想和终身体育的理念，结合当前我国高校大学体育课程教学改革与实践，我们组织编写了本教材。

本教材以大量的科研成果为依据，注重科学性、针对性、实用性、规范性、可读性和时代性，教材内容丰富，体系新颖，健身方法简单明了，语言力求严谨、科学，图文并茂，版式活泼，便教易学。在每章的开始都设有“名人名言”“学习导航”“知识目标”和“能力目标”。每章都设有二维码链接内容，在结尾都附有“作业与思考题”，是一部符合大学生体育学习和锻炼需要的指导用书。

本书由一批具有丰富大学公共体育教学经验的专家、学者编撰而成。具体分工如下：第一章，布特；第二章，袁建国；第三章，高宇飞；第四章；布特；第五章，吴宝升；第六章，高宇飞、蔡忠建、刘林鹏；第七章，林辉、姚康华；第八章，楼坚强、徐强；第九章，王久鹏；第十章，白帆；第十一章，郑霞、郑艺；第十二章，潘树金、谢伟杰；第十三章，张昕；第十四章，陈翔、严松；第十五章，张华；第十六章，周义义、郑颖颖；第十七章，王金飞；第十八章，童丽平、王文莹；第十九章，陈军。

由于水平有限，书中不妥之处在所难免，恳请读者批评指正。

编者

2017年11月

目 录

第一章 大学体育概述 / 1

第一节 体育的起源与发展 / 1
第二节 体育与人的发展 / 5
第三节 大学体育的目标与使命 / 8

第二章 科学健身理论与方法 / 12

第一节 体育锻炼的基本原则 / 12
第二节 体育锻炼的基本方法 / 16
第三节 运动处方 / 19

第三章 运动、营养与保健 / 23

第一节 运动与保健按摩 / 23
第二节 运动医务监督 / 29
第三节 运动与营养 / 33

第四章 体育文化与欣赏 / 36

第一节 体育文化概述 / 36
第二节 奥林匹克运动 / 39
第三节 校园体育文化 / 44
第四节 体育欣赏 / 47

第五章 小型体育竞赛组织与编排 / 56

第一节 小型体育竞赛的组织工作 / 56
第二节 球类竞赛的编排 / 58

第六章 田径运动 / 64

第一节 田径运动概述 / 64
第二节 径赛项目基本技术 / 66
第三节 田赛投掷项目主要技术 / 72
第四节 田赛跳跃项目主要技术 / 75
第五节 田径竞赛规则简介 / 79

第七章 足球运动 / 82

第一节 足球运动概述 / 82
第二节 足球基本技术与学练方法 / 84
第三节 足球基本战术 / 96
第四节 足球竞赛规则简介 / 100

第八章 篮球运动 / 104

第一节 篮球运动概述 / 104
第二节 篮球基本技术与学练方法 / 106
第三节 篮球基本战术 / 115
第四节 篮球运动竞赛规则简介 / 118

第九章 排球运动 / 121

第一节 排球运动概述 / 121
第二节 排球基本技术与学练方法 / 123
第三节 排球基本战术 / 131
第四节 排球竞赛规则简介 / 134

第十章 乒乓球运动 / 137

第一节 乒乓球运动概述 / 137
第二节 乒乓球基本技术与学练方法 / 139
第三节 乒乓球基本战术 / 152
第四节 乒乓球竞赛规则简介 / 154

第十一章 羽毛球运动 / 158
第一节 羽毛球运动概述 / 158
第二节 羽毛球基本技术与学练方法 / 160
第三节 羽毛球基本战术 / 170
第四节 羽毛球竞赛规则简介 / 171

第十二章 网球运动 / 175
第一节 网球运动概述 / 175
第二节 网球基本技术与学练方法 / 178
第三节 网球基本战术 / 185
第四节 网球竞赛规则简介 / 191

第十三章 游泳运动 / 195
第一节 游泳运动概述 / 195
第二节 熟悉水性练习 / 197
第三节 游泳基本技术与学练方法 / 199
第四节 游泳安全与救护 / 210
第五节 游泳竞赛规则简介 / 212

第十四章 健美操 / 216
第一节 健美操概述 / 216
第二节 健美操练习套路与学练方法 / 219
第三节 健美操比赛规则与评判 / 238

第十五章 体育舞蹈 / 241
第一节 体育舞蹈概述 / 241
第二节 体育舞蹈基本知识 / 243
第三节 体育舞蹈的基本舞姿与学练方法 / 247
第四节 体育舞蹈竞赛规则简介 / 259

第十六章 中华民族传统体育 / 261
第一节 武术 / 261
第二节 五禽戏 / 292
第三节 八段锦 / 297

第十七章 跆拳道 / 300
第一节 跆拳道概述 / 300
第二节 跆拳道基本技术与学练方法 / 302
第三节 跆拳道品势与学练方法 / 310
第四节 跆拳道竞赛规则简介 / 311

第十八章 瑜伽 / 313
第一节 瑜伽概述 / 313
第二节 瑜伽呼吸方法 / 315
第三节 瑜伽呼吸与体位练习方法 / 316
第四节 瑜伽锻炼原则与要求 / 325

第十九章 定向运动 / 327
第一节 定向运动概述 / 327
第二节 定向运动基础知识 / 329
第三节 定向运动基本技能 / 338
第四节 定向运动（越野）竞赛规则简介 / 342

附录 《国家学生体质健康标准》（2014 年修订）/ 345

参考文献 / 354

第一章 大学体育概述

| 名人名言 |

如果你想强壮，跑步吧！如果你想健美，跑步吧！如果你想聪明，跑步吧！

——2 500 多年前刻在古希腊埃拉多斯山岩上的名言

| 学习导航 |

通过学习本章内容，了解体育的起源与发展，了解中西方体育的发展历程；明确健康的概念、亚健康的含义以及健康与体育锻炼之间的关系；理解体育与人全面发展之间存在的联系，通过理解体育产生的社会功能及社会价值影响，重视体育在日常生活中扮演的角色；明确大学体育的定位、大学体育的目标与使命，大学体育教学目标体系的构建及内容发展趋势，树立参加体育锻炼的意识，养成经常参加体育锻炼的习惯。

| 知识目标 |

1. 了解大学体育的地位，明确大学体育的目标。
2. 深刻理解大学体育健康教育的功能。

| 能力目标 |

学生通过学习本章内容，掌握体育基本知识理论，树立全新的体育与健康理念。

第一节 体育的起源与发展

体育作为人类一种有目的、有意识的社会活动，是为了适应社会的需要和人类自身生理及心理的需求而产生的。体育是随着人类社会的不断进步而逐渐完善和发展的，其发展历史与人类历史一样悠久，它作为一种社会文化的范畴，一方面受到一定的政治、经济、文化的影响和制约，另一方面也必将为当时社会的政治、经济、文化服务。

一、体育的起源

（一）劳动是体育兴起的前提条件

体育是人类有意识的社会活动之一，其产生的首要条件即是人类社会的出现。随着社会生产力的不断发展进化和劳动工具的不断演进，体育的萌芽开始出现。达尔文从生物学角度提出了猿变为人的进化理论，恩格斯从社会历史学角度精辟地论证了“劳动创造人类，劳动创造世界”的过程。恩格斯指出：“手不仅是劳动的器官，它还是劳动的产物。”人体各个器官只有通过不断的劳动，经常与新的动作相适应，在越来越复杂的动作上不断革新地使用，才得到这样高度的完善，这就为体育的出现创造了前提条件。“劳动是人类一切文化产生的前提和根源，体育作为人类特有的一种文化现象，它的产生必然也是以劳动为前提的。”①

（二）战争、宗教等因素是促进体育发展的重要条件

在人类历史的长河中，体育的产生和发展与军事战争的需要有着密不可分的联系。在原始氏族部落时期，战争从一开始的血亲复仇逐渐发展成掠夺土地、抢夺财产和奴隶，真正意义的战争就此出现。从此，士兵的躯体操练成为战争胜利的重要因素，战争的爆发也在一定程度上推动了体育的产生和发展。我国古代有“蚩尤作五兵”“轩辕习用干戈”的传说，制造兵器，教民习武，为的是适应部落之间战争的需要，因此，战争是促进体育发展的一个重要条件。同时，由于迷惑于自然现象而产生的宗教信仰也直接地影响了体育的发展，不同的民族在举行宗教活动的时候，各自有着独特而复杂的仪式，如祭祀、礼仪、迎神赛会等。人们以身体的动作或技巧、能力的展示作为考验等方式，表达对宗教的信仰和崇拜，其中含有诸多类似体育活动的形式和内容，如搏杀野兽、投掷飞镖、角力比赛等，因此，宗教信仰也在一定程度上促进了体育的发展。

二、中国体育的发展

体育在中国古代时期极为蓬勃昌盛，正如其他社会文明发展一样，体育在历史的变迁过程中，形成了独具特色的丰富内容。例如，射箭在古代狩猎和战争中具有重要意义。夏商时期，习射流行于上层和民间，并且视等级不同规定了 4 种射箭的礼仪，在此后的“六艺”中，“射”和“御”占有重要的地位。②

春秋战国时期，军事体育蓬勃开展起来。由于战争的需要，各个国家都对士兵进行奔跑、跳跃、投石等身体素质训练，当时把拳术称为“拳勇”或“手搏”。管仲在齐国作相时，曾大力提倡武术，一时有“齐人隆技击”之说。春秋时期，剑的使用在当时非常盛行，既可作为防身和近战的武器，又是尚武的标志和装饰品。当时习剑之风不亚于现代社会对足球的喜爱程度。此外，弓弩、举鼎、竞渡、秋千、围棋、象

---

① 陈莉．对民族传统体育文化形成不同观点的本质辨析［J］．浙江体育科学，2007，29（5）：36-40．

② 朱熹．四书章句集注［M］．北京：中华书局，1983：55-57．

棋、六博棋（今已失传）等，在当时也都是开展得很普遍的体育项目，游泳一词也在《诗经》中出现：“就其深矣，方之舟之；就其浅矣，泳之游之。”古代对“泳”和“游”的解释是：潜入水下称为“泳”，浮在水面称为“游”，足见当时的游泳已有不同的技巧和形式。

到了汉代，最流行的便是蹴鞠和百戏。民间和宫廷中都不乏蹴鞠好手，皇族高官大都是酷爱踢球之人。东汉时期开始蹴鞠有了比较完备的竞赛制度，详细规定了球具、场地、裁判、规则和体育道德等方面的内容。

魏晋南北朝至唐代时期，以往体育项目的种类和形式进一步完善，如围棋从17道增加到19道，棋书大量出现，高手遐迩闻名，比赛交流不断，形式别具一格。一些新兴的体育项目更是受到普遍欢迎，如击鞠（马球）经唐代几位皇帝的提倡而风行一时。此后，武举制的创立和少林武术的崛起，对军事体育和民间武术的发展起了巨大推动作用。

宋元时期，随着市民阶层的出现，民间娱乐性体育活动开展起来，相扑、捶丸等体育项目逐渐流行起来。

明清时期是中国体育史上发展的高峰，在这一时期，武术得到了极大的发展。“内家”和“外家”各自形成了自己的全套习练体系，将中国文化中的儒家、道家、兵家等精神深深地植入其中，成为中华武术的核心精髓。令人遗憾的是，流行了上千年的蹴鞠和击鞠在这一时期急剧衰退。与此同时，西方的现代足球开始在英国创立并逐渐走向全世界。清代时期的冰嬉、高坡滑冰等体育项目，在当时来说还是举世无双的。

三、西方体育的发展

西方文明古国埃及是世界上第一个奴隶制国家，那时已经有了职业体育表演者，当时许多妇女专门为皇宫法老们表演翻筋斗、射箭、戏球、体操以及舞蹈等多种体育项目，有些法老自己还从事狩猎、划船和下棋等体育活动。例如，公元前15世纪的埃及，著名的法老阿门诺裴斯就是一个武艺超群、臂力惊人的体育健将，他用过的强弓至今还保存在埃及的博物馆里。此外，古代埃及的宗教活动特别盛行，法老为了崇奉祖先，经常进行盛大的祭祀典礼，典礼中有摔跤、击剑、赛跑、跳跃等各种竞技和舞蹈，这些都可以看出当时埃及体育的兴盛程度。

城邦时期的雅典，特别重视对奴隶主子弟的德、智、体、美等全面和谐发展的培养。孩子到了13岁，就进入体操学校，学习角力、赛跑、跳跃、掷铁饼和投标枪，有时还要学习军事体育方面的技能。学校中设有体育馆，培养有志于体育深造的学生，在这里可以进行体育训练和学术研究讨论。雅典城邦的这种教育，曾经培养出许多古代奥运会的冠军。

著名的斯巴达式尚武教育更是以体育竞技训练为主。在希腊半岛斯巴达城邦，男子从儿童时起就受到极为严格的体育训练，以造就他们强壮的体魄和勇敢坚强的性格。由这种教育培养起来的斯巴达勇士所组成的军团，在当时的希腊所向无敌，体育的锻炼一直被斯巴达人视为一个人生存的法则。

随着历史的发展，日益强大的罗马人，同样重视体育，他们出于战争的需要，严格地训练士兵的体力和搏斗能力，练习跑步、跳跃、攀登、撑竿跳高、格斗、游泳等技能。最著名的是古罗马时期的角斗士，起初的角斗是角斗士之间的角力与拳击，继而发展为角斗士与猛兽的格斗，最后则变成了人与人之间的残杀，成为极为恐怖和野蛮的活动，奴隶起义的伟大领袖斯巴达克斯，就是当时勇冠罗马的角斗士。

欧洲进入中世纪之后，基督教的禁欲主义崇尚灵魂，糟践肉体，从而彻底否定了古希腊的健美观点。教会不但诋毁体育，而且打击竞技参加者和角斗士，古代奥林匹克运动会也于公元 394 年被废除。教会的学校排除体育课的内容，欧洲体育发展逐渐衰败。

文艺复兴运动兴起之后，被禁锢的古希腊体育运动获得了新生，而新的体育传播思想的出现，为体育的进一步发展做了充分的准备。公元 1424 年，意大利出现了“新式学校”，著名教育家维多里诺认为运动是健康的基础，主张学生多参加骑马、跑、跳、击剑、游泳、射箭和球类等各项体育活动。宗教界改革派的代表人物马丁·路德也主张重视体育锻炼，认为体育不但可以增强体质，而且能够陶冶道德。夸美纽斯认为“人不过是身体方面与心理方面的一种和谐而已”，他强调教育要身体和心灵并重，并创立了体育教学的班级授课制，即流传至今的分班上体育课的制度。他还提出了合理搭配好智力学习和身体练习的时间，这发展成为现在的课间自由活动和课间操制度。英国著名的思想家洛克则明确地把教育分为体育、德育和智育三个部分，强调体育是其他两部分的基础。正是由于文艺复兴运动，体育才渡过了中世纪那段晦暗的时光，开始迎来近现代大发展的曙光。

18 世纪下半叶，法国出现了重视体育的学校。被后人称为“德国体操之父”的古茨姆斯，以毕生精力在学校里推行体操教育，他撰写了许多体操书籍，并将当时称为体操的各种体育运动做了全面的整理分类，构成了德国体操的基本体系。体育家弗里德里希·路德维希·杨发明了双杠，改造了木马、吊杆、吊绳等器械，并且倡导成立了体操协会，定期举办运动会。这些都是近代体育中较早开始的体育活动。

瑞典于 1814 年成立了皇家中央体育学院培养师资，瑞典体操就这样在全社会一致推动下发展起来。瑞典体操以其科学性强而极具影响力，在世界近代体育史上地位突出。伯尔·亨利克·林创造了举世闻名的林氏体操，他著述的《体操的一般原理》，把体操分为教育体操、兵士体操、医疗体操和健美体操 4 类，最终确立了瑞典体操体系。19 世纪中叶以后，瑞典体操流传到欧洲、美洲、亚洲的许多国家。20 世纪初，瑞典体操通过日本传到了中国。

足球在英国开展得比较早，1396 年就开始有了一定的规则，1490 年已正式命名为足球（football）。英国还是现代田径运动的先行者，18 世纪中叶时，英国已有频繁的田赛比赛活动，这些比赛不但有奖金，还可以在胜负上下赌注，从而极大激发了田径运动的进一步发展。1866 年，英国举行了第一届全国田径锦标赛，英国的户外运动还有许多项目，如橄榄球、曲棍球、水球、网球、板球等，大都已经有了明确的组织和详细的规则，具有一定的规范性，竞赛制度开始成形。西方体育的发展历程，不仅促进了体育的蓬勃发展，同时对世界体育文化的传播作出了巨大贡献。

第二节 体育与人的发展

早在 1948 年，世界卫生组织成立之初在其《宪章》中就指出：“健康不仅是指免于疾病或虚弱，而是指一个人生理上、心理上和社会适应方面的完美状态。”这是现代关于健康较为完整的科学概念。现代健康的含义是多元的、广泛的，包括生理、心理和社会适应性三个方面，其中，社会适应性归根结底取决于生理和心理的素质状况。心理健康是身体健康的精神支柱，身体健康又是心理健康的物质基础。良好的情绪状态可以使生理功能处于最佳状态，反之则会降低或破坏某种功能而引起疾病。身体状况的改变可能带来相应的心理问题，而生理上的缺陷、疾病，往往也会使人产生烦恼、焦躁、忧虑、抑郁等不良情绪，导致各种不正常的心理状态。了解认识体育与健康的关系是十分必要的，对个人的身体健康、生长发育意义重大。大学生要充分认识到体育锻炼的重要性，并科学地进行体育锻炼，加深对体育与健康知识和技能的理解；学会掌握体育学习的方法及其评价，增强体育实践能力和创新能力；经常参加体育锻炼，培养终身体育的意识和习惯；提高对个人健康和全民健康的社会责任感，逐步形成健康的生活方式和积极进取、充满活力的人生态度。

一、体育是培养人全面发展的基础和条件

人的全面发展是指德、智、体、美诸方面和谐统一的发展。“人的全面发展所需要的社会条件是多方面的，其中体育对促进人的全面发展扮演着重要的角色，培养全面发展的人才，需要有全面发展的教育，即德育、智育、体育、美育等，而这几育在培养人才方面既相互独立、又相互联系，它们构成了教育的整体，体育在这一整体中占有重要的地位。一个人只有拥有强健的体魄，才能更好地服务于社会，它对塑造全面发展的人才具有重要的基础作用”。从生理角度来看，人类在进化的历程中与其他物种相比，有些人在躯体发展水平上存在着先天的不足，如力量、速度、灵活性等素质不够完善，进入文明社会以后，人类开始不必依靠自己的臂力就可以举起重物，不必依靠腿脚就可以高速移动。人们可以不用消耗过多的体力就可以完成过去许多高难度活动。于是，体育从实际的劳动活动中独立出来，成为并无直接的实用功能的文化类型，它的目标已经不是生存温饱，而是为了形成身心发展的统一人格。

我国现代教育的伟大先行者蔡元培就认为体育为健康人格之首。因此，从作为完整个体的人格而言，体育不仅意味着拥有强健的体魄，同时还意味着具有向往成功的精神风貌。体育作为人实践活动的精神产物，作为完整人格教育的基础，能够更好地体现人的自我实现、自我创造和自我超越的生命本性，因此，体育是一个从身体、心智和精神方面全面塑造人的过程，它追求的目标是促进人的全面发展。

塑造一个真正健康、精神丰满的文明意义上的人，就必须发展其身体、心理、智能、品德等各个方面。《奥林匹克宪章》指出：“奥林匹克主义是增强体质、意志和精神并使之均衡发展的一种人生哲学。”人类的身体发展、进化经历了数百万年的历史，

随着历史的演变，人类身体的发展是一种以自然发展为前提的变化，随着科学文明的提高，人类才知道自己的发育、健康是可以控制的，体育就是人类自我控制自己身体健康的有效手段。在世界上，只有人才具有自觉发展、控制自己精神的意识。动物对自己的生命活动是没有认识的，尽管许多动物具有强大的体能，却只能用于本能的活动。而人则可以自觉地认识自己的身体，自觉地锻炼改造自己的身体，塑造理想的生命条件。体育作为一个人全面发展的基础和条件，必定会为社会创造出和谐发展的氛围。

二、体育是培养人全面发展的重要内容与手段

希腊哲学家柏拉图认为身体与精神相互影响，提出要为造就完美和谐发展的人而健身。亚里士多德认为智力的健全有赖于身体的健全，体育应先于智育，主张国家负责公共教育，使学生的身体、德行和智慧得以和谐发展。孔子也将有身体锻炼价值的"射、御"列为教育内容之一。夸美纽斯十分重视体育，认为通过体育活动可达到身心健康，主张学校要设立充足的运动场所，广泛开展多种体育活动，增进学生健康，并提出了具体的体育方案。马克思一方面深刻揭露了资本主义生产方式是阻碍儿女全面发展的桎梏，社会文明的繁荣是"用最大限度地浪费个人发展的方式"来进行的；另一方面，在分析现代工业变革中，指出了因现代化社会的生产力必将要求消灭体力劳动和脑力劳动对立和各种职业的固定分工，使人的全面发展成为可能，从而揭示了在新的社会条件下，未来教育对于人来说，就是生产劳动同智育和体育的结合，它不仅是提高社会生产力的一种方法，而且是造就全面发展的人的唯一方法的必然趋势，使人的全面发展成为科学的思想，成为全面发展教育的理论基础和追求的根本目标。因而也才真正确立了体育在全面发展教育中的重要地位，体育成为全面发展教育不可缺少的组成部分，成为培养人才全面发展的重要内容与手段。

在体育比赛中，运动员用汗水和眼泪展示着个人魅力、经历着各个方面的考验，用最终的成绩展示自己的独特魅力、全方面的实现着自我价值。精彩的体育比赛是运动员德、智、体、美、劳全面素质的高度统一、力与美的完美结合，是人在运动中充分展示自我和高度实现自身价值的魅力所在。马克思强调人的全面发展：包括人的活动及其能力的全面发展、人对社会关系的全面理解和掌握、人们自由个性的发挥和追求实现成功的精神价值。体育运动对于每一个想在社会发展中寻求突破的人来说，都有着极其重要的指导和引领作用。通过参与体育运动，可以向他人展示健康的体魄，展示良好的修养、健全的人格和高尚洒脱的性格，体育运动带给人们的健康身躯和内在的自信、乐观、尊严构成了人类个体存在和发展的和谐之美。

三、体育在培养人全面发展方面的功能与价值

体育的功能是指体育在培养人全面发展方面起到的功效和作用，体育的价值是指体育本身产生的用途和意义。体育在培养人才全面发展方面具有独特的功能和价值。

（一）体育的功能

1. 健身功能

体育能有效地增进人们的健康，促进身体的全面发展，促使个体成为体魄健壮的

人。大学生在校学习期间，在接受智力教育的同时，参加经常性的体育锻炼，可以有效地促进学生身体形态的正常生长发育，使身体机能、素质与基本活动能力及适应能力等方面不断提高。

2. 益智功能

体育活动能促进人的智力开发与提高，健康的体魄，灵活的神经系统是智力发展的物质基础。现代科学证明，一个人的聪明与否，与大脑的物质结构有关，经常坚持体育锻炼，能改善大脑皮质细胞的发育水平，提高大脑神经细胞活动的灵活度、均衡性，使整个大脑和神经系统的结构、功能得到改善与提高。此外，长期参与体育锻炼，可以培养人们认识事物的能力，如敏锐的观察能力、良好的注意力与记忆力、丰富的想象力与敏捷的思维能力，从而促进智力的发展。

3. 美育功能

体育锻炼以其丰富多彩的内容和形式使人在参与中强健体魄、匀称体形、端正姿态，培养人的形体美、动作美、姿态美、仪表美，促使人们建立正确的审美观，提高感受美、鉴赏美、表达美和创造美的能力。

4. 教育功能

体育为人的全面发展奠定了重要的基础。健康的体格不仅是智力发展的物质基础，也是培养人才思想品德发展的基本条件。因此，通过参与多种多样、丰富多彩的体育活动，不仅可以有效地增强体质，还有利于当代大学生树立正确的世界观、人生观、价值观。

5. 娱乐功能

除了以上功能外，体育还能增加人们享受生活、陶冶生活的娱乐功能。例如，当前全民开展的广场舞和广泛开展校园足球运动，表明体育不仅有竞技的一面，还可以为大众带来欢乐，创造和谐的社会环境。

（二）体育的社会价值

1. 预防疾病，强身健体

《奥林匹克宪章》指出：“奥林匹克主义是增强体质、意志和精神，并使之均衡发展的一种人生哲学。”人类的身体发展、进化经历了数百万年的历史，随着文明的进步和科学技术的提高，人类逐渐意识到健康的重要性，体育就是人类增强健康的有效手段。

当前，健康问题已成为严重的社会问题。“现在我们常常听到‘亚健康’一词，我国处于亚健康状态的人数超过总人口的一半”。而亚健康就是身心严重失衡状态，亚健康的发生与社会心理等因素密切相关，既可表现为身体反应的自觉症状，但各种检查结果正常；也可表现为检查结果有偏离，但还不符合临床医学疾病诊断标准，其本质大多数是可逆的心身失调”。从人的健康角度出发，体育锻炼可以有效应对“亚健康”的问题。经常参加体育锻炼，不仅可以培养勇敢顽强、开朗豁达的性格，还可以宣泄消极情绪、缓解精神压力，调节心理平衡，起到预防疾病、强身健体的作用。

查看什么是亚健康

2. 提升文明修养，促进社会和谐发展

儒家经典《大学》把人的教养历程分为格物、致知、正心、诚意、修身、齐家、治国平天下，并认为“自天子以至于庶人，壹是皆以修身为本”。修身和体育一直是我国先贤关注的重点，也是我们今天亟待开发、继承的传统教育文化遗产。古代奥林匹克运动会是人类体育文化宝库中一颗璀璨的明珠，它所倡导的公平竞争的精神成为后来奥林匹克精神的基础，使参与者能在平等的条件下进行比赛，尊崇公正、平等、竞争的精神，成为整个人类社会的理想追求。这正是人的全面发展所具备的品质，也是一个民族、一个国家的发展所必需的精神品质。

体育作为一种特殊的社会活动，其互动与合作对改善人与人的关系具有积极的意义。随着国际社会交往日益扩大的“全球化”趋势，体育的价值日益凸显，现代体育竞技比赛具有全世界共有的规则、相同的理念术语，体育在维护和平、促进团结的事业中扮演着独特角色。

3. 提高审美，陶冶精神

体育运动中蕴藏着丰富的美育因素，体育不仅具有极大的观赏性、趣味性和审美价值，可以促进人审美能力的发展，而且能激发生命的动力，奥林匹克体育更是体现了一种永不言败的奋进精神，具有极大的感染力。随着社会的发展，越来越多的人把参加或观赏体育活动当作审美享受。经常参加体育活动、观赏体育比赛对培养和提高人们感受美、理解美、鉴赏美的能力具有十分积极的作用。

第三节 大学体育的目标与使命

体育是人们以身体锻炼为基本手段，达到增强体质，促进人的全面发展为目的，丰富社会文化生活，推动社会风貌的一种人为的有意识的社会活动。体育可分为学校体育、竞技体育和群众体育三个基本方面，大学体育本质上属于学校体育的范畴。

一、大学体育的教学目标

（一）基本目标

基本目标是根据学生的基本要求而确定的，分为5个领域目标。

运动参与目标：积极参与各种体育活动并基本形成自觉锻炼的习惯，基本形成终身体育的意识，能够编制可行的个人锻炼计划，具有一定的体育文化欣赏能力。

运动技能目标：熟练掌握两项以上健身运动的基本方法和技能；能科学地进行体育锻炼，提高自己的运动能力；掌握常见运动创伤的处置方法。

身体健康目标：能测试和评价体质健康状况，掌握有效提高身体素质、全面发展体能的知识与方法；能合理选择人体需要的健康营养食品；养成良好的行为习惯，形成健康的生活方式；具有健康的体魄。

心理健康目标：根据自己的能力设置体育学习目标；自觉通过体育活动改善心理状态、克服心理障碍，养成积极乐观的生活态度；运用适宜的方法调节自己的情绪；在运动中体验运动的乐趣和成功的感觉。

社会适应目标：表现出良好的体育道德和合作精神；正确处理竞争与合作的关系。

（二）发展目标

发展目标是针对部分学有所长和有余力的学生确定的，也可作为大多数学生的努力目标，分为5个领域目标。

运动参与目标：形成良好的体育锻炼习惯；能独立制订适用于自身需要的健身运动处方；具有较高的体育文化素养和观赏水平。

运动技能目标：积极提高运动技术水平，发展自己的运动才能，在某个运动项目上达到或相当于国家等级运动员水平；能参加有挑战性的野外活动和运动竞赛。

身体健康目标：能选择良好的运动环境，全面发展体能，提高自身科学锻炼的能力，练就强健的体魄。

心理健康目标：在具有挑战性的运动环境中表现出勇敢顽强的意志品质。

社会适应目标：形成良好的行为习惯，主动关心、积极参加社区体育事务。

二、大学体育教学目标体系的构建

现代课程理论认为，课程所要关注的核心是满足学生需要，这一思想对深化体育课程改革具有重要指导意义。大学制订的体育教学目标体系必须使学生的个体需要和社会对学生的体育要求统一、协调起来。大多数学生对体育学习与锻炼内容的选择主要是从个人的兴趣出发，选择趣味性较强、较为轻松的体育内容，而对田径、体操等比较单调、需要付出一定意志努力才能完成的项目，学生大都不喜欢，因此不能片面强调学生的个体需要，而忽视国家和社会对当代大学生的体育要求，一方面必须站在育人的角度上，通过科学合理的体育课程教学目标帮助大学生树立正确的体育学习动机与体育价值观，同时应积极努力地改革教学方法，激发学生体育学习与锻炼的兴趣，这是大学体育课程教学目标体系构建的核心和体育教学的职责所在。

（一）强调学生付出与收获的体验

新的课程理念强调：要使每一个学生都能体验到学习带来的乐趣，要十分关注学生的运动喜好，激发学生参与体育活动的兴趣，使学生自觉、积极地进行体育锻炼，才能更有效地实现体育课程的目标和价值。在体育教学过程中，不能片面地理解为体育课就是要让学生玩得高兴，只要学生玩得痛快、乐得开心就是好课，这背离了体育课的课程理念，忽视了对学生刻苦锻炼精神的培养。在高校体育课程教学中，让学生体验体育运动所带来的快乐是远远不够的，这仅仅是高校体育课程教学的一部分，在教学中只有同时收获成果与付出艰辛、体验成功与失败的感觉才是完美的结果。

（二）重视培养学生体育锻炼的意识

以往的大学体育课程，一般都比较重视学生运动技能的学习，对学生体育锻炼意识的培养重视程度不够。按照素质教育和现代教育的理念，在学校教育过程中必须教会学生“学会学习”和“学会健体”。因而，在深化体育课程改革中应强调“为学生奠定终身体育的基础”，重视培养学生独立从事体育锻炼的能力。

（1）加强体育理论知识的教学，加强体育技能教学与专业理论知识相结合。

（2）注重培养学生的体育兴趣与爱好，在体育教学中以学生的兴趣与爱好为导向，实行选项制，学生可以选择不同的运动项目进行学习。

（3）提高运动技能与增强体育锻炼意识相结合。在体育教学目标中，既要重视

第二章
科学健身理论与方法

名人名言

健康是智慧的条件，是愉快的标志。

——（美）爱默生

学习导航

体育锻炼必须遵循一定的基本原则，合理选择有效的锻炼方法。本章介绍了体育锻炼的FIT原则、超负荷原则、循序渐进原则、安全性原则、适时监控原则和环境监控原则等原则，介绍了重复锻炼法、间歇锻炼法、连续锻炼法、循环锻炼法、变换锻炼法、负重锻炼法等体育锻炼方法。

知识目标

1. 了解科学健身理论，遵循科学健身的原则。
2. 掌握科学健身的方法。

能力目标

通过学习本章内容，学生能在科学健身理论的指导下，遵循体育锻炼的原则，运用科学的健身方法自觉地参与体育学习和锻炼。

第一节　体育锻炼的基本原则

体育锻炼可以增进健康、提高身体的运动素质和基本活动能力，并能够防治疾病。但是，并不是只要参加体育锻炼，就一定会获得良好效果。如果锻炼内容、强度和方法等选择或运用不当，反而有害于健康。科学的体育锻炼原则是体育锻炼过程中客观规律的反映，是人类从古至今所积累的身体锻炼和养生经验的概括和总结，也是参与者安排锻炼计划、选择锻炼内容、运用锻炼方法必须遵循的基本准则，是为锻炼者达到理想效果而提供的科学指导。

一、FIT 原则

FIT 是频率（frequency）、强度（intensity）和时间（time）三个英文单词的首字母。FIT 原则是我们从事以健康为目的的运动所必须遵循的基本原则。因此，要想在锻炼过程中取得良好的效果，就必须科学地控制锻炼的次数、强度和时间。

（一）频率

频率是表示每周进行体育锻炼的次数。要想取得较好的体育锻炼效果，建议每周至少进行 3 次体育锻炼。

（二）强度

控制运动强度可以通过测量心率来实现。在进行有氧运动时，心率应该控制在最大心率的 60%~80%。运动强度大小的监控必须遵守循序渐进的原则，必须充分考虑自己目前的身体状况和健康水平。

（三）时间

时间是指每次运动的持续时间。为了提高心肺循环系统的耐力，至少应持续进行 20 分钟的有氧运动。练习的强度会直接影响持续运动的时间，而在大多数情况下，控制运动时间要比控制运动强度容易得多。在中长跑课上，教师所采用的手段就是控制运动强度和运动时间，有时要求学生在固定的时间里进行持续的有氧运动（控制时间），有时要求学生在固定的时间内完成特定的距离（控制强度）。

二、超负荷原则

超负荷原则是指在进行体育锻炼时，身体或特定的肌肉受到的刺激程度强于不锻炼时或已适应的刺激程度。在进行体育锻炼时，只有遵循超负荷原则，身体素质才能逐渐得到提高。

要提高有氧耐力水平，可以通过增加每周的练习次数、延长每次练习的持续时间和加大每次练习的强度来达到超负荷锻炼的目的。

要发展肌肉力量，可通过增加器械的重量、增加练习的次数或组数以及缩短每组练习的间歇时间来达到超负荷锻炼的目的。

超负荷原则同样适用于发展关节和肌肉的柔韧性，可通过增加肌肉的拉伸长度、延长拉伸持续的时间和加大关节活动的幅度来实现。

虽然超负荷锻炼可以使身体素质逐渐得到提高，但这并不意味着每次必须练到筋疲力尽。事实上，即使不进行超负荷的练习，一般性的锻炼也能保持和提高身体健康水平，只不过要花更多的时间进行锻炼才能取得良好的锻炼效果。

三、循序渐进原则

循序渐进原则是指体育锻炼必须根据人体身心发展规律和个人的实际情况，在锻炼的内容、方法和运动负荷等方面逐步提高，使机体功能不断得到改善和提高。

循序渐进是人体适应的基本规律，人体对内、外环境变化的适应是一个缓慢的、由量变到质变的过程。只有遵循这个规律，才能取得良好的锻炼效果，否则，非但不能增强体质，还会引起机体损伤和运动性疾患，损害身体的健康。青年人争强好胜，一时情绪激动就会鲁莽行事，违背体育锻炼循序渐进的规律，使机体超负荷运转，极容易造成机体损伤。因此，进行体育锻炼切不可急于求成。坚持循序渐进原则要做到以下三点：

（一）选择合理的锻炼内容

在锻炼的内容上，要根据自己的身体状况合理选择。体质不同，锻炼起点也不同。体质较好的人，可选择比较剧烈的运动方式，如各种竞技运动项目；体质较弱的人，开始锻炼时可选择比较缓和的运动，如慢跑、徒手操、乒乓球等。患慢性疾病的人，可选择保健体育的一些内容，如太极拳、散步等。当体质逐渐好转后，锻炼内容可逐步由缓和变为较为剧烈的运动。

（二）运动量逐步加大

机体对运动量的承受能力有个缓慢的适应过程。锻炼时，运动量要由小到大，逐步增加。在锻炼的初始阶段，锻炼的时间要短，运动量不要过大，待机体适应后再逐步加大。如果运动量长期停留在一个水平上，机体的反应能力就会越来越小。机体机能的提高是按照“刺激—适应—再刺激—再适应”的规律有节奏地上升的，运动量也应随着这种节奏来安排。病后或中断锻炼后再恢复锻炼，尤其要注意循序渐进，以免发生意外。

（三）每次锻炼过程也要循序渐进

每次锻炼前要做好准备活动，锻炼后要做好整理活动，如长跑前先进行5~10分钟慢跑，长跑后也不要马上停下来。

四、安全性原则

安全性原则要求锻炼者在体育锻炼的过程中要始终注意保护自己，做到安全第一。安全性原则的主要内容包括：

（1）在制订或实施锻炼计划前，一定要进行体检，得到医生的许可。如果患有某种疾病或有家族遗传病史，应找医生咨询，在有医务监督的情况下按照医生的建议进行锻炼。

（2）在有条件的情况下，请运动医学专家根据锻炼者的体质健康状况开出运动处方，以指导锻炼者有目的、有计划地进行安全、科学的锻炼。

（3）每次锻炼前必须做好充分的准备活动，克服内脏器官的生理惰性，防止出现运动损伤。

（4）饭后、饥饿或疲劳时应暂缓锻炼，疾病初愈也不宜进行较大强度的锻炼。

（5）每次锻炼后，要注意做好整理、放松活动，这有利于促进机体的恢复。

（6）在锻炼过程中不要大量饮水，以免加重心脏的负担或引起身体及肠胃的不适。运动后也不宜立刻洗冷水澡。

五、运动强度的适时监控原则

测量心率有助于了解和控制体育锻炼过程中的运动强度，它可以准确地告诉运动者运动强度是否需要调节。触压桡动脉和颈动脉可以测得心率。

为了准确地测量运动时的心率，必须在运动结束即刻测量。测量10秒的心率再乘以 6，即得到运动时的心率（次 / 分）。

最大心率：指人体做极限运动时的心搏频率。一般运动强度都采用最大心率的百分数来表示，但要直接测出每一个人的最大心率不仅是困难的，而且还具有一定的危险性。可用以下公式估算出自己的最大心率：

$$最大心率 = 220 - 年龄$$

靶心率：指通过有氧运动提高人体心血管系统耐力的有效而且安全的运动心率范围。为了提高心血管系统的有氧耐力水平，运动时心率必须保持在靶心率的范围内。以下公式可以帮助你计算或监控运动时自己适宜的心率范围：

$$靶心率 = 最大心率 \times 60\% \sim 最大心率 \times 80\%$$

成年人靶心率的上限为最大心率 ×80%，青少年靶心率的上限为最大心率 ×85%。

靶心率为人们确定了以健康为目的的运动必须保持的每分钟心率的上限和下限。一旦靶心率被确定，就可以监控自己运动时的练习强度。如果运动时心率超出靶心率的上限，就应该降低运动强度；相反，如果运动时心率低于靶心率的下限，就应该增加运动强度。

六、环境监控原则

（一）太阳射线对人体的影响

在体育锻炼时，强烈的阳光会对暴露在外的皮肤造成很大的伤害。阳光中的紫外线可使局部皮肤毛细血管扩张充血，使表皮细胞遭到破坏，导致皮肤发红、水肿，出现红斑；过量紫外线照射还可引起光照性皮炎、眼炎、白内障、头痛、头晕、体温升高及精神异常等症状。红外线的穿透力较强，常用于消炎、镇痛，改善局部营养，治疗运动创伤、神经痛和某些皮肤病。但是，过强的红外线照射对机体有害，它会使局部组织温度过高，甚至造成灼伤。当头部受强烈阳光照射时，红外线可使脑组织的温度上升而引起全身机能失调。因此，要尽量避免在强烈的阳光下进行体育锻炼，应选择在反射率低的场地进行锻炼。

（二）热环境中的体育锻炼

人体运动时，不管外界的温度如何，体内产热量都会大幅度增加。人体在剧烈运动时的产热量会比平时增加 100 倍以上。由于运动而使机体内产生的过多热量，在高温环境下，这些热量很难在短时间内向外散发，于是便会蓄积在体内，使体温升高，从而引起机体的机能失调，甚至死亡。因此，在热环境中进行体育锻炼时，必须采取防暑措施，否则就会有患热辐射疾病的危险。为此，应做到以下几点：尽量避免在酷暑下锻炼，如在热环境下锻炼时，一定要及时补充水分，通过增加排汗量来促进体内热量的散发；控制好练习的强度和时间，穿合适的服装，既要保护皮肤不被红外线灼伤，又要通风透气，保证体热的散发。

（三）冷环境中的体育锻炼

在寒冷的环境下进行锻炼，可以提高人体对外界环境变化的适应能力和对疾病的抵抗能力。但是，冷环境可使肌肉的黏滞性增大，伸展性和弹性降低，工作能力下降，容易出现运动损伤。

为了避免冷环境给运动带来的不利影响，在运动前首先要做好准备活动并延长其时间，保证体温进一步升高；其次，不要张大嘴呼吸，避免冷空气直接刺激喉咙而引起呼吸道感染和咳嗽等；再次，注意耳、手、足的保温，防止这些部位被冻伤。另外，在运动时不要穿太厚的服装，以免在运动中出汗较多导致运动后感冒。运动后，要及时穿好衣服保持体温。

（四）湿度对体育锻炼的影响

在气温适中时，空气相对湿度对人体的影响不大，而在高温或低温时，较大的湿度对人体十分不利。湿度越大，人体通过蒸发散热的途径就越容易受到阻碍，人体产热和散热的平衡就会被打破，机体的正常功能会受到不良的影响。

在一般情况下，适宜的湿度为40%~60%。在气温过高或过低的情况下，空气相对湿度越低越好；当气温高于25 ℃时，空气相对湿度以30%为宜。

（五）避免在空气污染的环境中锻炼

大气污染物的种类很多，有100多种，其中对人类有较大威胁的是烟雾尘、硫化物、氧化物、氮化物、卤化物和有机物等。大气中的污染物一般通过呼吸系统进入人体，也可以通过接触（皮肤、黏膜、结膜等）危害人体。

大气中的臭氧和一氧化碳是影响体育锻炼效果的两种重要污染物，它们可导致胸腔发闷、咳嗽、头痛、眩晕及视力下降等，严重的还会导致支气管哮喘。当空气中的臭氧含量达到（0.2~0.7）$\times 10^{-6}$时，不应再进行户外锻炼。一氧化碳可减少血液中血红蛋白的数量，降低血液运输氧的能力，从而直接影响锻炼效果。汽车排放的尾气中含有大量一氧化碳，因此，应避免到车流量大的马路边散步或跑步。

当出现沙尘暴、可吸入颗粒物较多或雾霾天气时，也应停止户外锻炼。

第二节 体育锻炼的基本方法

体育锻炼方法是参与者为达到预期健身效果而采用的体育健身的途径和方式。方法选择正确与否，会直接关系到锻炼内容的实施以及健身目标的实现。因此，选用锻炼方法要以健身目的和任务为前提，综合考虑锻炼者自身特点以及所处的环境条件，根据项目特点科学合理地选择相应的方法。

一、重复锻炼法

在体育锻炼过程中，多次重复同一练习，两次（组）练习间安排相对充分的休息，从而增加运动负荷的锻炼方法叫作重复锻炼法。此方法的关键是两次练习之间的间歇时间要充分，这样可有效地提高锻炼者的无氧和有氧混合代谢能力，提高各种技术应用的熟练性与机体的耐久性。重复次数的多少不同，对身体的作用就不同。重复次数越多，身体对运动反应的负荷量就越大。如果重复次数不断继续增加，就可能使身体的负荷超过极点，乃至破坏有机体的正常状态而造成伤害。重复锻炼是为追求必要的运动负荷而去一次又一次地反复做动作的过程。这个过程主要是追求负荷强度，而不在于改正动作错误。因此，运用重复锻炼方法的关键是掌握好负荷的有效价值范围，并据此调节重复次数。在重复锻炼中，对负荷如何控制和怎样去重复才能达到理想效果的负荷强度，应视具体情况而定。通常认为，普通大学生的负荷心率在130~170次/分的范围内是较适宜的。在这个范围内，心室血液充盈，每搏输出量以及氧气的运输量等均达到最佳状态，并可以持续地运动；心率低于130次/分则健身效果不大，应增加重复次数；超过170次/分则需减少重复次数，或安排足够的间歇时间。运用重复锻炼方法还要注意根据锻炼项目的不同特点和不同体质状况随时加以调整，以免机械呆板和产生厌倦情绪。

二、间歇锻炼法

在体育锻炼过程中，对多次锻炼时的间歇时间做出严格规定，使机体处于不完全恢复状态下，反复进行锻炼的方法叫作间歇锻炼法。每次练习的负荷时间较长，负荷强度适中。此方法可使锻炼者的心脏功能明显增强，通过调节负荷强度，可使机体各机能产生与锻炼项目相匹配的适应性变化，同时可提高有氧代谢供能能力，增强体质。

通常认为，体质增强的过程是在运动中实现的，其实体质的增强过程主要是在间歇锻炼中实现的，是在休息过程中取得了“超量恢复”。没有“超量恢复”，运动对增强体质毫无意义。间歇对增强体质的作用并不亚于运动本身，人类已经清楚地认识到在间歇时间内机体的各种变化，认识到保持同化优势的重要性，故把间歇锻炼作为一种健身的基本方法。

与重复锻炼法一样，间歇的时间也要依据负荷的有效价值标准去调节。一般来说，当负荷反应（心率）指标低于有效价值标准时应缩短间歇时间，而在高于有效价值标准时则可延长间歇时间。实践中，一般心率在130次/分左右时，就应再次开始锻炼。间歇时不要静止休息，而应边活动边休息，如慢速走步、放松手脚、伸伸腰或做深而慢的呼吸等。因为轻微活动可使肌肉对血管起到按摩作用，帮助血液回流和排除代谢所产生的废物。

三、连续锻炼法

在体育锻炼过程中，为了保持有价值的负荷量而不间断地连续进行运动的方法叫作连续锻炼法。此方法要求负荷强度较低，负荷时间较长，无间断地连续进行运动。从增强体质出发，需要间歇就停一会儿，需要连续就接二连三地进行下去，所以锻炼不能仅讲间歇，还要考虑连续。连续、间歇、重复都是在整个锻炼过程中实现的。连续、间歇、重复等因素各有其特有的作用，连续的作用在于持续负荷量不下降，维持在一定的水平上，使身体充分地受到运动的作用。

连续锻炼时间的长短，同样要根据负荷价值有效范围而定。通常认为，在140次/分左右的心率下连续锻炼20~30分钟，可使机体的各个部位都长时间地获得充分的血液和氧的供应，因而能有效地发展有氧代谢能力，发展耐力素质。实践中，用于连续锻炼的内容主要是那些比较容易并已为锻炼者所熟悉的运动，如跑步、游泳、健美操和排舞等。

1. 竞技性运动处方

该处方用于提高运动员身体素质和运动技术水平的训练方案。

2. 预防性（保健性）运动处方

该处方适合一般健康人，包括中老年人在内的人群，用以增强体质、预防疾病和提高健康水平。

3. 治疗性运动处方

该处方用于慢性病患者及患者创伤康复期的锻炼，能提高疗效，加速疾病的康复。

二、运动处方的基本内容

（一）运动处方的内容

运动处方的内容一般包括运动目的、运动项目、运动强度、每次运动持续时间、运动频度和注意事项6个方面。

1. 运动目的

锻炼者年龄、性别、职业、爱好、习惯、体质健康状况和锻炼目的不同，开出的运动处方也不同。如锻炼的目的可以有防病治病、强身健体、健美减肥、休闲消遣、发展身体素质和提高运动成绩等，则运动处方自然不会相同。

查看大学生健身运动处方实例

2. 运动项目

运动项目应根据锻炼（运动）目的而定，一般包括以下项目：

查看女子健身运动处方实例

（1）耐力性项目（有氧运动项目）：此类运动能有效增强或改善心血管系统和代谢功能，提高体能，预防冠心病、肥胖症、动脉硬化等病症。锻炼的项目有快走（步行）、慢跑、骑自行车、游泳、爬山、跳绳、划船、爬楼梯、滑冰和滑雪等。国外运动医学专家对经常参加体育锻炼的老年人进行体检时发现，参加健身跑、游泳、自行车运动锻炼的老年人的心肺功能要比从事其他运动项目的老年人好。

（2）医疗体操（呼吸操、矫正体操等）：适用于患有某些慢性病和创伤康复期的中老年人或患者。如慢性支气管炎、肺气肿患者，可进行呼吸操锻炼；内脏下垂者，可进行腹肌锻炼；截瘫者可进行轮椅训练；截肢患者可进行上、下肢训练；脊柱畸形或扁平足患者可进行矫正体操练习；四肢骨折者康复期可进行功能锻炼等。

查看发展有氧耐力的健身运动处方实例

（3）放松性训练：此类项目有调节神经系统、放松精神和躯体、消除紧张和疲劳、防治高血压和神经官能症的作用。锻炼的项目和方法有气功、太极拳、瑜伽、散步、保健按摩和放松体操等。

（4）力量性项目：力量性练习能增强肌肉力量和力量耐力，防止关节损伤，改善机体有氧代谢能力和增强体力。锻炼的方法有蹲起、俯卧撑、仰卧起坐和各种利用器械的练习等。

查看发展无氧耐力的健身运动处方实例

（5）柔韧性练习：老年人容易发生关节僵硬和疼痛的情况，这常常不是由关节炎症引起的，而是由于缺乏运动所致。经常做一些柔韧性练习，可以活动关节，增强关节的柔韧性和灵活性，延缓关节硬化。锻炼的项目有太极拳、八段锦、武术、柔软体操和伸展性练习等。

3. 运动强度

运动强度与运动效果和安全直接相关，掌握适宜的运动强度是运动处方的关键。

反映运动强度的指标有运动时的心率，运动时的吸氧量占最大吸氧量的百分比和代谢当量等。

4. 运动持续时间

查看发展肌肉力量的健身运动处方实例

根据国内外的经验，如果进行耐力性运动（有氧运动）锻炼，时间可从 20 分钟到 1 小时，其中达到适宜心率的时间应在 10 分钟以上才能取得较好的锻炼效果。一般来说，如果进行 5~10 分钟的运动，则吸氧量要达到最大吸氧量的 60%~70%。运动时间越长，所需强度越低。如果进行 1 小时的运动锻炼，只需达到 50% 的吸氧量就够了。医疗体操和放松性练习持续时间视具体情况而定，相对比耐力性运动时间要长。

运动强度和运动时间有密切关系，运动量确定后，运动强度大的练习时间应相应缩短。同样的运动负荷，年轻和体质好的人，可选择强度大、持续时间短的练习；而中老年人和体弱者宜选择强度小而持续时间较长的练习。

5. 运动频度

查看发展灵敏素质的健身运动处方实例

运动频度即每日或每周运动的次数。究竟健身锻炼以每周锻炼几次为好？这个问题得从美国国家宇航局专家的研究说起，他们认为一个经常从事运动的人，在停止运动 2~3 天以后，肌肉力量即开始下降，停止运动的时间越长，肌肉力量减退和肌肉组织的萎缩越明显。此研究说明，锻炼效果无法储存，锻炼效果要靠不断的坚持运动来取得，否则就会丧失殆尽。那么，是否需要每天都锻炼呢？这要根据锻炼者的运动目的、年龄、体质健康状况和运动习惯因人而异。对运动员来说，当然锻炼的次数多一些为好，但对以健身锻炼为目的的人来说，隔日 1 次就可以了，也就是说每周锻炼 3~4 次为宜。年龄较大、运动量和运动强度较小且有运动习惯者，每日锻炼一次也是可以的。但应注意：每周锻炼次数最低不能少于 2 次，否则就不能产生一定的运动效应和蓄积作用。

6. 注意事项

查看发展速度素质的健身运动处方实例

（1）指出禁忌参加的运动项目。

（2）介绍锻炼时自我观察和自我监督的指标。

（3）告诉锻炼者，如出现异常情况，停止运动的准则。

（4）如锻炼后出现疲劳、睡眠不好、肌肉酸痛等情形，应减少运动量和运动强度。遇生病应停止锻炼，待病好后再慢慢恢复锻炼。

（5）运动前后做好准备活动和整理活动：锻炼前应先进行 10 分钟的准备活动（热身运动），以保护心脏和肌肉关节。锻炼后要放松，不要马上停止不动，同时注意保暖。

（二）运动处方的格式

查看发展协调素质的健身运动处方实例

运动处方可根据不同需要制定不同的格式。运动处方的 6 个内容一般都应包括在内，同时根据情况，还可加入禁止参加的运动项目、锻炼时的自我监督指标及出现异常情况时停止运动的准则等内容。制定运动处方时，必须注意有关准则，加强医务监督，注意安全锻炼（表 2-3-1，表 2-3-2，表 2-3-3）。

查看发展柔韧素质的健身运动处方实例

表 2-3-1 运动处方格式（正面）

姓名： 性别： 年龄：

健康状况：________

功能检查：________

结果：________

运动项目：________

运动时最高心率（次 / 分）：________

每次运动持续时间：________ 每周运动次数：________

注意事项：________ 禁忌运动项目：________

自我监督项目：________

复查日期：________

医师签字：

年 月 日

表 2-3-2 运动处方格式（背面）

查看健美形体健身运动处方实例

日期	运动情况	身体反应状况

表 2-3-3 运动处方卡

姓名： 性别： 年龄： 职业：

锻炼目的：________

运动项目：________

运动强度：心率范围控制在________次 / 分~________次 / 分

每次运动持续时间：________分钟

运动频度：每周（日）________次

注意事项：________

禁忌运动项目：________

医师签字：

年 月 日

作业与思考题

1. 体育锻炼的基本原则有哪些？
2. 体育锻炼的基本方法有哪些？

第三章 运动、营养与保健

名人名言

运动太多和太少，同样地损伤体力；饮食过多与过少，同样地损伤健康；唯有适度可以产生、增进、保持体力和健康。

——（古希腊）亚里士多德

学习导航

运动与营养是健康促进的两大基本要素。体育锻炼与合理营养的结合，对于增强人的体质健康水平至关重要。在运动过程中，掌握一些基本的体育卫生保健知识，可以避免各种意外事故和运动损伤的发生，这也是维护健康所不可缺少的。

知识目标

1. 了解适宜运动的健康作用。
2. 掌握运动医务监督的理论知识和处理方法。

能力目标

1. 掌握运动中的腹痛的处理方法。
2. 掌握肌肉痉挛的处理方法。
3. 掌握运动性中暑的处理方法。
4. 掌握运动挫伤的处理方法。
5. 掌握肌肉拉伤的处理方法。

第一节　运动与保健按摩

运动是影响人体健康的重要因素。适宜的运动，可以改善人体各器官系统的功能状况，增强机体的适应能力，运动是增强体质、增进健康的基本措施。

一、适宜运动的健康作用

生命在于运动，人体在运动过程中，机体将产生一系列适应性变化，这一变化的结果可以健身防病，但也可能危害健康，其关键在于运动过程中掌握适度。这个适度的范围称为“价值阈”，上限为安全界限，下限为显效界限。

不同年龄、不同性别、不同体质的人，运动强度有一定的差别，但有一个大致的范围和一定的规律。例如，美国运动医学会近年来提出，保健运动适宜的运动负荷为个人最大负荷的 60% 左右，活动时间控制在 20~60 分钟。健身运动常用的运动强度公式：180 - 年龄 = 运动时的心率。

在达到适宜心率后，要在此基础上至少持续运动 10 分钟以上才有效果。体育锻炼选择有氧代谢的运动项目为宜，并长期坚持锻炼，每周至少 3 次，才可达到良好的锻炼效果。

（一）运动对运动系统的影响

运动时，由于体内新陈代谢加强，血液循环加快，血流增加，运动器官可获得充足的营养物质。运动可以促进青少年骨骼、肌肉的发育，加快骨的生长，使皮质增厚，骨小梁增粗，并排列整齐，使骨骼长得更长，更粗更坚固。运动可以使关节囊、韧带和肌腱增厚，增加其弹性和伸展性，加大关节活动幅度，提高关节的灵活性。运动还可以使肌肉中蛋白质等营养物质增加，肌纤维增粗，肌肉横断面增大，肌肉变粗壮结实，收缩力量增强，在神经系统的调节下，肌肉的工作更加准确、协调有力，而且灵活、迅速、耐久，工作效率明显提高。

（二）运动对血液循环系统的影响

经常参加适宜的运动，可使心肌发达、心动徐缓、心功能增强。长期坚持力量素质锻炼，有利于增加心肌壁厚度。长期坚持耐力素质锻炼，有利于加大心腔容积。经过良好的锻炼，可使心脏有更大的潜力来适应大运动负荷的需要。运动后，恢复也较快。

（三）运动对呼吸系统的影响

人体在运动中，肌肉需要消耗大量的养料和氧气，同时会产生大量二氧化碳，这就要求呼吸器官加倍工作，排出二氧化碳，从而使呼吸系统功能得到改善，使呼吸肌发达，胸围和呼吸差增大，肺活量增大，呼吸深度加深。运动还可以提高换气效率，能使呼吸器官得到较长时间的休息，因此运动时不至因为剧烈的活动而发生气喘，并且能适应剧烈运动的需要。

（四）运动对神经系统的影响

运动时，在神经系统的调节下，需要动员人体各种功能来完成动作，而身体的各种活动，又反过来使神经系统得到锻炼。因此，经常从事体育锻炼的人，神经系统的功能会逐步得到提高，使神经系统的兴奋性和灵活性得到改善，从而对外界刺激的反应更准确、迅速，对体内各器官的活动调节更协调。

二、运动不足的危害

通过有规律、不间断、合理的运动，能维持人体良好的功能状态，精力充沛地从事学习和工作，达到健康长寿的目的。缺乏运动或运动不足会给人体健康带来不良的影响，可导致体力下降，肌肉无力，还可能不同程度地影响生理功能状态。其危害是一个慢性积累的过程，到了一定时期或年龄阶段容易导致发病，疾病发展到一定程度会形成不可逆的病理变化，最终会造成人的早病、早衰，甚至早亡。

三、保健按摩

（一）摩擦类手法

摩擦类手法是以与肌肤表面摩擦的方式作用于机体的一类手法。其种类繁多，这里主要介绍推法、擦法、摩法、抹法。

1. 推法

指、掌或肘部着力于一定的部位上进行单方向的直线推动，称为推法。

作用：推法具有镇静止痛、缓和不适感等作用。重推法具有疏通经络、理筋整复、缓解痉挛、加速静脉血和淋巴液回流等作用。

要领：根据着力部位不同，可分为指推法、掌推法、拳推法和肘推法。操作时，指掌等着力部位要紧贴皮肤，用力要稳，速度要缓慢均匀。

应用：推法适用于全身，轻推法多用于按摩的开始和结束时以及换用手法之间。重推法常用于按摩过程中。

2. 擦法

用手掌的大、小鱼际或全掌、掌根附着在一定部位，进行直线往返摩擦，称为擦法。

作用：擦法可在皮肤及深部组织产生温热感，具有温经通络、行气活血、消肿止痛、健脾和健胃等作用。

要领：术者腕关节伸直，使前臂与手掌接近相平，肩部放松，肘关节自然下垂并内收，手指自然伸开，整个掌指贴在治疗部位，以肩关节为支点，上臂主动，带动手掌做前后或上下移动。要做到发力于臂，蓄劲于腕。用小鱼际着力摩擦，称为侧擦法或小鱼际擦法；用大鱼际着力摩擦称为鱼际擦法或大鱼际擦法；用全掌着力摩擦，称掌擦法。操作时，向下压力不宜太大，用力要稳，往返距离要长，动作均匀连续，如拉锯状，频率保持在每分钟 100~120 次。

应用：擦法适用于全身各部位。其中，掌擦法接触面较大，适于肩背部、胸腹部等面积较大而平坦的部位；鱼际擦法适于四肢，尤其上肢；侧擦法适于肩背部、腰骶部及下肢。

3. 摩法

术者用手指或手掌面轻放于体表治疗部位，做环形而有节奏的摩动，称为摩法。

作用：摩即抚摩，手法轻柔，具有和中理气、消积导滞、调节胃肠蠕动等作用。

要领：根据用力部位不同，摩法又分为指摩法和掌摩法。指摩法：术者手指并拢，掌指部自然伸直，腕关节微屈，将食、中、无名、小指的中节和末节指面部分附着于治疗部位，随腕关节连同前臂做环旋运动。掌摩法：术者手掌自然伸直，腕关节微背伸，将手掌平放于体表治疗部位，以掌心、掌根部分为着力点，随腕关节连同前臂做环旋运动。频率保持在每分钟 120 次左右。

应用：摩法刺激轻柔缓和，是胸腹部、胁肋部常用手法。对于胸腹疼痛、食积胀满、气滞及胸肋迸伤等病症，常用本法治疗。

4. 抹法

用单手或双手的指腹或掌面紧贴于体表上，略用力做上下左右或弧形曲线的往返移动，称为抹法。

作用：开窍镇静，醒脑明目。

要领：抹法的动作与推法相似，但推法是单方向移动，而抹法则可根据不同治疗部位做单向或任意往返移动。操作时，用力要均匀，动作要缓和，防止推破皮肤，使手法轻而不浮，重而不滞。

应用：抹法适用于头面部、颈项部、胸腹部和掌指部，尤以头面部较为常用。对头痛、头晕及颈项强痛等症常用本法作为配合治疗。

（二）按压类手法

按压类手法是最早应用于推拿治疗的手法之一。其操作特点是用掌指或肢体其他部位从施术部位的表面向深部垂直用力。此类手法包括按、点、掐等。

1. 按法

手指、掌或肢体其他部分着力，按压在被按摩部位或穴位上，称为按法。

作用：可放松肌肉，开通闭塞，缓急止痛，活血通络。

要领：按法常用的有指按法和掌按法两种。用拇指端或指腹按压体表，称为指按法；用单掌或双掌重叠按压体表，称为掌按法。操作时，按压的方向要垂直，且不作移动。用力要由轻到重，稳而持续，逐渐增加，使刺激充分透达组织深部。操作结束时，也应逐渐减压。

应用：指按法适用于全身各部位，尤以经穴及压痛点部位常用。掌按法适用于腰背部和腹部。按法在临床上常与揉法结合应用，组成“按揉”复合手法，即当按压力量达到一定深度，患者感觉酸胀时，再辅以小幅度缓缓揉动，使手法刚柔相兼，既有力又柔和。

2. 点法

以指端为着力点，直压于穴位或特定部位，使治疗点产生较强的酸胀痛感，称为点法。

作用：具有开通闭塞、活血止痛、调节脏腑的功能。

要领：点法分为拇指点和屈指点两种。拇指点：一手握空拳，拇指伸直并紧靠于食指中节，用拇指端点按治疗部，逐渐下压。屈指点：屈拇指，用拇指指间关节侧点压体表，或屈食指，用食指近侧指间关节点压体表。

点法与按法的区别在于：点法接触面积小，用力更集中，刺激量更大。

应用：常用于骨缝处的穴位。点法刺激很强，使用时要根据病人的具体情况和操作部位的情况用力。

3. 掐法

用拇指指端或指甲缘着力，切取一定的部位或穴位，用持续或间断的对掌用力，称为掐法。

作用：具有缓解痉挛、开窍醒脑的功效。

要领：操作时，术者拇指微屈，用指甲按压穴位（以拇指掐法为常用），垂直用力按压 4~5 次，不宜反复长时间使用。

应用：常用于头面及手足部穴位，可起到类似针刺的效应，常用于昏厥、休克、抽搐等的急救。掐后可继以揉法，以缓解不适。

（三）揉搓类手法

揉搓类手法动作轻快柔和，刺激舒适而无副作用。特点是操作时带动皮下组织一起运动，而在皮肤表面不能有摩擦。揉搓类手法包括揉法、揉捏法、搓法、滚法等。

1. 揉法

用手掌大鱼际、掌根部分或手指螺纹面着力吸附于治疗部位或穴位上，做缓柔的环旋摆动，称为揉法。

作用：疏通经络、活血化瘀、消肿止痛、宽胸理气、消积导滞。

要领：以大鱼际或掌根部着力称为掌揉法，用指面着力称为指揉法。操作时，稍用力下压，吸附治疗部位，腕部放松以腕关节连同前臂做小幅度回旋。动作要协调有节律，频率保持在每分钟 120~160 次。

应用：适于全身各部位。掌揉法着力面积大，柔和舒适，老幼皆宜。掌根揉法常与掌按法结合，组成掌根按揉法。

2. 揉捏法

揉捏法是将揉和捏结合的复合性手法。

作用：舒筋通络，活血止痛。

要领：术者手掌自然伸开，以拇指或掌根为着力点，拇指外展，其余四指并拢，紧贴于皮肤上，做环形旋转的揉捏动作，即拇指和掌根揉，其余四指捏，边揉捏边向前做螺旋形的缓慢移动。

应用：揉捏法刺激柔和，其作用可达深层组织，常用于治疗四肢和腰背部软组织损伤。揉捏法常与揉法、擦法等治疗方法配合应用。

3. 滚法

滚法是由腕关节的屈伸运动和前臂的旋内旋外运动复合而成的一种手法。

作用：舒筋活血，滑利关节，缓解痉挛，增强肌肉、韧带活动能力，促进血液循环及消除肌肉疲劳。

要领：操作时，术者手指自然弯曲，用手背近小指侧部分吸定于治疗部位，通过腕关节做连续的屈伸运动，带动前臂的外旋和内旋，使小鱼际及掌背部在治疗部位上持续不断地来回滚动。频率保持在每分钟 120~160 次。操作时，肩关节自然下垂，上臂与胸臂间隔约一拳距离，肘关节屈曲 120° ~140° 。手法接触范围为手背尺侧至中指线，吸定点为小指掌指关节背侧，要紧贴体表，不能拖动、辗动或跳动。

应用：适用于颈项部、肩背部及四肢部等肌肉较丰厚的部位，对风湿痹痛症、运动功能障碍等疾患常用本法治疗。

4. 搓法

用双手掌面挟住一定的部位，相对用力，做方向相反的快速搓揉，同时做上下往返移动，称搓法。

作用：调和气血，舒筋通络。

要领：操作时双手用力要对称，搓动要快，移动要慢。

应用：搓法适用于腰背、胁肋及四肢部，以上肢部最为常用，一般作为推拿治疗的结束手法。

（四）提拿类手法

此类手法的共同特点是：对皮下组织或肌肉进行上提或牵拉，手法频率较低，重复次数较少，刺激性较强，具有解表发汗、疏通经络、解痉止痛的作用。此类手法包括拿法、弹筋和捏脊法。

1. 拿法

以拇指与其余四指相对用力，或拇指与食、中两指捏住施治部位，逐渐用力内收，并做持续的按捏动作，称为拿法。

作用：具有疏通经络、解表发汗、镇静止痛、提神开窍、缓解痉挛等作用。

要领：腕要放松灵活，用指面相对用力，动作要缓和而连贯，用劲要由轻到重再由重到轻。由于拿法刺激强度较大，拿捏持续时间宜短，次数宜少（5~10次），拿后应配合使用揉摩法，以缓和强刺激引起的不适。

应用：临床上常配合其他手法使用于颈项、肩部和四肢等部位。拿风池及颈项两侧，有发散解表作用，可治疗外感头痛；拿肩井能通调周身气血，拿颈后可使人精神振奋；拿承山，可治疗小腿转筋。

2. 弹筋法

用拇指与食、中两指或拇指与其余四指指腹相对紧捏肌肉或肌腱，用力提拉，在上提过程中，使肌肉或肌腱从手中迅速滑脱，称为弹筋法。

作用：舒筋活络，畅通气血，解痉止痛，对局部神经有强刺激作用。

要领：指腹着力，切勿用指端用力内掐，用力要由轻到重，刚中有柔，每处每次可提弹1~3下，然后使用轻揉法，以缓和因提弹而引起的不适感。

应用：一般用于治疗肌肉酸痛和肌肉痉挛。

3. 捏脊法

用两手在脊柱两旁将皮层提起，进行牵拉和捏推的手法，称为捏脊法。

作用：捏脊法具有健脾止泻、清热安神、止咳化痰的作用。

要领：病人俯卧，背部肌肉放松。医者两手拇指与其余四指相对，拇指在后，余四指在前，捏起患者脊柱两侧的皮肤，随捏随提，双手交替捻动皮肤并向前推进，自尾骶骨起沿脊柱向上，一直到大椎穴止。反复做10次左右。或者将两手拇指伸直，余四手屈曲，以拇指与食指中节桡侧面相对，拇指在前，捏起脊柱两侧的皮肤。

应用：在临床常用来治疗小儿的消化系统疾病和呼吸系统疾病。对成人的神经衰弱及消化不良症也有较好的疗效。

（五）叩击类

此类手法的共同特点是均以有节奏的断续冲击力，即叩、击、拍、打等力刺激治疗点，包括叩法、击法和捶法。

1. 叩法

以臂力带动腕关节活动，使两手在治疗部位做轻快而有节奏地弹打，称为叩法。根据着力点不同，又分为指叩、掌叩和拳叩。

作用：叩法具有舒筋活血、祛风止痛及消除肌肉疲劳的作用。

要领：叩法较击法力量轻，可以半握拳轻轻捶击，两手交替上下好像击鼓；也可以两手平放，掌心虚空，或用手指叩击。叩击时以肘为支点进行发力，肩、肘、腕要放松。

应用：多用于肩背、腰臀及四肢等肌肉肥厚处。缓慢的拍打和叩击，常用于运动后消除疲劳；用力较大、频率较快、持续时间短的叩击，常用于运动前提高神经肌肉的兴奋性。

2. 击法

用掌背、掌根、掌侧小鱼际、指尖击打体表，称为击法。根据使用部位不同，亦可分为拳击法、掌击法、侧击法和指尖击法。

作用：击法具有壮阳散寒、疏通经络、调和气血的作用。对风湿痹痛、局部感觉迟钝、肌肉痉挛或头痛等症常用本法配合治疗。

要领：① 拳击法：手握空拳，腕伸直，用拳背平击体表。② 掌击法：手指自然松开，腕挺直用掌根部叩击体表。③ 侧击法：手自然伸直，腕略背屈，用单手或双手小鱼际部击打体表。④ 指尖击法：用指端轻轻打击体表。

应用：此类手法临床多应用于躯干及四肢部位的肌肉丰厚之处。拳击法常用于腰背部，掌击法常用于头顶、腰臀及四肢部，侧击法常用于腰背及四肢部，指尖击法常用于头面部和胸腹部。

3. 捶法

按照叩击法要领，以单手的侧拳、仰拳或掌根击打治疗部位的手法，称为捶法。捶法分为侧拳捶、仰拳捶和掌根捶。

作用：捶法具有壮阳醒脑、宣通气血、调节功能的作用。

要领：捶法的指法要求做到准（对准治疗点）、狠（用力要足够）、稳（捶下去要稳住不可移动）、实（发出闷实声音）4 个字。一般一个治疗点捶 1~3 次。① 侧拳捶：手握实拳，以拳的小鱼际面为着力点。② 仰拳捶：手握实拳，以掌背掌骨部为着力点。③ 掌根捶：五指伸直，以掌根部为着力点。

应用：侧拳捶用于肩胛上，腰骶关节两侧四肢大关节及肌肉隆起处；仰拳捶用于第一、二胸椎棘突和腰骶关节；掌根捶用于百会、环跳及肌肉隆起处。

第二节　运动医务监督

一、运动中的腹痛

（一）原因

运动性腹痛往往与下列因素有关：

（1）缺乏锻炼或运动水平低。

（2）准备活动不充分。

（3）身体情况不佳，疲劳，精神紧张。

（4）运动呼吸节奏不好，速度太快，运动前进食过多或在饥饿状态下参加剧烈运动等。

（二）处理

（1）对于因腹内或腹外疾病所致的腹痛，主要根据原发疾病进行相应的治疗（药物、理疗、局部封闭等）。

（2）对于仅在运动时加快速度后才会出现腹痛的运动者，应全面加强身体素质锻炼。

（3）运动中出现腹痛后，可适当减慢速度，并做深呼吸，调整呼吸与动作的节奏。必要时可用手按压疼痛部位，弯腰跑一段距离一般疼痛即可消失，如仍然疼痛，应暂时停止运动，口服阿托品、颠茄等解除痉挛的药物。也可针刺式点掐足三里、内关、三阴交等穴位，进行腹部热敷处理。如无效应请医生处理。

（三）预防

（1）遵守体育锻炼的基本原则，循序渐进地增加运动量，加强锻炼，提高机能水平。锻炼时，要调整好动作与呼吸节奏，合理地分配运动速度。

（2）运动前要做好充分的准备活动。冬天参加长跑或自行车锻炼时，不要在未做充分准备活动前就脱掉运动外套。

（3）合理安排膳食，做剧烈运动前不要吃得过饱，不要大量饮水，尤其不可喝冷饮；不要在饥饿状态下参加锻炼；餐后一小时才能参加运动。

二、肌肉痉挛

（一）原因

（1）在寒冷的环境里运动，肌肉受冷空气的刺激，兴奋性突然增高，会使肌肉发生强直收缩。

（2）电解质丢失过多。运动中大量排汗，特别是长时间的剧烈运动或高温季节运动时大量排汗，会造成电解质过低，引起肌肉兴奋性增高，发生肌肉痉挛。

（3）肌肉连续过快收缩而放松不够。在做剧烈运动过程中，肌肉连续过快地收缩，而放松的时间太短，会出现肌肉收缩与放松的协调性紊乱，引起肌肉痉挛。

（4）疲劳。身体疲劳也会直接影响肌肉的生理功能，疲劳的肌肉往往会使血液循环和能量代谢发生改变，使内环境发生改变，导致痉挛产生。因此，身体疲劳时，特别是局部肌肉疲劳时进行剧烈运动或做一些突发性的用力动作，就容易发生肌肉痉挛。

（二）处理

（1）向痉挛肌肉收缩相反的方向牵引痉挛的肌肉，使肌肉拉长，一般可使其缓解。

（2）在痉挛肌肉部位做按摩，手法以揉捏、重力按压为主，并注意保暖。

（3）热疗（如用热水浸泡、局部热敷）也有一定疗效。

（4）严重的肌肉痉挛，有时需采用麻醉方法才能缓解。

（三）预防

（1）加强体育锻炼，提高身体的耐寒力和耐久力。

（2）运动前必须认真做好准备活动，对容易发生痉挛的肌肉可事先做适当按摩。

（3）冬季运动要注意保暖。

（4）夏季运动时，尤其是进行剧烈运动或长时间运动时，要注意电解质和维生素 B_1 的补充。

（5）疲劳和饥饿时不宜剧烈运动。

（6）游泳时，下水前要用冷水冲淋全身，使身体对寒冷有所适应。水温太低时，游泳时间不宜过长。

三、运动性中暑

（一）原因

1. 中暑

环境高温是致病原因之一。如无足够的防暑降温措施，都可能中暑。即使气温不很高，但湿度较高和通风不良，在这种环境下进行锻炼，也可发生中暑。

中暑的诱因有疲劳、肥胖、饮酒、饥饿、脱水、失盐、穿着不透风、发热、甲亢、糖尿病、心血管疾病、汗腺缺乏及服用阿托品等抑制汗腺分泌的药物等。

2. 运动性中暑

运动性中暑是由于体温调节系统在运动时超载或衰竭所致。机体在运动时产生大量热，除其中约 1/4 用于完成机械功外，其余均以热的形式储存或散发。当产热或储热超过散热时，就会出现体温调节系统的超载，可伴随大量出汗。运动时间维持较长时，直肠温度升高甚至虚脱。衰竭是由于丘脑下部体温调节或周围性反应功能紊乱，使心脏充盈压和心搏出量减少，心率加快所致。当直肠温度升高后，皮肤和内脏小动脉扩张，引起血压下降。运动性中暑时直肠温度可达 40~42 ℃。

（二）处理

（1）场地急救要保持呼吸道通畅，测量血压、脉搏、直肠温度、点滴输液、严重者要及时送往医院抢救。

（2）一般处理，热衰竭和热痉挛患者应转移到通风阴凉处休息。热痉挛患者可口服凉盐水、含盐饮料或静脉注射生理盐水，或服用十滴水或藿香正气水，可迅速好转。有循环衰竭者，可由静脉补给生理盐水和氯化钾，一般患者在 30 分钟至数小时内即可恢复。

（3）物理降温。用 4~11 ℃的凉水擦摩皮肤，使皮肤血管收缩，加速血液循环，也可加用风扇吹风，在头部、腋窝、腹股沟放置冰袋以降温。

（三）预防

（1）夏天炎热，应安排好锻炼时间，避免在一天中最热的时间里进行锻炼。

（2）注意营养和饮水，注意补充食物中的蛋白质，额外增加维生素 B_1、维生素 B_2 和维生素 C 供给量。

（3）对不耐热个体要加强预防措施。

四、挫伤

（一）原因

挫伤是指钝性外力直接作用于人体某部而引起的一种急性闭合性损伤，如运动中相互冲撞，被踢打或身体碰撞在器械上，都可发生局部和深层组织的挫伤。最常见的挫伤部位是大腿与小腿的前部、头部和胸部。

（二）处理

（1）在伤后 24~48 小时内，局部冷敷，加压包扎，抬高伤肢并休息。

（2）在受伤 24~48 小时后，肿胀已基本消退，可拆除包扎进行温热疗法，包括各种理疗和按摩。

（3）在伤后恢复期时，逐渐增加抗阻力练习和非碰撞性练习，并配合按摩和理疗等，直至关节活动功能恢复正常。

五、肌肉拉伤

（一）原因

（1）主动用力拉伤。由于肌肉做主动的剧烈收缩时，其收缩力超过了肌肉本身的承担能力所致。主动用力拉伤多在肌纤维缩短时发生，多为原动肌和协同肌受伤。

（2）被动拉伤。由于肌肉受力牵引时超过了肌肉本身的伸展限度所致。在做压腿、劈腿练习时，如果用力过猛，也可使被拉长的肌肉发生拉伤。

（二）处理

肌肉微细损伤或少量肌纤维断裂时，应立即冷敷，加压包扎并抬高伤肢，注意局部休息，疼痛较轻者可口服镇静、止痛剂（遵照医嘱）。24 小时后可外敷中药、给痛点以药物注射、理疗或按摩等。

（三）预防

剧烈运动前，要做好充分的准备活动。平时要结合运动项目的特点，加强易伤肌肉的力量和柔韧性练习。锻炼中要注意观察肌肉反应，如肌肉硬度、韧性和疲劳程度等，若出现肌肉僵硬或疲劳时，可进行按摩并减少运动强度。注意锻炼环境的温度、湿度和运动场地情况。治愈后再参加锻炼时，要注意循序渐进，以防再伤。

六、自我监督

（一）主观感觉

1. 运动心情

运动心情是反映锻炼者有没有健身欲望的指标。锻炼者身体机能正常时，精神饱满，体力充沛，渴望锻炼。如果健康状况不佳，就会出现心情不佳、厌烦锻炼的情绪。

2. 自我感觉

自我感觉是反映运动中或运动后，除运动性疲劳以外其他的不正常感觉，如异常的疲劳，会令人感到恶心甚至呕吐、头晕以及身体某些部位疼痛等。

3. 睡眠

睡眠状况是反映神经系统功能状态的指标。当锻炼负荷过大，超过了机体的负担能力时，首先会反映在神经系统方面，早期主要表现为睡眠模式的改变。如果入睡迟、夜间易醒、失眠、睡醒后仍感疲劳，则需要进行调整。

4. 食欲

食欲是反映中枢神经系统是否疲劳的较敏感的指标之一。参加体育运动时，能量消耗大，所以运动后食欲良好、想进食、食量大。如果运动后不想进食、食量减少，并在一定时期内不能恢复食欲，并没有其他因素影响时，则表明中枢神经系统已疲劳。

（二）客观检查

1. 脉搏

测脉搏时，除应注意频率外，还应注意节律，测晨脉对于了解身体机能变化有重要意义。若每分钟晨脉比过去减少或明显改变，节律齐，表明身体机能反应良好，有潜力。若晨脉每分钟比过去增加 12 次以上，表明机能反应不良，可能与疲劳未消除或存在感染有关。如果发现脉搏节律不齐或有停跳现象，则表明心脏机能存在异常，应采用心电图等方法做进一步检查。

2. 体重

运动期间，体重如出现“进行性下降”现象，并伴有其他异常征象（如睡眠失常、情绪变化等）时，可能是早期过度训练的综合征。

第三节　运动与营养

营养与体育运动都是维持和促进人体健康的重要因素，营养是维持人体生命活动的物质基础，体育运动是增强人体机能的有效手段，两者科学配合，能有效地促进身体发育，提高健康水平。本章主要介绍了营养的基本知识、各种营养素的基本功用以及运动时的营养补充。

一、营养的概念

人类为了维持生命和健康，保证生长发育和从事各项活动，每天必须摄入一定量的食物。机体摄取、消化、吸收和利用食物的过程叫作营养。营养是一种作用或行为，而不能单纯理解为物质，即不能把营养和营养素混为一谈。

二、营养的重要性

营养是维持人体生命活动的物质基础，营养是否合理，不仅直接关系到个人体质的强弱、健康的好坏和寿命的长短，还关系到国家的繁荣昌盛，是衡量一个国家经济和科学文化发展水平的一个标志。

（一）营养与生长发育

人体的生长发育受遗传、营养、运动、环境和疾病等许多因素的影响，而营养是其中的重要因素之一。营养是构成机体的物质保证，在机体的生长发育过程中，必须不断摄取食物来建造组织。若营养不足，生长发育必然受影响。研究表明，胎儿的身高、体重与母体的营养状况呈正相关，合理的营养能促进儿童的生长发育。世界卫生组织的调查表明，一个国家或民族的体格发育水平，与其营养状况有很大关系。

（二）营养与健康

营养与健康的关系十分密切，合理营养能够维护健康，强壮体魄，提高劳动能力和工作效率，增强机体对疾病和外界有害因素的抵抗能力。营养失调不仅使人衰弱，而且可引起疾病。

营养不足可引起营养缺乏病。如缺乏维生素 A 可引起眼病，缺钙引起佝偻病等。营养过剩或失去平衡，如热量及脂肪过多，也可引起肥胖病、高血压、冠心病和糖尿病等。此外，营养还与癌症有关，如脂肪摄入量与乳腺癌发生率成正相关，食物纤维摄入量与直肠癌成负相关。有一项美国统计资料表明，妇女的癌症 60% 与营养有关，男性的癌症 40% 与营养有关。而适量的某些营养素（如维生素 A、维生素 C 等）则有一定的抗癌作用。

营养影响机体的免疫能力，营养不良，抵抗力下降，容易感染疾病。营养还对机体应激状态和伤病后的康复有重要影响，良好的营养能提高机体的应激能力，促进康复。

可见，营养与健康的关系非常密切。著名营养学家、诺贝尔奖获得者莱纳斯·波林斯断言："合理的营养可使人的寿命延长 20 年。"中国有句名言："药补不如食补"，也正反映了营养对健康的重要意义。

（三）营养与运动

营养与运动都是维持和促进人体健康的重要因素。营养是构成机体组织的物质基础，运动是增强人体机能的有效手段，两者科学配合，可有效地促进身体发育，提高健康水平和提高运动成绩。只注意营养而缺乏运动，会使人肌肉松弛，肥胖无力，机能减弱；进行运动而缺乏合理的营养，体内消耗的物质得不到应有的补偿，也会使人的机能减弱，影响发育，并可导致营养缺乏症，有碍身体健康。所以，要想使运动获得良好的效果，必须有适当的营养保证。

三、合理营养

合理营养要求膳食必须符合个体生长发育和生理状况等特点，含有人体所需要的各种营养成分，且含量适当，不缺乏，也不宜过多，全面满足身体的需要，能维持正常的生理功能，促进生长发育和健康，这种膳食称为"平衡膳食"。此外，合理营养还要求食物易于消化吸收，不含对机体有害的物质。

合理营养是保持良好训练状态的物质基础，对体育锻炼者的机能状态、体力适应过程、运动后体力恢复及防治运动性疾病都有良好的作用。

1. 合理营养能提供运动适宜的能源物质，并保证能源物质的良好作用

任何形式的运动均以热能的消耗为基础，但体内能源储备有限，如果无充足利用

的能源物质，即当体内糖原水平极低时，就不能满足体内新陈代谢的需求。因此，需注意摄取含糖类丰富的食物以保证体内有充足的肌糖原储备。能源物质在人体内储存或分解需要一系列辅酶的催化，维生素和微量元素多数是辅酶的组成成分或激活剂，这些营养素即使是轻度缺乏也可能影响运动能力。

2. 肌纤维中能源物质的水平与运动创伤的发生有直接关系

研究报告指出，当快收缩肌纤维中糖原耗尽时，人体控制及纠正运动的能力受到损害，运动创伤的发生概率增加。如在运动前提高体内肌糖原的水平及促进运动后糖原的恢复，将起到预防运动损伤的作用。

3. 合理营养有助于剧烈运动后的恢复

运动能力恢复的关键在于恢复身体的代谢能力，这包括肌肉及肝的糖原储备、关键酶的浓度（复合维生素 B 及微量元素等）、体液、元素（如铁）平衡及细胞膜的完整性等。这些代谢能力的恢复主要借合理营养的措施才得以实现。

4. 合理营养可减轻运动性疲劳的程度或延缓其发生

引起人体运动下降的常见原因如脱水、体温调节障碍引起的体温增高、酸性代谢产物的蓄积、电解质平衡失调所致的代谢紊乱、能源贮备物的耗损等，均可在合理营养的措施下（例如赛前、赛中、赛后或在大运动量训练中适宜的饮食营养及补液等）延缓疲劳的发生或减轻其程度。

作业与思考题

1. 肌肉被拉伤后应怎样处理？如何预防肌肉被拉伤？
2. 出现运动中腹痛怎样处理？如何预防？
3. 运动中出现挫伤如何处理？如何预防？
4. 发生运动性中暑后怎样处理？如何预防？
5. 自我监督应观察哪些指标？

第四章 体育文化与欣赏

| 名人名言 |

我们的教育方针，应该使受教育者在德育、智育、体育几个方面都得到发展，成为有社会主义觉悟的有文化的劳动者。

——毛泽东

| 学习导航 |

本章从体育文化的概念出发，延伸出对体育文化内涵的思考，进而对体育文化的价值作了阐述，从而使学生初步了解体育文化，认识到体育文化的重要作用。接下来对奥林匹克运动这一典型的体育文化形态做了详细的介绍，介绍了古代现代奥林匹克运动会和现代奥林匹克运动会的起源和发展，分析了其文化内涵，让学生初步了解奥林匹克运动。在此基础上介绍了校园体育文化，阐述了校园体育文化的内容、特点和功能价值。最后介绍了体育欣赏的特点、价值及不同体育运动项目的欣赏。

| 知识目标 |

1. 了解体育文化的内涵，把握体育文化的价值。
2. 了解奥林匹克运动的发展，把握其文化内涵。
3. 理解校园体育文化的内容和特点。
4. 把握不同运动项目的欣赏特点。

| 能力目标 |

通过学习体育文化的相关内容，积极参与体育活动，推动校园体育文化建设。

第一节 体育文化概述

随着社会的发展，人们开始从文化的角度认识体育，人们越来越多地开始关注体育背后的文化意蕴，“体育文化”这一概念应运而生。

一、体育文化的概念

体育文化是一切体育现象和体育生活中展现出来的特殊的文化现象，是关于体育运动的物质、制度、精神文化的总和。它涵盖了人类的体育认识、体育情感、体育价值、体育理想、体育道德、体育制度和体育物质等方面。

不同于传统体育理论给体育运动所做的定义，体育文化的含义包括：其一，把体育运动当作一种文化现象；其二，研究体育活动的文化背景，观察体育运动与文化的关系；其三，考察体育运动的文化意义，确定体育在人类文化中的地位；其四，研究如何自觉地塑造具有独立形态价值的体育文化等。

体育是一种文化，原因在于：

第一，体育是人类创造出来的一种社会生活。人类区别于其他动物的重要特征，就在于能创造出各种文化系统，而这些系统恰恰包含体育。动物的肢体活动和嬉戏是它们的本能活动，不具备任何文化意义。

第二，体育运动具备文化的各种特征，文化的继承性、时代性、民族性、世界性和阶级性等都能在体育运动中清晰地看到。

第三，体育运动不仅有其外在的身体活动形式以及设施、器材等物态体系，而且具有内在的价值观念、意识形态和行为规范等。这些深层的意识形态方面的内容已经成为人类共同理想的一部分，如奥林匹克精神以及随之而产生的一些体育道德等。当代体育文化将随着人类社会的发展越来越繁荣，甚至成为社会文明程度的一个标志。因此，体育运动是文化中不可或缺的一部分。

二、体育文化的内涵

体育文化是人类在体育生活和体育实践中创造出来的，并通过有形的身体形态、动作技能、运动器材、物质以及无形的与社会属性相关的意志、观念和时代精神反映出来，显现了各具特色的存在方式。体育文化和其他文化一样，反映了一个时代、一个国家或一个民族的特征，并规范着人们的体育行为，影响着人们的价值观念。

体育文化是人们在体育生活和体育实践过程中，为谋求身心健康发展，通过竞技性、娱乐性、教育性等手段，以身体形态变化和动作技能所表现出来的具有运动属性的文化。体育文化反映了以下特征：

（1）体育文化总是与人的体育生活紧密联系在一起的。

（2）反映本民族、传统的体育特征，这些传统的体育文化规范着本民族的体育行为，也影响着人们不同的体育价值观念。

（3）体育文化和一个地域或民族的社会文明、物质文明及自身发展有着紧密的联系。

（4）体育文化是人类整体文化系统中的一个分支，但有其特有的个性，其产生和发展有着自身的变化规律，具有独立性的一面。

（四）古代奥运会的历史功绩

古代奥运会虽然带有浓厚的宗教色彩，但却充分表达了人民追求和平、平等以及寄托生命与希望的人文精神，从而延续了1 000多年。

古代奥运会开创了人类历史上竞技运动的模式，为现代奥运会和世界竞技运动的模式奠定了基础。在古代奥运会期间，要点燃象征寄托人类祈求和平的圣火，象征照耀人类前进的步伐和光明而崇高的目标。

二、现代奥林匹克运动会的光辉历程

（一）"圣火"传递的由来

现代奥运火炬传递是一个非比赛项目，形式与古希腊的火炬传递相同，它已经转变成为庆祝奥运会开幕的一项重要活动。在1912年6月27日举行的斯德哥尔摩奥运会上，现代奥林匹克运动的创始人顾拜旦在其预言性的演讲中指出："从现在起，火炬手接受了火炬，也接受了传递奥运火焰的神圣使命。让奥运圣火在青年一代的手中相互传递，让全世界的青年都时刻准备着，将奥运圣火传遍全球。"作为庆祝奥运会开幕仪式的一部分，现代奥运会火炬传递的复兴是从1936年的柏林奥运会开始的，自此以后，每届夏季奥运会都要举行火炬传递活动。奥林匹克火焰的神圣力量得到了世界的认同，也成为奥运会开幕的前奏。

（二）奥林匹克运动的历程

自公元394年古代奥运会被下令废止后，中世纪的欧洲进入了一段漫长的宗教黑暗统治时期。14—18世纪，欧洲进入文艺复兴、宗教改革时期，在新兴资产阶级宣扬自由、和平、博爱和个性解放的旗帜引领下，人们开始重新怀念和赞美古希腊奥运会的理想和精神。1889年7月，在法国巴黎召开的国际田径代表大会上，后来被人们尊称为"奥林匹克之父"的法国教育家皮埃尔·德·顾拜旦首次公开了他恢复奥运会的设想。1891年1月，顾拜旦以法国田径协会联合会秘书长的身份向全世界几乎每个体育组织和俱乐部发出邀请——参加于1894年6月16日在法国巴黎索邦神学院召开的国际体育运动代表大会。此次大会为第一届奥林匹克代表大会。会议召开一个星期后，即6月23日，大会就通过了成立国际奥林匹克委员会的决议，而6月23日也就成了"国际奥林匹克日"（International Olympic Day），顾拜旦当选为首任秘书长。大会决定，在1896年召开首届现代奥运会，希腊的历史名城雅典获得主办权。1896年4月6日至15日，希腊雅典举办了第一届现代奥运会。虽然组织不太完备，但却成为现代奥林匹克运动正式诞生的标志，从而揭开了人类文明史上又一新的篇章。

在现代奥运会初创时期，由于组织上尚不成熟，除体操、滑冰和赛艇项目外，其他运动项目尚无国际组织，项目设置不健全，比赛场地缺乏统一标准，裁判基本上是由举办国人员担任，从而难以保证比赛的公正性。后来，组织者强调了奥林匹克名言："重要的不是取胜，而是参与"，并明确了相关组织、成员的职责与分工，从而确定了奥运会的基本框架。1908年伦敦奥运会成为奥运史上的一个重要里程碑。

由于第二次世界大战的影响，1940年和1944年两届奥运会被迫取消。第二次世界大战后，世界格局出现了新的变化，这也使得奥运会有了新的变化，如参赛国家和参赛运动员激增，如1948年伦敦奥运会有59个国家参赛，而1972年慕尼黑奥运会有 121 个国家参加。现代奥运会在规模扩大的同时，运动水平也大幅度提高。

历史的发展为奥林匹克运动改革与创新带来了很多机遇。1980 年，西班牙人萨马兰奇出任国际奥委会主席。他以全新的思维对奥运会进行了全面的改革。第一，将商业运作机制引进奥运会，并肯定商业化的积极意义，从而摆脱了举办奥运会的沉重经济包袱。第二，他宣布奥运会向世界最优秀的运动员开放，以提高奥运会的竞技水平和观赏价值，并增强了奥林匹克在政治上的独立性。第三，引进现代化管理手段对奥运会内部结构进行了一系列的革新，特别是使奥委会成为有法人资格的国际组织。第四，开设了一系列的体育文化教育，如举办“奥林匹克日”，赞助“世界体育大会”“奥林匹克大会”等，呈现体育与文化、教育、科技相结合的新态势。

三、奥林匹克文化

（一）奥林匹克主义的核心思想

奥林匹克主义的核心思想：将体育运动与文化教育融合在一起，以促进人们的和谐生活与全面发展。

奥林匹克的宗旨：“通过没有任何歧视、具有奥林匹克精神——以友谊、团结和公平精神互相了解的体育活动来教育青年，从而为建立一个和平的、更美好的世界做出贡献。”

奥林匹克格言：更快、更高、更强。

奥林匹克运动的名言：参与比取胜更重要。

（二）奥林匹克礼仪

奥运会开幕式的程序有：奥运会组委会主席宣布开幕式开始—入场—奥运会组委会主席讲话—国际奥委会主席讲话—东道主元首宣布奥运会开幕—奏《奥林匹克圣歌》—奥林匹克会旗入场——升会旗。

1. 奥林匹克圣火

在每届奥运会开幕前，都要在奥林匹克运动的发源地，由身着希腊传统服装的少女在奥林匹克希腊女神庙前用凹面镜聚焦太阳光点燃“圣火”（图 4-2-1）。“圣火”点燃火炬后，将火炬接力传到主办国，并于开幕式时进入会场，一般由东道国著名运动员手持火炬点燃圣火，直到闭幕式时熄灭。圣火象征着光明、团结、友谊、和平和正义。

图 4-2-1

2. 奥林匹克会旗

奥林匹克会旗以白色为底，象征纯洁。蓝、黄、黑、绿、红五环，环环相扣，象征着五大洲的团结。其中，蓝色代表欧洲，黄色代表亚洲，黑色代表非洲，绿色代表大洋洲，红色代表美洲。五环相连代表五大洲的团结和全世界的运动员在奥林匹克运动会上相聚一堂（图 4-2-2）。

图 4-2-2

3. 奥林匹克会歌

国际奥委会在1958年于东京举行的第55次全会上最后确定还是用《奥林匹克圣歌》(《撒马拉斯颂歌》)作为奥林匹克会歌，其乐谱存放于国际奥委会总部。

4. 奥林匹克会徽

历届奥运会会徽的图案虽然千差万别，但都有一个共同的标志，即相互套连的奥林匹克五环标志，同时衬以表现奥运城市和东道国历史、地理、民族文化传统等特点的主体图案，使人一眼就可看出奥运会举办的时间和地点。

5. 奥林匹克精神

《奥林匹克宪章》指出，奥林匹克的精神即相互了解、友谊、团结与和平竞争的精神。奥林匹克精神强调对文化差异的容忍和理解，并强调竞技运动的公平与公正。

(三)奥林匹克运动的类型

1. 夏季奥林匹克运动会

夏季奥运会，每4年举办一届。夏季奥运会沿袭古代奥运会旧制，不管运动会举办与否，届次照算。截至2017年，已举办31届。

2. 冬季奥林匹克运动会

冬季奥运会最初规定每4年举行一届，与夏季奥运会在同年和同一国家举行。自第二届冬季奥运会(1928年圣莫里茨冬季奥运会)开始，冬季奥运会与夏季奥运会的举办地点改在不同的国家举行。1994年起，冬奥会与夏奥会以2年为隔交叉举行。截至2017年，已举办22届。

3. 残奥会

残疾人奥林匹克运动会始于1960年，是由国际奥委会和国际残疾人奥林匹克委员会主办、专为残疾人举行的世界大型综合性运动会，每4年于夏季奥运会后举办。截至2017年，已举办15届。

冬季残奥会自1976年举行以来已经举办了9届，参赛运动员总人数接近4 000人。比赛项目有高山滑雪、越野滑雪、冰上雪橇球、轮椅体育舞蹈4个大项，每个大项中又包括若干小项。截至2017年，已举办11届。

4. 特殊奥林匹克运动会

特殊奥林匹克运动会(简称特奥会)，是基于奥林匹克精神，专门针对智障人士开展的国际性运动训练和比赛。特殊奥林匹克运动会包括本地、国家、洲际和世界等不同级别。其中，世界特殊奥运会每两年举办一届，夏季和冬季交替举行。

5. 青少年奥林匹克运动会

青少年奥林匹克运动会(青奥会)是一项专为年轻人设立的体育赛事，糅合了体育、教育和文化等领域的内容，并将为推进这些领域与奥运会的共同发展而发挥着催化剂的作用。国际奥委会在2007年7月5日于危地马拉城举行的第119次国际奥委会全会上同意创办青少年奥运会，运动员的年龄需在14~18岁之间。首届青年奥林匹克运动会在新加坡举行。中国南京于2014年8月16—28日举办了第二届青奥会。

(四)中国与奥林匹克

1. 初识奥运

1922年，中国外交家王正廷成为国际奥委会的第一位中国委员。从此，中国与国际奥委会建立了直接联系。1928 年，中国派观察员观摩了阿姆斯特丹奥运会。

2. 首登赛场

1932 年，当时的中国政府派出代表团参加了洛杉矶奥运会，代表团中只有刘长春一人。由于路途劳顿，体力不支，且第二天便仓促上阵，刘长春在 100 米和 200 米预赛中就被淘汰，还不得不放弃了 400 米比赛。这次参赛虽然成绩不佳，但刘长春却是第一个出现在奥运赛场的中国运动员，被称为“中国奥运第一人”。

3. 重返奥运

由于政治原因，直至 1979 年，中国在奥林匹克组织中的合法地位才得以恢复。1980 年，中国派出了 28 名运动员去美国普莱西德湖参加了第 13 届冬奥会。1984 年，中国派出 225 名运动员参加了第 23 届洛杉矶奥运会，并取得了 15 金、8 银、9 铜的战绩，震惊世界。

4. 零的突破

1984 年 7 月 29 日，在洛杉矶奥运会男子手枪慢射比赛中，中国选手许海峰获得冠军，这是中国奥运史上的第一枚金牌。2002 年 2 月，在盐湖城冬奥会短道速滑女子 500 米决赛中，中国选手杨扬获得冠军，这是中国冬奥会史上的第一枚金牌。

（五）2008 年第 29 届北京奥运会

1. 北京奥运会的三大理念

（1）绿色奥运：把环境保护作为奥运设施规划和建设的首要条件，制定严格的生态环境标准和系统的保障制度；广泛采用环保技术和手段，大规模多方位地推进环境治理、城乡绿化美化和环保产业发展；增强全社会的环保意识，鼓励公众自觉选择绿色消费，积极参与各项改善生态环境的活动，大幅度提高首都环境质量，建设宜居城市。

（2）科技奥运：紧密结合国内外科技最新进展，集成全国科技创新成果，举办一届高科技含量的体育盛会；提高北京科技创新能力，推进高新技术成果的产业化和在人民生活中的广泛应用，使北京奥运会成为展示新技术成果和创新实力的窗口。

（3）人文奥运：传播现代奥林匹克思想，展示中华民族的灿烂文化，展现北京历史文化名城风貌和市民的良好精神风貌，推动中外文化的交流，加深各国人民之间的了解与友谊；促进人与自然、个人与社会、人的精神与体魄之间的和谐发展；突出“以人为本”的思想，以运动员为中心，提供优质服务，努力建设使奥运会参与者满意的自然和人文环境。

2. 北京奥运会口号

2005 年 6 月 26 日，北京奥组委宣布“同一个世界、同一个梦想”（One World One Dream）成为北京 2008 年奥运会中英文主题口号。

“同一个世界、同一个梦想”（One World One Dream），集中体现了奥林匹克精神的实质和普遍价值观——团结、友谊、进步、和谐、参与和梦想，表达了全世界在奥林匹克精神的感召下，追求人类美好未来的共同愿望。

“同一个世界同一个梦想”（One World One Dream），深刻反映了北京奥运会的核心理念，体现了作为“绿色奥运、科技奥运、人文奥运”三大理念的核心和灵魂的人文奥运所蕴含的和谐的价值观。

3. 北京奥运会会徽

图 4-2-3

“中国印·舞动的北京”会徽将肖形印、中国字和五环徽有机地结合起来，充满了深沉的活力。尺幅之地，凝聚着东西方气韵；笔画之间，升华了奥运会精神（图 4-2-3）。

“中国印·舞动的北京”：

（1）印章、红色与诚信：红色的东方之光将燃起所有人心中的圣火；篆刻书法象征文化中国。

（2）印信中的篆字又似一个“京”字。

（3）字形幻化为一个飞奔撞线、迎接胜利的运动人形。

（4）会徽下部是以中国书法写成的富于古意的英文 Beijing 和阿拉伯数字 2008。

北京奥运会会徽将中国汉字融入奥运会会徽当中，体现了中国独特的文化艺术特征——书法，整个会徽具有浓厚的中国文化气息。

4. 北京奥运会火炬

北京 2008 年奥运会火炬创意灵感来自“渊源共生，和谐共融”的“祥云”图案。祥云的文化概念在中国具有上千年的时间跨度，是具有代表性的中国文化符号。火炬造型的设计灵感来自中国传统的纸卷轴。纸是中国四大发明之一，通过丝绸之路传到西方。人类文明随着纸的出现得以传播。源于汉代的漆红色在火炬上的运用使之明显区别于往届奥运会火炬设计，红银对比的色彩产生醒目的视觉效果，有利于各种形式的媒体传播。火炬上下比例均匀分割，祥云图案和立体浮雕式的工艺设计使整个火炬高雅华丽、内涵厚重。

5. 北京奥运会吉祥物

“福娃”是 5 个拟人化的娃娃，其色彩与灵感来源于奥林匹克五环、来源于中国辽阔的山川大地、江河湖海和人们喜爱的动物形象。福娃向世界各地的人们传递着友谊、和平、积极进取的精神及人与自然和谐相处的美好愿望。福娃代表了梦想以及中国人民的渴望。他们的原型和头饰蕴含着其与海洋、森林、火、大地和天空的联系，其形象设计应用了中国传统艺术的表现方式，展现了中国的灿烂文化。每个娃娃都代表着一个美好的祝愿：贝贝象征繁荣、晶晶象征欢乐、欢欢象征激情、迎迎象征健康、妮妮象征好运。娃娃们带着北京的盛情，将祝福带往世界各个角落，邀请各国人民共聚北京，欢庆中国北京的 2008 奥运盛典。5 个福娃分别叫“贝贝”“晶晶”“欢欢”“迎迎”“妮妮”，各取它们名字中的一个字，便有次序地组成了谐音“北京欢迎你”。

第三节 校园体育文化

校园体育文化主要是指人们在学校体育教育过程中所创造和拥有的精神财富和物

质财富的总和，它涵盖了校园体育意识文化、行为文化和物质文化三大类。校园是学生学习和生活的主要空间，校园文化建设的好坏，将直接影响到育人的成败。校园体育文化是校园文化的重要组成部分，校园体育文化建设，会直接影响到学校体育活动的开展，与学生的身心健康有很大的关系。良好的校园体育文化环境可以陶冶学生的情操，纠正学生的不良行为，是学生身心发展的必要条件。

一、校园体育文化的内容及特点

1. 校园体育文化的内容

校园体育文化是一种特别的文化现象，它既是校园文化的一部分，又是体育文化的一部分；它是校园文化和体育文化两者相互影响、相互渗透、相互促进而发展起来的；它是校园内对学生实施体育教育，促进学生身心的全面发展，具有时代特点的一种群体文化；它是学校在长期的教学、科研和行政管理过程中逐步形成的，更是在广大学生直接参与和精神培养的基础上发展起来的。

校园体育文化是以学生为主体、以课外体育活动为主要内容、以校园为主要空间、以校园精神为特征的一种群体文化。它通过多种形式来体现，其主要形式有早操、课间操、课外体育活动、运动队训练、小型运动竞赛、体育讲座、专题报告会、体育技能表演、学校体育节等。

2. 校园体育文化的特点

（1）导向性：学校体育文化这种特定的文化氛围是和学校培养目标、校风校纪、生活方式等内容相联系的。它既充分体现了一所学校的教学秩序，也反映了学校管理工作的系统性，同时还可以约束各种不文明行为的发生。

（2）教育性：开展学校体育文化活动是实现学校体育教育目标的重要途径，是培养学生“终身体育”和“健康第一”思想的重要环节。因此，应把有目的、有计划、有组织的课外体育锻炼、校外活动和运动训练等纳入体育与健康课程，形成课内外相结合的课程结构。通过课外体育活动与课堂互补，从而实现课内外一体化，达到健康育人的目的。

（3）开放性：体育文化的传递模式应该是多渠道的，仅局限在校园内的文化活动，无法满足大学生的文化需求，必须从封闭式的校园走向社会，结合素质教育参加各种体育活动。譬如，组织观看或参加校外各类组织形式的体育竞赛；开展户外活动，如野外生存、定向运动、爬山、骑自行车等；通过校际之间、学校与社会之间的交流与接触，增进学生对社会的了解，开阔视野；提高学生在不同的社会环境中的适应能力和交往能力，从而弥补校园文化的不足。

（4）竞争性：竞争观念是现代人应具备的重要的价值观念。竞争是现代体育的灵魂，竞技活动的社会教育作用是其他任何文化活动难以比拟的。体育中所蕴含的竞争观念不仅有振奋民族精神的现实意义，更有着造就新一代民族个性的深远价值。

（5）参与性和健身性：现代体育高度重视个体参与的积极性、主动性和创造性的内在需要。体育的参与过程是人自我完善的过程。在体育竞赛中，人的技术水平得到了提升，人的身体得到了锻炼，人的心理得到了磨炼，人的自由和个性可以得到充分释放，人的价值和尊严可以得到充分体现。体育特有的健身功能是其他文化活动所不能替代的。

二、校园体育文化的作用及价值

1. 校园体育文化的作用

（1）增进学生身心健康：增进健康，促进学生身心发展是学校体育的本质功能，也是大学体育终极目标。参加体育活动不仅可以增强学生的体质，通过参与体育活动还可以释放不良情绪，从而达到调节心情的作用，这对学生身心发展是极有利的。

（2）改变学生的不良行为：当人处在一个文化环境中，就会受到文化的熏陶，潜意识就会约束自己的行为。校园体育文化作为一种文化，自然也具有这种功能。服从规则是体育的重要文化价值，学生在进行体育活动的过程中，必须遵守体育规则，违反规则就会受到惩罚或谴责。多参与体育活动，可以督促学生改变自己的不良行为。

（3）激发参加体育运动的积极性：良好的校园体育文化环境提供了一个良好的体育氛围，这可以鼓舞学生积极参加体育活动。如学校宣传栏中的体育新闻、体育明星，尤其是学校体育明星，都可以从精神上鼓励学生积极参与体育活动。

（4）培养学生的竞争意识：学生参加体育竞赛和体育锻炼的过程，从本质上来说也是一种与他人竞争的过程，经常参与体育锻炼和体育竞赛，可以培养学生的竞争意识。而经常参与团体项目可以让学生懂得：只有加强与队友的合作，才能最终取得比赛的胜利。在这些项目中，团队的荣誉是第一位的。参与体育活动，可以增强学生与他人合作的意识，加强集体观念。

（5）培养学生的意志品质：体育活动不是一个简单过程，学生在从事体育活动过程中，会遇到许多困难和伤痛，只有不断克服它们，才能真正享受体育的快乐。因此，通过体育活动可以培养学生吃苦耐劳、克服困难、挑战自我、超越自我等良好的意志品质。

2. 校园体育文化的价值

（1）树立“健康第一”的指导思想：校园体育文化具有树立学生生理、心理和社会适应等全面性健康要求，注重对学生的心理健康教育和对社会的责任感及坚忍不拔的意志和艰苦奋斗的精神的培养。

（2）为推行素质教育服务：当前，在大学体育教学中应更多地关注学生的个性发展，提高学生的人文体育素养，培养学生的健康人格，增强学生的健身意识和品德修养，提高学生的人际沟通能力和合作精神。

（3）培养终身体育的观念：终身教育是法国的保尔·朗格朗于1965年提出来的。他认为，接受教育应当是每个人一辈子的事情。终身教育是教育定向上的整合，终身体育是终身教育的一个重要组成部分。

（4）校园体育文化的多样性：校园体育文化的宗旨主要是培养学生的体育精神、体育意识和体育技能，提高学生的体育文化素养，增进学生的身心健康，并在此宗旨指导下开展多种多样的校园体育文化活动。

第四节　体育欣赏

体育欣赏是一种审美活动，是指人们通过对体育运动竞赛、体育艺术作品的欣赏，产生强烈的审美感受，从而感到欢欣愉悦并受到教育。它是人们生活方式多元化和体育文化大众化、生活化的产物，它可使个人在身体和精神方面得到休息、放松和享受。通过体育欣赏能力的培养，可以提高大学生文化修养和人文素质，同时能提高对体育文化内涵的认识。

一、体育欣赏的特点

（一）体育欣赏的无功利性

体育欣赏的无功利性是指人们在欣赏体育活动中没有实用功利的考虑。中国古典美学中的“审美心陶”的理论，从老子的“涤除玄鉴”到庄子的“心斋”“坐忘”，再到宗炳的“澄怀观道”和郭熙的“林泉之心”；西方美学中的“审美态度”的理论从托马斯·阿奎那夏夫兹博里到康德，再到布洛等都是关于欣赏的无功利性理论。奥林匹克之父顾拜旦说：“啊，体育，你就是乐趣！想起你，内心充满欢喜，血液循环加剧，思路更加开阔，条理愈加清晰。你可使忧伤的人散心解闷，你可使快乐的人生活更加甜蜜。”这些都充分反映出体育欣赏的无功利性。体育欣赏的无功利性绝不意味着精神的麻木与死寂，正相反，它是精神的解放、活跃，是生命和创造力的升腾洋溢。体育欣赏的无功利性也不意味着欣赏体育活动对于人类生活是无价值和无意义的，恰好相反，它表明欣赏体育活动对人的生活有着特殊的重大的价值和意义。

（二）体育欣赏的直觉性

体育欣赏的直觉性特征概括为三点：第一，它是体育欣赏活动感性形成的存在；第二，它具有直接性和整体性；第三，它具有情感体验性和模糊性。即通常所说的“只能意会不可言传”。体育欣赏的直觉性是感性的，但它渗透着理性，即在体育比赛或活动中既有事，又有理，还有情。例如，欣赏雅典奥运会110米栏的刘翔时，感性是他的技术，快速灵敏的起跑、和谐的栏间步节奏、精美的攻栏技术和有力的冲刺，即事；他的战术、心理、情感合理，强烈的自信心、合理的技战术和时间、体力的分配，优秀的心理素质、稳中求胜的个性，即理；他12秒91的成绩，平世界纪录、破奥运纪录、短跑比赛奥运零的突破、中华民族的骄傲、亚洲的骄傲、中国体育科技研究的成功、多少幕后人用心血努力的结果，即情。因此，体育欣赏有着很强的直觉性，在观看体育赛事时，能使我们的感性世界产生丰富的精神多样性。

（三）体育欣赏的创造性

创造性是体育欣赏的重要特征，无论从动作过程来看还是从结果来看，体育欣赏都趋向于新形式和新意。如我国优势项目运动员的技战术，都是由无数优秀的教练员结合先进的科学技术相互合作创造出来的，若没有教练员的欣赏和反复创造、组织训练，我国不可能在短短几十年里成为世界体育大国。所以，欣赏（感觉、直觉）就是对感性世界的理想。另外，发现就是创造，教练员培养运动员，都是在参加比赛及观赏比赛中，不断发现问题、反复认证、纠正错误、不断创新，使技战术更加完善。因此，要通过体育欣赏的实践活动，培养自己多种思维方式及创新能力，充分调动参加体育运动的积极性。

（四）体育欣赏的超越性

人的个体生命是有限的、暂时的存在。但是人在精神上有一种趋向无限、趋向永恒的要求。在欣赏体育活动中，往往可以超越个体生命存在的有限性和暂时性，冲开人的精神束缚，获得审美愉悦。如果个人在现实生活中遇到了挫折，此时让其亲临现场观看一场高级别的体育比赛，他会把现实中所有的不开心之事抛置脑后，融入体育比赛的气氛中去，并从中获得快感，这就是超越性，也只有它才是一种自由的、积极的超越，才能满足人性的这种需求。利用体育欣赏的超越性，可以改善大学生的不良心理，促进身体、心理正常发展。

（五）体育欣赏的愉悦性

愉悦性是体育欣赏最明显的特点，可以将其看作体育欣赏的综合效应。观看一场精彩的体育比赛是一种精神享受，从中可以获得生理和心理乐趣。

1. 体育欣赏愉悦和生理快感的关系

欣赏愉悦是生理快感和精神快感的复合体，我们在体育欣赏过程中不仅有精神的参与，同时还有生理的参与。如观看奥运会比赛，每当我国选手夺冠、五星红旗冉冉升起时，我们就会油然而生一种民族自豪感。对于现场的中国啦啦队来说，他们的呐喊助威、全身心的投入，就是一种生理快感的表现。观众的心理会随着比分的变化而起伏，会随着比赛的延续而紧张，并集聚生理和心理能量，直到最后获胜，就会最大限度地释放能量，获得生理和心理乐趣。这些都说明欣赏愉悦是心理和生理快感的复合体。

2. 体育欣赏愉悦的情感多样性

体育欣赏愉悦是指在欣赏体育活动中，人的精神和生理从总体上得到一种感发和兴发。它包括和谐感与不和谐感、快感与痛感、喜悦与悲哀。如 1993 年当我们申办 2000 年奥运会的结果公布为失败时，我们的欣赏愉悦是痛感、悲愁；又如在雅典奥运会上中国女足的失利、北京奥运会刘翔受伤退出 110 米栏比赛等，这些都说明了体育欣赏情感的多样性。

3. 体育欣赏愉悦意象和意境层次

意象是指一般的欣赏体验，是形而上的愉悦；而意境是指高峰体验，是属于一种存在价值的观悦。如欣赏大学校园内的体育比赛，就属于意象愉悦；而欣赏我国第一块奥运会金牌获得者许海峰的比赛就属于意境愉悦。在体育欣赏实践中，要学会去体验体育比赛，这样有利于大学生在“逆境智商”中得到发展。

（六）体育欣赏的趣味性

趣味是指人们对现实生活中的某些事物、某些现象表现出的一种富有感情和个性特征的喜爱和癖好。欣赏趣味，是人在社会的历史发展中形成的对欣赏对象进行评价、判断时的一种带有特定倾向性的主观爱好形式。它既有个体性与多样性的特点，又蕴涵着普遍性与一致性的因素。

1. 体育欣赏趣味的个体性与多样性

西方有句谚语："谈到趣味毋争辩"，我国亦有句俗谚："萝卜白菜，各有所爱。"这充分肯定了人们的日常欣赏趣味的丰富多样和人们喜爱体育形式的不尽相同。对于一般大学生来说，男生喜欢对抗性强的体育项目，如足球、篮球、武术、散打、拳击等；女生喜欢艺术性的体育项目，如艺术体操、健美操、游泳等。正是欣赏趣味的多样性给人们生活带来了勃勃生机，让世界变得更加多姿多彩。又由于人与人之间感官功能有差异性以及生理因素和环境习俗因素的不同，人们的欣赏趣味就会体现出个体性。人是具有可塑性的，尤其是学生时代所培养的习惯、地域、时代、环境、精神、文化的作用和个体的心理需求，都会促使体育欣赏趣味个体性的形成，如有的是足球迷，有的是篮球迷，有的是体操迷等。

2. 体育欣赏趣味的普遍性与一致性

体育欣赏趣味尽管有浓重的个体性和无限的多样性，然而也包含普遍性和一致性。人类的感官感觉的差异性中含有共同性。体育比赛及其他文化活动是人类创造的，含有丰富的文化内涵，它所体现出的人们欣赏趣味的普遍性和一致性是非常明显的。如中国的太极拳非常普及，每个练习者都能知道它的作用和功能；学生的从众心理也说明了体育欣赏趣味的普遍性和一致性。体育欣赏的趣味性能培养自己的个性，使自己对喜欢的体育项目产生兴趣、养成习惯、培养意识，从而提高对该项目的欣赏水平，为终身进行体育锻炼打下良好的基础。

社会体育的哲学基础是生活世界，体育回归生活正成为世界体育发展的时代潮流。只有把体育欣赏特点的 6 个方面统一起来理解，才能获得体育欣赏的完整概念，才能真正理解为什么体育欣赏对于我们的物质生活和精神生活、对于现代体育的发展和全民健身计划的实施是非常有必要的。

二、体育欣赏对大学生的教育作用

（一）体育欣赏有助于激发学生学习体育的兴趣

兴趣直接影响并调节学生在学习过程中的态度和积极性。体育欣赏能激发学生学习体育的兴趣，使体育成为学生自发的需要，它是提高学生自觉参加体育运动的重要因素。体育实践课教学多以运动技能学习为主，主要强调学生对体育运动中某一技能的学习和掌握，它的弱点在于反复地练习同一技术，从而容易造成枯燥感，使学生对学习体育的兴趣大大降低。体育欣赏实践通过视觉、听觉刺激和一系列心理感知来吸收知识，它强调的是学生的视觉感知、心理体验、联想、创造性思维等心理活动过程；体育欣赏实践可以在短时间内向学生传达大量的体育文化知识，它摆脱了技能教学的枯燥和乏味，使学生通过视觉得到感官上的愉悦，获得精神上的满足和乐趣，使自身的情感和体育的情感直接沟通；体育欣赏实践达到激发了学生学习体育的欲望和兴趣，同时也促进了学生在课余时间自觉参与体育活动的积极性。

（二）体育欣赏有助于丰富学生的体育知识和文化素养

大学生正处于人体生命力最旺盛的时期，处于这一时期的学生对知识的渴望最强烈，好奇心也最强，他们渴望了解更多的知识来丰富自己的精神世界，提高人文素养。通过体育欣赏不仅能了解各项体育运动的基本知识，而且还能领略体育运动的无穷魅力。体育欣赏的内容丰富多彩，大学生在进行体育欣赏时不仅可获得美的享受，还能了解及掌握有关的体育运动知识，学习运动员的意志品质，树立顽强拼搏的精神，提高适应社会环境的能力。

（三）体育欣赏有助于对学生进行美育和德育教育

体育欣赏的实践可向学生展示体育运动的美，如人体美、姿态美、素质美、动作美、技术美以及比赛中运动员所表现出的意志品质美和智慧美等。体育美中透视着人的力量、智慧、能力、技术、战术和创造精神，同时向人传达着美的意识、美的观念和美的创造，可以使人在潜移默化中受到感染和教育。它对培养学生正确的审美观念和提高学生的体育鉴赏能力有着积极的作用。体育欣赏也是进行德育的一种重要途径，借助欣赏内容可以引发情感活动，在学生的审美心理和道德心理间架起一座桥梁，从而使审美情感成为完善学生道德心理的一种动力。

（四）体育欣赏有助于培养学生的创新能力和想象力

体育欣赏不是被动地接受，而是能动的、积极的，从这个意义上来说，体育欣赏是创造性的欣赏。要欣赏体育就必须要理解体育，欣赏并不是简单地用眼看或耳听，而是用心去感知，才能走进体育，完善自我。在学校体育教学中，教师要结合体育欣赏内容充分调动学生的积极性和多种思维方式，培养学生多方位的创新能力与想象力。

（五）体育欣赏有助于体育教学的开展

在高校体育技术课教学中，很多的技术动作是不方便做示范的，而只能依靠抽象的语言来描述，这将使学生学习技术动作变得无所适从。体育欣赏教学可以弥补这一不足，在具体教学实施过程中可与现代化多媒体技术手段相结合，这样既保证了欣赏教学进一步新颖化，又可以让学生了解优秀运动员规范的技术动作，使学生对该运动项目有完整、具体的认识。此外，还可以让学生在欣赏过程中明白整个动作的来龙去脉，在技能练习时就能够自觉地去理解和体会动作，而不是靠单纯的模仿，这可大大提高整个体育实践课的质量。

三、不同体育运动项目的欣赏

（一）田径运动欣赏

田径运动是比速度、高度、远度的项目，要求运动员在短时间内表现出最大速度与力量或较长距离的忍受能力。田径运动竞争激烈，是奥运会上奖牌最多的项目，也是对观众有强烈吸引力的项目。田径运动除了向人们展示运动员强健、匀称的美之外，运动员在运动中表现出的速度、力量、耐力和灵敏等，也足以让人精神振奋和愉悦，使人感受到运动中人体充满活力的美。

速度反映了人体快速运动的能力，是对运动审美的标准之一。为了达到更快的速度，必须采取合理的动作技术，也就是说人体在运动过程中，要有正确的姿势。最协调的姿势，是最科学、最优美的姿势。运动员之间速度的快慢会给观众强烈的对比感，可使人产生昂扬、振奋、活跃和激烈的情感，培养人们积极进取的精神。

起跑姿势虽因距离长短有所不同，但都呈现出人体的姿势美。动与静、力与健的造型等，无不传达了青春勃发的生命活力，体现了人类独有的精神品格。如待一声令下，运动员一个个如箭出弦，运动场上呈现出万马奔腾的热烈气氛。随着运动员途中你追我赶，观众的情绪也此起彼伏。当运动员全力冲刺时，观众和运动员都很振奋，同时也唤起了人们对运动员平时训练中勤学苦练、探索钻研、创造奉献精神的敬意。人们对锲而不舍精神的赞叹，显示出人类进步与追求以及人的生命和生活的价值，更重要的是映照了人类的优秀品格，折射了人类的崇高精神。

跳跃和投掷主要表现运动员的力量和灵敏。力量的训练，使人的肌肉发达，有力的健美体型给人以雄壮、勇猛、活泼、强健的感觉，表现出具有生气和生命之美。古人就崇尚这种力量的美，如古希腊的塑像《掷铁饼者》，至今仍作为美的化身供人们欣赏。由此可见，田径运动在健美的同时，还锻炼了人的意志和个性，陶冶了情操，升华了精神。

（二）球类运动欣赏

1. 篮球运动

篮球运动在我国是最普及的一项活动，也是最受群众喜爱的运动项目之一。一场高水平的篮球比赛，往往给人带来无穷的乐趣、愉悦的心情和强烈的美感。运动员身材高大、形体匀称、肌肉发达、彪悍强壮，然而他们又快速敏捷、柔韧性好、弹跳力惊人，这些超凡的身体素质，向人们展现了体质美、阳刚美。在赛场上，他们精湛的技艺卓越的表演，使健、力、美融为一体，达到绝妙无比的艺术境界，美不胜收，向人们展示了技艺美。运动员以各自技术特征展示着进攻、防守的转换，表现出激烈对抗的动态美。篮球运动是一项典型的讲究张弛相宜的有节奏的运动，向人们展现出变幻无穷的节奏美。

当代的篮球运动不仅比技术、比战术、比意志，而且也是智慧之争。人们喜欢篮球巨星乔丹打球，不仅观看他高超的技艺，更多的是赞叹他的智慧。不论他的对手如何强大，他总是能根据场上的情况，切入或分球，虚虚实实，使己方获得成功，这充分展示了他创造性的智慧和才能，体现出智慧美给人的震撼和享受，使人们感受到人类自身智慧的伟大。

2. 排球运动

排球运动是世界范围内普及程度极其广泛的运动项目之一。各国人民之所以喜欢这项运动，不仅是因为排球比赛激烈刺激，更主要的是它的美令千万人陶醉，如排球场上那种千姿万态的神奇变化和精彩纷呈的战术对抗，常给人一种独具特色情感体验和艺术美感。这种美将智慧、才华、体能和技巧融为一体，升华为一种艺术魅力，也正是这种艺术魅力才使排球运动具有很高的艺术价值。那些高水平的运动员凭借其超凡的身体素质、高超的技战术水平、出众的弹跳、凶猛的大力扣球、出人意料的后排进攻和令人眼花缭乱的战术配合，将排球运动的美展现得淋漓尽致。人们把欣赏高水平的排球比赛当作美的享受，借以抒发人们内心对美的向往和感受。

3. 足球运动

足球是世界上最吸引观众的运动项目，被誉为“世界第一运动”，其魅力在于激烈的竞争和对抗。足球场上人数之多、场地之大、比赛时间之长、战术之多变，是其他运动项目无法比拟的。运动员在场上做奔跑、断球、带球、突破、射门等各种动作，充分体现了运动员强有力的体魄、充满个性和富有创造性的特点。快速奔跑能力和勇猛顽强的战斗意志，达到了人的意志美和身体矫健美的完美结合。足球比赛获胜的艰辛和难测的悬念，使比赛的形式变化莫测，扣人心弦，而最终胜负取决于运动员的灵敏性、主动性、创造性、全队的战术配合以及能否把握战机，这为该运动增添了神秘美的色彩。

4. 乒乓球运动

乒乓球是我国的国球，1988 年被列为奥运会比赛项目，是人民群众最喜爱的运动项目之一。其受欢迎的原因是由乒乓球独特的个性美决定的，即除了它对运动空间大小要求不高、运动量可大可小、技术水平要求可高可低等因素外，最主要的原因是在乒乓球运动中，每一板球的时空特征，即速度、旋转、力量、弧线、落点 5 个物理竞技要素和不同打法具备的“快、转、狠、准、变”或“转、稳、低、变、攻”等制胜因素以及这些制胜因素依个人气质、精神风貌的不同而有所侧重的长期稳定的结合，形成的各自不同的技术风格。此外，乒乓球运动员的身体美、技术美和竞赛的场地、环境和器材美等，均构成了乒乓球运动中丰富多彩、引人入胜的美的内容或形式。如以凶怪风格为主的邓亚萍、以快巧为主的刘国梁、以稳凶为主的孔令辉等，他们的技术动作和技术风格具有强烈的审美效应。因此，乒乓球运动中存在着大量的美学特征，在“美启真”“美导胜”的正确原则指引下，对于这样一项富含美的韵味的体育运动项目，深入探讨其美的本质及特征，掌握其审美因素，培养运动员自觉地练就技术美，造就精神美、道德美、意志品质美的能力，是非常必要的。另外，国际乒联从上世纪末开始就一再强调要提高乒乓球运动的观赏性，力争吸引更多的观众观看乒乓球比赛。为此，国际乒联试图通过规则的修改和电视转播等手段提高乒乓球运动的观赏性。从乒乓发展史的角度来看，规则的修改始终是围绕提高乒乓球运动的观赏性而展开的。

5. 网球运动

网球运动可以培养参与者的速度、力量、耐力、灵敏等素质，对发展协调性也有积极的作用。它是一项把力量美和艺术美，形体美、服饰美与环境美结合于一体的运动，是一项把竞争性、文化性、观赏性和参与性有机结合在一起的极具魅力的体育项目，是一项既有悠久历史，又不断得到普及发展，深受群众喜爱的时尚健身运动。网球运动之所以有其独特的欣赏价值，还因为它特有的“网球精神”：网球比赛跑动场面大、对抗激烈，且又在露天进行，因此，运动员的体力消耗很大；规则规定要连胜两分才算取胜一局，要连胜两局才算取胜一盘，否则便要无休止地战斗下去。可见，在网球比赛中，运动员不但要有高超的运动水平，还要有勇敢拼搏的精神。因此，网球比赛是力的较量，是技战术的较量，也是心理素质的较量。人们在欣赏网球比赛时，会有一种力的感受、雅的体验、美的熏陶，而这些正是网球运动所特有的魅力。

6. 羽毛球运动

羽毛球运动不仅是一项竞技项目，也是群众喜爱的娱乐活动，有着很强的观赏性。参与者在球的对击过程中，通过不停地奔跑和身体的变化，努力地去把球击到对方的场地。每当击球者在击出一个好球或赢得一个球时都能使自己兴奋并达到一种成功的喜悦。球的飞翔有快慢、轻重、高低、远近、狠巧、飘转等变化，使这种运动本身充满了丰富的乐趣。由于网球运动具有竞争性、对抗性、大强度等特点，要求参与者不仅要有全面的技术、成熟的心理，还要有顽强的意志品质。由于羽毛球技术的千变万化，使得这项运动呈现出很强的观赏性。如猛虎下山的上网技术，蛟龙出水一样的跳起击球，身如满弓的扣杀，犀牛望月似的抢扑救球，进攻时似高屋建瓴、势如破竹，防守时的绵绵细雨、固若金汤……这些都展示了羽毛球运动的力与美，使观赏者如同吟诵一首动人的诗，浏览一幅悦目的画，令人心旷神怡，流连忘返。

（三）体操运动欣赏

体操动作内容丰富、形式多样，是审美价值较高的运动项目。不论是单个动作还是成套动作，都要求幅度大、舒展、协调、节奏感强、造型美观大方。艺术体操、健美操、女子自由体操、技巧运动、广播体操、团体操等都要配以音乐伴奏，运动员上场亮相展示出的人的形体美，在音乐的伴奏下轻快、活泼、抒情、优美的姿态、稳健的造型和高超的动作技巧，无不给人以美的享受。

竞技体操突出表现了运动员的力量、柔韧、灵敏、协调等因素，充分展示了各种优美的人体造型。在比赛过程中，运动员各种优良品质的表现，又体现出品德风尚美。另外，竞技体操动作难度大、惊险复杂，要求运动员以娴熟的技战术和自己的创造，新颖独特的动作与悦耳的音乐紧密配合，使动作舒展、开朗、协调、美观、扣人心弦。艺术体操适合女子生理与心理特点，动作柔韧、协调、灵巧，具有刚柔相济的美和节奏感，充分展示了优美的动态形象和韵律感，使观众能感受到力的造型、美的展示，感受到青春活力的生命美。

（四）武术运动欣赏

武术作为一种传统体育运动，具有深刻的民族文化特点和广泛的社会发展基础。中国武术之所以经久不衰，而且越来越有魅力，不仅是因为它具有健身自卫的实用价值，而且还因为它是一种独特的表演艺术。武术的表演艺术特性、娱乐观赏作用以及审美功能和美学价值，充分表现在运动的全过程中。武术的全部内容倾注着中华民族的民族气质、民族美感和民族精神。

武术套路是按照攻守进退、刚柔虚实等对立统一规律编排而成的。其动作的美学特征以内在的精神气质为基础，以外在的技艺美为表现形式，是一种内外合一、形神具备的特殊文化现象。武术之美是东方古老文明之美的缩影，受中国古典哲学“天人合一”思想文化的影响，它强调顺应自然，按自然规律去发展。因此，无论是武术的技术原理、招式或动作的命名，都充分地展示着自然的美，追求人与自然的和谐，从人与自然的统一中寻求美，所以中国武术将这种和谐作为自己的审美特征。

（五）体育舞蹈欣赏

体育舞蹈在国际上非常流行，是融体育、艺术于一身的体育运动。体育舞蹈将以往的交际舞不断更新，并赋予时代气息和竞赛性质，使其不仅成为人们建立友谊、陶冶情操、锻炼身体、提高技艺的良好形式，而且具有独特的艺术表演价值，给舞蹈者和观赏者以美的享受，令人身心愉悦、悦目怡神，进而提高人们的艺术修养和审美情趣。欣赏体育舞蹈中的美主要体现在以下几个方面：

1. 体育舞蹈中的人体美

体育舞蹈中的人体之美表现在健与美的有机结合上，它要求男女选手以精湛的舞蹈技艺、默契的配合、精心的组织编排去表现这一感人的体育艺术项目。由于人体具有形状、线条、比例、透视、颜色、光泽、质感、对称、动态等一系列的审视条件，因此人体作为审美对象是最自然的了。通过欣赏体育舞蹈选手的表演，可使人意识到人体的美丽，发现蕴藏于这项运动中的丰富而动人的人体之美。

2. 体育舞蹈中的服饰美

体育舞蹈中，男女选手的服饰起着衬托美化作用，可为舞蹈锦上添花，具有其独特的审美价值和艺术魅力。在现代舞比赛中，男士通常穿礼服，以显示优美的身体线条和庄重的气质风度；女士着晚礼服式露背长裙，给人以华贵、娴熟、高雅之感。对于拉丁舞选手而言，男士着紧身长裤，上衣多穿宽松式长袖衫，女士则穿露背露腿的草裙式短裙，展示出浓郁的拉丁风情。至于舞鞋，男士均穿黑色或与服装同色的平跟缚带皮鞋；女士则穿高跟缚带皮鞋，颜色与衣裙相同，并可附加亮饰，从而令选手舞步醒目，足下生辉。

任何一种色彩都会给人以美感。在快步舞、桑巴舞、维也纳华尔兹、恰恰恰等节奏欢快激烈的舞蹈中，男女选手采用对比强烈的色彩组合，能起到相互衬托的作用。而在华尔兹、狐步舞、伦巴舞等风格优雅抒情的舞蹈中，男女舞伴则采用对比较弱的色彩搭配以产生和谐效果。

3. 体育舞蹈中的动作造型美

男女选手“动”“静”造型的交相辉映赋予体育舞蹈丰富的表现手段。运用动作造型全面展示各舞种的艺术风格是体育舞蹈的一项重要功能。男女选手以人体为媒介，通过面、头、颈、肩、胸、腰、胯、臀、膝、臂、手、腿、足及躯干和四肢的动作配合，按照多变的节奏和丰富的韵律，造成点与线的移动以及静与动的各种造型，使其具有爆发性、对比性、转折性、整体性，进而给人特有的瞬间美、过程美、变化美和立体美的享受。丰富多彩的舞蹈动作造型，基本上可分为动态造型和静态造型两大类。动态造型包括男女选手的运步、跳越、转体、摆荡、升降、倾斜等舞蹈动作，其美感特征是瞬间的造型美。静态造型则主要是指各种起始与结束舞姿和平衡静止动作，这种“定格”的舞姿造型能强化观众的视觉印象。它们在时间和空间上的美妙组合，造成了连绵不断的神奇效果，从而使动静相间、刚柔并济、虚实变化，恰如一幅流动的画，一首立体的诗，成为人们欣赏体育舞蹈最基本的审美点。

4. 体育舞蹈中的音乐美

音乐与体育舞蹈有着天然的姻缘关系。作为舞蹈的灵魂，音乐以其优美的旋律、鲜明的节奏、多彩的风格使体育舞蹈的艺术表现力更加丰富、更为动人。音乐以其独有的魅力促进了体育舞蹈的发展。体育舞蹈的音乐美发挥着控制舞蹈动作的重要作用。在舞蹈进行中，男女舞伴默契配合，翩翩起舞，节奏同步和谐，动作轻快流畅，旋转优美飘逸，这不仅需要选手具有娴熟高超的舞技，也依赖于音乐节奏的引导和指挥，才能使舞伴之间及舞蹈动作与音乐韵律协调统一起来，从而表现出和谐之美。

作业与思考题

1. 什么是体育文化？体育文化的价值是什么？
2. 现代奥林匹克运动是如何兴起的？古代奥运会与现代奥运会有何异同？
3. 奥林匹克运动的价值是什么？
4. 简述校园体育文化的内容与特点。
5. 什么是体育欣赏？体育欣赏的内容有哪些？

第五章 小型体育竞赛组织与编排

名人名言

体育竞赛之最绝妙处乃由于它只在手做，不在口说。

——赫尔巴特

学习导航

体育竞赛是体育课外活动的重要组成部分，也是学校体育教育的重要形式之一。它有力地推动着学校群众性体育活动的广泛开展，促进学校体育的普及与提高，是实现学校体育目标，贯彻“健康第一”思想的基本途径之一。本章介绍了学校中开展的小型体育竞赛的组织和编排，通过学习本章内容，有助于提高学生自行组织比赛的能力。

知识目标

1. 了解小型体育竞赛的组织工作。
2. 掌握基本的球类竞赛编排方法。

能力目标

通过学习，学生能够了解体育竞赛的一般知识，熟悉小型球类竞赛的组织与编排，提高学生自行组织、举办比赛的能力，提高参加体育锻炼的水平和兴趣。

第一节　小型体育竞赛的组织工作

体育竞赛是推动学校群众性体育活动广泛开展，促进运动技术水平不断提高的重要组织形式。体育竞赛可以起到很好的宣传鼓动作用，可以吸引更多的人参加体育活动，丰富和活跃课余文化生活，还可以检查教学训练效果，总结交流经验，增进团结和友谊。同时，体育竞赛对于培养勇敢顽强、积极进取、遵守纪律和互相协作的优良作风也有着重要的意义。体育竞赛的组织工作包括比赛前的准备工作、比赛期间的工作和比赛结束后的工作。

1. 比赛前的准备工作

（1）成立组织上机构：竞赛的组织工作是一项十分重要的工作。为了做到统一领导，统筹安排，根据赛会规模的大小，应建立相应的组织机构，全面负责竞赛工作。一般基层组织的体育比赛可成立竞赛组织委员会，下设宣传组、竞赛组、裁判组和总务组等。而基层的小型单项比赛则可不设办事机构，由负责同志统一组织。

（2）制定竞赛规程：竞赛规程是比赛的指导性文件，是竞赛工作进行的依据，应提前发给有关单位，以便各单位做好准备工作。

竞赛规程一般应包括如下内容：竞赛的名称、目的任务、主办单位、竞赛项目、日期、地点、参加单位、参赛人数、运动员资格、报名及报到日期、竞赛办法、竞赛规则、名次评定和奖励办法、抽签日期和地点、注意事项等。

（3）制订工作计划：组织委员会应根据有关会议文件精神，拟定出运动会的主要工作日程草案，经讨论后执行。其主要内容如下：① 动员工作，如向大会工作人员、裁判员、运动员的报名和党团会议。② 裁判工作，包括裁判会议，学习和讨论规则、裁判法，裁判员实习等。③ 会场及场地布置及器材准备工作。④ 注册编排和编印秩序册以及准备各种表格。⑤ 领队教练会议。⑥ 组织观众及宣传教育工作。⑦ 运动会的竞赛工作，包括入场式表演、开幕式闭幕式等工作。⑧ 组织经验交流、观摩学习工作。⑨ 编造经费预算。⑩ 总结工作。

2. 比赛期间的工作

（1）利用各种宣传工具，表彰先进单位和个人，不断进行政治思想和体育道德的教育，使大家进一步明确比赛的意义，端正比赛作风，正确对待胜负，正确对待裁判。

（2）每天组织裁判员进行工作总结，总结经验，改进工作，提高裁判水平，并及早安排好后续的比赛。

（3）要及时准确地整理、公布比赛成绩，为后续比赛做好准备工作。

（4）加强有关部门的联系，如有必要应及时开领队会或领队、教练员、裁判长联席会，听取意见，改进工作，及时处理比赛中发生的问题。竞赛日程如有变更，应提前通知各队。

（5）加强场地、医务、保卫等工作，以保证比赛的顺利进行。

3. 比赛结束后的工作

（1）迅速准确地整理出全部比赛成绩，按照规程给优胜队或个人奖励。

（2）及时做好场地器材的收整工作。

（3）及时对各部门的工作进行总结，并认真整理好赛会文件，妥善保存待查。

（4）对优秀运动员、裁判员、工作人员和大会期间涌现出来的好人好事进行表彰，以加强精神文明建设，更有效地推动群体工作的开展。

第二节 球类竞赛的编排

在体育竞赛中，球类竞赛是被众多大学生所喜爱的。各种球类运动竞赛时采用最多的比赛制度有淘汰制、循环制和混合制。选择什么样的竞赛制度，应根据举办比赛的任务、期限、参加队数的多少和场地数量等条件而定。

一、淘汰制

淘汰制是参赛队或运动员在比赛中失败一场或两场之后，即失去参加比赛的资格，连续获胜的队或运动员继续参加比赛，直到最后确定优胜者为止。

淘汰制一般在比赛时间较短且参加比赛队数或运动员较多的情况下采用。这种方法的优点是节省时间，不足之处是不能比较合理地确定名次，达不到锻炼、学习的目的，而且偶然性也比较大。淘汰制有单淘汰和双淘汰两种形式。

(一) 单淘汰制

单淘汰制是在比赛中，失败一次即失去比赛资格，获胜的队（人）继续参加比赛，直到最后确定优胜队为止的一种比赛方法。

1. 单淘汰制比赛轮数、场数的计算

轮数的计算：参加比赛队数恰好等于 2 的乘方数，则比赛的轮数等于 2 的指数；如参加比赛的队数不是 2 的乘方数，则轮次数为略大于参赛队数的 2 的乘方的指数。如 8 个队参加比赛，8 是 2 的 3 次方，故要比赛 3 轮；如 14 个队参加比赛，则按 16 个队参赛的轮数（4 轮）来计算。

总场数的计算：总场数等于参赛队数减 1，如 8 个队参赛，则总场数为 7。

2. 单淘汰制比赛秩序表的编排

（1）如果参赛队数是 2 的乘方数，那么所有的队在第一轮都得进行比赛。

（2）如果参赛队数不是 2 的乘方数，就应选择略大于参赛队数的 2 的乘方数作为参赛队数来编排秩序表。用此乘方数减去参赛队数则为首轮比赛的轮空队。如图 5-2-1 所示，6 个队参赛，则按 8 个队编排秩序表，那么首轮比赛中有 2 个队轮空（1、6 队轮空）。

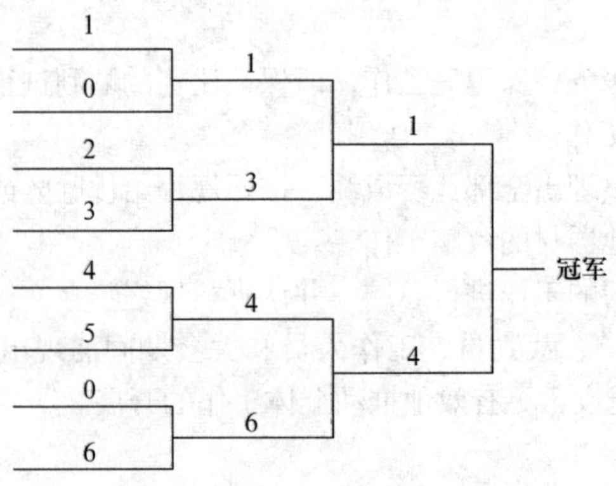

图 5-2-1 6 个队参加比赛轮次表

（3）种子编排法：为避免强队过早相遇，可采用种子队的编排方法，将实力最强的队定为“种子队”，有计划地安排在秩序表的适当位置，使种子队最后相遇，这样产生的名次较为合理。

确定种子队的数量要根据参赛队的多少而定，通常以 4 个队设一名种子队为宜，并均衡地分布在各个区内。如 8 个队参赛设 2 个种子队，并分别安排在上、下半区的 1、8 号位置；如 16 个队参赛，则设 4 个种子队，按它们各队水平的高低分别安排在 1、16、9、8 号位置上。种子队有优先轮空权，如 6 个队参赛，则 2、7 号的位置空着。轮空的队只能在第一轮中出现，不能在其他轮次中出现。

（4）编排程序：① 根据参赛队数确定竞赛队数，准备好竞赛秩序表；② 确定种子队，并按要求将种子队安排在秩序表的适当位置；③ 其他各队用抽签的办法确定另外的号位。

（二）双淘汰制

双淘汰制是指在比赛中，失败两次之后即将失去比赛资格。双淘汰制给初次失败者增加了一次比赛机会，它所产生的冠亚军亦比单淘汰制合理。双淘汰制的秩序编排方法和单淘汰制基本相同，也是先排种子后抽签。

双淘汰比赛场数：队数乘以 2 减去 3。例如，参加比赛队数是 7 队，其比赛场数则为：$7\times2-3=11$。参加双淘汰制的队数，如果不是 2 的乘方数，则在排秩序时，仍然要有轮空队。

编排方法：以 8 个队（人）参加比赛为例，如图 5-2-2 所示。

决赛时，如果 1 胜，则 1 为第一名，5 为第二名；如果 5 胜，则 1 和 5 都只败一次，所以应进行补赛，如上图虚线所示，胜者名次为前。

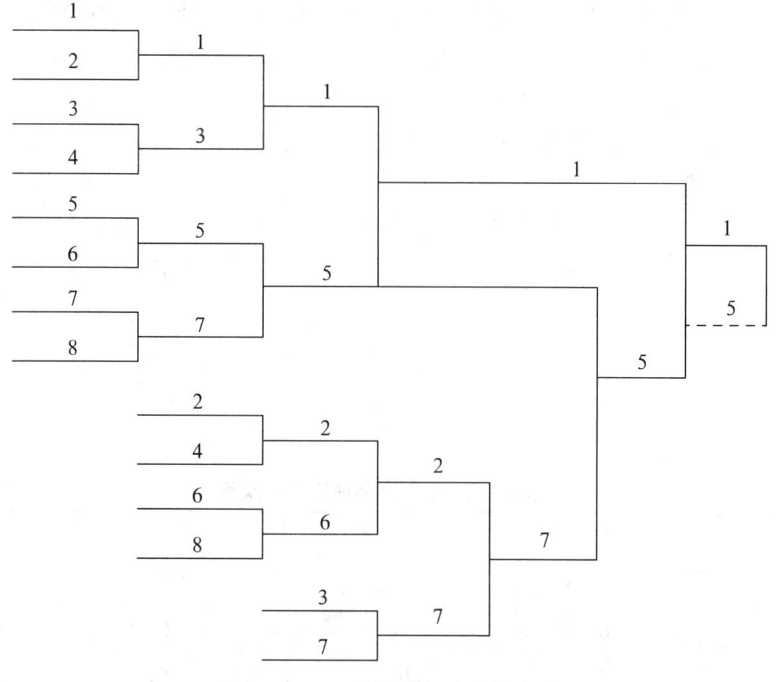

图 5-2-2　8 个队参加比赛轮次表

二、循环制

循环制就是参加比赛队（人），在整体赛程按一定的顺序与其他队（人）逐一相遇比赛，并根据比赛胜负数计算各队得分，确定各队名次。这种赛制的优点是比赛和锻炼的机会多，有利于互相学习，共同提高，同时也可以较合理地确定名次。不足之处是比赛场次多，所需时间长，并要求有一定的场地器材等设备。

循环制有单循环、双循环和分组循环三种形式。

（一）单循环

单循环是指所有参加比赛的队（人）之间相互比赛一次。这种方法一般在参加比赛的队数或人数较少时采用。

1. 比赛轮次的计算方法

比赛的轮次根据参加比赛的队数或人数来确定。若参加比赛的队数和人数为偶数，则比赛的轮数是队数或人数减 1。例如，参加比赛的队数或人数是 10，那么比赛轮次为 10－1＝9（轮）。参加比赛的队数或人数为奇数时，比赛轮次等于队数（或人数）。例如，9 个队参加单循环，则比赛轮次为 9 轮。

2. 比赛场次的计算方法

比赛场次的计算公式：队数 ×（队数 －1）÷2＝比赛总场数

例如，8 个队参加单循环赛，则比赛总场数＝8×（8−1）÷2＝28 场。也就是说，有 8 个队参加单循环比赛，要进行 7 轮 28 场比赛。

3. 比赛轮次表的编排

不论参加比赛队数或人数是奇数还是偶数，一律按偶数编排。若参加队数是奇数，可以用一个“0”号代表一个队，使之成为偶数。碰到“0”号的队就是轮空。编排时，先用阿拉伯数字代表参赛队，把参赛队（人）平均分为左右两列，左列数字由 1 号自上向下排，右列数字由下向上排，然后把相对号数用横线联结起来，这就是第一轮的比赛。

从第二轮编排开始，“1”号或“0”号位固定不变，其余号码按逆时针方向移动一个位置，再用横线联结起来，就是第二轮的比赛，如表 5-2-1、表 5-2-2 所示。

表 5-2-1 6 个队参加比赛轮次表

第一轮	第二轮	第三轮	第四轮	第五轮
1—6	1—5	1—4	1—3	1—2
2—5	6—4	5—3	4—2	3—6
3—4	2—3	6—2	5—6	4—5

表 5-2-2 5 个队参加比赛轮次表

第一轮	第二轮	第三轮	第四轮	第五轮
1—0	1—5	1—4	1—3	1—2
2—5	0—4	5—3	4—2	3—0
3—4	2—3	0—2	5—0	4—5

轮次表排完后，各队（人）进行抽签，并把队（人）名按抽到的号码填到轮次表里，然后再把比赛各轮次、日期、时间、场地等编成竞赛日程表。

（二）双循环

双循环比赛是指参加比赛的队先后进行两次单循环的比赛。其轮次表的编排方法与单循环相同。这种赛制只有在比赛的队（人）数不多、赛期又较长时采用。其优点是各队（人）都有两次机会相遇，能合理地安排名次。但因场次太多，赛期太长，一般较少采用。

（三）分组循环

分组循环就是把参加比赛的队分为若干小组，各小组先进行单循环比赛，排出各小组的名次后，再进行第二阶段的比赛。这种赛制多在参加队（人）数多、比赛时间较短的情况下采用。其优点是节省时间，能较合理地排定名次，有较多的学习交流机会。其编排如下：

1. 计算比赛轮次和场次

分组循环比赛的轮次需根据每阶段每组中的队（人）数进行计算。分组轮次计算方法同单循环。分组循环的总场次等于各组比赛场次之和。

2. 分组循环比赛的编排方法

分组循环通常分为预赛和决赛两个阶段。预赛阶段，根据竞赛规程的规定和实际情况，将参加队（人）平均分成若干组用单循环法赛出各组名次。为避免强队（人）过于集中从而失去小组出线的机会，分组时应尽可能列出种子队（人），分别编入各小组。

决赛阶段，根据竞赛规程规定的办法，在编排预赛阶段比赛表的同时，排出决赛阶段的比赛表。并且应以代号（× 组 × 名）的方式，直接把预赛阶段的小组名次排在决赛阶段比赛表相应位置上，决赛时按表进行比赛。决赛阶段常用的比赛方法有同名次赛、分段赛、录取名次赛等。下面是以 12 个队参加比赛，分两个阶段进行比赛的编排方法：

第一阶段，将 12 个队分成两组分别进行单循环比赛，排出各小组的名次。

第二阶段有三种形式：

（1）各组同名次进行比赛，各小组第一名决第一至二名；各小组第二名决第三至第四名……各小组的第六名决第十一至第十二名。

（2）将各小组第一名、第二名编排在一组进行单循环赛，决第一名至第四名；各小组第三名、第四名编在一组进行单循环赛，决第五名至第八名；各小组第五名、第六名编在一组进行单循环赛，决第九名至第十二名。

（3）将各小组的前三名编在一组，决出第一名至第六名。其他队不再比赛（或将各小组后三名编在一组用同样的方法决出第七名至第十二名）。

3. 分组循环比赛“种子”队的确定和位置排列

确定“种子”队可以根据参赛各队的实际水平，在领队会上协商确定。“种子”队确定后，先把“种子”队经抽签分到各组里，然后再用抽签的方法确定其他各队在各组的位置。“种子”队的队数一般等于分组的组数。如分 4 个组进行比赛，则应有 4 个“种子”队。为了做到更合理，可以多选出几个“种子”队，但必须是组数的倍数。如分 4 个组进行比赛，可确定 8 个“种子”队，一组中有两个“种子”队，此时应把第一名与第八名“种子”队编在一组，把第二名与第七名编在同一组，以此类推。

4. 分组循环比赛的抽签方法

抽签方法可分为一次抽签和二次抽签。一次抽签就是一次抽签就决定组别及组的顺序号。二次抽签就是第一次抽签决定组别，第二次抽签决定组的顺序号。

抽签时，“种子”队先抽签，确定各“种子”队的组别，若“种子”队数与组数相同，则将各“种子”队分别抽入各组。如“种子”队数是分组数的倍数，则将采用跟“种子”的办法，合理地将两个“种子”队抽入同一组内。以分 4 组有 8 个“种子”队为例，前 4 个“种子”队代表后面 4 个“种子”队抽签，第一号“种子”抽入某组则将第八号“种子”带入同组，第二号“种子”抽入某组则将第七号“种子”带入同组……然后非“种子”队按分的顺序依次抽签，确定组别和组的编号。将各队队名对号填入事先编排好的轮次表内。

如无法确定“种子”队时，可将参赛各队所抽顺序号按所分组数以“蛇形”排法分组，确定各组参赛队。如 16 个队分 4 组比赛，其排法如表 5-2-3 所示。

表 5-2-3 分组循环竞赛的“蛇形”排列分组表

第一组	第二组	第三组	第四组
1	2	3	4
8	7	6	5
9	10	11	12
16	15	14	13

5. 循环制中的名次排列问题

运用循环制进行比赛，一般都采用计算积分的方法来决定名次。记分的方法为胜一场得 2 分，负一场得 1 分，弃权一场得 0 分，最后计算各队在全部循环赛中的积分，积分多者名次列前。

在采用循环制比赛中，又常常会出现若干个队积分相等的情况。这时，各种球类项目排列名次的方法各不相同。

（1）篮球：

① 如遇两队积分相等，则按两队相互比赛的胜负决定名次，胜者名次列前。

② 如遇三个队或三个以上的队积分相等，则按积分相等的队相互比赛的胜负场多少决定名次，胜场多者名次列前。如胜负场次相等，则按它们之间比赛的得失分率决定名次，得失分率高者名次列前。如再次相等，则用同样的方法按同一循环中所有场次的总得失分率的比较，总得失分率高者名次列前（得失分率 = 总得分 ÷ 总失分）。

（2）排球：

如遇两个队或两个以上队积分相等，则采用下面的方法：A（胜局总数）÷ B（负局总数）= C，其中 C 值高者名列前。如 C 值仍相等，则采用：X（总得分数）÷ Y

（总失分数）=Z 其中 Z 值高者名次列前。

（3）足球：

如遇两个队或两个以上队积分相等，则采用以下办法决定名次：

① 按积分相等的队同一循环全部比赛中的净胜球多少决定名次，净胜球多者名次列前。

② 如仍相等，则按在同一循环中全部比赛的进球数决定名次，进球总数高者名次列前。

③ 如仍相等，则用抽签的办法决定名次。

三、混合制

同时采用循环制和淘汰制两种方式进行的比赛为混合制，它是把比赛分为两个阶段，前一个阶段采用分组循环制，后一阶段采用淘汰制；或者前一个阶段采用分组淘汰制，后一阶段采用循环制。

球类比赛中，通常是预赛阶段先进行分组循环比赛，决赛阶段采用淘汰赛。在进行淘汰时，大多数采用“交叉赛”或“同名次赛”来决定名次。

作业与思考题

1. 小型体育竞赛的具体组织工作是怎样的？
2. 如何以循环制或淘汰制的方式组织小型球类运动竞赛？

第六章 田径运动

名人名言

如果你想强壮，跑步吧！如果你想健美，跑步吧！如果你想聪明，跑步吧！

——古希腊格言

学习导航

本章介绍了田径运动的起源、发展和锻炼价值，在此基础上详细介绍了跑、跳、投等基本技术及学练方法。

知识目标

1. 学习径赛项目和田赛项目的运动技术。
2. 学习田径运动的健身方法。

能力目标

1. 掌握短距离跑的学练方法。
2. 掌握长距离跑的学练方法。
3. 掌握跳远的学练方法。
4. 掌握跳高的学练方法。
5. 掌握掷铅球的学练方法。

第一节 田径运动概述

一、田径运动的起源与发展

田径运动在国际体育竞赛中占有重要位置，深受各国人民的重视，也是我国学校体育课的重点教学内容。田径运动项目众多，场地、设备和器材较为简单，易于开展和普及。田径运动被誉为“运动之母”，它能全面有效地发展身体素质，培养人坚强的意志和勇敢顽强的拼搏精神。这些对其他各项运动技术的掌握和成绩的提高都有重要的作用。

田径运动是在人类长期的社会实践中发展起来的，包括男女竞走、跑跃、投掷40多个单项以及由跑跳、跳跃、投掷部分项目组成的全能运动。以时间计算成绩的竞走和跑的项目叫“径赛”，以高度和远度计算成绩的跳跃、投掷项目叫“田赛”。田径运动是径赛、田赛和全能比赛的全称。

远在上古时代，人们为了获得生活资料，在和大自然及禽兽的斗争中，不得不走或跑相当的距离，跳过各种障碍，投掷石块和使用各种捕猎工具。在劳动中不断地重复这些动作，便形成了走、跑、跳跃和投掷等各种技能。随着社会的发展，人们有意识地把走、跑、跳跃、投掷作为练习和比赛的形式。

公元前776年，在古希腊奥林匹克村举行了第一届古代奥林匹克运动会，从那时起，田径运动就是正式比赛项目之一。1896年，第一届现代奥林匹克运动会在希腊举行。在这届奥运会上，走、跑、跳跃、投掷等田径项目，被列为比赛的主要项目。至今在已举行的各届奥运会上，田径运动都是主要比赛项目之一。

4年一届的奥运会是促使田径运动成绩不断提高和改进训练方法的动力。许多优秀的田径运动员经过刻苦训练，他们的先进技术和训练方法通过奥运会推广于世界各地。如第二届奥运会推广了跨栏跑和剪式跳高技术。采用大运动量训练的捷克选手拉脱培克，在第十五届奥运会上取得5 000、10 000米和马拉松三项冠军后，变速跑的方法立即被推广到世界各地。1960年第十七届罗马奥运会上采用马拉松式训练法的新西兰运动员斯奈尔、马吉等在800米、5 000米、10 000米上取得好成绩后，新西兰的马拉松训练法又得以推广。在1968年的墨西哥奥运会上，美国运动员福斯贝里采用背跃式跳高取得冠军后，在世界各地仅仅经过2~3年时间便取代了俯卧式跳高技术。诸如此类事例在历届奥运会中不胜枚举，它对田径运动的技术和训练方法起到了推陈出新的作用，促进了全世界田径运动的不断发展。

生理学家和有经验的教练员们曾预言田径运动成绩的最高界限，但这些预言，一个个都被运动员的实践所冲破，历次奥运会都出现了可观的被冲破纪录的项目数，这说明田径运动成绩永无顶峰，这也是田径项目受人喜欢之所在。

田径运动于20世纪初由外国传教士带入我国，当时只在教会创办的学校之间开展，后来才逐渐扩展到各级公立、私立学校。

中华人民共和国成立后，田径运动得到迅速普及，技术水平提高很快。从1953年起，几乎每年都举行规模较大的全国性的田径运动会，在群众性体育运动广泛开展的基础上，我国田径技术水平和成绩与国际的差距逐步缩短。1956年，跳高运动员郑凤荣以1.77米打破了当时1.76米的世界纪录。

20世纪60年代，我国有10个项目进入世界前10名。1983年，在上海举行的第五届全运会上，朱建华以2.38米打破了他自己保持的2.37米的世界纪录。同年，徐永久以45分13秒4的成绩创女子竞走世界纪录，她成为我国第一个在世界比赛中获得冠军的田径运动员。90年代随着马家军的崛起，她创造了一批女子中长跑世界纪录，王军霞还赢得了“亚洲神鹿”的称号。

2004年8月27日，刘翔获得了雅典奥运会男子110米栏冠军，以12秒91的成绩平了由英国选手科林·杰克逊1993年创造的世界纪录，打破了12秒95的奥运会纪录。2006年7月12日，刘翔获得了在瑞士洛桑举行的田径超级大奖赛男子110米栏的冠军，成绩为12秒88，打破了沉睡13年之久的世界纪录。

在高水平世界田径行列中我国仍有明显差距，要把我国建成为世界体育强国，提高田径运动水平的任务十分重要而又艰巨。

二、田径运动的锻炼价值

田径运动能有效地发展速度、力量、耐力、灵敏性以及协调性等身体素质，增强体质，获得运动技能，提高运动成绩，培养意志品质。

（1）参与竞走或慢跑锻炼，全身的肌肉都能参加工作，可加速物质代谢，增强心血管系统、呼吸系统和其他系统的活动能力，协调有机体各器官和系统的机能，可以有效地发展耐久力。

（2）跳跃练习可以提高控制身体和集中用力的能力，能有效发展弹跳力、力量、速度、灵敏性和协调性。

（3）练习投掷项目，能有效发展臂部、肩带、躯干和腿部等肌肉力量。

（4）参与全能运动可以全面发展身体素质，更加全面地掌握田径运动技术，也能更好地发展一般耐力。

第二节 径赛项目基本技术

田径运动中的短跑、中长跑、跨栏、竞走项目都属于径赛项目。这些项目都有共同的特点，即通过人体两条手臂的摆动配合两腿做周期性运动，并与地面不断接触、摩擦、蹬地，使人体产生向前的位移速度。

一、短距离跑

查看短距离跑动作示范

短距离跑简称为“短跑”，比赛项目有60米、100米、200米、400米跑。短跑技术一般分为起跑、起跑后的加速跑、途中跑和终点跑4个部分。

1. 起跑

起跑的任务是使身体迅速摆脱静止状态，尽可能获得较大的起动速度，为起跑后的加速跑创造有利的条件。起跑技术包括“各就位”“预备”“鸣枪”（或“跑”）三个阶段。当听到“各就位”口令后，应迅速做好“各就位”“预备”动作，并高度集中注意力听枪声。听到枪声的瞬间，两手迅速推离地面，两臂屈肘有力地前后大幅度摆动，两腿同时用力蹬离起跑器，后腿以膝领先迅速向前摆动，有力地将身体向前上方送出（图6-2-1）。

查看短距离跑分解动作示范

2. 起跑后的加速跑

起跑后的加速跑是从前腿蹬离起跑器到进入途中跑姿势之前的一个跑段。起跑

图 6-2-1

后，应尽快接近或达到最高速度，身体保持适当的前倾，后蹬充分有力，前摆积极，两臂摆动有力，幅度大，步频较快。随着跑速加快，上体逐渐抬起，步长也逐渐加大。

3. 途中跑

途中跑是短跑全程中距离最长、速度最快的一段，其任务是继续发挥和保持高速跑。上体稍前倾或正直，两眼平视，面部、颈、肩部放松。两臂屈肘，两手放松，以肩关节为轴，做轻快而有力的前后摆臂，同时摆动腿快速折叠前摆，随后积极下压，小腿和前脚掌积极鞭打扒地。当摆动腿脚着地后，髋关节继续伸展，身体重心迅速前移，随之伸展髋、膝、踝关节，完成蹬伸动作。

查看途中跑动作示范

4. 终点跑

终点跑是短跑全程跑的最后一段，其任务是尽力保持途中跑的高速度跑过终点，包括终点冲刺和撞线两个部分。保持上体稍前倾姿势，加强后蹬，两臂用力摆动，在距终点线前一步时，做上体急速前倾动作，以胸部或肩部领先通过终点，然后逐渐减慢跑速（图 6-2-2）。

查看终点跑动作示范

图 6-2-2

弯　道　跑

弯道跑技术也是短跑的重要技术组成部分。弯道起跑的任务是迅速摆脱静止状态，为起跑后的加速跑创造条件。其技术要求是蹬腿摆臂有力，起动迅速。起跑时，右手撑在起跑线后 5~10 厘米处，使身体正对切线方向。弯道起跑后进入加速跑阶段，上体要早些抬起，以利于跑入弯道时和在继续跑进中保持身体平衡。从直道进入弯道跑时，身体应有意识地向内倾斜，加大右腿的蹬地力量和摆动幅度，右臂亦相应地加大摆动的力量和幅度，有利于迅速从直道跑进弯道（图 6-2-3）。

查看弯道跑动作示范

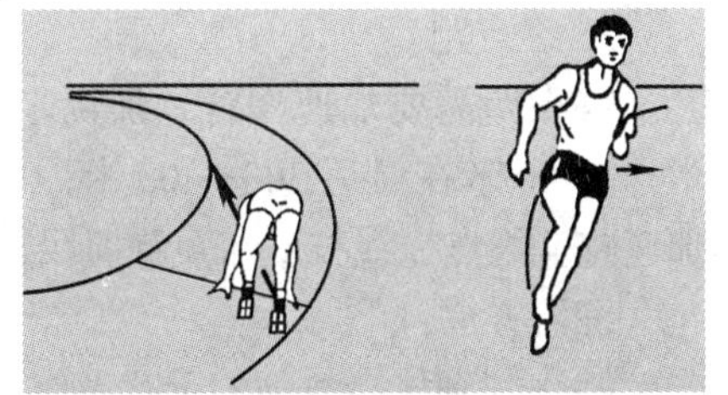

图 6-2-3

练习方法：

（1）仔细体会教师的示范动作；观看当今世界优秀运动员的技术图片或短跑专题片。

（2）在直道（或草地上）以中等速度反复跑 60~100 米。

（3）30~60 米的行进间跑。

（4）各种专门练习，如小步跑、高抬腿跑、后蹬跑、弓箭步摆臂练习等。

（5）从直道进入弯道跑 40~60 米。要求身体逐渐向左倾斜，体会从弯道跑身体向左倾斜逐渐过渡到直道途中跑的技术。

（6）弯道跑 120~150 米，注意从弯道转入直道跑时有 2~3 步放松自然跑进。

（7）体会蹲踞式起跑技术。蹲踞式起跑 20~30 米，弯道蹲踞式起跑 40~60 米。

（8）100 米全程跑。以最快速度跑过终点，做撞线动作，改进和提高完整的短跑技术。

二、中长跑技术

中长跑是速度、耐力型运动项目。根据跑的距离分为中距离跑（800~3 000 米）、长距离跑（5 000~10 000 米）和超长距离跑。

1. 起跑和起跑后的加速跑

查看站立式起跑动作示范

中长跑采用站立式起跑，800 米运动员还可采用“单臂支撑”的半蹲踞式起跑。

运动员听从发令员或其助手的召集，在起跑线后 3 米集合线上按其道次排列顺序站立，听到“各就位”的口令后，做一两次深呼吸，很快站到起跑线后排成一列或若干列横队。

查看中长跑动作示范

起跑后的加速跑是指从起跑第一步落地到发挥出预计的速度或跑到战术位置的跑的阶段。这段加速跑上体逐渐抬起，做迅速有力的摆臂，起跑后要对准跑动方向与弯道的切点，跑成直线，迅速发挥速度。当已经发挥个人的跑速或进入战术需要的位置时，将开始有计划、有节奏地途中跑。

2. 途中跑

中长跑的绝大部分距离是途中跑阶段。中长跑的上肢摆臂动作幅度要小一些，腿部的后蹬与前摆用力程度也要小一些，腾空时间与支撑时间的比值也要小一些，脚着地可用脚掌的外侧着地过渡到全脚掌着地，也可从跑步起即用全脚掌着地。中长跑的呼吸采用半张口与鼻同时呼吸。途中跑有一半以上的距离是在弯道上跑。弯道跑技术与短跑基本相同，只是动作幅度和用力程度较小。

3. 终点跑

终点跑需要加速摆臂，加快步频。在一般情况下，800 米跑可在最后 200~300 米，1 500 米在最后 300~400 米，3 000 米跑以上要在最后 400 米或稍长的距离开始加速跑。终点撞线技术与短跑撞线技术一样。

练习方法：

（1）仔细体会教师的示范动作；观看优秀运动员的技术图片或中长跑视频。

（2）按要求体会中长距离跑的技术，男生中速跑 150~300 米，跑 1~3 次；女生中速跑 100~200 米，跑 1~3 次。

（3）男生跑 1 000 米，女生跑 800 米。体会中长跑的技术、体力分配和意志的作用，以对中长跑技术有进一步的了解。

（4）发展一般速度：均匀速度跑 60~100 米，加速跑 60~100 米，中等速度反复跑 100~200 米，变速跑。

（5）发展专项耐力：长时间或较长时间进行跑的专门练习，短于或略长于专项距离的重复跑，等距离或不等距离的变速跑，较长距离的大强度越野跑以及各种距离的计时跑、比赛等。

三、跨栏跑

跨栏跑是在快速跑步的过程中设有固定数量、固定距离、固定高度栏架的竞赛项目，它的技术很复杂，节奏性很强。跨栏跑的成绩取决于运动员的平跑速度、跨越栏架的完善技术以及跑跨两者协调配合的能力。奥运会比赛的跨栏项目有男子 110 米栏、400 米栏；女子有 100 米栏、400 米栏。下面以男子 110 米栏为例介绍跨栏跑技术。

跨栏跑的技术一般分为起跑至第一栏的技术、途中跑和终点冲刺跑三个部分。

1. 起跑至第一栏的技术

起跑后正确地跨过第一栏，是跑好全程的重要环节。起跑后的疾跑，身体前倾角度比短跑小。起跑到第一栏的距离是 13.72 米，一般跑 8 步，对于身体条件好的运动员也可以选择跑 7 步，一般运动员可跑 9 步或 11 步。

2. 途中跑（包括跨栏步和栏间跑）

跨栏步技术包括起跨、攻栏、腾空过栏和下栏着地 4 个部分。腾空过栏的那一步包括起跨、过栏两个阶段。

从起跨腿着地踏上起跨点开始至后蹬结束为止称为起跨。一般起跨点距栏架约 2~2.20 米，初学者可适当缩短一点。为了迅速、准确地踏上起跨点，起跨前一步的长度应比倒数第二步短 15~25 厘米，形成一个快速短步，使身体重心快速前移，为起跨做好准备。当倒数第二步摆动腿着地时，起跨腿的大腿积极前摆，并用前脚掌准确地踏着起跨点。摆动腿的大腿积极向前上方摆动，小腿随惯性与大腿自然折叠，用以加大前摆的速度。当身体重心移过垂直部位后，起跨腿用力蹬地，使髋、膝、踝与上体成一直线。起跨腿与地面形成的夹角比短跑要大。两肩正对前方，摆动腿异侧臂有力地前摆，形成一个向栏“进攻”的动作。

所谓过栏，是指起跨腿蹬离地面到过栏后摆动腿着地这一段空间动作。起跨腿蹬离地面后，摆动腿大腿随惯性继续抬高。膝关节放松，小腿向前伸展，脚尖勾起，然后，向下向后用力做压栏动作。上体积极前倾，摆动腿异侧臂前伸，在摆动腿开始下压的时候，上体的前倾度最大。同时，起跨腿屈膝外展，勾起脚尖，收紧小腿，以大腿带动小脚经体侧向前提拉。起跨腿同侧臂向后摆动，摆幅比短跑要大。当臀部快要移过栏架的瞬间，摆动腿积极下压，用前脚掌着地，上体适当前倾，髋关节前移，使着地点尽量靠近身体重心射影点，以便转入栏间跑。

栏间跑：一般用三步跑完。第一步稍小，第二步稍大，第三步适中。跑的技术同短跑中的途中跑。但由于栏间距离是固定的，所以栏间跑要有一定的节奏。在不影响栏间节奏的前提下，增大第一步的步长是必要的，这样能减小身体重心的起伏。栏间跑的速度主要靠提高步频来完成。

3. 终点冲刺跑

下十个栏后，进行终点冲刺动作。技术特点是：过第十栏时，摆动腿明显地积极擦栏板下压，着地点几乎落在身体重心投影点处，起跨腿一越过栏架，即向前摆出，两臂快速摆动，加快步频，保持上体一定的前倾，冲向终点，跑到离终点线一步时，用胸部压线或用肩部撞线。

400 米栏弯道跑

为了掌握弯道过栏技术，要学会右腿起跨。并且左腿前摆时要略向左偏，上体向左稍倾斜，左肩低于右肩，下栏时以脚掌外侧着地，下栏后的第一步也应向左用力。栏间跑 15 步或 17 步，一般前半程跑 15 步，后半程跑 17 步。400 米跨栏应注意跑时的速度分配，一般采用匀速跑为好。

100 米女子栏

跨栏技术和男子 110 米跨栏技术相似只是动作幅度小，起跨点较近，后蹬的角度较小。身体重心波动差小，更接近平跑。

练习方法：

（1）仔细体会教师的示范动作；观看优秀运动员的技术图片或视频。

（2）原地站立，摆动腿屈膝高抬，然后积极下压大腿，做“扒地”动作同时摆动腿异侧协调前伸和摆动。

（3）摆动腿前跨一步，起跨腿做过栏动作的练习。两臂协调摆动，上体稍前倾。

（4）面对肋木（原地站立或走几步），摆动腿屈膝高抬前摆，并伸小腿踏在肋木上，与此同时，起跨腿蹬直，上体前倾，摆动腿异侧臂前伸。

（5）从栏侧走几步做摆动腿攻栏和起跨腿过栏的练习。

（6）在栏后按比例画出栏间步 1、2、3 步的标记，要求跨过一个栏以后栏间跑准确踏在标记线上。

四、接力跑

接力跑是由短跑和传、接棒技术组成的集体项目，包括男、女 4×100 米，4×400 米接力项目。下面以 4×100 米接力跑为例介绍接力跑技术。

接力跑技术包括短跑技术和传、接棒技术两个部分。接力跑成绩取决于各棒队员的速度，熟练的传、接棒技术，传棒队员与接棒队员在传、接棒时的最佳位置。

1. 起跑

第一棒运动员通常采用蹲踞式起跑，用右手的中指、无名指和小指握住棒的末端，用大拇指和食指分开撑地，接力棒不得触及起路线或起跑线前的地面，起跑技术和短跑相同。第二、三、四棒运动员用站立式或一手撑地的半蹲踞式起跑姿势站在选定的起跑位置。第二、四棒运动员站在跑道外侧，所以都把左腿放在前面，右手撑地，身体重心稍向右偏，头转向左后方，且目视跑来的同队队员和自己的起动标记。第三棒运动员因跑弯道而站在本跑道左侧，右腿在前，与第二、四棒运动员技术要求相同，只是左右相反。

2. 传、接棒的方法

传、接棒方法一般有上挑式、下压式和混合式三种。

• 上挑式——接棒的手臂自然向后伸出，掌心向后、向下，虎口张开朝下，传递人将棒由下向上方送入接棒人的手中。

• 下压式——接棒运动员手臂后伸，四指并拢，虎口张开向后，掌心向上，递棒运动员由上而下柔和传入接棒人手中。

• 混合式——第一、三棒运动员右手持棒，沿跑道内侧跑，采用“上挑式”把棒传给二棒、四棒运动员的左手中。第二棒的运动员左手持棒，沿跑道外侧跑，用下压式传给第三棒运动员的右手中。这种方法综合了上述两种传、接棒方法的优点。

3. 接棒运动员标志线的确定

4×100 米接力跑，接力区为 20 米，在接力区前 10 米为预跑区，因此，接棒运动员有 30 米起跑距离。

4×400 米接力跑

4×400 米接力跑时，第一棒运动员必须采用蹲踞式起跑，沿自己的跑道跑完 400 米，第二棒运动员在接力区内交接棒，然后跑完一个弯道，跑至抢道标志线处，方可切向内道跑进，第三、四棒运动员在终点前后 10 米接力区内完成交接棒任务。

4. 各棒队员的确定

接力跑是由 4 人密切配合、奋力拼搏完成全程跑的。在安排各棒队员时，必须考虑发挥每个队员的特长和优势。第一棒安排起跑好、跑弯道技术好者，第二棒是直线快速跑，应安排速度耐力好，传、接棒技术好者；第三棒必须是会跑弯道者，第四棒是全队实力最强、短跑速度最快的主力。

练习方法：

接力跑技术练习，应从学习传、接棒技术开始。在初步掌握传、接棒技术的基础上，重点抓好速度配合和全程接力跑练习。

（1）仔细体会教师的示范动作；观看优秀运动员的技术图片或视频。

（2）在不同速度和不同距离条件下，各棒次间进行传、接棒练习，可采用加速跑或快速跑在接力区内完成传、接棒配合练习。

（3）接力跑的速度训练与短跑相同。但在练习过程中应着重练习快速跑行进中的传、接棒技术，并且在反复实践中，确定起跑标志线的距离和传、接棒的时机。

传、接棒是接力跑的关键技术，应反复加以练习，才能达到熟练默契的程度。练习时，可先在原地进行，体会正确的传、接棒时机和手型。然后在走或慢跑中，接同伴的信号进行练习。待较熟练后，可加快跑速度或在接力区内练习。

第三节 田赛投掷项目主要技术

一、推铅球

推铅球是一个完整连贯的技术动作，从技术上可分为握法和持球、预备姿势、滑步、最后用力、维持平衡等部分。下面以背向滑步推铅球为例介绍推铅球技术。

1. 握球和持球

握球时，五指自然分开，弯曲，手腕背屈，把球放在食指、中指和无名指的指根上，大拇指和小指自然扶在球的两侧，手指和手腕力量较强的学生，可把球适当地向手指处放置，以使推铅球时发挥手指的力量和投掷臂杠杆长度的作用。手指和手腕力量较弱的学生，可把球移向更靠近指根处，以免引起受伤。握好后，把球放在锁骨窝处，贴着颈部，掌心向前上方，肘部低于肩或与肩同高，投掷臂自然放松，在滑步用力过程中，要控制好铅球（图 6–3–1）。

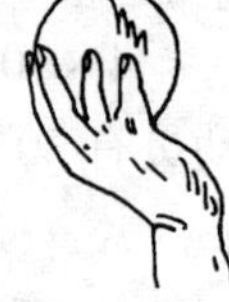

图 6–3–1

2. 预备姿势

预备姿势是滑步的准备动作，其目的是为协调、平稳地进入滑步创造条件。预备姿势有两种，一种是高姿势，另一种是低姿势。

（1）高姿势：持球后背向投掷方向，两脚前后开立，右脚在前，脚尖贴近投掷圈内沿，重心落在右腿上，左脚稍后，放松而自然弯曲，以脚尖点地，距右脚 15~20 厘米，上体正直放松，持球臂肘部低于肩，左臂自然上举而微屈，形成左肩高、右肩低的姿势，两眼看前下方。

（2）低姿势：持球后背对投掷方向，两脚前后开立，右脚在前，脚尖贴近投掷圈后沿，左脚在后，前脚掌或脚尖着地，与右脚相距 50~60 厘米，上体屈，左臂自然下垂并稍向内，重心落在右腿上，两眼看前下方。

3. 滑步

滑步是为了获得最大的初速度。滑步前一般先做 1~2 次预摆，摆动腿向后摆出，上体自然前俯，左臂半屈位于胸前，右腿伸直。当左腿摆到一定高度，上体前屈约与地面平行时，收回左腿，同时弯曲右腿，当左腿靠近右腿时，成团身状态，重心略偏右方，为右腿蹬地和左腿摆动创造条件。

右腿蹬离地面有两种方法，一种是以脚跟蹬离地面，右腿蹬直，这种方法对两腿力量要求较高，蹬地力量大，效果较好；另一种是用前脚掌蹬离地面，右腿不完全蹬直，这种方法较为省力、简单，初学者采用较为适宜。

由于右腿的蹬伸和左腿的后摆，使身体向投掷方向移动，紧接着右腿迅速拉收小腿，右脚贴近地面边收回边向内转，用右脚前脚掌在投掷圈中心处着地，与投掷方向约成 90° ~130° 角。在身体向投掷方向移动的过程中，右脚、右膝和右髋要向投掷方向移动。随着右脚的落地，左脚积极地以前脚掌内侧着地，要力求缩短两脚着地的间隔时间，以利于动作连贯、加速地进行。滑步结束时，身体重心保持在屈膝半蹬的右腿上，上体保持前倾扭转状态，铅球的投影在右脚掌外侧。

4. 最后用力和维持身体平稳

最后用力是推铅球的主要环节。在用力过程中，要充分发挥腿部、腰部、胸部肌肉的力量，按照正确的用力顺序，将球掷出。

最后用力时，右脚着地后在收小腿的基础上不停顿地积极用力蹬转，推动右髋向投掷方向转动。这对于滑步与最后用力地衔接，对于利用腿部和腰部力量是关键的一环。由于右腿蹬转，重心开始向左腿移动、推动上体迅速向投掷方向抬起，加强了铅球的运行速度。腰部肌肉力量的发挥和左臂由胸前向左上方大幅度地拉引，加快了上体的转动和伸展，使肩带肌拉长，此时身体和头转到几乎面对投掷方向的程度，上体向右侧倾斜，左肩高于右肩，铅球仍被控制在锁骨窝贴着颈部，形成推铅球前最有利的姿势，紧接着在右腿继续用力蹬转的情况下，头和胸部快速转向投掷方向，重心移至右腿，迫使左腿微屈压紧支撑。左腿用力蹬伸，形成良好的左侧支撑用力。左腿蹬直的同时，爆发式地挺胸推球出手。球离手前一刹那，手指快速拨球，尽量提高铅球出手的初速度和出手点的高度，出手角度一般为 38° ~42° 。球离手后，为了缓冲向前的冲力，避免犯规应积极主动换腿，降低重心与维持身体平衡。完整的推铅球技术动作如图 6-3-2 所示。

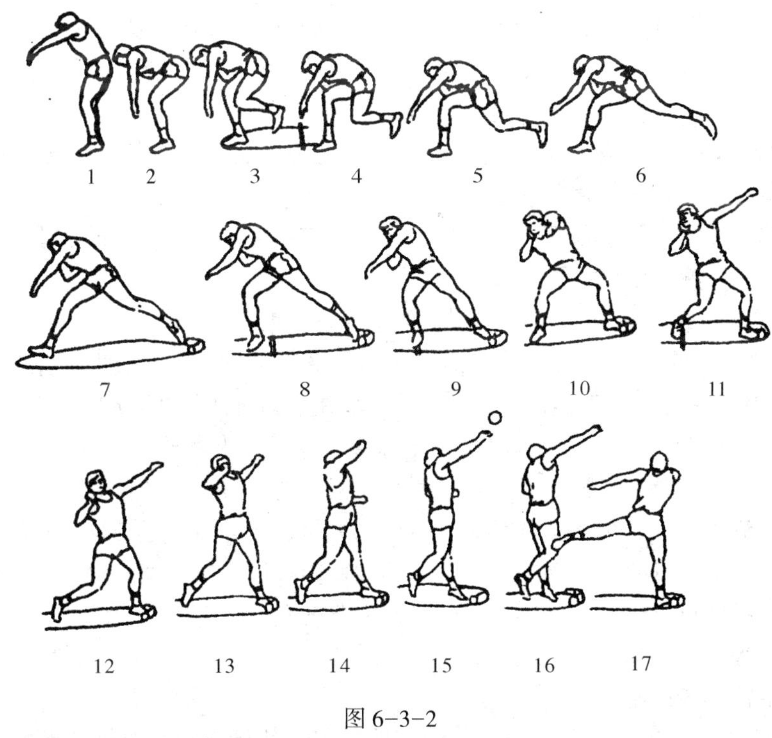

图 6-3-2

查看掷铅球完整动作示范

练习方法：

（1）仔细体会教师的示范动作；观看优秀运动员的技术图片或视频。

（2）单手或双手用各种姿势推不同重量的实心球和其他的重物。

（3）原地或滑步推重量较轻的铅球。

（4）做仰卧向上推杠铃和身体负重练习。

（5）负重物做模仿最后用力的练习。

（6）持球或徒手做滑步练习。

（7）反复练习侧向或背向滑步推铅球。

二、掷标枪

掷标枪是一个完整连贯的技术动作，从技术上可分为握枪与持枪、持枪助跑、最后用力和缓冲等部分。

1. 握枪与持枪

握枪的方式通常是用拇指和食指或拇指和中指扣住把手上沿的边缘，其他手指帮助控制标枪。现代优秀运动员多用后者，即除拇指和中指外，食指自然弯曲斜握于枪杆上，无名指和小拇指自然捏在把手上。握好枪后，将枪摆于肩上方稍高于头，枪尖微低于枪尾。

2. 持枪助跑

助跑可分为预跑段和投掷步两个阶段，全程为 20~35 米。

预跑段的目的是为了达到适宜的速度，助跑距离为 15~20 米，跑 8~12 步。助跑的速度和距离应根据每个人的平跑速度与技术水平而定。这阶段的动作应放松、自然、富有弹性，逐渐加速，特别是持枪臂要自然而有节奏地向前后做适当的摆动。

预跑段结束就进入投掷步阶段。投掷步阶段的任务是保持预跑段获得的较高跑速，形成最有利的投掷姿势，并将枪掷出。

投掷步的基本形式包括跳跃式和跑步式。跳跃式投掷步有利于引枪和超越器械，跑步式投掷步有利于发挥水平速度。

投掷步的步数，根据练习者的习惯和水平而定，一船采用 4 步或 6 步。

3. 最后用力和缓冲

从投掷步第四步左腿开始前迈，投掷的准备就结束了。实际上是身体重心通过右腿支撑点后，最后用力就开始了。而最后用力的最主要时机，是在左脚落地开始。此时，右腿继续蹬地，右髋加速转送，使髋轴超越肩轴并带动肩轴向投掷方向转动。在肩轴转动的同时，投掷臀向上转动，并留在背后，前臂和手腕向上翻转。当上体转至正对投掷方向时，形成“满弓”姿势，这时，投掷臂处于身后约与肩高，躯干成最大限度后倾。

形成“满弓”后，由于惯性和右腿蹬地的力量，身体重心逐渐移向左腿并使膝关节微屈。在躯干继续向前运动中，投掷臂的大臂向投掷方向加速运动，肘关节逐渐弯曲领先，当身体重心逐渐向前移至左脚时，弯曲的左腿迅速做有力的蹬伸，脚尖用力向后扒地，被拉长的胸腹肌强有力地收缩，带动手臂做爆发性的“鞭打”，使全身的力量通过手臂手指作用于标枪纵轴。

标枪离手的一刹那，手腕和手指积极地甩腕，使标枪沿着纵轴按顺时针方向自转，以保持它在空中飞行的稳定性并提高标枪空中滑翔的效果。

维持身体平衡是掷标枪技术的结束动作。标枪离手后，右腿应及时向前跨出一大步，上体前倾并稍向左转，屈膝降低身体重心，两臂配合自然摆动，以缓冲人体向前的冲力，维持身体平衡，从而有效地完成整个投掷过程（图 6-3-3）。

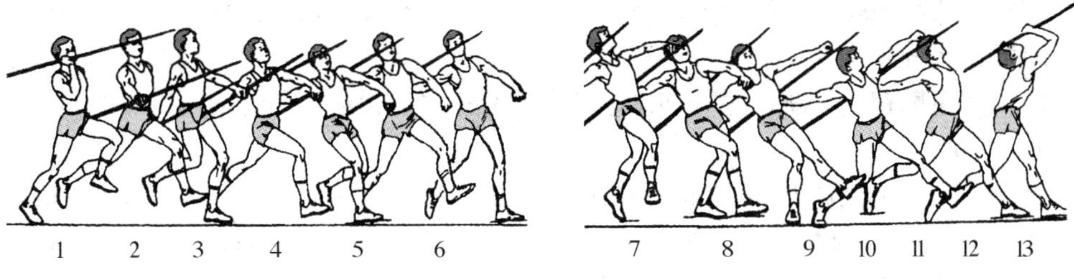

图 6-3-3

练习方法：

（1）仔细体会教师的示范动作；观看优秀运动员的技术图片或视频。

（2）练习标枪和持枪方法：握枪动作依个人的习惯和特点而定，持枪方法以右手与右耳齐为主。

（3）原地正面掷标枪：面对投掷方向，两脚前后开立，右手持枪于肩上，枪头向下方，左脚在前，右脚在后，重心落在弯曲的右腿上，然后右腿蹬地，左腿支撑，重心前移，以胸带动上臂。投掷臂向上转动，并留在背后面，前臂和手腕向上翻转，将枪直插前方 4~6 米。

（4）原地引枪侧向掷标枪：两脚稍分立，正对前方，持枪于肩上，身体右转，向上向后引枪，重心落在弯曲的右腿上，左侧朝投掷方向，右脚微点地，然后回到开始姿势，反复做引枪动作。在连续做多次引枪动作后，将标枪掷出。

（5）上步引枪向正面及侧面掷标枪：右脚在前，左脚在后，左脚上一步完成原地正面掷标枪和原地引枪侧向掷标枪的动作练习。

（6）交叉一步掷标枪：身体侧对投掷方向，两脚开立，右腿弯曲，左腿伸直，以脚掌内侧着地，右手引枪，右腿向投掷方向经左腿前做一步交叉，按动作技术要求用力将标枪掷出。

（7）行进间掷标枪练习：学习四步投掷步，结合引枪动作，先徒手，后持枪，先慢后快地练习。

（8）短程助跑掷枪练习：从持枪助跑到引枪，最后用力投掷标枪。

（9）全程助跑掷标枪练习：从起掷步开始向反方向助跑，做掷标枪动作，然后以相同的步伐、速度和节奏往投掷方向完成完整的投掷动作。反复练习，以确定持枪助跑的距离及投掷步的距离，并做好标记。

第四节　田赛跳跃项目主要技术

一、背越式跳高

背越式跳高是人体通过助跑、起跳，以背对横杆的姿势越过横杆并以背先着垫的跳高方法。随着跳高技术的发展，在正式的比赛中已较普遍采用背越式跳高。下面着重介绍背越式跳高技术。

跳高是由助跑、起跳、过杆和落地几个紧密相关、相互作用的动作组成的。

1. 助跑

背越式跳高的助跑是直线和弧线的复合式助跑形式，前段为直线，后段为弧线。一共跑 8~12 步，弧线段跑 4~5 步，弧线一般呈抛物线形。直线段助跑与普通加速跑相似。助跑最后一步的特点是，髋关节幅度很大，迈步时上体保持较垂直的姿势，摆动腿积极向上发力，而且摆动幅度非常充分，起跳腿充分前伸，同时髋部自然向前送出。迈步送髋动作要做得积极主动有力，这对垂直起跳有重要意义。

2. 起跳

起跳脚以脚跟和脚掌外侧先着地。为了加快起跳速度，起跳腿从脚跟向前脚掌滚动应平衡而柔和，并控制摆动腿屈膝程度。摆腿屈膝折叠越紧，起跳的速度越快。为了提高起跳速度，还应注意放脚起跳时尽量减少起跳腿屈膝的幅度。缓冲阶段屈膝角度应在 140° ~150° 。这样，在助跑的最后几步，身体重心就可以降低一些，以利于保持水平速度。

在起跳过程中，双臂应积极配合腿的摆动。双臂的摆动一般有双臂交替和双臂同时上摆两种。无论采用哪种摆动姿势，都应向上提肩摆臂，及时做引肩动作，为身体腾起完成过杆动作做好准备。

3. 腾空落地

起跳腾空后靠近杆的臂和头，应积极向杆上运动。随着背部转向横杆，头和双肩开始过杆。同时摆腿下放，双腿屈膝，小腿下垂。头肩部过杆后开始仰头下沉，挺胸、挺髋、展腹，使人体在杆上成背“桥”姿势。

注意在杆上尽可能挺髋时间长一点，不要急于举腿过杆，等骨盆移过横杆后再顺势收腹，头稍抬起，先后把大腿和小腿向上举起。落地时，以背先着垫，或团身以肩先着垫，然后再做一个后滚翻。落垫时不能仰头，眼睛应始终注视着横杆方向。完整的背越式跳高动作如图 6-4-1 所示。

查看跳高动作示范

图 6-4-1

练习方法：

（1）仔细体会教师的示范动作；观看优秀运动员的技术图片或视频。

（2）原地起跳模仿练习：起跳腿在前，摆动腿在后，摆动腿积极蹬地，以髋带腿，大小腿自然折叠，屈腿向起跳腿一侧的侧上摆动，同时两臂由后向起跳腿一侧侧上摆。

（3）上一步起跳练习：摆动腿在前，起跳腿向前踏上起跳点时，摆动腿积极离地摆起，然后接同上练习，完成起跳动作，并向上跳起。

（4）学习助跑与起跳相结合技术：沿着圆圈跑（圆圈直径为15米左右），体会弧线跑的感觉，控制跑时身体向圆心倾斜，且速度越快，倾斜度越大。

（5）弧线助跑起跳后，手和头触高悬物。

（6）在海绵垫前或对着一定高度的横杆做弧线助跑起跳练习。

（7）学习过杆技术：仰卧在垫子或草地上，两肩和两脚撑地，做向上抬臀、挺髋动作。

（8）立定背对海绵垫，两腿微屈半蹲，然后用力向上、向后跳，两臂配合向上摆，向后引肩、挺髋，成背越式姿势，以肩、背着垫。可站在弹跳板上或低跳箱上练习，同时，可结合越过低横杆或橡皮筋练习。

（9）弧线助跑起跳，背越式跳上较高的海绵垫，成杆上背弓姿势，两小腿在垫子的下方。

（10）学习全程助跑的背越式跳高技术，丈量全程助跑步点，并反复练习调整准确。

（11）全程助跑（8步），在高横杆前做起跳练习。

（12）全程助跑（8步），做背越式过杆练习。

二、跳远

跳远的完整技术包括助跑、起跳、腾空和落地4个部分。跳远技术就其空中姿势而言，有三种：蹲踞式、挺身式和走步式。下面着重介绍挺身式跳远技术。

1. 助跑

跳远的助跑速度与跳远成绩密切相关。跳远助跑的任务就是获得最高的助跑速度，并为准确踏板和快速有力的起跳做好技术、身体和心理上的准备。开始几步助跑时，身体前倾较大，脚着地快而有力，着地点离身体重心投影点较近，摆动腿积极前摆，两臂前后有力摆动，到助跑中段时，身体前倾减少，上、下肢摆动的幅度加大，脚的着地点离身体重心的投影点距离增大。最后几步的助跑应保持较大的动作幅度和较快的步频，且速度应是整个助跑阶段的最高速度，此时上体基本处于正直的状态。在倒数第二步时，身体重心略有下降，这是为充分的起跳做准备。最后一步由于加快了起跳腿的放腿速度，步长比倒数第二步稍短（约短20~40厘米），使身体重心升高而进入起跳阶段。

查看跳远助跑动作示范

2. 起跳

查看跳远起跳动作示范

起跳是在高速助跑的条件下进行的。起跳脚着地时，要求以大腿带动小腿快速下压产生积极的“扒地”动作，同时，为了减少起跳脚着地时对人体产生的较大阻力，应尽最大可能地保持助跑时获得的向前速度，起跳腿落地后必须及时、主动地做“退让”动作，即着地后要及时屈膝、屈踝（脚背屈），使身体迅速前移，当身体重心向前移动超过了支撑点时，应及时、快速、强有力地做蹬伸动作，上体挺起，摆动腿的大腿积极向前上方摆动至水平位置，小腿自然下垂，完成起跳动作。

3. 腾空

查看跳远腾空动作示范

结束起跳之后，就进入了腾空阶段。起跳腾空后摆动腿保持高抬，小腿放松下垂，起跳腿自然放松地留在后面，成“跨步”姿势，称为“腾空步”。起跳后，保持短暂的“腾空步”姿势，接着送髋，并下放摆动腿，向后与起跳腿靠拢。在摆动腿放下时，两臂同时向下、向后摆或向两侧、向后摆，抬头、挺胸、送髋形成展体挺身的姿势。当身体重心越过最高点时，开始收腹举腿，两臂开始向前、向下、向后摆动。在落地前，上体前倾，小腿前伸准备落地。

4. 落地

查看跳远落地动作示范

着地时，两腿屈膝高抬成团身姿势。做这一动作时，大腿应主动向胸前靠拢。即将着地时，膝关节迅速伸直，使小腿前伸，脚尖勾起，以脚跟先接触沙面，同时两臂向后摆。着地后立即屈膝，髋部前移，两臂屈肘积极前摆，使身体迅速移过支撑点。为了避免落地时身体后坐，当脚跟落地后，前脚掌下压，屈膝并向前脆，身体向前或向侧倒下。挺身式跳远的完整技术如图 6-4-2 所示。

查看跳远技术完整动作示范

图 6-4-2

练习方法：

（1）仔细体会教师的示范动作；观看优秀运动员的技术图片或视频。

（2）学习和掌握快速助跑与正确起跳相结合的技术，原地模仿起跳练习：两脚前后开立，摆动腿在前稍屈膝，起跳腿在后。随着身体重心前移，摆动腿蹬地，起跳腿屈膝前摆，然后从上向下做“扒地”动作，同时，摆动腿迅速前摆，两臂前后摆动或起跳腿同侧臂向上摆。

（3）在跑道上连续走 3 步或跑 3 步结合起跳练习（要求同上）。

（4）学习起跳后的腾空动作：在跑道上持续跑 3 步后做起跳的腾空步练习，要求起跳腿充分蹬伸，并自然留在身体后面，摆动腿屈膝前摆，大腿抬平，小腿自然下垂，上体正直成腾空步姿势，用摆动腿先着地，接着向前跑出。

（5）短距离助跑 4~6 步，在助跑道上助跑起跳，摆动腿下落沙坑，接着向前跑出（要求同上）。

（6）学习起跳腾空的空中动作，做原地模仿挺身式跳远练习：起跳腿支撑站立，摆动腿屈膝抬起，随即下放后摆，伸髋展体，同时两臂配合腿的动作向侧后或从下侧绕摆至侧上方。

（7）支撑或悬垂在器械上（可利用双杠或单杠）成起跳的结束姿势，然后下放摆动腿，并做展体动作。

（8）4~6 步的慢速助跑起跳成短暂的腾空步后，摆动腿下放并后摆，起跳腿屈膝与摆动腿靠拢，两臂配合摆动，伸髋展体成挺身式，然后双腿落入沙坑。

（9）做全程助跑挺身式跳远练习。

第五节　田径竞赛规则简介

一、径赛项目

所有 400 米或以下的径赛项目，必须采用蹲踞式起跑及使用起跑器。在“各就位”及“预备”口令之后，参赛者应马上完成有关动作，不能在合理时间内完成有关动作，则属起跑犯规。除此以外，在“各就位”后，以声音或动作扰乱他人，应判其起跑犯规。400 米以上的径赛项目，口令只有“各就位”，当所有参赛者均准备完成及静止后，便可鸣枪开始比赛。

在划分线道进行的径赛项目或其部分中，参赛者不得越出其指定之赛道，否则取消其参赛资格。在任何径赛项目中，若冲撞、突然切入或阻碍其他参赛者，亦将被取消参赛资格。

跨栏项目参赛者必须在自己的线道内完成比赛，而且当参赛者跨越栏架时，若其腿或足从低于栏架项的水平线跨越或跨越并非自己赛道上的栏架，均应被取消参赛资格。若裁判员认为参赛者故意以手或足撞倒任何栏架，亦应取消其参赛资格。

查看田径运动欣赏

4×100 米接力跑是分道进行，接棒者可以在接棒区前 10 米内起跑。在 4×400 米接力跑中，第一棒全程及第二棒的第一弯道是分道跑，第二棒运动员要跑至抢道线后方可自由抢道。第一棒的传接必须在参赛者指定的线道内进行，其余各棒的传接，裁判员会根据第二及第三棒运动员通过 200 米起点处之先后，按次序让其第三及第四棒的队友在接棒范围内，由内至外排列等候接棒。所有接棒者均不可以在接棒区外起跑。接力棒必须拿在手中，直到比赛结束为止。

二、田赛项目

田赛项目又可分为掷类和跳类。除跳高外，若参赛人数超过 8 名，每人应有 3 次试掷（跳）机会，试掷（跳）成绩最好的 8 名参赛者可获得另外 3 次试掷（跳）的机会。若超过一名参赛者同时获得相同于第八名的成绩，则每位成绩相同于第八名的参赛者，均可再获 3 次试掷（跳）的机会。若参赛的总人数是 8 人或以下，则每位参赛者应给予 6 次试掷（跳）的机会。若参赛者同时参加了田赛和径赛项目或一项以上的田赛项目，而在比赛时间上有所冲突时，田赛项目裁判可让参赛者在每一轮中更改赛前预定的试掷（跳）次序，但每一位参赛者在任何一轮的比赛中，不得有多于一次试掷（跳）的机会（跳高除外）。用距离决定胜负的田赛项目，以参赛者全部试掷（跳）中之最佳成绩计算名次。遇上最佳成绩相同时，应以次佳成绩定胜负，依此类推。若仍无法定出胜负而又涉及竞逐第一名时，则成绩相同者需依原来顺序进行比赛，直至分出胜负为止。用高度决定胜负的田赛项目，遇上最佳成绩相同时，以最少试跳次数成功越过最后高度的参赛者应获排较前的位置。如仍未分胜负，则全场比赛中试跳失败次数最少（包括最后跳过的高度）的参赛者应获排较前的位置。若仍无法分别胜负而涉及竞逐第一名，虽然有关的参赛者有可能曾经在不同高度作试跳而相继失败，裁判应以其中最低的高度上，再给予一次试跳机会。如仍无法分别高下，则每次升高或降低 2 厘米让有关参赛者加跳一次，直至能定出胜负为止，而且在此情况下，有关参赛者必须试跳，以便判定名次。

铅球参赛者必须在推掷圈内，由静止状态开始，将铅球以单手由肩上推出。在整个推铅球的过程中，铅球应接触或接近参赛者的下颌，并且不得低于此位置，也不得移至肩线之后。推掷时，参赛者可以触碰推掷圈及抵趾板的内缘，但身体的任何部位若触到推掷圈或抵趾板上缘或推掷圈外面的地面，均视作试推失败。铅球未着地前，参赛者不得离开推掷圈。离开推掷圈时，亦必须从其后半圆离开。在推掷的过程中，参赛者可以中途停顿，甚至把铅球放下以及离开推掷圈（但仍要合乎上述规定），然后重新由静止位置开始推掷。铅球必须完全落在扇形着地区角度线范围以内方为有效。丈量时应从铅球着地痕迹之最近端拉向推掷圈的圆心，以推掷圈内缘至铅球着地痕迹近缘的距离计算成绩。距离的计算须以 0.01 米为最小单位，不足 0.01 米者应以较低的读数计算成绩。

铁饼除了投掷方式上的不同外，所有推铅球的规则通用于掷铁饼项目，丈量时应以 0.02 米为最小单位，不足 0.02 米者应以较低的读数计算成绩。

标枪参赛者应握着标枪的握把处，自肩上或投掷手臂上方将枪掷出，投掷时不得将枪抛出或甩出。参赛者不得转身完全背向投掷弧。标枪着地前，参赛者不得离开助跑道，离开时也要在助跑道两边平行线的直角方向及投掷弧的两端延长线后面走出。标枪着地时，枪尖必须先着地，并落在扇形着地区的内方算有效。丈量时应由枪尖着地的最近点，通过投掷弧线的圆心，量至投掷弧线的内缘作为该掷的成绩。距离的计算须以 0.02 米为最小单位，不足 0.02 米者应以较低的读数计算成绩。

跳高比赛开始前，裁判员必须向参赛者宣布起跳的高度及每次晋升的高度，直至只剩下一位参赛者为止。除非只余下冠军参赛者，否则横杆的升幅不得少于 2 厘米，而且横杆的升幅不得增加。在只剩下冠军参赛者的情况下，横杆的升幅可按其意愿而做出决定。参赛者必须单脚起跳。若起跳后，横杆不停留在支架上或在尚未越过横杆前，身体的任何部位触及两支架间或两支架外的地面（包括其着地区），则以试跳失败论。如果参赛者在试跳时，其脚部触及着地区，而裁判员认为并未因此而获得利益，则该跳仍算有效。参赛者可以在任何一个高度开始起跳，往后亦可以自由选择高度试跳，但不管高度为何，连续 3 次试跳失败，便会丧失继续比赛的资格。若参赛者曾放弃某一高度的第一次试跳，其后便不得在同一高度上再次要求试跳机会（成绩相同时的额外试跳除外）。

跳远参赛者触犯下列任何情况，均作试跳失败论：

不论起跳与否，身体的任何部位触及起跳线前方的地面。着地时，身体的任何部分触及着地区以外的地面，而该点较其落在着地区的位置近。完成试跳后，在着地区向后行。使用任何翻腾动作试跳。丈量试跳成绩时，距离的计算需以 0.01 米为最小单位，不足 0.01 米者应以较低的读数计算成绩。三级跳远必须顺序由单足跳、跨步跳及跳跃三个部分组成。第一步起跳后，须以同足着地进行第二次起跳；第二步起跳后，则要以另一足着地，然后再做第三次（最后一次）起跳。除场地外，跳远的所有规则，均适用于跳远项目上。

作业与思考题

1. 田赛、径赛各包括哪些项目？
2. 比较推铅球高姿势和低姿势的优缺点。
3. 挺身式跳远动作要领有哪些？

第七章 足球运动

名人名言

如果你不相信你能成功，那你真的是一点机会都没有了。

——温格

学习导航

足球运动是世界上最受人们喜爱、开展最广泛、影响最大的体育运动项目，被誉为“世界第一运动”。经常从事足球锻炼，可以提高人体各系统的功能，可以提高人的反应能力和判断能力，培养勇敢、顽强、坚忍不拔的优良品质和团结互助、遵守纪律的集体主义精神。本章就足球运动概述、基本技术与学练方法、基本战术和足球竞赛规则等进行了介绍。

知识目标

1. 了解足球运动的基本特点和锻炼价值。
2. 掌握足球运动的基本技战术，培养终身体育的意识。

能力目标

通过参与足球活动，提高奔跑能力、速度、力量、耐力等身体素质，在活动中培养主动与同伴合作的精神。

第一节　足球运动概述

一、足球运动的起源和发展

古代足球起源于中国。据史料记载，早在战国时期就出现了蹴鞠。据《史记》和《战国策》的记载，战国时期的齐国都城临淄，蹴鞠已发展成一种成熟的游乐方式，当时称为“踏鞠”或“缆鞠”，在民间广为盛行，这是足球运动最早的雏形。2004 年

2月4日，国际足联宣布足球起源于中国古代的蹴鞠。2004年7月15日，国际足联主席布拉特在北京举行的中国国际足球博览会开幕式上正式宣布：足球运动起源于2300年前的中国临淄，并向淄博市颁发了足球起源地纪念杯和证书。

现代足球运动起源于英国。公元1056年，法国诺曼底公爵威廉领军侵入英伦三岛，使得欧洲大陆的足球游戏落户英国。足球游戏在英国非常受群众尤其是年轻人的欢迎和喜爱，随着时间的推移，足球运动在英国日益普及。1863年10月26日，由伦敦11个最主要的俱乐部和学校，在伦敦的弗里森酒店举行会议创立了英格兰足球协会，这是世界上第一个足球运动组织，会上也产生了世界上第一份正式的足球比赛，共14条。这一天后来也被认为是现代足球运动的诞生日。1857年，英国成立了世界上第一个足球俱乐部——谢菲尔德足球俱乐部。1872年11月30日，在苏格兰的格拉斯哥城的苏格兰西部板球俱乐部，英格兰和苏格兰之间进行了现代足球史上的第一场比赛。1885年，英格兰又成立了第一个职业足球俱乐部。

1904年5月21日，由法国、比利时、丹麦、荷兰、西班牙、瑞典、瑞士7个国家在巴黎共同创立了国际足球协会（FIFA），其宗旨是促进国际足球运动的发展，发展各国足球协会之间的友好联系。在1912年第5届奥运会上，足球是正式比赛项目，但是由于国际奥委会规定只能由业余队员参赛，使得奥运会比赛水平不能代表世界最高水平。为此，国际足联于1928年决定每4年举办一次不受选手身份限制的世界足球锦标赛（即世界杯足球赛）。1930年，第一届世界杯足球赛在乌拉圭成功举行，至今已举办了20届。

在国际足联的倡导下，1991年，第一届世界女子足球锦标赛在中国广东举行。这项比赛同世界男子足球锦标赛一样，每4年举行一届，现已举办过7届。另外，除世界足球锦标赛和奥运会足球比赛外，各大洲都举办区域性的国际比赛，如亚洲杯足球赛、欧洲杯足球赛、南美解放者杯足球赛、非洲国家杯足球赛等。

二、足球运动的特点

（1）足球运动是一项富有战斗性的激烈对抗的体育项目：在比赛中，双方为了把球踢进对方的球门，而又不让球进入本方的球门，展开了短兵相接的争斗，尤其在两个罚球区中的争夺尤为激烈。

（2）足球是一项技战术复杂的非周期性运动项目：其技战术受到对手的干扰和限制，比赛中需要灵活地运用。足球比赛的参加人数较多，行动不易协调和统一，所以攻守战术的配合较困难。

（3）足球比赛时间长、场地大、体能消耗大：正式比赛为90分钟，有时还要进行加时赛（30分钟）。在一场高水平的足球比赛中，运动员往往要跑动10 000米以上，而且还要做上百个技术动作，体能消耗非常大。比赛结束后，有些队员的能量消耗在2 000卡左右，体重甚至会下降3~5千克。

（4）足球规则简单易懂，场地器材要求不高，易于开展。

第二节 足球基本技术与学练方法

一、颠球

颠球是熟悉球性的一种练习手段。

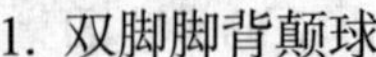

查看颠球动作示范

1. 双脚脚背颠球

脚向前上方摆动，用脚背击球。击球时，踝关节固定，击球的下部。两脚可交替击球，也可一只脚支撑，另一只脚连续击球。击球时，用力均匀，使球始终控制在身体周围。

2. 双脚内侧、外侧颠球

抬腿屈膝，用脚的内侧或外侧向上摆动，击球的下部，两脚内侧或外侧交替击球。

3. 大腿颠球

抬腿屈膝，用大腿的中前部位向上击球的下部。两腿可交替击球，也可一只脚做支撑，用另一侧的大腿连续击球。

4. 各部位连续颠球

根据上述单一颠球技术动作要领，用各部位配合连续颠球，配合的部位越多，难度越大。颠球的部位有脚背、脚内侧、脚外侧、大腿、头部、胸部、肩部等。

练习方法：

（1）一人一球颠球：体会触球的时间、触球的部位、触球的力量和整个动作的协调配合。

（2）两人一球颠球：用脚背、大腿、头部以及身体各部位触球，掌握好触球的力量，尽量不让球落地。每人可触球一次颠给对方，也可触球多次互颠。

二、运球

运球是运动员在跑动中用脚的推、拉、扣、拨，使球保持在自己控制范围内的连续触球动作。它是个人控制球能力和个人进攻能力的体现，也是集体战术实力的基础之一。常见的运球方法有脚背内侧运球、脚背外侧运球、脚内侧运球和脚背正面运球等。

（一）运球技术

1. 脚背内侧运球

特点：运球动作幅度大，控球稳，虽不能加快速度，但是左右转换方向很容易。主要适用于掩护性运球或运球变向，它是比赛中使用得最多的运球方法。

技术要点：跑动时，身体自然放松，步幅要小些，上体前倾稍向运球方向侧转，运球脚提起时，膝关节微屈，脚跟提起，脚尖外展，用脚背内侧推拨球，使球随身体前进（图 7-2-1）。

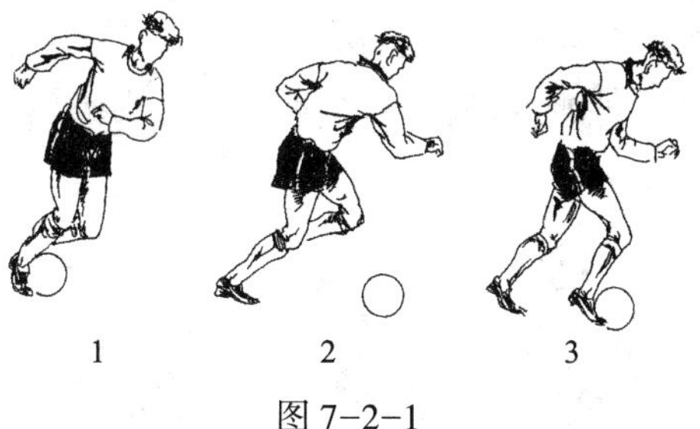

图 7-2-1

查看脚背内侧运球示范动作

2. 脚背外侧运球

特点：易于变化运球方向和发挥奔跑速度，还具有掩护球的作用。运用时灵活性、可变性强。按运球形式可分为直线运球、弧线运球和转换方向运球。

技术要点：跑动时身体自然放松，上体稍前倾，两臂自然摆动，步幅小些，运球腿提起，膝关节微屈，脚跟提起，脚尖稍内转，在迈步前伸着地前，用脚背外侧拨动球的后中部（图 7-2-2）。

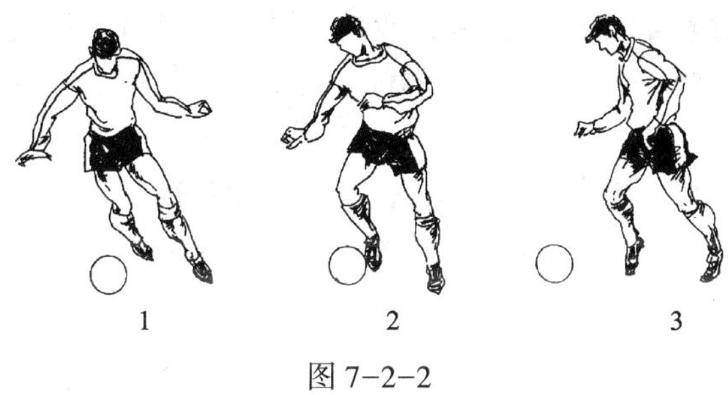

图 7-2-2

查看脚背外侧运球示范动作

3. 脚背正面运球

特点：直线推拨，速度快，但路线单一。多在前方纵深距离较长的情况下运用。

技术要点：运球跑动时身体自然放松，上体稍前倾，步幅稍小，两臂屈肘自然摆动。在运球脚提起时，膝关节微屈，脚跟提起，脚背绷紧，脚尖向下，在迈步前伸着地前，用脚背正面推拨球前进（图 7-2-3）。

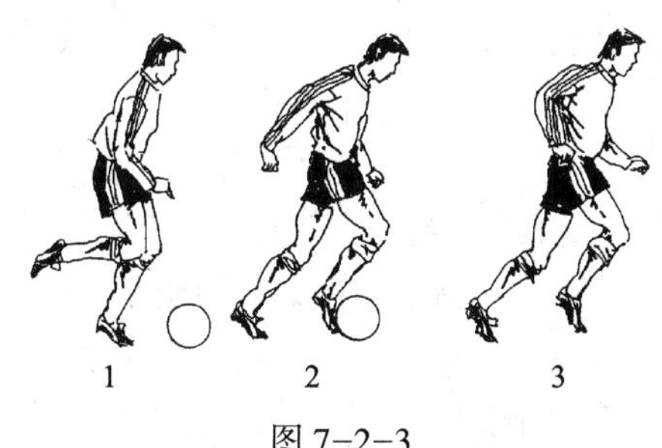

图 7-2-3

查看脚背正面运球示范动作

4. 脚内侧运球

特点：与其他运球技术相比，速度最慢，容易控制，多用于掩护性运球或运球变向。

技术要点：运球时，支撑脚稍向前跨，踏在球的前侧方，膝关节稍弯曲，上体前倾向里转。随着身体向前移动，运球脚提起，用脚内侧推球的侧后中部（图7-2-4）。

图 7-2-4

查看脚内侧运球示范动作

（二）运球时常用的动作

查看拨球示范动作

（1）拨球：用脚腕的扭拨动作，以脚背内侧或脚背外侧触球，使球向侧方或侧前方运动。用脚背内侧拨球的动作称“里拨”，用脚背外侧拨球的动作称“外拨”。

（2）扣球：用突然的转身和脚腕急转扣压动作以脚背内侧或脚背外侧触球，使球向侧后方停下或改变方向运行。用脚背内侧扣球的动作称“里扣”，用脚背外侧扣球的动作称“外扣”。

查看扣球示范动作

（3）拉球：用脚掌将球由前向后或由左（右）向右（左）拖拉球的动作。

（4）挑球：用脚背与脚尖翘起上挑的动作或用脚背上撩的动作，使球向前上方改变方向。

（三）练习方法

查看拉球示范动作

（1）在走与慢跑中做无球模仿练习。

（2）在走与慢跑中进行先单脚后双脚、先直线后曲线运球。

（3）在人丛中运球和小间距绕杆运球。

（4）运球过人练习。

（四）练习提示

（1）运球是推拨球而不是踢球，要使球始终在自己的控制范围内。

（2）运球时步幅要小，身体要放松，重心移动要快。

（3）运球时要养成抬头观察的好习惯，不要低头运球。

三、踢球

踢球是足球运动最基本的技术，主要用于传球和射门。踢球的脚法很多，一般均由助跑、支撑脚站位、踢球摆动、脚触球和踢球后的随前动作 5 个环节组成。

（一）踢球技术

1. 脚内侧踢球（又称脚弓踢球）

特点：脚内侧踢球触球面积比脚的其他部位都大，这可以更容易地控制球。因此，脚内侧踢球是进行短距离准确传球和射门的理想方法。

技术要点：以右脚踢球为例，脚触球的部位是跖趾关节、舟骨和跟骨所构成的三角部位。直线助跑，支撑脚踏在球侧 15 厘米左右处，脚尖对准出球方向，膝关节微屈。在支撑脚着地的同时，踢球腿以髋关节为轴由后向前摆动，屈膝外展约 90°，小腿加速前摆，脚尖稍翘起，踝关节紧张用力，用脚内侧部位击球后中部（图 7-2-5）。

图 7-2-5

查看脚内侧踢球示范动作

2. 脚背内侧踢球

特点：摆踢动作顺畅、幅度大、脚触球面积大、出球平稳有力，而且性能和路线富于变化，适用于中远距离传球和射门。

技术要点：触球部位是第一跖骨体及跖趾关节部位。斜线助跑，与出球方向约成 45°，最后一步稍大，支撑脚踏在球侧后 20~25 厘米处，脚尖指向出球方向，膝关节微屈，身体稍向支撑脚一侧倾斜。踢球腿以髋关节为轴，大腿带动小腿由后向前摆，当大腿摆至接近垂直地面时，小腿加速前摆，膝关节稍向内旋，脚面绷直，脚尖指向斜下方，以脚背内侧踢球的后中部（图 7-2-6）。

图 7-2-6

查看脚背内侧踢球示范动作

3. 脚背外侧踢球（又称外脚背踢球）

特点：踢球时脚踝灵活性较大，摆腿方向变化较多，且助跑时又是正常的跑动姿势，故其出球隐蔽性较强，在足球比赛中踢各种距离的弧线球及非弧线球均可使用这种踢法。

技术要点：踢定位球时，助跑，支撑脚的位置和踢球腿的摆动基本上与脚背正面踢球相同。但是在踢球腿的膝盖摆到接近球的垂直上方的一刹那，小腿加速前摆，脚尖内转，脚背外侧与地面垂直，脚面绷直，脚趾扣紧，以脚背外侧部位击球的后中部。踢球后，踢球腿随球继续前摆（图 7-2-7）。

4. 脚背正面踢球

特点：脚背正面踢球的摆幅相对较大，提摆动作顺畅快速，便于发力，但出球路线或性能缺乏变化，适用于远距离的发球和大力射门。

查看脚外侧踢球示范动作

图 7-2-7

技术要点：用脚背正面部位（楔骨、趾骨末端）触球。直线助跑，最后一步稍大并要积极着地，支撑脚踏在球侧 10～12 厘米处，脚尖正对出球方向，膝关节微屈，踢球腿在支撑脚着地前顺势摆起，小腿折叠。在支撑脚着地同时，以髋关节为轴，大腿带动小腿向前摆动，在膝盖摆至接近球正上方的瞬间，小腿加速前摆发力，脚背绷直，脚趾紧扣，用脚背正面击球后中部，踢后脚随出球方向继续前摆（图 7-2-8）。

查看脚背正面踢球示范动作

图 7-2-8

（二）练习方法

（1）进行各种踢球技术动作的模仿练习。

（2）一人用脚底挡球，另一人上步做踢球练习。

（3）各种脚法的两人练习：两人相距 15 米左右，用脚的各个部位相互练习踢定位球，然后过渡到踢移动中的球或空中球。

（4）利用足球墙和标杆做踢旋转球的练习：可将标杆插在踢球者与墙之间，标杆与人及墙的距离视需要而定，开始可大些，当技术掌握后再逐步缩小。

（5）一人传球，一人射门练习：一人从侧前方、侧方、侧后方传地滚球或抛高球，另一人迎球踢地滚球、反弹球或凌空球射门。

（6）两人一组进行有对抗的传射练习。

（三）练习提示

（1）支撑脚要对准出球方向，位置要选好。

（2）助跑最后一步稍大，大腿带动小腿摆动，小腿摆速要快。

（3）脚型要控制好，触球部位要准确，否则会影响踢球的力量和准确性，且容易受伤。

四、接球

接球是指运动员有目的地用身体的合理部位把运行中的球接停在所需要的控制范围内的技术动作。

（一）接球技术

1. 脚内侧接球

特点：脚内侧接球由于脚触球面积大，动作简单，较易掌握，在比赛中经常使用这种技术接各种地滚球、反弹球、空中球等。

技术要点：脚内侧接地滚球时，支撑脚脚尖正对来球，接球腿提膝大腿外展，脚尖微翘，脚底基本与地面平行，脚内侧正对来球并前迎，当脚内侧与球接触的一刹那迅速后撤，把球接在衔接下一个动作需要的位置上（图 7−2−9）。脚内侧接反弹球时，应根据来球的落点，及时移动到位，支撑脚与球落点的相对位置在球的侧前方，接球腿提起小腿且放松，脚尖微翘，脚内侧对着接球后球运行的方向并与地面成一锐角，当球落地反弹刚离地面时，大腿向接球后球运行的方向摆动，用脚内侧部位轻推球的中上部。

查看脚内侧接地滚球示范动作

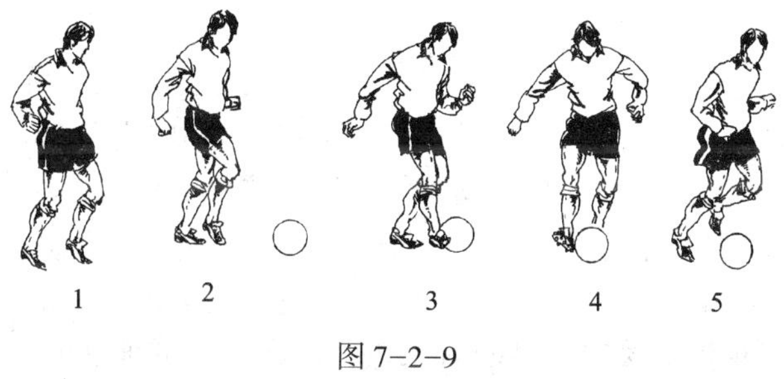

图 7−2−9

查看脚内侧接反弹球示范动作

2. 脚底接球

特点：脚底接球动作简单，技术便于掌握，易于将球接到位置，常被用来接各种地面球和反弹球。

技术要点：脚底接地面球时，身体正对来球方向，移动前迎，支撑脚稳固支撑，脚尖正对来球方向，同时接球腿提起，膝关节微屈，脚尖翘起，使脚底与地面形成一定夹角。在触球瞬间，接球脚前脚掌挡压球的中上部（图 7−2−10）。脚底接反弹球时，应根据来球落点，及时前移迎球，支撑脚站在落点侧后方，脚尖正对来球方向，球落地瞬间，用前脚掌去触球的中上部，用脚掌将球接在体前。

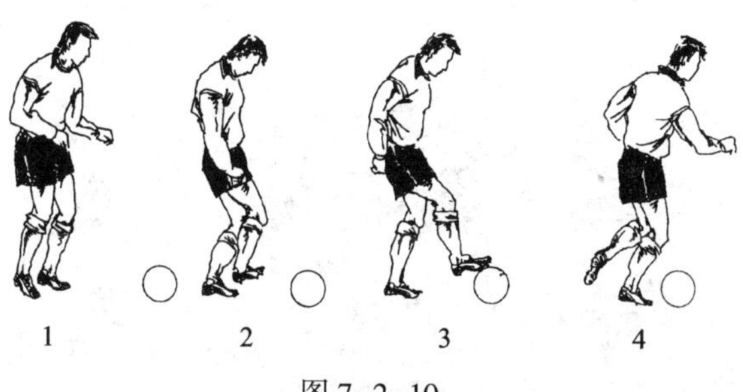

图 7−2−10

查看脚底接地面球示范动作

3. 大腿接球

特点：大腿接球由于触球部位面积大且肌肉丰富有弹性，一般用来接抛物线较大的高空球和略高于膝的低平球。

技术要点：大腿接抛物线较大的下落球时，面对来球方向，根据球的落点迅速移动到位，接球腿的大腿抬起，当球与大腿接触的瞬间，大腿下撤将球接到需要的位置上。大腿接低平球时，应面对来球方向，根据来球高度，接球腿的大腿微屈，送髋前迎来球，当球与大腿接触瞬间，收撤大腿，使球落在所需要的位置上（图7-2-11）。

查看大腿接球示范动作

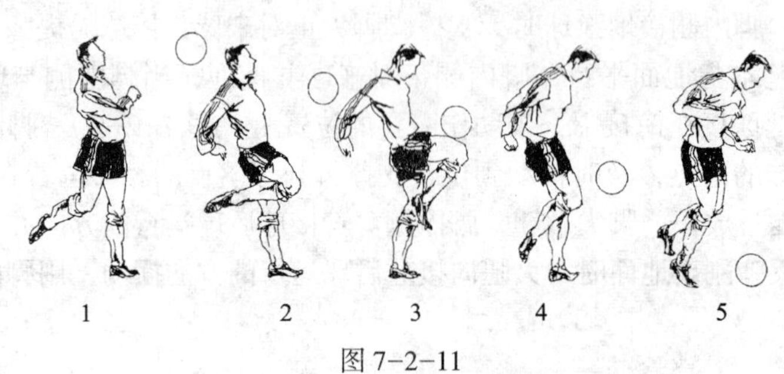

图 7-2-11

4. 胸部接球

特点：接球点高，触球面积大，持球相对平稳，适用于接胸部以上的球。

技术特点：胸部接球包括挺胸式接球和收胸式接球两种方式。挺胸式接球时，面对来球站立（两脚左右或前后开立），两膝微屈，上体后仰，下颌微收，两臂自然张开，触球瞬间两脚蹬地，膝关节伸直，用胸部轻托球的下部，使球微微弹起于胸前上方（图7-2-12）。收胸式接球时，面对来球，两脚左右或前后开立，挺胸迎球，触球瞬间收胸、收腹、臀部后移，将球接在体前（图7-2-13）。

查看胸部接球示范动作

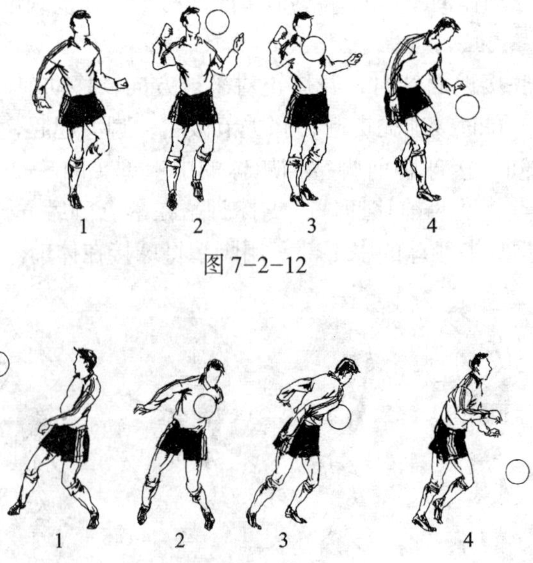

图 7-2-12

图 7-2-13

（二）练习方法

1. 停地滚球练习

（1）两人距离约 10 米，一人用手抛地滚球，另一人迎球用脚内侧把球停在体前或向左、右侧停球，停球后将球拾起再用手抛球给对方。两人依次反复练习。

（2）两人相距 10~15 米，甲向乙两侧传球，乙停球后再回传给甲。

（3）三人站成一条直线，每人相距约 10 米，甲传球给乙，乙用脚内侧向两侧或转身停球，然后传给丙，丙再回传给乙。三人可互换位置。

2. 停反弹球练习

（1）自己向空中抛（踢）球，练习停反弹球。

（2）两人相距约 10 米，一人踢或抛有一定弧度的下落球，一人停反弹球。

3. 停空中球练习

（1）用各种停空中球的方法自抛自停空中球。

（2）两人互抛互停空中球，逐渐改变球的飞行弧度和落点进行停球。

（3）两人相互传高球，练习停空中球。

（三）练习提示

（1）准确判断球的性能、落点和速度是各种接球的前提。

（2）缓冲动作是接球的关键，迎接、推压、切挡和改变球的运行路线是各种接球的基本方法。

（3）接球后身体要及时跟上并与下个动作紧密衔接。

五、抢截球

抢截球是比赛中由防守转为进攻的重要手段，是指在规则允许的条件下，把对方控制的球抢夺过来或破坏掉。在对抗日趋激烈的足球比赛中，进攻与防守转换快速、合理有效的防守技术对提高球队的竞技能力十分重要。

抢、断球包含抢球和断球两种技术，但从其动作过程分析，都是由判断选位、上步抢断和衔接动作三个技术环节构成的。

（一）抢截球技术

1. 正面跨步抢截球

技术要点：两脚前后开立，两膝微屈，身体重心下降。当对手运球脚触球后还未着地的瞬间，一脚用力蹬地，另一脚跨步伸出，上体前倾，身体重心迅速移至抢球脚上。如双方的脚同时触球，则可抢先顺势向上提拉，使球从对方脚背滚过（图 7-2-14）。

图 7-2-14

查看正面跨步抢截球示范动作

2. 侧面合理冲撞抢球

技术要点：当与对手肩并肩跑动追球时，身体重心下降，靠近对手一侧的手臂要贴紧身体。在对手以远离自己一侧的脚支撑时，用肘关节以上部位使其失去平衡而离开球，乘机控制住球（图 7-2-15）。

查看侧面抢球示范动作

图 7-2-15

（二）练习方法

（1）无球模仿练习。

（2）两人一球，原地做跨步练习。

（3）模拟对抗抢球：一人慢运球，另一人做正面抢截球。

（4）两人在同向慢跑和快跑中进行冲撞练习。

（三）练习提示

（1）掌握好抢球的时机和动作准确性，否则易失误和犯规。

（2）抢球动作要迅速、果断。

六、头顶球

头顶球是比赛中为了争取时间和取得空中优势的一项重要技术，它是传球、射门和抢截球的有效手段。头顶球触球部位平坦，动作发力顺畅，容易控制出球方向，准确性强，触球平稳有力。

（一）头顶球技术

1. 额正面顶球

特点：额正面顶球是头顶球技术中最常见的方式，其特点是触球部位平坦，动作发力顺畅，容易控制出球方向，准确性强，出球平稳有力。

技术要点：原地顶球时，身体正对来球，两脚前后站立或平行站立，膝关节微屈，两眼注视来球，上体稍后仰，两臂自然张开，挺胸展腹，下颌收紧。顶球时，蹬地、收腹、摆体、顶送发力，当头摆至身体垂直部位时，用前额正面顶击球的后中部，顶击球瞬间，颈部肌肉保持紧张，顶球后继续前送，以便于控制出球的方向（图 7-2-16）。跳起顶球时，要选好起跳位置，两脚前后站立，维持身体平衡，掌握好起跳时机，起跳脚积极蹬跳发力，手臂协调向上提摆，以加强跳起力量。起跳后，挺胸展腹，形成背弓，两眼始终注视来球。当跳至最高点时，迅速收腹摆体，下颌收紧，前额积极迎球顶送发力。当顶球后屈膝缓冲落地时，看清球的飞行路线，以便进行下一步动作。

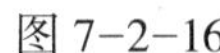

图 7-2-16

查看原地前额正面头顶球示范动作

2. 额侧面顶球

特点：在实际比赛中，运用该技术对球门的威胁很大。因为其特点是击球动作快捷，变换方向突然，顶出球的运行线路难以预测。但该动作难度较大，侧摆发力和出球方向较难控制，适用于应急时破坏球和门前的头球攻门。

技术要点：原地顶球时，选择好击球的方向，身体稍侧对来球，两脚自然前后站立，击球一侧的支撑腿在前，身体稍向侧后微屈，重心落在后腿上，两臂自然张开，眼睛注视来球。顶击球时，后脚向击球方向猛力蹬伸，身体随之向出球方向转动侧摆，同时颈部侧甩发力，用额侧部将球击出（图 7-2-17）。跳起顶球时，动作类似额正面的跳起顶球，但在起跳上升阶段，上体应向出球的相反方向侧屈转体。跳至最高点时，上体向出球一侧加速转动，摆体侧甩，可利用脚的侧下方蹬地，加快侧摆速度，用额侧部将球顶出。

图 7-2-17

（二）练习方法

（1）进行徒手模仿顶球动作练习。

（2）两人一球，一人抛球，另一人头顶球，或一人一球，自抛自顶，或用吊球做练习，体会头顶球的部位和动作。

（3）两人一球，相距 5 米，自抛自顶给对方，或一人一球对墙练习。

（4）两人一球，一抛一顶，连续对顶或一进一退顶球。

（5）三人一球，进行三角顶球练习。也可在规定时间内进行顶球比赛，连续顶球次数多者为胜者。

（三）练习提示

（1）初学者首先要克服紧张心理，绝不可闭眼、缩颈做顶球动作，要主动迎击球。

（2）跳起顶球时，首先要准确判断球的落点和起跳时间，起跳过早或过晚则会导致顶球无力或顶不到球。

（3）无论用哪种顶球方法，都必须使所有参加运动的关节和肌肉都能协调一致地用力。

七、掷界外球

掷界外球时没有“越位”的约束，因为掷球一方可以充分利用这一规则发动有效进攻。

掷界外球技术如运用得当，比角球的威胁还大。掷界外球分为原地掷界外球和助跑掷界外球。

（一）掷界外球技术

查看掷界外球示范动作

原地掷界外球时，掷球队员必须面向球场，脚可以踩在边线上，但是不得越过边线。掷球时，两脚用力蹬地，收腹、摆体、挥臂、甩腕，双手用力将球从头后经头顶掷入场内。

助跑掷界外球在助跑时，两手持球于胸前，在最后一步迈出的同时，将球举至头后，同时身体后仰成背弓，两脚前后开立，其他掷球动作与原地掷界外球技术相同。

（二）练习方法

（1）根据规则和动作要点，进行徒手模仿练习。

（2）两人一球互掷，距离由近至远，要求在练习中球不落地或结合其他技战术进行练习。如要增加臂力，可以用实心球代替。

（3）界外球掷准、掷远比赛。

（三）练习提示

掷界外球技术并不复杂，但却是规则性较强的技术动作，一定要按规则的要求进行。下列情况为掷界外球违例：

（1）掷球时，脚离地、进场或远离规定掷球点掷球。

（2）掷球时，未用双手将球从头后经头顶掷入场内。

（3）掷球时，没有面向出球方向，两手用力不均匀，掷球动作不连贯。

八、守门员技术

守门员是全队的最后一道防线，主要任务是不让球进入本方球门，同时还要起到协调指挥全队防守和进攻的作用。守门员技术包括位置选择、准备姿势、移动、选位、接球、扑接球、击球、托球、掷球和踢球等。

（一）位置选择

守门员为了守住球门，首先要选择正确合理的位置。位置的选择应根据对方的射门地点和射门角度而定。在一般情况下，守门员应站在两球门柱与射门时球所处位置所形成的分角线上。

（二）准备姿势

两脚左右开立，约与肩同宽，两膝自然弯曲并稍内扣，脚跟稍提起，身体重心落在前脚掌上，上体稍前倾，两臂于体前自然屈肘，手指自然张开，掌心向下，眼睛注视来球。

（三）接球

1. 接地滚球

接地滚球有直腿式接球和单腿跪撑式接球两种。

（1）直腿式接球：两腿自然并立，脚尖正对来球，上体前屈，两臂并肘前迎，两手小指靠近，手掌对球。在手触球的刹那，随球后引并屈肘、屈腕，两臂靠近将球抱于胸前（图 7–2–18）。

查看守门员接地滚球示范动作

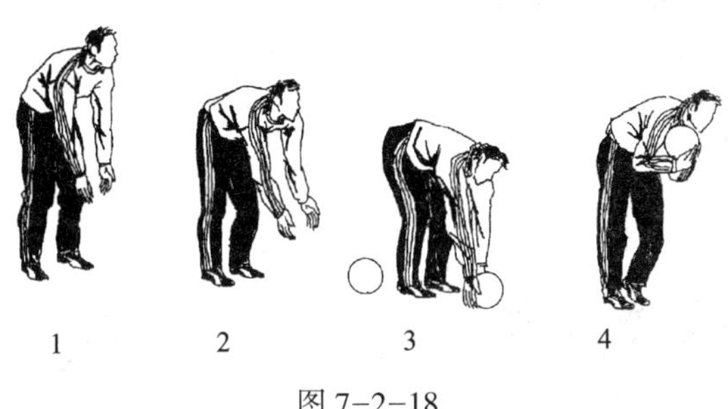

图 7–2–18

（2）单腿跪撑式接球：身体正对来球，两腿左右开立，一腿弯曲支撑身体重心，另一腿内转跪撑，膝盖接近地面并靠近前脚脚踵，上体前屈，手臂下垂，两手小指相对，手掌对准来球，稍向前迎，在手触球的刹那，随球后引并屈肘、屈腕，两臂靠近将球抱于胸前，然后起立（图 7–2–19）。

图 7–2–19

2. 接高球

当确定接球点后，迅速移动并跳起，两臂上伸迎球，两手拇指成“八”字，手指微屈，手掌对球。在手触球时，手腕和手指适当用力将球接住，顺势屈肘、回缩下引，并转腕将球抱于胸前（图 7–2–20）。

查看守门员接平高球示范动作

查看守门员接高远球示范动作

图 7–2–20

查看守门员侧扑接球示范动作

（四）扑球

倒地扑侧面的低球：如扑接左侧低球时，左腿屈膝向左跨出一步，身体作倒。右脚着地后，随着以小腿、大腿、臀部、上体和手臂的外侧依次着地。同时两臂向球伸出，左手掌心对来球，右手在左手前上方，两手腕稍向内屈。触球后把球收回胸前，然后站起。

（五）练习方法

（1）守门员按教练员的手势做左、右、前、后的移动练习。在进行移动练习时，要保持随时出击的准备姿势，身体重心不能有较大起伏。

（2）接同伴抛来或踢来的地滚球、平直球或高空球。

（3）守门员接自己对墙掷出或踢出的各种反弹回来的球。

第三节 足球基本战术

一、比赛阵型

比赛阵型是指比赛场上队员基本位置排列，是本队攻守力量搭配和分工的形式。根据队员的职责和排列的层次分为后卫线、前卫线和前锋线。阵型的人数排列次序是从后卫数向前锋的，守门员的人数、职责固定，一般不予计算。目前，世界上普遍采用的阵型有“4–3–3”阵型（图 7–3–1）、“4–4–2”阵型（图 7–3–2）、“4–1–2–3”阵型和“3–5–2”阵型（图 7–3–3）等。除“4–4–2”阵型以防守为主、反击为辅外，其他阵型均以进攻为主，尤以“3–5–2”阵型更为突出。“3–5–2”阵型从后至前分为 3 条线，由后卫线 3 名队员、前卫线 5 名队员、前锋线 2 名队员组成。

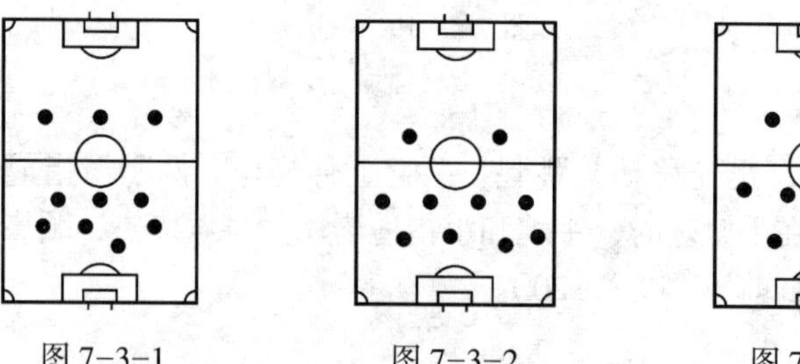

图 7–3–1　　图 7–3–2　　图 7–3–3

比赛阵型在比赛中不是一成不变的，它只是队员在场上活动的大体安排，可根据临场情况不断变化，场上每个队员都应在明确基本位置和职责的前提下，进行创造性的活动。

二、进攻战术

（一）个人进攻战术

1. 摆脱与跑位

摆脱就是甩掉对手对自己的防守，跑动到有利于进攻的位置上去，达到有利于控制球和将进攻推向对方球门的目的，争取射门得分。

2. 接应

接应是对运控球同伴的支持与帮助。接应必须遵循以下几个原则：一是要拉开；二是接应要及时，到位要快，保持能够接到球的角度，并起到转移进攻点的作用；三是几个队员同时接应时，应保持纵深和角度。

3. 传球

传球是集体配合的基础，是完成战术配合，创造射门的主要手段。

（1）传球目标：分为向脚下传和向空位传两种。

（2）传球时机：一种是跑位引导传球，即先跑位后传球；另一种是传球引导跑位，即先传球后跑位。

（3）传球力量：应有利于接球者处理来球，并且要准确。

4. 运球突破

运球突破是进攻战术中极为重要的个人战术，当控球队员在无人接应或不利于传球时，控球队员冲破对方的紧逼盯人，从而为形成局部以多打少，获取传球空当和为射门创造机会。

（二）局部进攻战术

比赛中经常采用的二人配合进攻方法有传切配合二过一、踢墙式配合二过一和回传反切二过一。二过一是足球比赛中最常用、最有效、最简捷的进攻配合方法。无论在球场任何一个区域、任何两名同队队员都可以采用这种方法。

1. 传切配合二过一

传切配合二过一是两名进攻队员通过一传一切配合越过一名防守队员的配合方法。

（1）斜传直插二过一（图 7–3–4）。

（2）直传斜插二过一（图 7–3–5）。

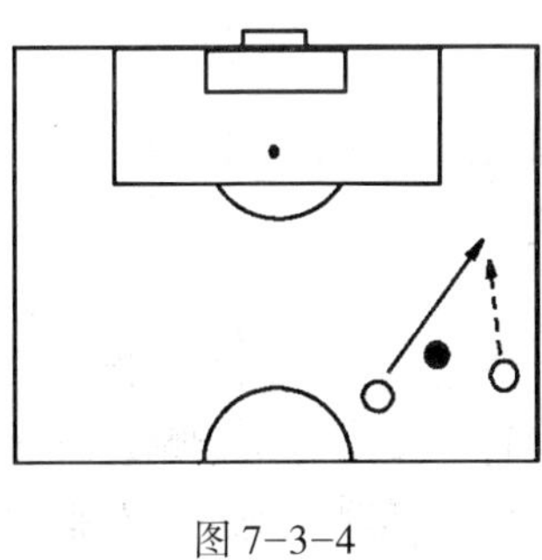

图 7–3–4

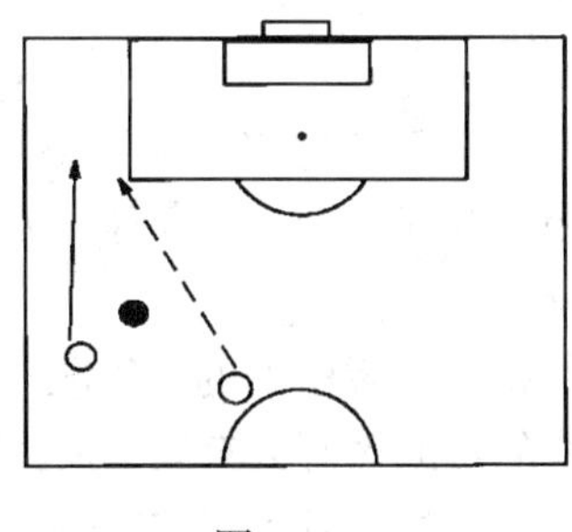

图 7–3–5

斜传直插和直传斜插二过一都是只通过一次传球和穿插就越过一名防守队员，配合十分简捷和实用。在进行配合时，两名进攻队员要保持适当的距离。控球队员可采用运球或其他动作，诱使防守者上前阻截，插入的队员必须突然、快速起动，但应避免越位。

2. 踢墙式二过一

踢墙式二过一是两名进攻队员通过两次传球越过一名防守队员的配合方法（图 7–3–6）。在进行踢墙式二过一配合时，持球队员最好传地滚球，因为地滚球力量适度，方向准确；接应队员要求当控球同伴带球逼近防守队员时，要突然摆脱防守者与持球同伴形成三角形位置接应，并一次触球将球传到队友脚下。

3. 回传反切二过一

回传反切二过一是当接应队员与控球队员有一定纵深距离，并且防守者身后有较大空隙时采用的二过一配合。它是通过三次传球组成的配合方法（图 7-3-7）。

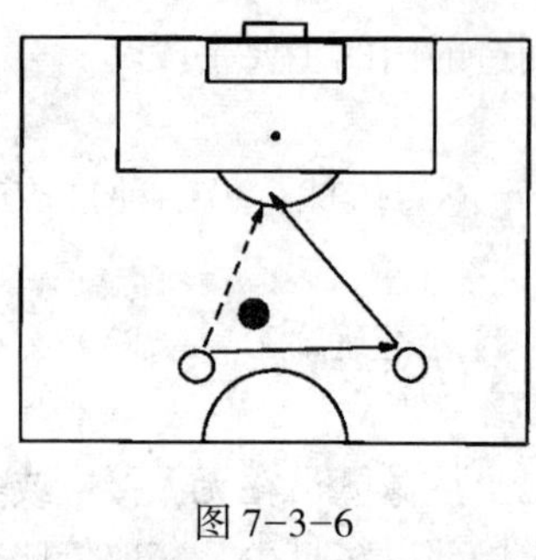

图 7-3-6

图 7-3-7

（三）边路进攻

边路进攻是指在对方半场两侧地区发展的进攻。边路进攻包括边锋或其他到边锋位置上的队员运球突破下底或里切、边锋与边锋运用二过一突破、由边后卫边线插上配合、斜线传中等进攻方法。

（四）中路进攻

中路进攻是指从比赛场地中间地带发起的进攻。它包括回传反切、前卫插上、短传配合等方式。

三、防守战术

（一）个人防守战术

1. 选位

防守队员选择的位置，原则上是站在对手与本方球门中心所构成的一条直线上，与对手的距离要根据场区以及球所处的位置来决定。

2. 盯人

盯人是指防守者所处的位置能够限制、看守对方活动，达到及时地封堵对手接球或传球路线的目的。盯人有紧逼盯人和松动盯人两种。紧逼盯人指贴近对手不给其从容活动的机会；松动盯人指与对手保持一定距离，以便随时上前抢截对手的球或对手得球后能立即逼近对手。在一般情况下，离球远的一侧可采用松动盯人，离球近或有可能接球的队员以及对球门有威胁的队员要采取紧逼盯人。

（二）局部的防守配合

1. 保护与补位

保护是指位于抢球队员（第一防守者）身后的保护队员（也称第二防守者）直接提供增援的防守方法。补位是指防守队员弥补同伴在防守中出现漏洞或进攻留下空当时所采取的互相协助的战术配合。保护与补位是局部地区集体防守的基础。保护是补位的前提，没有保护也不可能有效地补位。补位有两种，一种是队员去补空缺，另一种是临近队员相互补位。

2. 围抢

围抢是指在特定场区，2~3 名防守队员快速多方位夹击对方控球队员，夺取球权或破坏球的战术配合。围抢是一种主动防守战术行为。

（三）全局战术

全局防守战术包括盯人防守、区域防守、混合防守。严密封堵球门前 30 米范围是全队集体防守的关键。

四、定位球战术

定位球战术是指比赛成死球时所采用的攻守战术，包括球门球、中圈开球、掷界外球、角球、任意球、点球等。

（一）角球战术

1. 角球进攻战术

随着技战术的发展，角球也是破门得分的重要手段之一。其主要进攻配合方式有以下两种：

（1）短传角球：这种角球的优点是快，缩短传中距离，提高传球的准确性和增大传球角度，丰富战术打法，增加防守难度，对球门威胁大。队员身材不高、争夺空中球能力较弱的队用此方法者较多。

（2）长传角球：用内弧线球直接射球门的前、后上角，运用者较少。多数长传角球是将球传至门前区域，由同伴头项或配合射门。

在踢角球时，一般由擅长右脚者罚左侧的角球，擅长左脚者罚右侧的角球，这有利于踢出球速快、旋转强、落点好的内弧线球，从而为本队队员的争顶创造机会。

2. 角球防守战术

对方踢角球时，前锋、前卫队员要快速回防，迅速组织防守。所有队员的注意力应高度集中，分工明确，各司其职，人球兼顾，切忌盯人不看球或看球不盯人。一般以头球好的队员守在门前危险区域，重点防守头顶球好的对方队员。守门员选位在球门中部，斜向站立，这样，既能看到罚球者，又能看到罚球区内的攻方队员，保护球门及控制球门区。两边后卫分别防近、远门柱区域的射门和高球，守门员出击时他俩应退至球门线补门。当球解围时，全体防守队员应快速同步向罚球区线上压上，以造成对方越位。

（二）任意球战术

1. 任意球进攻战术

前场任意球，特别是在对方禁区附近的任意球进攻是一次极好的破门得分机会，各队都十分重视该区域的任意球战术配合。

直接射门：罚直接任意球时，如果距球门比较近，守方未布好防线、“人墙”有漏洞或守门员站位不佳时可采用直接射门。如果守方已布好防线，可由善于踢弧线球的队员直接射门，同时其他进攻队员要采用穿插跑位等行动干扰守方主防队员和守门员。

传球配合射门：传球配合射门方法很多，一般多采用长传门前由同伴头顶射门或先短传后中长传配合射门。

2. 任意球防守战术

无论是直接任意球还是间接任意球，守方的所有队员都应迅速退守，积极干扰对手罚球，争取时间迅速组织人墙，根据不同罚球区域来排“人墙”，射门角度大则“人墙”人数多，反之则少。排墙时，最高的队员在外侧，依次向内；最出色的防守队员不参加排墙，而是和其他队员一道去控制和封锁要害空间，防止进攻队员的穿插。在球罚出时，人墙应迅速向球移动，有效地封堵和缩小射门角度，人墙不能过早散开。

第四节　足球竞赛规则简介

一、比赛场地

1. 球场

球场边线长度不得多于 120 米或少于 90 米，球门线的长度不得多于 90 米或少于 45 米。在任何情况下，球场边线的长度必须大于球门线的长度，场地各线宽度不超过 12 厘米。

2. 罚球区

在比赛场地两端距球门柱内侧 16.50 米处的球门线上，向场内各画一条长 16.50 米与球门线垂直的线，一端与球门线相接，另一端画一条连接线与球门线平行，这三条线与球门线范围内的区域叫罚球区。在本方罚球区内，守门员可以用手触球。

3. 球门

球门由两根内沿相距 7.32 米与两边角旗点相等距离的直立门柱以及一根下沿离地面 2.44 米的水平横木连接组成。门柱及横梁的宽度、厚度与球门线均应对称相等，不得超过 12 厘米。

4. 角球弧

以边线和球门线外沿交点为圆心，1 米为半径，向场内各画一段 1/4 的弧，这个弧内地区叫角球区。

5. 罚球点

在两球门线中点垂直向场内量 11 米处各做一个清晰的标记，叫罚球点。

二、队员人数与装备

一场比赛每队上场队员不得多于 11 名或少于 7 名，其中必须有一名守门员。同队队员的服装（包括上衣、短裤和护袜）颜色必须一致，并与对方队有明显区别。守门员的服装颜色必须与双方其他队员和裁判员有明显区别。并且队员不能佩戴任何可能伤害到自己或别人的佩饰。

三、比赛时间

正式比赛每场为 90 分钟，分上下两个半场，每半场为 45 分钟。除经裁判员同意外，两个半场之间的休息不得超过 15 分钟。如比赛需决出胜负，90 分钟内战平，双方需打加时赛。加时赛共计 30 分钟，分为上下两个半场，每半场为 15 分钟，中间不休息。如加时赛后仍未分出胜负，则进行点球决胜。

四、计胜方法

凡球的整体从门柱间及横梁下越过球门线外沿的垂直面，而此前未违反竞赛规则，均为攻方胜一球。

五、越位

1. 构成越位的条件

（1）进攻队员处在对方半场。

（2）进攻队员处在球的前面。

（3）进攻队员与对方球门线之间，对方队员不足两人。

（4）接同伴的球或干扰比赛，获得利益。

上述 4 条缺一不可，若缺少任何一条，队员均不处于越位位置。

2. 判断越位的时间

判断队员是否处于越位位置的时间是同队队员踢或触及球的一瞬间，而不是该队员接获球时。

3. 越位的判罚

当同队队员踢或触及球的一瞬间，队员处在越位位置，并且裁判员认为该队员有干扰比赛或干扰对方队员的行为才判罚越位犯规。

4. 不应判罚越位的情况

裁判员认为，队员只是仅仅处在越位位置。如果队员处在越位位置直接接得球门球、角球、界外球和裁判坠球时，也不判该队员越位。

六、犯规与不正当行为

1. 直接任意球

队员违反下列 10 条中任何一条者应判罚直接任意球：

（1）踢或企图踢对方队员。

（2）绊摔或企图绊摔对方队员。

（3）跳向对方队员。

（4）冲撞对方队员。

（5）打或企图打对方队员。

（6）推对方队员。

（7）在抢截对方队员控制的球时，于触球前触及对方队员。

（8）拉扯对方队员。

（9）向对方队员吐唾沫。

（10）故意手球。

2. 间接任意球

队员违反下列 7 条中任何一条者应判罚间接任意球：

（1）危险动作。

（2）阻挡对方队员。

（3）阻挡对方守门员发球。

（4）守门员用手控球在发出球之前持球超过 6 秒、2 次持球、接回传球、接队员直接掷入的球。

（5）擅自进、退场。

（6）连踢犯规（角球、开球、点球、球门球、任意球、掷界外球时连踢）。

（7）越位犯规。

3. 警告与罚令出场

凡队员犯有下列 7 条中任何一条者将被出示黄牌警告：

（1）犯非体育道德行为。

（2）以语言或行动表示异议。

（3）持续违反规则。

（4）延误比赛重新开始。

（5）当以角球或任意球重新开始比赛时，不退出规定的距离。

（6）未得到裁判员许可进入或重新进入比赛场地。

（7）未得到裁判员许可故意离开比赛场地。

队员违反下列 7 条中任何一条者将被出示红牌罚令出场：

（1）严重犯规。

（2）暴力行为。

（3）向对方或其他任何人吐唾沫。

（4）用故意手球破坏对方的进球或明显的进球得分机会。

（5）用犯规破坏对方明显的进球得分机会。

（6）使用无礼、侮辱或辱骂性的语言及动作。

（7）在同一场比赛中受到第二次警告。

七、任意球

任意球分为直接任意球和间接任意球两种。

（1）直接任意球可以直接踢入对方球门得分。

（2）间接任意球不可直接踢入对方球门得分，除非踢入的球触及了场上的其他队员。

（3）踢任意球时，所有对方队员距球至少 9.15 米直到比赛恢复，如果球距球门线不足 9.15 米时，允许对方队员站在球门线上。

八、罚球点球

在比赛进行中，如果防守队员在本方罚球区内违反可判直接任意球的犯规应被判罚球点球。

九、掷界外球

（1）比赛中，当球的整体在地面或空中越过边线时即为球出界，应由出界前最后触球的对方队员在离球出界处的边线外一米范围内，用合法的动作将球掷入场内。

（2）如队员不在球出界处掷界外球或掷球违例，裁判员应判由对方在原球出界处掷界外球。

十、球门球

（1）球由地面或空中踢或触出对方球门线时，由对方在球门区内任何地点踢球门球恢复比赛。踢球门球可以直接得分。

（2）踢球门球时，当球直接踢出罚球区进入场内时，比赛方为恢复。

（3）踢球门球后，如球未被直接踢出罚球区或任何队员在罚球区内触及球，即未进入比赛，应令重踢。

十一、角球

（1）当队员踢或触球的整体在空中或地面从球门外超出本方球门线时，由对方队员将球的整体放定在离球出界处较近的角球弧内踢角球。

（2）踢角球时，在比赛恢复前，对方队员至少距球 9.15 米。

（3）队员踢出的角球，如果球击中门柱或处于场内的裁判员而弹回时，该队员补射，应判连踢犯规，进球无效。

作业与思考题

1. 简述现代足球运动的起源。
2. 谈谈对越位的理解。
3. 你喜欢足球运动这个项目吗？谈谈对足球运动的理解。

第八章 篮球运动

|名人名言|

我认为无论在什么地方，把人和人区别开来的都不是肤色，而是天赋和你流过的汗水。

——NBA 球星史蒂夫·纳什

|学习导航|

篮球运动是在特定规则的限制下，将球投入对方球篮得分，并阻止对方获球或得分的一项集体性运动项目，是当前世界上开展的非常普及的运动之一。本章介绍了篮球运动的起源与发展、基本特点、基本技术与学练方法及比赛规则。

|知识目标|

1. 了解篮球的起源和发展，明确篮球运动的技术分类和锻炼价值。
2. 熟练掌握篮球运动的各项技术和锻炼方法。
3. 了解篮球的基本规则，懂得欣赏高水平篮球比赛。

|能力目标|

通过学习，学生能在科学的篮球理念的指引下自觉地参与篮球学习和锻炼。

第一节　篮球运动概述

一、篮球运动的起源与发展

现代篮球运动是由美国马萨诸塞州斯普林菲尔德市体育教师詹姆士·奈史密斯于 1891 年发明的。他从工人和儿童用球向桃子筐内做投准的游戏中受到启发，故将这项运动称为“篮球”。在最初的篮球比赛中，场地大小、上场人数的多少以及比赛的时间均无严格的限制，比赛规则也比较简单。1892 年，奈史密斯博士制定出了最原始的 13 条篮球竞赛规则。1893 年，在比赛器材上，形成了近似现代篮板、篮筐和篮网。此后，篮球运动以其独特的吸引力迅速向欧、亚、非、大洋四大洲传播，其技战术水平不断提高，竞赛规则不断完善。在 1936 年第 11 届奥运会上，男子篮球被列为正式比赛项目。1950 年和 1953 年，分别在阿根廷和智利举行了首届世界男、女篮球锦标赛。在 1976 年第 21 届奥运会篮球比赛上，女子篮球被列为奥运会正式比赛项目。

随着场上队员身高的不断增长和高空技术的不断发展，世界篮球比赛呈现出高技巧、高速度、高强度、多变化、高比分、高空优势突出、高空技术出众等特点。美国、俄罗斯（苏联）、塞尔维亚和克罗地亚（南斯拉夫）长期称雄于世界篮坛。尤其是美国队，在 1992 年巴塞罗那奥运会上，以乔丹、约翰逊、马龙、皮蓬等一代世界超级明星组成的美国“梦之队”以平均胜出对手 44 分的绝对优势获得了冠军，全世界的篮球观众都被美国职业篮球明星无与伦比的技艺所震撼。1993 年，现场直播 NBA（美国篮球职业联赛）赛事的国家和地区就超过了 160 个。进入 21 世纪以来，美国 NBA 继续引领世界篮球发展潮流，与此同时，欧洲篮球全面崛起，南美劲旅咄咄逼人，各种打法、技战术特点不断交织融合以及规则的不断修改极大地推动了世界篮球运动向更高的水平迈进。

二、中国篮球运动发展概况

篮球运动于 1894 年传入我国天津，最初在一些大城市的学校中开展，发展十分缓慢。1910 年，在南京举行的第一届全国运动会上，男子篮球被列为表演项目。1913 年，在由中国、日本、菲律宾三个国家组织的远东运动会上，篮球被列为正式比赛项目，这也是我国篮球队首次参加国际性篮球比赛。1921 年，我国在第 5 届远东运动会上获得男子篮球比赛冠军，这是旧中国篮球史上唯一一次在国际运动会上取得冠军。在 1930 年第 4 届全国运动会上，女子篮球被列为正式比赛项目。

中华人民共和国成立后，篮球运动技术水平在普及的基础上得到了迅速提高。“积极、主动、快速、灵活、准确”是各专业队训练的指导思想。到了 20 世纪 60 年代中期，我国的篮球运动水平接近世界先进水平。进入 20 世纪 90 年代，随着中国篮球与世界交往的进一步加强，我国的篮球运动水平有了新的提高。国家男篮在 1994 年第 12 届世锦赛和 1996 年第 26 届奥运会上获得第 8 名；国家女篮在 1992 年第 25 届奥运会和 1994 年第 12 届世锦赛上夺得亚军。1995 年，我国举行了首届中国职业篮球甲级联赛（CBA 联赛）。1998 年，以“发展高校篮球，培养篮球人才”为目标的首届 CUBA（中国大学生篮球联赛）也如期举行。随着我国篮球运动与世界篮球运动的进一步接轨，以及越来越多的青少年投身于篮球运动，我国篮球事业必将得到更加快速和健康的发展。

三、篮球运动的特点

篮球运动是一项身体对抗十分激烈的运动，场上双方各 5 名队员，按照一定的规则，利用各种技战术，在 28 米 ×15 米的场地上围绕着把球投进对方球篮和阻止对方把球投进本方球篮而展开一系列攻守对抗与激烈争夺。每名队员在场上不仅需要通过大量的奔跑、移动、跳跃、投掷等身体运动来完成各种攻防技术动作，还要按照教练员的指挥与部署，对场上瞬息万变的复杂情况做出及时合理的分析判断，与同伴进行有效的攻防战术配合，从而使全队的整体战斗力达到最佳化。因此，篮球运动具有集体性、对抗性、多变性、游戏性、趣味性和观赏性等特点，集健身性、益智性、娱乐性、教育性等作用于一体，是最适合在高校开展的体育项目之一。

第二节 篮球基本技术与学练方法

篮球技术分为进攻技术和防守技术两大部分，常用的基本技术有移动、传接球、运球、突破、投篮、防守和抢篮板球等。

一、移动

1. 基本站立姿势

两脚前后或左右开立，重心落于两脚间，两膝微屈，上体稍前倾，脚跟稍提起，两臂微屈于体侧，两眼注视场上情况。

2. 起动、跑

起动时，迅速以上体前倾或侧转，向跑动方向移动重心，同时用后脚或异侧脚的前脚掌短促有力地蹬地，并迅速向跑动方向迈出。起动后的两三步要积极、短促而迅速，使之能在最短的距离内把速度充分发挥出来。

跑主要有侧身跑、变方向跑、后退跑、变速跑等。

3. 急停

急停包括跨步急停和跳步急停两种方法。

（1）跨步急停：在快速跑动急停时，先向前跨出一大步，用脚跟先着地过渡到前脚掌着地，屈膝，上体稍后仰，身体重心下降，减缓向前的冲力。第二步落地的同时，脚尖稍内扣，用脚前掌内侧蹬地，两膝深屈，腰胯用力，身体稍侧转，两臂屈肘张开，帮助控制身体平衡（图 8-2-1）。

查看跨步急停示范动作

图 8-2-1

（2）跳步急停：急停时，用单脚或双脚起跳（一般离地不高），上体稍后仰，两脚同时平行落地，略比肩宽。两膝深屈，身体重心下降，两臂屈肘微张，以利于保持身体平衡（图 8-2-2）。

查看跳步急停示范动作

图 8-2-2

4. 转身

转身前，两膝微屈，上体稍前倾，身体重心投影在两脚之间。转身时，以中枢脚的前脚掌为轴，移动脚的前掌内侧用力蹬地跨出，上体随着移动脚转动以改变身体的方向。移动脚向中枢脚脚尖方向跨过称“前转身”，向中枢脚脚跟方向跨过称“后转身”。

5. 跳

跳有单脚起跳和双脚起跳两种。

6. 滑步

滑步是队员防守时运用的主要移动技术之一，可分为侧滑步、前滑步和后滑步三种。

侧滑步：在基本站立姿势的基础上，两臂左右张开，并不停地上下挥动。在向左侧滑步时，右脚前脚掌内侧蹬地，左脚向左跨出，在落地的同时，右脚紧随滑动靠近左脚，左脚又继续跨出连续进行。向右侧滑步时方向相反（图 8-2-3）。

查看侧滑步示范动作

图 8-2-3

前滑步、后滑步：动作要领与侧滑步相同，只是向前、后方移动。

7. 攻击步

攻击步常用来抢球、打球或造成对手传接球投篮的困难。利用后脚蹬地，前脚迅速向前跨出，逼近对手身前，前脚落地，后脚的前掌辗地跟进，后腿屈膝，前脚同侧手臂伸出打球或干扰。

8. 后撤步

撤步时，前脚用脚掌内侧蹬地，同时向撤步方向扭转腰髋，前脚后撤，同侧臂后摆，后脚前掌用力蹬地，前脚撤回后紧接着滑步，身体重心要稳定，后撤角度不宜过大。

练习方法：

（1）由基本站立姿势开始，按信号做迅速起动练习。

（2）原地徒手或持球做转身跨步练习。

（3）利用标志杆做徒手起动、急停、转身、变向跑练习。

（4）原地背向站立，听信号后做转身起动、急停、转身综合练习，或按要求做变速变向跑练习。

（5）利用篮球场上的罚球圈、中圈和三分线，做变向跑、变速跑、侧身跑练习。

（6）原地双脚起跳，向前、左、右跨一步或向后撤一步做双脚起跳练习。

（7）跑动中做单脚起跳摸篮板、篮圈练习。

（8）全场一对一做徒手攻防脚步动作练习。

二、传、接球

1. 双手胸前传球

双手持球，两拇指位于球后侧成“八”字形，其余四指分开置于球侧，掌心不要触球。传球时，迅速向传球方向伸臂，重心前移、翻腕、拨指（图 8-2-4）。

查看双手胸前传球示范动作

图 8-2-4

2. 单手肩上传球

以右手传球为例：左脚向传球方向迈出半步，同时右转体将球引至右肩侧上方。出球时，右脚蹬地的同时转体带动上臂，肘在前，前臂迅速前甩，手指用力下压将球传出（图 8-2-5）。

查看单手肩上传球示范动作

图 8-2-5

3. 双手反弹传球

这种传球方法与双手胸前传球基本相似，不同点在于用力方向是向前下方击地反弹，击地点在距接球者 1/3 的地方。接球时，迎球跨步，上体前倾，两臂向前下方伸出迎球，五指自然张开，手触球后，两手握球顺势将球移至胸腹间。

4. 单手体侧传球

队员在向左侧跨出半步的同时，右手将球移至右侧，向前做弧线摆动。当球摆过身体右前方时，迅速收前臂，借手腕的力量将球传出。

5. 接球

手指自然分开，手心空出，双臂向前伸出。在手触球时，双臂顺势随球后引缓冲来球的力量（图 8-2-6）。

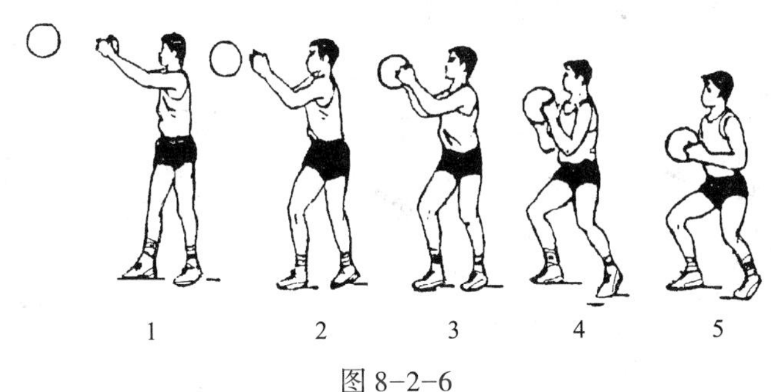

图 8-2-6

查看双手接球示范动作

练习方法：

（1）徒手做双手传接球模仿性练习。

（2）两人一球原地体会持球和传球的手腕动作，两人相互纠错，轮流练习。

（3）两人直线跑动传接球。

（4）半场四角跑动传接球。

（5）两三人行进间做全场传接球练习。

（6）两人一组一球，做单手肩上传接球快攻练习。

三、运球

运球是控制支配球，组成战术配合及突破防守的重要手段，主要包括高运球、低运球、体前变向换手运球、背后运球、胯下运球、运球后转身等技术。

1. 高运球

抬头，目视前方，上体稍前倾，以肘关节为轴，拍按球的后上方，球的落点在身体前侧方，球的反弹高度在腰腹之间。主要用于行进间运球（图 8-2-7）。

2. 低运球

抬头，目视前方，两膝深屈，用身体和腰保护球，同时用手短促拍按球，球的反弹高度在膝部。主要用于遇到防守急停时的运球（图 8-2-8）。

图 8-2-7　　图 8-2-8

3. 体前变向换手运球

运球者从右手低运球开始，向防守队员左侧后方快速推进，同时左臂自然抬起侧身保护球。当防守队员重心左移时，运球变向，右手拍按球的右侧上方，同时上右腿，左转侧肩保护球，换至左手运球（图 8-2-9）。

查看体前变向换手运球示范动作

图 8-2-9

4. 背后运球

以右手运球，向对手左侧运球为例：当防守队员身体重心左移，右腿在前突然用右手拍球的外侧，左脚上步的同时使球从身后反弹至左前方，左腿迅速向左前方跨步，以臂、腿保护球，换至左手运球。

5. 胯下运球

当防守队员迎面堵截时，右手运球，用右手拍按球的右侧上方，将球从右拍至胯下，反弹至左侧，用左手继续运球。

6. 运球后转身

当防守队员堵截运球线路时，运球队员持球控制在身体右侧，左脚向前跨出一步作为中枢脚置于对手两脚之间，然后右脚用力蹬地后撤，顺势做后转身动作的同时，右手拍按球的右侧前方，将球拉引向身体的侧后方落地，转身后换手用左手继续运球。

练习方法：

（1）原地运球练习。每人一球，听信号做高低运球、横向运球、拉球、推球、体侧前拉后推球、体前左右换手运球等练习。

（2）看信号行进间做高、低、变速、急起急停运球练习。

（3）沿球场内中圈和罚球圈做曲线运球和变向运球练习。

（4）绕障碍做变向换手和运球后转身练习。

（5）全场进行传、运、投技术综合练习。

四、投篮

投篮是篮球运动中最主要的进攻技术，主要包括原地双手胸前投篮、原地单手肩上投篮、行进间投篮、跳起单手肩上投篮等技术。

1. 原地双手胸前投篮

两脚前后或左右开立，两膝微屈，双手持球于胸前，肘关节自然下垂。投篮时，眼睛瞄准篮筐，下肢蹬地发力，腰腹伸展，两臂向前上方伸出，前臂内旋，拇指下压，手腕前屈，食指、中指用力拨球通过指端将球投出。

查看原地双手胸前投篮示范动作

2. 原地单手肩上投篮

以右手投篮为例：右手投篮时，右脚在前，脚尖正对球篮，屈膝，身体重心在两腿之间，上体保持正直，右手指自然分开托球于肩上，手腕后翻，掌心空出，左手扶球的侧下部。投篮时，两脚蹬地发力，伸展腰腹向前上方，抬肘伸臂，手腕前屈，食指最后用力，并使球向后旋转把球投向篮圈（图 8-2-10）。

图 8-2-10

查看原地单手肩上投篮示范动作

3. 行进间单手肩上投篮

以右手投篮为例：当球在空中运行时，右脚向来球方向或投篮方向跨出一大步，同时接球，左脚向前跨出一小步，脚跟先着地，上体稍后仰，然后迅速过渡到前脚掌着地，并用力蹬地起跳，右腿屈膝上抬，左脚蹬离地面。同时双手向前上方举球，腾空后，右臂向前上方伸展。投篮出手后，两脚同时落地，两腿弯曲，以缓冲落地的力量（图 8-2-11）。

4. 跳起单手肩上投篮

屈膝，重心在两脚之间，两脚用力蹬地垂直起跳，同时将球举至右肩上，左手扶球左侧下方，当身体接近最高点时，右臂向前上方伸直，手腕前屈，手指拨球将球投出。在空中要保持身体平衡，球出手后自然落地（图 8-2-12）。

查看行进间单手肩上投篮示范动作

图 8-2-11

查看跳起单手肩上投篮示范动作

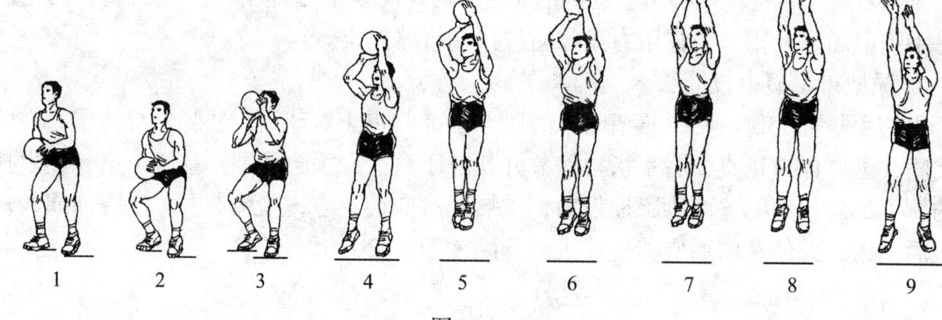

图 8-2-12

练习方法：

（1）徒手做各种投篮的模仿练习。

（2）两人一组一球，相距 4~5 米相对站立，原地做单、双手投篮模仿练习。

（3）各种角度、距离的投篮练习。

（4）在移动中接球后做各种投篮练习。

（5）5 点连续投篮练习。

（6）运球行进间投篮练习。

五、持球突破

持球突破是持球队员运用脚步动作和运球技术快速超越对手的一种攻击性很强的技术。持球突破基本技术由蹬跨、转体探肩、推放球和加速几个环节组成。

1. 交叉步突破

以右脚作中枢脚为例：两脚左右开立，两膝微屈，身体重心降低，持球于胸腹之间。突破前，先做瞄篮动作或向左虚晃动作，以吸引防守队员，造成防守队员的重心不稳定。突破时，左脚内侧迅速蹬地并向右前方迈出一大步，上体右转，左肩前探下压，右手放球于迈脚的侧方，同时右脚蹬地向前跨出，右手运球超越对手（图 8-2-13）。

图 8-2-13

查看交叉步突破示范动作

2. 同侧步突破

以左脚作中枢脚为例：动作方法与交叉步突破基本相同。不同之处在于，右脚向右前方跨步，左脚蹬地向前方跨出。

查看同侧步突破示范动作

练习方法：

（1）原地持球做瞄篮动作后做交叉步、同侧步突破的蹬地、侧肩、放球加速动作。

（2）自抛自接急停后做交叉步、同侧步突破练习，主要明确中枢脚和放球的时机。

（3）接球急停突破投篮练习。

六、防守

防守的基本技术包括防守无球队员和防守持球队员两个方面。

1. 基本防守姿势

两脚平行或前后开立，略宽于肩。两膝弯曲，身体重心投影置于两脚之间。上体稍前倾，两眼平视，两臂左右或前后张开以扩大防守面积，随时准备移动抢位。

2. 防守无球队员

防守离球近的对手时，防守者应采用面向对手、侧向球的斜前站立姿势。靠近对手的异侧脚在前，堵截对手摆脱移动的接球路线，伸前脚一侧手臂封锁接球路线。防距离远的对手时，可采用两脚平行站立、侧向对手面向球的姿势，以便协防或断球反击。

3. 防守持球队员

首先应占据球篮与进攻队员之间的有利位置，并根据对手特点和意图调整位置。平步防守面积大，便于横向滑动，两臂侧举对防运球和突破有利；斜步防守，一臂前上举，可以干扰对方投篮，另一臂斜下伸阻挠运球突破。

4. 抢球

抢球时，手部动作有拉抢和转抢两种。抢球时，用双手抓住球向后突然猛拉，或者采用前臂、手腕及上体扭动的力量将球夺走。

5. 打球

当对手接到球的瞬间，可突然上步打球，若对手持球较高，可采用由下而上的方法打球，用手指和指根击球的下部。若持球部位较低，可采用由上而下的方法打球，用手指和手指外侧击球的上部。此外，还有跳起投篮时的封盖球。

6. 断球

断球前，身体重心下降，做好起动的准备。当持球者传球给同伴离手的瞬间，突

8-3-4 所示：⑤从防守者的左侧突破，④协助防守，封堵⑤向篮下突破的路线，此时④及时跑到有利的进攻位置，接⑤的球投篮，或做其他进攻配合。

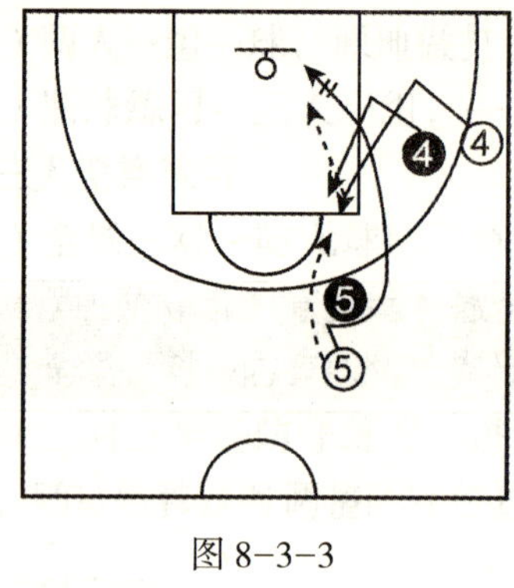

图 8-3-3

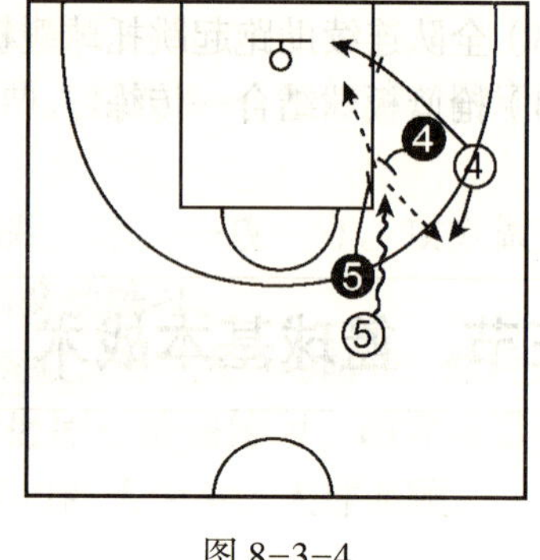

图 8-3-4

二、防守战术基础配合

1. 交换防守

交换防守是为了破坏进攻队员的掩护配合，防守队员之间彼此及时交换自己所防守的对手的配合方法。当对方队员进行掩护时，防守队员相互呼应，并紧跟自己的对手，当进攻队员摆脱切入时，及时换防。

2. 关门防守

关门防守是临近的两个防守队员协同防守突破的配合方法。当进攻队员运球向篮下突破时，防守突破的队员应挡住其通往篮下的路线，这时临近突破一侧的防守队员，应及时向防守突破的队员靠拢，像两扇门一样关起来，堵住突破者的路线。

3. 夹击防守

夹击防守是两个防守队员积极防守一个进攻队员的配合方法。它要求夹击时行动要积极、果断、突然，出其不意，攻其不备。

4. 补防

补防是两三个防守队员之间的一种协同防守的配合。当同伴被进攻者突破而有直接得分的可能时，临近的防守队员要立即放弃自己的对手去补防。

三、快攻与防守快攻

1. 快攻

快攻是由防守转入进攻时，积极、主动、勇猛顽强地以最快的速度、最短的时间造成人数上以多打少的优势，在对方尚未部署好防守之前，果断而快速地发起攻击的一种速决战。抢到防守篮板球、断球、掷界外球和跳球等都是发动快攻的有利时机。

快攻战术是由发动、推进、结束三个阶段组成的。快攻的形式主要有长传快攻、短传快攻和结合运球突破的快攻等。

2. 防守快攻

防守快攻是防守战术的重要组成部分，它的目的在于制约进攻速度，为本队积极防守争取时间。防守快攻方法有：提高进攻成功率、积极拼抢篮板球、攻防变换时头脑冷静，速度快，减少对方发动快攻的机会，堵截快攻第一传，尽量控制对方的推进，卡住快下队员，切断对方长传快攻的路线，同时提高以少防多的能力。

四、半场人盯人防守与进攻半场人盯人防守

1. 半场人盯人防守

半场人盯人防守是由攻转守时，全队迅速退回后场，每个队员在盯住自己对手的同时，采取集体防守的战术。其特点是分工明确、针对性强、机动灵活、能有效控制对方进攻重点，但它容易被进攻队员局部击破。

2. 进攻半场人盯人防守

进攻半场人盯人防守是由各种掩护、策应、传切和突破分球等基础配合组成的全队战术。要求合理组织进攻队形，充分利用基础配合组成全队战术，有目的地穿插换位，内外线结合，正面与侧面进攻相结合，扩大攻击面，注重速度，讲究节奏、快慢、动静结合，注意攻守平衡。

五、区域联防与进攻区域联防

1. 区域联防

区域联防是一种半场防守的全队战术，由防守队员退回半场后，每人负责一定的区域，严密防守进入该区的球和队员，并与同伴协同防守而构成的一种集体防守战术。

区域联防的站位队形有 2–1–2 联防、2–3 联防、3–2 联防和 1–3–1 联防几种。2–1–2 联防是区域联防的基本形式，这种站位队形队员分布均匀，易于联系协作，同时也便于控制后场篮板球发动快攻。但这种防守的薄弱环节是队员的防区衔接处，即图 8–3–5 的阴影区。

2. 进攻区域联防

进攻区域联防，应根据联防的特点和规律，针对其薄弱环节，占据有利的进攻位置，并结合本队的具体情况，确定进攻重点，组织有针对性的进攻战术。

进攻队 1–3–1 站位（图 8–3–6）是攻 2–1–2 联防的基本阵式。这种阵形，队

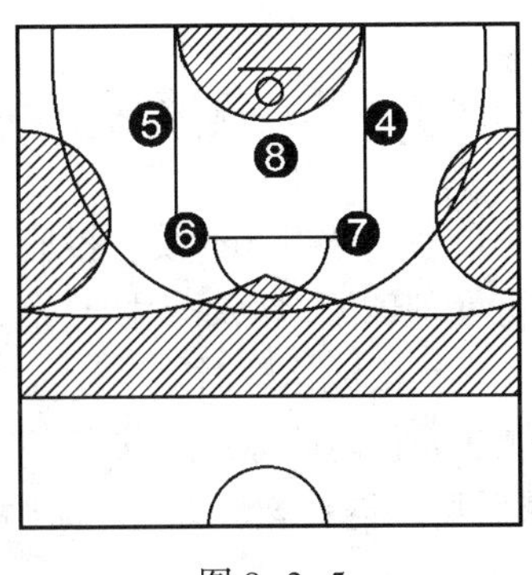

图 8–3–5

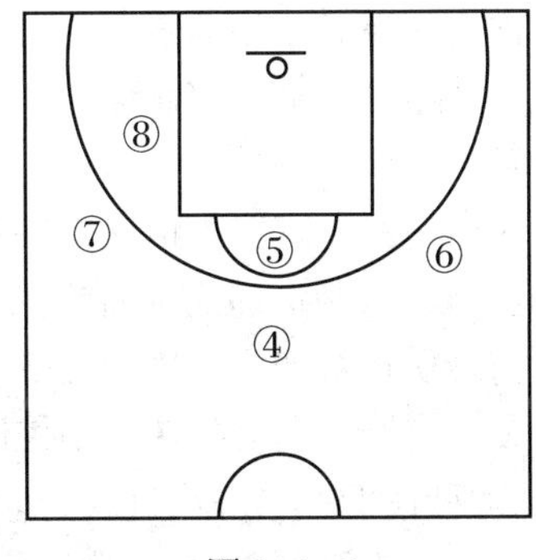

图 8–3–6

员分布面广、攻击点多、便于内外联系、左右配合，有利于组织抢篮板球和保持攻守平衡。

第四节 篮球运动竞赛规则简介

一、场地与设备

（一）场地

标准篮球场是长 28 米、宽 15 米的长方形，球场各线的宽度为 5 厘米。球场的大小从端线和边线的内沿算起。球场内有三分投篮区、限制区和罚球区。

（二）设备

在篮球场纵轴延长线上，端线外至少 2 米的地方各安置一篮球架，架上安装篮板，篮板的投影垂直于地面，平行于端线，并距离端线 1.2 米。它的下沿离地面 2.75 米。篮板中安装牢固的篮圈，篮圈距离地面 3.05 米，平行于地面。

二、违例、犯规及罚则

1. 违例及其罚则

违反规则的行为而未构成犯规统称违例。其罚则是违例队失去控制球权，由对方在最靠近发生违例的地点掷界外球。

（1）跳球违例：跳球时，两名跳球队员的脚要站在靠近本队球篮一边的半圆，一只脚靠近两人之间的线的中心，球达到最高点后必须被一名双方跳球队员合法地拍击。超出以上规定为跳球违例。

（2）队员出界和球出界：当队员身体的任何部分与界线或界线外的地面接触时，即为队员出界；当球触及界外队员或任何其他人员、界线上或界线外的地面或任何物体、篮板的支柱或背面时即为球出界。

（3）非法运球：队员第一次运球结束后，不得再次运球，否则为非法运球。

（4）带球走：不按规则规定的持球移动叫带球走。持球时，球未离手而中枢脚已离开地面再运球或中枢脚提起又落地后再传球、投篮等，均判违例。

（5）3 秒违例：某队控制球时，持球队员或其同伴在对方限制区内停留时间不得超过 3 秒钟。否则为违例。

（6）5 秒违例：有三种情况：罚球队员在裁判员递交球后 5 秒没有投篮出手；掷界外球的队员在裁判员递交球后或已将球放在他可处理球的地点后 5 秒，没有将球掷入场内；持球队员被严密防守，在 5 秒内没有传、投、滚或运球时。

（7）8 秒违例：进攻队在后场控制球后，未能在 8 秒内使球进入前场。

（8）24 秒违例：当一次进攻开始的时候，从后场一得到球，必须在 24 秒钟之内尝试投篮一次，否则判 24 秒进攻违例。

（9）掷界外球违例：掷界外球时，掷球队员未站在裁判员指定的距违例地点最近的界外掷球入场（但直接位于篮板后面的地方除外）。

（10）拳击球、脚踢球违例：队员用拳击球为违例，故意踢球或用腿的任何部分拦阻球为违例，脚或腿偶然碰球不算违例。

（11）球回后场违例：某队控制前场活球，该队的队员不得使球回他的后场（中线属于后场），否则为违例。

（12）干扰球违例：在投篮的时候，当球在飞行中下落，并完全在篮圈水平面上时，进攻或防守的队员都不能触球，但球触及篮圈后或明显不会触及篮圈时除外。

2. 犯规及其罚则

犯规是违反规则的行为，含有与对方队员的身体接触和违反体育道德的行为。对犯规队员应予以登记，并按照规则的有关条款予以处罚。

（1）侵人犯规：是一种违反规则而造成与对方发生不合理的身体接触，如队员通过伸展臂、肩、髋、膝或过分地弯曲身体成不正常姿势以阻挡、推拉、撞绊来阻碍对方行进或使用粗野动作以及用手触及对方等。

（2）技术犯规：有意的、不道德的或有投机取巧性质的行为，虽未发生身体接触，但应判技术犯规。技术犯规在比赛期间包括临场队员、替补队员、教练员、助理教练员和随从人员。

（3）双方犯规：双方队员同时相互犯规为双方犯规。

（4）违反体育道德的犯规：裁判员认为队员不是在规则的精神和意图的范围内合法地直接地试图抢球，造成的侵人犯规是违反体育道德的犯规。

（5）取消比赛资格的犯规：任何技术犯规、侵人犯规都是十分恶劣的不道德行为，均为取消比赛资格的犯规，并令其离开球场附近。

（6）打架：在打架或可能导致打架的任何情况下，任何座席人员离开球队席区域的界限应被取消比赛资格，并令其离开球场附近，包括球队席区域和球场附近，并不得以任何方式再和他的球队联系。

三、一般规定

（1）队员 5 次犯规：一名队员已发生 5 次侵人犯规或技术犯规，他必须在 30 秒内被替换。

（2）全队犯规：在一节中某队已累计发生了 4 次队员犯规时，该队处于全队犯规处罚状态。所有随后发生的对未做投篮动作的队员的侵人犯规应被判 2 次罚球，代替掷球入界。

（3）可纠正的失误：如果裁判员无意地忽略了某条规则，并仅仅是导致了以下 5 种情况时，允许裁判员纠正这个失误：没有判给应得的罚球；判给不应得的罚球；允许不该罚球的队员执行罚球；在错误的球篮执行罚球；不正确地判给了得分或取消得分。

四、比赛通则

（1）比赛时间：比赛时间分为 4 节，每节 10 分钟。在第 1、2 节（第一半时）和

第3、4节（第二半时）之间以及每一决胜期的前面有2分钟的比赛休息时间。两个半场之间的休息时间为15分钟。

（2）比赛开始：比赛由中圈内跳球开始。

（3）暂停：每队第一半时有2次暂停，第二半时有3次暂停，决胜期有1次暂停。暂停机会可以不用，但不准挪到第二半时或决胜期内使用。每次暂停时间为1分钟。

（4）替换：替换队员必须亲自到记录台前报告被替换队员号码，然后坐在替换席上，经临场裁判准许后，方可进入场地替换。只有在替换机会期间，球队才可以替换队员。

（5）比赛结束：当结束比赛时间的比赛计时钟信号响时，一节、决胜期比赛应结束。

（6）比分相等和决胜期：如果在第4节比赛时间终了时两队比分相等，为打破平局，需要一个或多个5分钟的决胜期来继续比赛，直到分出胜负为止。

作业与思考题

1. 篮球运动的主要技术有哪些？
2. 简述双手胸前传球的动作方法。
3. 简述原地单手肩上投篮的动作方法及要领。
4. 移动技术的练习方法有哪些？

第九章 排球运动

名人名言

我生平喜欢步行，运动给我带来了无穷的乐趣。

——爱因斯坦

学习导航

排球运动动作简单易学，便于开展，具有健身、娱乐、竞技等多种功能，深受人们的喜爱。本章介绍了排球运动的起源、发展、特点、基本技术和基本战术、练习方法及主要规则。通过本章的学习，使学生了解排球运动，并利用所学的排球基本技、战术进行锻炼，使之成为终身体育锻炼的方法之一。

知识目标

1. 了解排球运动的起源与发展。
2. 掌握排球运动的基本技术，重点掌握对排球技术原理的解析。
3. 熟练运用排球技术练习方法和手段。

能力目标

通过学习，提高大学生学习排球的兴趣，为进一步学习排球的技战术和集体配合打下基础，培养终身体育的意识和习惯。

第一节 排球运动概述

一、排球运动的起源和发展

1895 年，美国人威廉·摩根为了选择一种较为和缓、活动量适当的运动方式来满足所有人的需要，设计了一种把网球网升到一定高度，让人们隔网用手来回拍打篮球内胆，不让球落在自己场区的击打性游戏。由于这种游戏是让球在空中飞来飞去，故取名为“volleyball”，意为“空中飞球”。1896 年，美国开始有了排球比赛，并制定了第一部排球规则。随着排球运动的不断发展，排球设备和比赛规则不断地改进和完善，使得这项运动具有独特的魅力，并吸引了广大群众积极参与。

1947 年，国际排球联合会成立。1949 年和 1952 年，分别举行了首届男、女世界排球锦标赛。在 1964 年第 18 届奥运会上，男、女排球被列为奥运会正式比赛项目。1965 年和 1973 年，分别举行了首届男、女世界杯排球赛。此后，排球运动在世界各地蓬勃地发展起来，并成为世界上会员最多的运动项目之一。

1905 年，排球运动传入中国，先后经历了十六人制→十二人制→九人制→六人制的演变过程。新中国成立后，排球运动得到了前所未有的发展。1953 年，中国排球协会成立，并于次年成为国际排联的会员。在努力学习外国先进经验和技术的基础上，结合我国的实际情况，我国首次提出了“三从一大”的训练原则，极大地推动了我国排球运动的发展。1979 年，中国男、女排双双获得亚洲锦标赛冠军，取得了参加奥运会的资格。中国女排从 1981 年的世界杯到 1986 年的世界锦标赛，创造了世界女子排球“五连冠”的骄人成绩。如今，排球运动已成为我国学校体育的主要内容，在高等学校有着广泛的群众基础。

二、排球运动的特点

排球比赛是两队各出 6 人，在由球网分开的场地上进行集体比赛的项目。比赛是由后排右边的队员发球开始的，各队遵照规则，运用发球、垫球、传球、扣球、拦网等技术进行攻防对抗，将球击过球网，以落在对方场区的地面上，防止落在本方场区地面上为目的。每回合每队可击球三次（拦网触球除外），将球击回对方场区。一个队员不得连续击球两次（拦网触球除外）。比赛连续进行，直到球落地、出界或某一队不能合法地将球击回对方场区。

排球比赛具有以下特点：

1. 形式的多样性和广泛的群众性

排球运动的场地设备比较简单，室内室外均可进行。其活动形式多种多样，地板上、沙地上、草地上、雪地上，甚至水中都可以进行，比赛规则容易掌握且可灵活变化。可根据实际情况调整参加人数和运动负荷，适合不同年龄、性别、体质和训练程度的人在不同环境条件下进行活动，具有广泛的群众基础。

2. 技术的全面性和高度的技巧性

在排球比赛中，任何位置上的队员都要参与防守和进攻，因此每个队员都须全面地掌握各项攻防技术。排球比赛具有球不能落地、不能持球、同一名队员不得连续击球、每队击球次数又有限制等特点，从而决定了排球技术的高度技巧性。

3. 激烈的对抗性和严密的集体性

在排球比赛中，双方的攻防转换始终是在激烈的对抗中进行的，其对抗的焦点主要集中在网上的扣与拦之间。水平越高的比赛，对抗争夺越激烈。比赛双方都在利用规则允许的三次击球机会，通过严谨的战术安排和巧妙的团队配合，完成激烈的攻防转换，体现了严密的集体性。

4. 轻松的娱乐性和高雅的休闲性

排球运动不拘于形式，可隔网对抗，亦可围圈嬉戏。只要有一块空间，就可以尽情享受这项运动的乐趣。排球比赛没有身体接触，双方比拼技战术，安全性高又十分优雅，是人们欢悦、休闲的理想方式。

第二节　排球基本技术与学练方法

排球技术是在规则允许的条件下所采用的各种合理的击球动作的总称，主要由步法和手法两部分组成。排球技术可分为准备姿势和移动、发球、垫球、传球、扣球、拦网 6 大基本技术。

一、准备姿势与移动

准备姿势与移动是完成发球、垫球、传球、扣球和拦网等各项有球技术的前提和基础，对各项有球技术的运用起着串联和纽带的作用。准备姿势的作用是为及时地移动和完成击球动作做好准备。移动的作用是为了及时接近球，调整人与球的位置关系，便于完成击球动作。

1. 准备姿势

按照身体重心的高低，准备姿势可分为半蹲准备姿势、稍蹲准备姿势和低蹲准备姿势三种。其中半蹲准备姿势运用较多。

（1）半蹲准备姿势：两脚左右开立，稍比肩宽，一脚稍前，两脚尖内收，脚跟稍提起；膝关节保持一定的弯曲，其投影点在脚尖的前面；上体前倾，重心靠前；两臂放松，自然弯曲，双手置于腹前；两眼注视来球，两腿始终保持微动（图 9–2–1）。一般多用于接发球、拦网和各种传球。

（2）稍蹲准备姿势：稍蹲准备姿势比半蹲准备姿势重心稍高，动作方法相同（图 9–2–2）。一般用于扣球助跑之前、不需要快速反应起动的时候。

（3）低蹲准备姿势：低蹲准备姿势比半蹲准备姿势的身体重心更低（图 9–2–3）。一般在防守和做各种保护动作时使用。

图 9–2–1

图 9–2–2

图 9–2–3

2. 移动

移动的目的主要是及时接近球，保持好人与球的位置关系，以便击球。常用的移动步法有以下几种：

（1）并步与滑步：如向前移动，则后腿蹬地，前脚向来球方向跨出一步，后腿迅速跟上做好击球准备。连续并步就是滑步。并步主要用于传球、垫球和拦网。

（2）跨步与跨跳步：如向前移动，则后腿用力蹬地，前脚向来球方向跨出一大步，膝部弯曲，上体前倾，身体重心移至前腿上。在跨步过程中如有跳跃腾空动作即为跨跳步（图9-2-4）。跨步适用于来球较低、离身体1米左右垫击时使用。

图 9-2-4

（3）交叉步：以向右交叉步为例，上体稍向右转，左脚从右脚前面向右交叉迈出一步，然后右脚再向右跨出一大步，同时身体转向来球方向，保持击球前的姿势。当来球距离3米左右时，可采用交叉步，主要用于二传、拦网和防守。

（4）跑步：跑步时，应随时注意球的飞行方向，两臂要配合摆动。如球在侧方或后方时应边转身边跑。跑步一般在当球距离身体更远时采用。

（5）综合步：以上各种步法的综合运用。

练习方法：

（1）两人一组，一人做准备姿势，另一人纠正其错误动作，交换进行。

（2）两人一组相对站立，一人做同方向的移动，另一人跟随。

（3）两人一组，相距6米，各持一球，两人同时把球滚向对方体侧3米左右处，移动接住后再滚给对方，如此反复进行。

（4）结合其他技术的练习。

二、发球

发球是排球比赛中一项重要的进攻技术。发球是比赛的开始。准确而有攻击性的发球可以直接得分或破坏对方的战术组成，减轻本方的防守压力，为反击创造有利的条件，同时能振奋精神、鼓舞士气，在心理上给对方造成压力。发球失误，将直接失分和失去发球权。常用的发球技术有正面下手发球、正面上手发球、正面上手飘球、侧面下手发球、勾手发球和跳发球等。

1. 正面下手发球

面对球网，左脚在前，右脚在后，两膝微屈，上体前倾，左手持球于腹前，右臂自然下垂，两眼注视球。左手将球在体前右侧抛起，高于手20~30厘米，在抛球的同时，右臂后摆。右脚蹬地，身体重心前移，右臂伸直。以肩为轴，右手向前摆到腹前，用虎口、掌根或手掌击球的后下部，随着击球动作身体重心前移，顺势进场（图9-2-5）。

2. 侧面下手发球

左肩对网，两脚左右开立，约与肩同宽，两膝稍屈，上体稍前倾，重心落在两脚之间，左手于腹前将球平稳上抛，距离身体约一臂远，球离手高度约一个半球。抛球同时，右臂后摆至右侧后下方。利用右脚蹬地向左转体的力量，带动右臂向前上方摆动，用虎口、掌根或手掌击球的后下方。击球后，身体转向球网，顺势进场（图9-2-6）。

图 9-2-5

图 9-2-6

查看侧面
下手发球
示范动作

3. 正面上手发球

面对球网，左脚在前，左手于体前将球平稳地抛于右肩的前上方，同时右臂抬起，屈肘后引，肘与肩平，上体稍向右侧转动，抬头、挺胸、展腹，手掌自然张开。利用蹬地，使上体向左转动，同时收腹，带动手臂向前上方快速挥动。在右肩前上方伸直手臂的最高点，用全掌击球的后中下部。击球时，手张开与球吻合，手腕迅速做推压动作，使击出的球呈上旋飞行。击球后，随着重心前移，顺势入场（图 9-2-7）。

查看正面
上手发球
示范动作

图 9-2-7

发球技术要点

1. 抛球稳。抛球的稳与否是影响发球准确性的主要原因。

2. 击球准。要以正确的手型击准球的相应部位，才能使发出的球与预期相一致。

3. 手法正确。击球的手法不同，发出球的性能也不同。只有采用正确的手法击球，才能发出相应性能的球。

4. 用力适当。用力大小与发球站位的远近、击球弧度的高低、发出球的性能和落点密切相关。

练习方法：

（1）近距离对墙发球练习，将抛球、挥臂、击球、用力等环节有机地衔接起来。

（2）两人一组间距 9 米左右相对发球。

（3）近距离进行隔网发球练习。

（4）站在端线向对方区域发球。

（5）站在端线左、中、右三个不同的位置向对方区域发球。

（6）向指定区域内发球。

三、垫球

垫球主要用于接发球、接扣球和接拦回球，是组织进攻的基础。垫球是比赛中多得分、少失分、由被动转为主动的重要技术，是稳定队员情绪、鼓舞队员士气的重要手段。垫球还可在无法运用传球技术进行二传时用来组织进攻或处理球。常用的垫球技术有正面双手垫球、体侧垫球、背垫球、跨步垫球、单手垫球、鱼跃垫球等。

1. 正面双手垫球

正面双手垫球是各种垫球技术的基础，是最基本的垫球方法。

两脚开立，稍比肩宽。在左半场及中场位置接球，左脚在前，在右半场位置则右脚在前，在中场可采用内八字站位。两脚适当提起脚跟，双膝弯曲，上体自然前倾，全身放松，随时准备移动（图 9–2–8）。两手掌根紧靠，两手手指重叠合掌互握，两拇指平行，手腕稍下压，两臂外翻形成一个平面（图 9–2–9）。对准来球，两臂夹紧前伸，插到球下，用前臂腕关节上方两臂桡骨内侧约 10 厘米处形成的一个近似的平面，击球的下部（图 9–2–10）。向前上方蹬地抬臂，迎击来球。

图 9–2–8

查看正面双手垫球示范动作

图 9–2–9

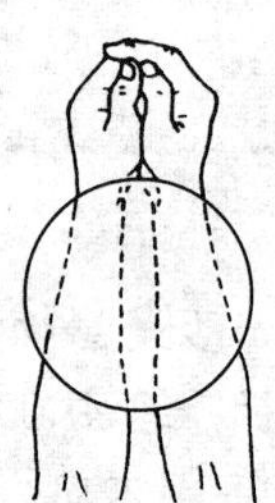

图 9–2–10

2. 体侧垫球

体侧垫球的特点是控制面宽，但较难把握垫击的方向、弧度和落点。

以左侧垫球为例，右脚前脚掌内侧蹬地，左脚向左跨出一步，身体重心随即移至左脚，并保持左膝弯曲，两臂夹紧向侧伸出，左臂高于右臂，右肩向下倾斜，再用向右转腰和收腹的力量，配合两臂在体侧截击球的后下部。切忌随球摆臂。

3. 背垫

背垫大多用于接应同伴垫飞的球或将球处理过网。

背垫时，首先判断来球的落点、方向和离网的距离，然后迅速移动到球的落点处，背对出球方向，两臂夹紧伸直，插到球下。击球时，蹬地、抬头挺胸、展腹，直臂向后上方摆击球。在垫低球时，也可利用屈肘、翘腕动作，以虎口处将球向后上方垫起。

垫球技术要点

由于各种发球的性能不同，垫球的方法也有所不同。但不管采用何种方法，都要全神贯注，全身保持放松状态，根据击球人的动作特点，做好判断和准备。垫球时，要做到：判断准确，移动快速，对正来球，协调用力；保持好手臂与地面的适度夹角。

练习方法：

（1）两人一组，相距 4~5 米，一抛一垫。

（2）两人一组，相距 4~5 米，连续对垫。

（3）2~4 人一组，一人发球，其余人轮流接发球。

（4）半场接发球练习：三人一组，一人发、两人垫，将球垫到 2 号位、3 号位之间。

（5）结合场上位置练习：站好接发球位置，加强配合，接好各种发球。

四、传球

传球是排球运动的基本技术之一。传球技术主要用于二传，为进攻创造条件，在比赛中起着组织进攻的作用。传球技术也可用来接发球，接对方的处理球、吊球和被拦回的高球。还可用来吊球和处理球，起着进攻的作用。常用的传球技术可分为正面传球、背向传球、侧传球以及跳传球等。

1. 正面传球

正面传球是最基本的传球方法，是其他一切传球技术的基础。

稍蹲姿势，上体稍挺起，仰头看球，两手自然抬起，屈肘，放松置于脸前。当来球接近额前时，开始蹬地、伸膝、伸臂，手指微张，从脸前向前上方迎出。当手和球即将接触前，手腕和手指要有前屈迎球的动作，在脸额前上方约一球距离处将手与球接触，十指自然张开使两手成半球状，手腕稍后仰，以拇指内侧、食指全部、中指的二、三指节触球的后下部，无名指和小指在球两侧辅助控制球的方向。两拇指相对近

“一”字形。触球后各关节继续伸展，用手指、手腕的弹力将球击出。全身各部位动作应协调一致（图 9-2-11）。

查看正面传球示范动作

查看背向传球示范动作

图 9-2-11

2. 背向传球

上体比正面传球时稍后仰，双手自然抬起置于脸前。抬上臂、挺胸、上体后屈。击球点在头上方，比正面传球略偏后。手形与正面传球相同，但触球时手腕要稍向后仰，掌心向上，拇指托在球下，击球的下部。利用蹬腿、展体、抬臂、伸肘和指腕的弹力，把球向后上方传出。

传球技术的运用

二传时，二传队员应该做到取位恰当，善于观察，动作隐蔽，调整节奏，手法熟练。顺网正面二传是最简单最常用的二传技术。其传球动作与正面传球相似，其区别在于顺网正面传球时，身体不宜面对来球，要适当转向传球方向，尽可能保持正面传球，使球顺网飞行。

练习方法：

（1）连续自传，传球高度不低于 50 厘米。

（2）距墙 50 厘米，对墙连续传球。

（3）两人一组，相距 3~4 米，传对方抛到额前的球。

（4）两人一组，相距 3~4 米，对传。

（5）在 3 号位向 4 号位、2 号位传顺网球。

五、扣球

扣球是排球运动的基本技术之一。扣球在比赛中占有重要的地位，是得分的主要手段，是进攻中最积极有效的武器，是一个队摆脱被动、争取主动的途径，是攻击力强弱的表现。强有力的扣球可以鼓舞士气、振奋精神、挫伤对方的锐气，给对方造成强大的心理压力。常用的扣球技术有正面扣球、单脚起跳扣球和勾手扣球等。

1. 正面扣球

采取稍蹲的姿势，距离球网约 3 米处，面对来球方向，观察来球。助跑时，左脚先向前迈出一步，紧接着右脚再快速跨出一大步，左脚及时并上，踏在右脚之前，两脚尖稍向右转。同时，两臂自后积极向前摆动，随着双腿蹬地向上起跳，两臂配合起跳有力地向上摆动。

起跳后，挺胸展腹，上体稍向右转，右臂向后上方抬起，身体成反弓形。挥臂时，迅速转体、收腹发力，依次带动肩、肘、腕各部位关节向前上方成鞭甩动作挥动。击球时，五指微张，以掌心为主，全掌包满球，在手臂伸直的最高点的前上方击球的后中部，同时主动用力屈腕屈指向前推压，使扣出的球呈上旋。落地时，以两脚前脚掌先着地再迅速过渡到全脚掌着地，同时顺势屈膝、收腹，随即做好下一个动作的准备（图 9-2-12）。

图 9-2-12

查看正面扣球示范动作

2. 勾手扣球

扣球时，助跑最后一步两脚和左肩侧对球网，或起跳后在空中使左肩转向球网。跳起后，整个挥臂击球动作与勾手发球相似。击球后，身体面向球网落地。

扣球技术的运用

1. 扣近网球的特点是击球点高、路线变化多、威力大，但易被拦网。扣球时，要向上垂直起跳，以免前冲力过大，造成触网或过中线犯规。跳起后，主要利用收胸动作发力，以肩为轴，向前上方挥臂，以全手掌击球的后中上部。击球后，手臂要顺势回收，以防止手触网。

2. 扣远网球的特点是力量大、角度较平、对方不易拦网。跳起后，击球点要保持在右肩前上方最高点，用全手掌击球的后中部，击球瞬间手腕要有明显的推压动作，使球呈上旋飞出。

练习方法：

（1）两人一组，一人手持球高举做固定球，另一人扣该固定球。

（2）距墙 3~4 米，连续对墙扣反弹球。

（3）在 4 号位助跑起跳，把由 3 号位抛来的球在高点轻拍过网。

（4）在 4 号位、2 号位助跑起跳，扣顺网传来的球。

（5）在 4 号位、2 号位助跑起跳，扣调整传来的球。

六、拦网

拦网是排球的基本技术之一。拦网是防守的第一道防线，是反攻的重要环节。拦网具有强烈的攻击性，可以直接拦死、拦回对方的扣球，能够削弱对方的锐气，动摇对方的信心，给对方造成心理压力。拦网也可以将对方有力的扣球拦起，减轻后排防守的压力。常用的拦网技术有单人拦网、双人拦网和三人拦网。

1. 单人拦网

面对球网，两脚左右开立，约与肩同宽，距网 30~40 厘米。两膝微屈，两臂屈肘置于胸前。注视来球，迅速移动。起跳时，两腿屈膝，重心降低，随即用力蹬地，两臂以肩发力，在体侧近身处，做划弧前后摆动，帮助身体迅速跳起。两手从额前沿球网向上方伸出，两臂伸直并保持平行，两肩上提。两臂应尽力伸过网去接近球。两手自然张开，屈指屈腕成半球状。当手触球时，两手要突然紧张，手腕下压盖在球的前上方。拦球后，要做含胸动作，以保持身体平衡，手臂要先后摆或上提，从网上收回至本方上空，再屈肘向下收臂，以免触网。与此同时屈膝缓冲，双脚落地，随即转身面向后场，准备下一个动作（图 9-2-13）。

图 9-2-13

2. 双人拦网

双人拦网是排球比赛中最常见的一种拦网方式。主要在对方大力扣球时采用。

双人拦网时，应以一人为主拦队员，另一人为配合队员。但主拦队员不是固定的，一般情况下距对方扣球点近的队员应为主拦队员。主拦队员必须抢先移动到对正扣球点的位置，并做好起跳准备，配合队员则迅速移动靠近主拦队员准备同时起跳。两队员之间的距离一定要合适。双人拦网起跳时，两人的手臂在体前划小弧向上摆伸，都要尽量垂直向上起跳，要防止互相碰撞或干扰。手臂在空中既不能重叠，造成拦击面缩小，又不能间隔太宽，造成中间漏球。扣球靠近边线时，靠边线近的拦网队员外侧的手应适当内转，以防打手出界。

拦网技术要点

拦网时，要人球兼顾，重点要判断出扣球队员的助跑路线和起跳时机，根据扣球队员的助跑方向和扣球线路起跳和伸臂堵住其主要线路。拦强攻时，要尽量组成两人或三人拦网，晚跳、高跳；拦快球时，根据扣球的特点，起跳、伸臂要快，手尽量伸过网去接近来球，将球封住；拦各种掩护球时，要随时对对方队员的各种动作做出预判，及早移动对正实扣队员，做好起跳准备，动作节奏与扣球队员要保持一致。

练习方法：

（1）原地做拦网的徒手动作练习。

（2）由 3 号位向 2 号位、4 号位移动拦网徒手练习。

（3）两人一组，一人站在高台上持球，另一人跳起拦固定球。

（4）低网扣拦练习：两人一组，原地一扣一拦。

（5）结合扣球练习拦网。

第三节　排球基本战术

排球战术指在比赛中根据排球运动的规律、双方的具体情况和临场的变化，合理地运用技术以及采取的有组织、有目的和有预见的一种配合行动。排球基本战术可分为个人战术和集体战术两大类。

一、阵容配备

阵容配备的目的是合理地把全队的力量搭配好，更有效地发挥每一个队员的特长和作用。在排球比赛中，常用的阵容配备有以下三种形式：

1.“三三”配备

“三三”配备即 3 名进攻队员和 3 名二传队员，两两搭配，进攻队员和二传队员间隔站位。这种配备方法战术形式简单，适合初学队采用，但进攻能力较差。

2.“四二”配备

“四二”配备即4个进攻队员和2个二传队员相互配备。4个进攻队员中有2个是主攻队员，2个是副攻队员，他们都站在对角位置上。这种配备方法可以组织多种战术形式，在一般水平的队中采用较多。

3.“五一”配备

“五一”配备即5个进攻队员和一个二传队员相互配备。为了弥补在主要二传队员来不及传球时所出现的被动局面，可以在二传队员的位置上，配备一名有进攻能力的接应二传队员。这种配备方法攻击力较强，能组织多种战术体系，目前在水平较高的队中被普遍采用。

二、交换位置

为了最大限度地发挥队员的特长，调动一切积极因素，加强攻防力量，以弥补由于队员身体、技术发展不平衡所带来的阵容配备上的缺陷，比赛中在规则允许的条件下，可以采取交换位置的方法，即在发球队员击球后，双方队员可以在本场区内任意交换位置。

交换位置的目的是为了充分发挥每个队员的专长，以取得扬长避短的效果。前排队员之间的换位，主要是为了便于进攻战术的实施和拦网的调整。前、后排队员之间的换位，主要是为了保持前排三点进攻。后排队员之间的换位，是为了加强防守后排的重点部位。

三、进攻战术

进攻战术是指接对方来球后，全队所组成的有目的、有组织的配合。进攻战术是由一传、二传、扣球三个环节组成的，主要分为进攻阵型和进攻打法两个方面。

（一）进攻阵型

1.“中一二”进攻阵型

“中一二”进攻阵型是进攻战术中最简单、最基本的战术形式，是指由3号位队员作二传，将球传给4号位、2号位队员进攻的组织形式（图9-3-1）。这种进攻阵型一传向网中间3号位垫球比较容易，二传向2号位、4号位传球的距离较短，容易传准，有利于组成进攻，适合初学者采用。其缺点是战术变化少，只能两点进攻，战术意图容易被对方识破。

2.“边一二”进攻阵型

指由2号位队员作二传，将球传给3号位、4号位队员进攻的组织形式（图9-3-2）。其优点是两相邻进攻队员相互掩护，可以组织更多战术。其缺点是对一传要求较高，尤其5号位队员向2号位垫球时，由于距离远，角度大，控制球难度较大。

3.“后排插上”进攻阵型

指由后排队员插上作二传，前排4号位、3号位、2号位队员进攻的组织形式。“后排插上”进攻阵型是现代排球先进战术的主要形式，它是在“中一二、边一二”进攻阵型的基础上发展起来的。“中一二、边一二”进攻阵型的各种战术都可以在此阵型

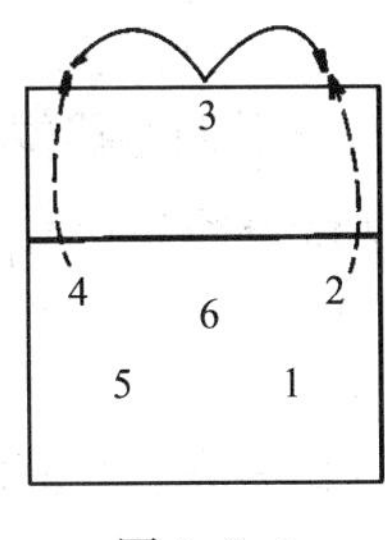

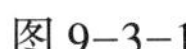
图 9-3-1

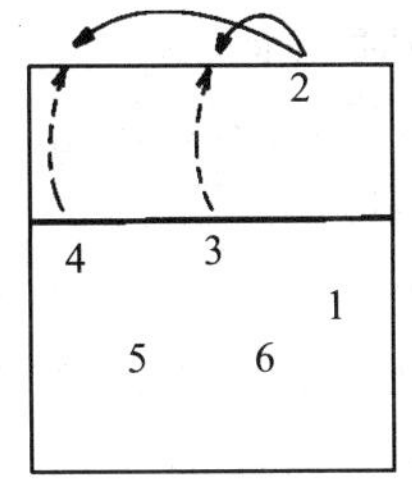

图 9-3-2

加以运用。这种阵型进攻点多，战术配合更加复杂多变，适合技术水平较高的队使用，但对一传及队员间的配合要求较高。

（二）进攻打法

进攻打法是指在排球比赛中，一传、二传和扣球队员之间实施各种进攻战术配合的方法。其目的是为避开对方的拦网，突破对方的防线，争取主动，扩大战果。

1. 强攻

强攻就是在没有快球掩护的情况下，凭借队员个人的身高和弹跳力，利用扣球的力量和个人扣球战术，强行突破对方的防御。

2. 快攻

快攻是在一传到位的基础上，通过扣球人的快速跑动，互相配合组成各种进攻战术。快攻战术隐蔽性强、变化多，能分散对方的防守，但需要全队协调统一及高水平的二传。

练习方法：

（1）通过教学示范，明确各个位置的作用。

（2）徒手轮转位置，转 6 轮。

（3）接抛球组织进攻。

（4）接发球组织进攻。

四、防守战术

（一）接发球防守战术

常用的接发球阵形是“5 人接发球阵型”，即除 1 名二传队员外（前排或后排），其余 5 名队员均参加接发球。这是一种最基本的接发球阵型，常在“中一二”和“边一二”进攻战术中运用，初级水平的球队多采用此阵型。“5 人接发球阵型”包括“W”站位阵型、“M”站位阵型和“一”字站位阵型。

（二）接扣球防守战术

接扣球防守战术可分为前排拦网和保护球以及后排防守等几个环节。

常用的接发球防守战术主要是双人拦网跟进保护防守。双人拦网防守阵形有如下两种：

1.“边跟进”防守

“边跟进”防守阵型也称“马蹄形”或“1 号位、5 号位跟进”防守阵型。目前，国内外强队广泛采用这种防守阵型。

以对方4号位扣球为例：由2号位和3号位队员拦网，1号位队员跟进到拦网队员身后防吊球及前区球。6号位队员向右移位补防扣向1号区的直线球。5号位队员防后场6号区，4号位队员后撤防斜线球（图9-3-3）。

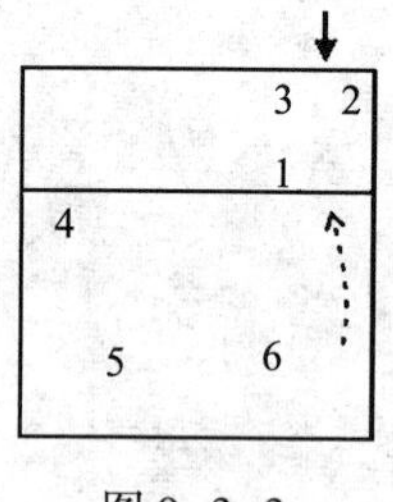

图9-3-3

这种阵型主要在对方进攻力量比较强、战术变化较多、吊球较少时采用。这种防守阵型对于防御对方重扣球较为有利，同时也便于组织反攻。但球场中间空隙较大，容易形成“心空”。

2.“心跟进”防守

“心跟进”防守阵型也称“6号位跟进”防守阵型，多在对方扣球能力较强、对方采取打吊结合时使用。

以对方4号位扣球为例：由2号位和3号位队员拦网，封住中区，4号位队员后撤4米左右防守，6号位队员跟至拦网队员身后3米附近，1号位和5号位队员防守后场，每人负责一个防区（图9-3-4）。

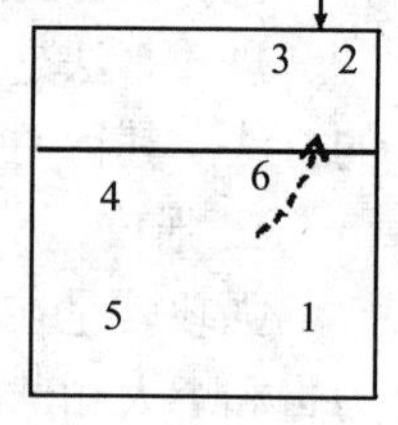

图9-3-4

当对方扣球队员经常采用打吊结合，而本方拦网能力较强时，就可采用这种防守阵型。采用这种防守阵型，可以加强前区的防守能力，有利于防吊球和拦网弹起的球，也便于接应和组织进攻。其缺点是后场后排防守队员之间的空隙较大，后场中央和两腰容易形成空当。

练习方法：

（1）徒手站位，轮转6轮，明确轮转到各个位置的防守站位方法。

（2）在对方进攻点（2号位、4号位）抛球，本方练习防反。

（3）在对方进攻点（2号位、4号位）扣球，本方练习防反。

（4）攻防结合练习防反。

第四节 排球竞赛规则简介

一、场地器材

排球比赛场区为长18米、宽9米的长方形。场地的地面必须平坦、水平。

比赛场地界线的长线称边线，短线称端线。在网下连接两条边线中点的线称中线。中线将场地分为长9米、宽9米的两个相等的场区，每个场区各有一条离中心线3米、长12.5米的平行线称进攻线。进攻线前为前场区，进攻线后为后场区。两条边线有两条长15厘米的短线延长线，置于距端线外20厘米处，与端线构成了9米宽的地区为发球区。

球网为黑色，长9.5米、宽1米。在9米处球网的两边各有两条标志带和两根标志杆，杆长1.8米。球网高度成年男子为2.43米，成年女子为2.24米。

正式排球比赛的用球，是用柔软的皮革制成外壳，内装橡皮或同类质量制成的球胆。球应是一色的浅色或国际排球联合会批准的多色球。在一次比赛中所用的球的圆周、重量、气压等都必须是统一的。

二、胜一分、胜一局和胜一场

胜一分：比赛采用每球得分制，胜一球即得一分。如果是发球方则得一分并继续发球；如果是接发球方则得一分同时获得发球权；如果双方犯规，则判“双方犯规”，不得分，由原发球方重新发球。

胜一局：比赛的前四局以先得 25 分，并同时超出对方 2 分的队为胜一局。当比分为 24∶24 时，比赛继续进行至某队领先 2 分为胜一局（如 26∶24，27∶25）。决胜局以先得 15 分，并同时超出对方 2 分的队获胜。当比分为 14∶14 时，比赛继续进行至某队领先 2 分为止（如 16∶14，17∶15）。

胜一场：正式比赛采用五局三胜制。最多比赛五局，先胜三局的队为胜一场。

三、比赛方法

（1）双方上场队员各 6 名，自左向右排列，前排为 4 号位、3 号位、2 号位，后排为 5 号位、6 号位、1 号位。比赛开始前，教练员将上场队员号码站位表交记录台登记，由第二裁判员检查站位次序，当第一裁判员鸣笛后，不得更改。

（2）比赛开始，由发球方 1 号位队员在发球区内发球，发出的球通过有效过网区直接落于对方场地上或对方接发球失误或发球方进攻有效，发球方得一分，并继续发球。如果发球失误、违例、犯规或对方进攻有效，对方得一分并获得发球权，由 2 号位队员发球。

（3）在比赛过程中，队员可以用身体任何部分触球，每队允许击球三次（拦网除外），将球通过网的有效区域击入对方场区，每人不能连续触球两次（拦网除外）。比赛应不间断地进行，直至球落地、触击障碍物或某一队员犯规。决胜局重新挑边，比赛中任何一方先得到 8 分时双方应交换场地，位置不变，比赛继续进行，直至决出胜负。

四、暂停

成死球（球着地）时，教练员或场上队长可向裁判员请求暂停，每局每队可有两次暂停，每次暂停时间为 30 秒钟，教练员可在场外指导。请求暂停的队可以要求提前恢复比赛。除教练员请求暂停外，每局中任何一方得分达到 8 分和 16 分时，规定技术暂停，时间为 60 秒。

五、换人

只有在死球时，由教练员或场上队长请求，经裁判员允许才准予换人。每局比赛中，每队最多可替换 6 人次，可同时换，也可分开换。每局开始上场的队员只能退出比赛一次，在同一局中，若他再次上场比赛，只能替换替他上场的那个队员。替补队员每局只能上场比赛一次，他可以替换任何一位队员，在同一局中，他只能被他换下的队员来替换。

六、持球、连击、借助击球

所谓持球是队员没有将球清晰地击出，或触球时有较长的停留造成的犯规。

连击是指一名队员明显地连续两次触球（拦网除外）所造成的犯规。

借助击球是指队员在比赛场地内借助同伴或任何物体的支持进行击球。

七、界内外球

球触及比赛场区的地面（包括界线）为界内球。

球接触地面的部分完全在界线以外、触及场外物体、天花板或非比赛人员、触及标志杆、网绳、网柱或球网标志杆以外部分、球的整体或部分从过网区以外过网等均为界外球。

八、在球网附近犯规

在比赛过程中，任何队员都不得触及球网。

队员的一只（两只）脚或一只（两只）手越过中线触及对方场区的同时，其余部分还接触中线或置于中线上空是允许的，不判为犯规。队员身体的任何其他部分都不允许接触对方场区。在不妨碍对方比赛的情况下，允许队员在网下穿越进入对方空间。

九、自由人（后排自由防守队员）

规则规定每队有一名身穿不同颜色比赛服的后排自由防守队员。他可以不经过裁判同意，替换后排任何一名队员，但不得在前场区传球组织进攻，不得发球、拦网和进攻。

十、后排队员进攻性击球犯规

后排队员在前场区或踏及进攻线，击高于球网上沿的球，并使球的整体由过网区通过球网垂直面进入对方场区或触及对方队员，则为后排队员进攻性击球犯规。

作业与思考题

1. 正面双手垫球的动作要领有哪些？
2. 正面传球有哪几个技术环节？
3. 谈谈拦网在排球比赛中的作用。
4. 排球的阵容配备有哪几种？各有哪些优缺点？

第十章 乒乓球运动

名人名言

人生能有几回搏，此时不搏，更待何时？

——容国团

学习导航

乒乓球被称为我国的国球，不仅是我国的优势竞技项目，也是广大人民群众十分喜爱的健身项目。本章介绍了乒乓球运动的起源和发展、基本技术、基本战术及基本规则。通过学习本章内容，初步了解乒乓球运动的一些基本知识，并将所学的知识运用到实践中，进而从乒乓球运动中获得乐趣，达到锻炼身体、增强体质、提高生活质量的效果。

知识目标

1. 掌握乒乓球运动的基本理论知识。
2. 学习并掌握乒乓球运动的基本技术，并对最新的技术有所了解。
3. 了解乒乓球运动的基本战术，并尝试在比赛中运用。

能力目标

1. 提高对乒乓球运动的兴趣和观赏能力。
2. 培养学生积极向上的拼搏精神和良好的体育道德风尚。

第一节 乒乓球运动概述

一、乒乓球运动的起源与发展

（一）乒乓球运动的起源

乒乓球运动起源于19世纪末的英国，由网球运动派生而来。相传19世纪后半叶的一天，在英国伦敦有两位青年网球迷去一家高级餐厅就餐，因为天气炎热，在等待侍者上菜时，他们就信手拿起桌上大号雪茄烟的硬纸盒盖子用来扇风降温。当两人在闲聊中为网球战术而争论得不可开交时，便从酒瓶上拔下一个软木塞，以餐桌为场地，用烟盒盖作球拍，现场模拟起实战网球来。他们将软木塞打来打去，越打越起劲，竟引来了许多人围观。餐厅的女主人完全被这种别开生面的游戏吸引住了，情不自禁地脱口而出："table tennis（桌上网球）！"不经意间，就给这项运动命了名。很快，这项餐桌上的游戏就在欧洲各国流传开来。但在那个时候，这项运动仅是限于欧洲的王公贵族们闲来无事消磨时间的一种娱乐活动。

1890年，有位名叫詹姆斯·吉布（James Gibb）的英国著名越野跑运动员到美国旅行时，偶然发现了一种用赛璐珞制成的空心玩具球，弹跳力很强。于是，他就将这种球带回英国，稍加改进后，逐步在英国和世界各地推广开来，最终演变为今天的乒乓球。也许是因为乒乓球在桌上发出"乒乒乓乓"的声音，英国一家体育用品公司率先用"乒乓"（Ping Pong）一词做了广告中的商品名称。1891年，英格兰人查尔斯·巴克斯特把"乒乓"（Ping Pong）作为商业专利权来申请许可证。

（二）乒乓球运动的发展

1900年，英国成立了乒乓球协会。同年12月，在伦敦举行了英国第一次大型乒乓球比赛，开创了乒乓球正式比赛的历史。1926年12月，国际乒乓球联合会在英国伦敦成立，并将随后举行的欧洲乒乓球锦标赛确定为第1届世界乒乓球锦标赛。当时的比赛设男子团体、男子单打、女子单打、男子双打和男女混合双打5个项目。自2003年第47届世界乒乓球锦标赛开始，单项比赛于单数年举行，团体赛在双数年举行。国际重大的乒乓球比赛还有世界杯乒乓球赛和奥运会乒乓球赛。国际乒乓球联合会从1980年起每年举办一届乒乓球世界杯赛（埃文斯杯），1996年又增设了世界杯女子单打项目。1983年10月1日，国际奥林匹克委员会在德国巴登举行的第84次会议上决定，自1988年在韩国汉城奥运会开始，乒乓球被列为奥运会正式比赛项目，比赛设男子单打、女子单打和男子双打、女子双打4个项目。在2008年北京奥运会上，乒乓球比赛项目有所改变，团体项目取代了双打项目。2000年10月1日起，乒乓球运动进入"大球"时代，球体直径从38毫米增至40毫米，球的重量由2.5克增加到2.7克。这种变化使得击球的速度和旋转相对减弱，回合增加，从而使比赛更激烈更精彩。2002年9月1日，国际乒乓球联合会又对乒乓球竞赛规则进行了重大修改，实行了"11分制"和"无遮挡发球"，使乒乓球比赛增加了偶然性和悬念，世界乒乓球竞技水平更加均衡，比赛也更具观赏性。

查看世界乒乓球运动重大赛事

二、乒乓球运动的特点

（1）球体小而轻、速度快、旋转变化多，富有技巧性和很强的趣味性。

（2）乒乓球运动速度快、变化多，要求运动者在瞬间对球作出判断和反应。

（3）运动量可大可小，不受年龄、性别和身体条件的限制。

（4）器材设备比较简单，室内室外均可以进行，易于开展。

三、乒乓球运动的锻炼价值

经常参加乒乓球锻炼，可以发展人的灵敏性和协调性，提高动作的速度和上下肢活动的能力，改善心血管系统的机能，促进新陈代谢，增强体质，培养参与者勇敢顽强、机智果断等品质。此外，乒乓球运动对场地设备、气候条件和练习者身体素质的要求也相对简单，是一项男女老幼皆宜、健身效果非常好的运动，因而深受人们的喜爱，更是很多大、中、小学生首选的一项运动。

第二节　乒乓球基本技术与学练方法

一、乒乓球运动基本理论

（一）常用术语

1. 球台左、右半台

又称 1/2 台。其左右方向是对击球者而言的。

2. 站位

站位是指运动员开始击球前的基本位置（图 10−2−1）。站位分为：

近台：站位离球台端线 50 厘米以内的范围。

中近台：站于球台端线 50~70 厘米以内的范围。

中远台：站于球台端线 70~100 厘米以内的范围。

远台：站于离球台端线 1 米以外的范围。

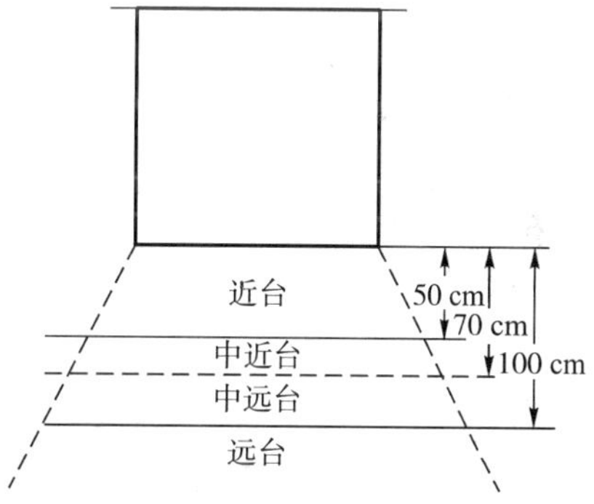

图 10−2−1

（二）击球路线

击球路线是球在球台上空飞行弧线的投影线。有 5 条基本线路：右方斜线、右方直线、左方斜线、左方直线和中路直线。

（三）击球时间

击球时间是指对方击来球到本方台面弹起后，在经上升至下降这段时间中，拍触球时球正处在空间的那一段时间。击球时间一般分为 5 个时期（图 10−2−2）：

上升前期：球从台面反弹刚上升的阶段。

上升后期：球从台面弹起上升前期后至接近最高点的阶段。

高点期：球从上升后期到达最高点的阶段。

下降前期：球从高点期开始下降的最初阶段。

下降后期：球经过下降前期到球下降到接近地面之前的阶段。

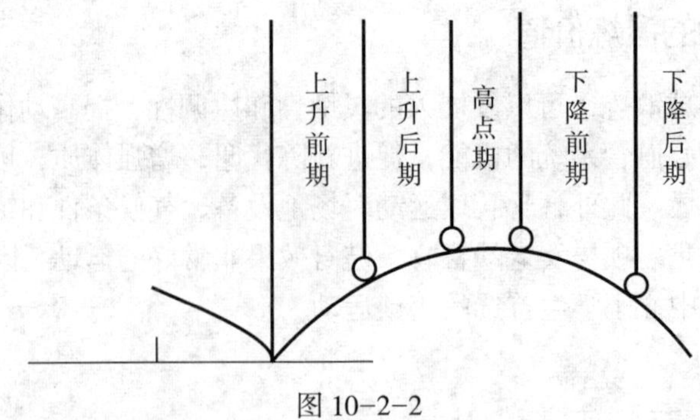

图 10-2-2

（四）击球部位

击球部位是球拍触及球的部位（图 10-2-3）。

上部：球拍触球 12—1 点的部位。

中上部：球拍触球 1—2 点的部位。

中部：球拍触球 3 点的部位。

中下部：球拍触球 4—5 点的部位。

下部：球拍触球接近 6 点的部位。

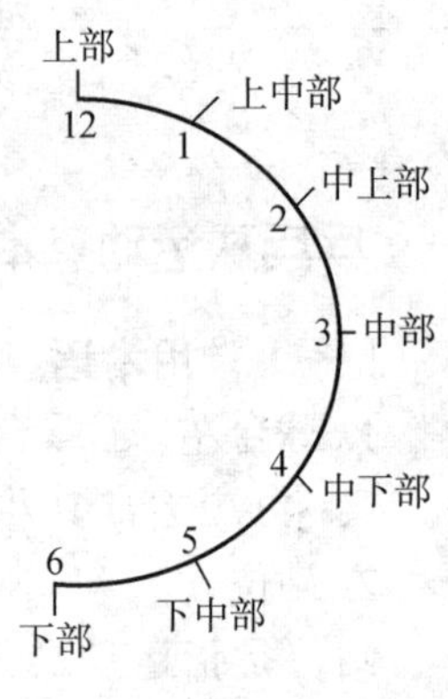

图 10-2-3

（五）拍面角度和拍面方向

拍面角度是指拍面与球台所形成的角度（图 10-2-4）。

拍面前倾：拍面触球 1 点时的角度。

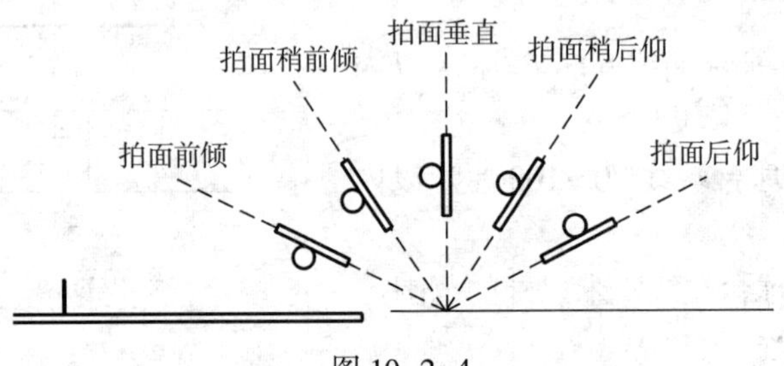

图 10-2-4

拍面稍前倾：拍面触球接近 2 点时的角度。

拍面垂直：拍面触球接近 3 点时的角度。

拍面稍后仰：拍面触球接近 4 点时的角度。

拍面后仰：拍面触球接近 5 点时的角度。

拍面向上：拍面触球接近 6 点时的角度。

拍面向下：拍面触球接近 12 点时的角度。

拍面向左：击球右侧所对的方向。

拍面向右：击球左侧所对的方向。

（六）击球点

击球点是指击球时，球拍与球接触的那一点所处空间的位置。击球点是对击球者所处的相对位置而言的。它包括三个因素：一是指击球时，球处于身体的前后位置；二是指击球时，球和身体的远近距离；三是指击球时，球的高低位置。

（七）球拍性能

1. 正胶海绵拍

反弹力强，回球速度快，摩擦力较小，制造旋转能力差。

2. 反胶海绵拍

胶皮表面平整，有较大的黏性，摩擦系数大，能击出强烈的旋转球。但反弹力稍差，回球速度比正胶海绵拍慢。

3. 生胶海绵拍

反弹力强，回球速度快，摩擦力较小，制造旋转能力差。

4. 长胶拍

长胶的胶粒高度为 1.6~2 毫米，由于胶粒长而柔软，打出的球产生的旋转变化比普通球拍要多。长胶主要依靠来球的旋转或冲力来增加回球的旋转强度。用削球回击对方拉过来的弧圈球或重板扣杀球时，回球则更加旋转。如果来球旋转弱或冲力小，则回球的旋转也弱。用长胶拍发过去的球不是很转。用长胶拍在近台挡过去的球有三种情况：一是对方来球是下旋时，则回过去的球是上旋；对方来球是上旋，则回过去的球是下旋；对方来球不转，则回过去的球也不转。长胶拍比普通胶皮更难控制，球速度不快。

二、乒乓球基本技术

（一）握拍方法

1. 直拍握法

（1）直拍弧圈型握拍法：拍前食指第二关节和拇指第一关节成钳形，拍后三指自然弯曲贴于球拍上 1/3 处（图 10–2–5）。

查看直拍弧圈型握法动作示范

（2）直拍横打握拍法：与直拍弧圈型握拍法相比，直拍横打握拍法拇指往里握得深一点，食指移至球拍边缘外，握拍不要过紧，后面的三指略伸开些（图 10–2–6）。

查看直拍横打握拍法动作示范

图 10–2–5

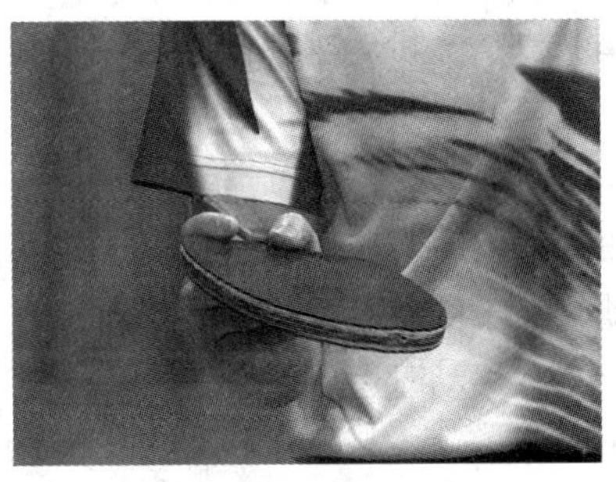

图 10–2–6

2. 横拍握法

查看横拍握法动作示范

（1）横拍深握法：用中指、无名指和小指自然握住拍柄，拇指在球拍的正面轻贴在中指旁，食指自然伸开斜放于球拍的反手面，虎口正中央贴在拍柄正侧面。虎口稍紧贴拍柄正侧面，拍形比较容易固定，发力比较集中（图 10-2-7）。

（2）横拍浅握法：用中指、无名指和小指自然握住拍柄，拇指在球拍的正面轻贴在中指旁，食指自然伸开斜放于球拍的反手面，虎口正中央贴在拍柄正侧面。虎口处稍离开拍柄肩侧，手腕相对灵活，这样处理台内球较容易（图 10-2-8）。

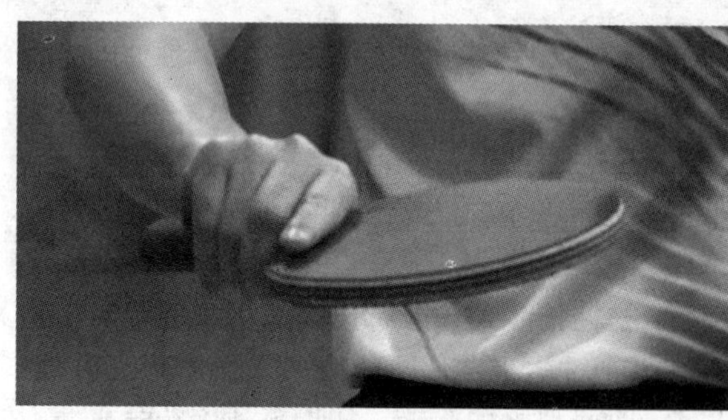

图 10-2-7

图 10-2-8

（二）基本站位、基本姿势

查看准备姿势动作示范

基本站位应根据不同类型打法及个人打法特点来确定。采用左推右攻打法的运动员的基本站位在近台中间偏左，采用两面攻打法的运动员在近台中间，采用弧圈球打法的运动员在球台中间偏左，采用横板攻削结合打法的运动员基本站位在球台中间附近，以削球为主打法的运动员在中远台附近。

正确的基本姿势应该是两脚平行站立，略比肩宽，提踵，前脚掌内侧用力着地，两膝微屈、上体略前倾；重心置于两脚之间，下颌稍内收，两眼注视来球。以右手握拍为例，将持拍手臂自然弯曲置于身体右侧，手腕放松，持拍手置于右腹前，离身体 20～30 厘米。

（三）基本步法

查看单步动作示范

步法是乒乓球运动的“灵魂和生命”。乒乓球的基本步法有：

1. 单步

一脚为轴，另一个脚向前、后、左、右不同方向移动，重心随之跟上。单步具有移步简单、灵活、重心平稳的特点，一般用于离身体不远的小范围移动，如接近网短球等。

查看并步动作示范

2. 并步

一脚先向另一只脚移（或叫并）半步或一小步，另一只脚在并步脚落地后即向同方向移动。并步的特点是身体不腾空，重心起伏小，很稳定，一般为进攻型选手或削球选手在左右移动时运用。

查看跨步动作示范

3. 跨步

一脚蹬地，另一脚向前、后、左、右的不同方向跨出一大步。为了防止跨步后失去重心，蹬地脚应随后跟上半步或一小步。跨步的动作幅度和移动范围都较大，常用来对付离身体稍远、力量大的来球。

4. 侧身步

（1）单步侧身：当来球落于身体中间偏右位置时，右脚向左脚后方跨出一步后侧身击球。

查看单步侧身动作示范

（2）跳步侧身：右脚蹬地，使身体重心迅速通过左脚，然后两脚几乎同时离地向左侧方向跳动，右脚先落地，紧接着左脚着地，身体重心落在右脚上。

（3）并步侧身：右脚先向左脚靠一步，左脚再向左跨一步，重心落在右脚上。

查看跳步侧身动作示范

5. 交叉步

交叉步是来球同方向脚蹬地，异方向脚向来球方向跨出一大步。此时，与身体成交叉状，然后蹬地脚迅速跟上接触交叉。交叉步一般在来球离身体较远时使用，其特点是移动范围大、容易发力、速度快、稳健性好，多用于正手左右移动攻球或侧身攻球。

查看并步侧身动作示范

6. 小碎步

小碎步是较高频率的小垫步，主要适用于步法的调节，在步法移动到一定的位置时还没有找到合适的击球点，就要通过小碎步来调整，争取更好的击球点。小碎步是步法中尤为重要的步法，也是衡量一个人步法是否合理、协调的一个重要因素。

查看交叉步动作示范

（四）发球

发球是乒乓球运动中的进攻技术，是各种战术的起始。发球是乒乓球比赛时，力争主动、先发制人的第一环节。发球可以直接得分，也可以为进攻创造机会。发球是以旋转、速度、落点来调动、控制对方，实现自己的战术意图。发球的种类很多，主要有发上旋、下旋、侧上旋、侧下旋、长球、短球、高抛、低抛与下蹲式发球等。

查看小碎步动作示范

1. 平击发球

特点：一般不带旋转，是学习其他发球技术的基础。

方法：以右手持拍为例。正手发平击球时，右脚稍后，身体稍向右转，左手掌心托球，置于身体右前方。抛球时，右臂内旋，使拍面稍前倾，向身体右后方引拍，在球下降至稍高于球网时，向前挥拍击球的中上部。反手发平击球时，左脚稍前或平站，抛球的同时转体，手臂向身体左后方引拍，当球下降稍高于球网，手臂向右前方发力，击球中上部。

查看正手发平击球动作示范

2. 正手发转与不转球

特点：球速较慢，旋转变化大，发转球与不转球时的手法相似，易造成对方接球失误或为自己抢攻创造机会。

方法：正手发转球时，前臂向后上方引拍，拍面略后仰。抛球后，待球下落时，前臂迅速向前下方挥动并略外旋，手腕用力转动使拍面后仰角度大些，约与网同高时击球，摩擦球的中下部（图 10–2–9）。正手发不转球时，手臂向前下方挥摆，前臂外旋与手腕的转动要慢，或外旋后在触球瞬间略有内旋，使球拍面后仰角度小些，用球拍下部偏右处向前撞击球，减小向下的摩擦力（图 10–2–10）。

查看反手发平击球动作示范

查看正手发转球动作示范

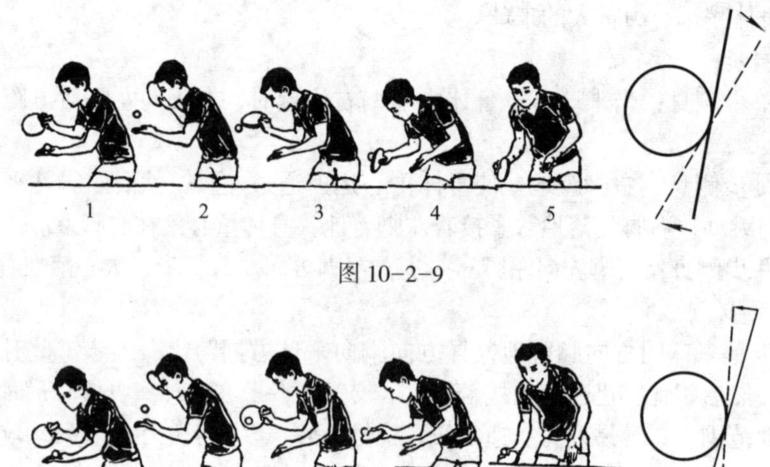

图 10-2-9

查看正手发不转球动作示范

图 10-2-10

查看正手发左侧上旋球动作示范

3. 正手发左侧上（下）旋球

特点：发左侧上（下）旋球时，手法较为相似，并能充分发挥手臂和手腕的作用，旋转力较强。对方挡球后，向其右侧上（下）方反弹。

查看正手发左侧下旋球动作示范

方法：正手发左侧上旋球时，右脚在后。抛球时，持拍手向右上方引拍，手腕略向外展。当球下落时，手臂迅速向左下方挥动。在与网同高时触球，触球瞬间手腕快速向左上方转动，使球拍从球的中部偏下向左上方摩擦。正手发左侧下旋球时，手腕快速向左下方转动，使球拍从球的中下部向左下方摩擦（图 10-2-11）。

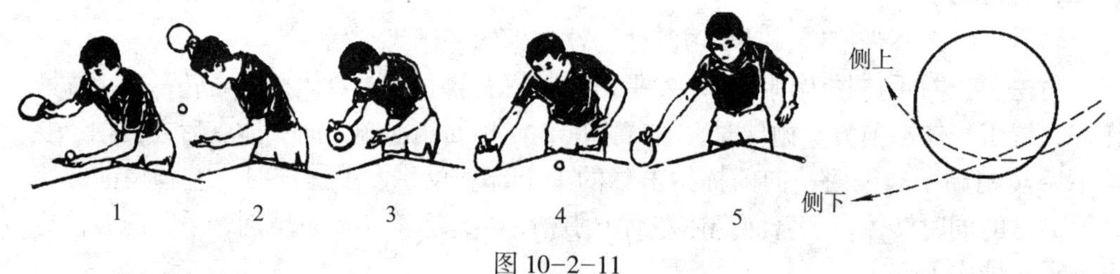

图 10-2-11

4. 反手发右侧上（下）旋球

特点：能充分运用转体动作，旋转力较强，对方挡球后，向其左侧上（下）方反弹。

查看反手发右侧上旋球动作示范

方法：反手发右侧上旋球时，右脚稍靠前，持拍手向左上方引拍，拍柄在下。抛球后，当球下落时，前臂和手腕同时发力，向右下方挥拍。在与网同高时击球，触球瞬间手腕向右上方转动，使拍从球的中部略偏下向右上方摩擦。发右侧下旋球时，手腕向右下转动，使拍从球的中下部向下方摩擦（图 10-2-12）。

图 10-2-12

查看反手发右侧下旋球动作示范

5. 正手高抛发球

特点：高抛可达 2~3 米高度甚至更高，球下落时产生重力加速度，增大了球对拍的压力，从而加快了出手的速度和发球的突然性。由于高抛后回落距离较长，形成了一种较慢的节奏，如果对方不习惯，就会增加接发球的困难。

查看正手高抛侧上旋球动作示范

方法：站位左半台，发球时，左脚在前，右脚在后。持拍手将球用力平稳的竖直上抛至球离头部 1.5 米左右，同时腰和腿顺势向上稍微挺伸，重心落在左脚上。待球下降至略高于球网时，执拍手臂从右后上方向左前下方挥拍击球，身体重心顺势移到右脚。

查看正手高抛侧下旋球动作示范

（1）横拍正手高抛侧上旋球：球拍触球的刹那，手腕迅速上钩，摩擦球的中部或中下部，食指发力多些。

（2）横拍正手高抛侧下旋球：集中摩擦球的侧下部，拇指用力多些。

（五）接发球

接发球要根据对方发球的方法与来球的性能决定自己的接球方法。技术环节包括站位与判断、移动步法与接球手法三大部分。

接发球的站位应根据自己的打法和对方的发球位置来确定，接发球的方法必须根据对方来球状况确定。当对方球拍与球接触的一瞬间，根据球拍移动的方向和触球的部位来判断球的旋转方向及旋转程度；根据对方用力的大小，判断来球的速度和落点。看清并判断来球后，采用点、拨、带、拉、攻、推、搓、削、摆短、撇等技术动作接球。

接急球：接急球时，可利用推挡或攻球回击。如回斜线球应尽可能使角度大些，注意使手腕外旋，用拍触球的侧面，将球推或攻到对方球台的一侧，使对方难以侧身抢攻或本方快速变直线。

接短球：接短球时，可“以短回短”把球回到对方近网处，使其不易发动进攻。球拍触球时，如接上旋球，板形可前倾一些；接下旋球，板形则稍后仰，减力将球接回。

（六）推挡球

推挡球是左推右攻型运动员的一项主要技术。推挡球具有站位近、动作小、速度快、变化多的特点。在对攻中常用快速推压，结合力量、落点和旋转变化牵制对方，为正手攻和侧身攻创造有利条件。在被动时，还可以起到积极防御的作用。

1. 挡球

特点：球速慢、力量轻、动作简单、容易掌握，是初学者的入门技术。

方法：两脚平行站立，身体靠近球台。击球前，两膝微屈，含胸收腹。击球时，球拍由后向前，球拍触球，拍面与台面近乎垂直，在上升期击球的中部，借助对方来球的反弹力将球挡回。击球后，迅速还原，准备下次击球（图 10-2-13，图 10-2-14）。

图 10-2-13　　图 10-2-14

2. 快推

特点：站位近、动作小、速度快、变化多，既利于防守，又可以辅助进攻，是推挡球时最常用的一种技术。

方法：站位近台，右脚稍后或两脚平行开立，上臂和肘关节靠近右侧身旁。击球时，前臂向前推出，食指压拍，拇指放松，球拍前倾，在来球上升前期击球的中上部。击球后，手臂随势前送（图 10-2-15）。

查看快推动作示范

图 10-2-15

3. 加力推

特点：回球力量重，球速快，有落点变化。能有效地牵制对方，夺得主动，是推挡球中威力较大的一种技术。

方法：左脚稍前，身体离球台 40~50 厘米，手臂自然弯曲并做外旋。击球前，前臂上提，球拍后引，肘部贴近身体，拍面前倾。在来球上升后期或高点期击球中上部，触球瞬间用力推压并配合转腰加大推压力量。击球后，手臂顺势前送（图 10-2-16）。

查看加力推动作示范

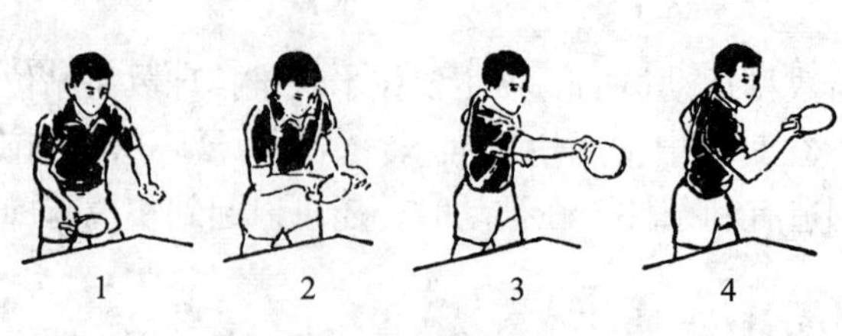

图 10-2-16

（七）攻球

攻球是乒乓球比赛中争取主动和获得胜利的重要技术。它具有速度快、击球力量大、落点变化多、杀伤力强等特点，是主要的得分手段。

1. 正手近台攻球

特点：站位近、动作小、球速快，能借来球反弹力还击。

方法：直拍正手近台攻球时，身体靠近球台，右脚稍后，两膝微屈，上体略前倾。击球前，引拍于身体右侧成半横状，上臂与身体约成 35°，与前臂约成 120°。当球从台面弹起时，手臂由右侧向左前上方迅速挥动，以前臂发力为主。击球时，食指放松，拇指压拍，使拍面前倾并结合手腕内转动作，在来球上升期击球的中上部（图 10−2−17）。

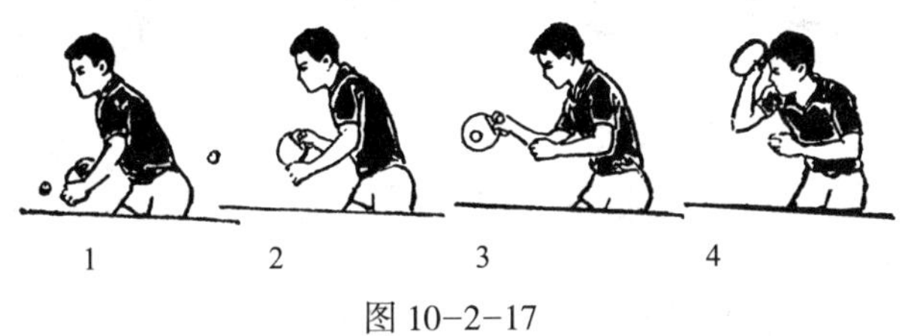

图 10−2−17

查看直拍正手近台攻球动作示范

横拍正手近台攻球时，前臂与手腕成直线并与台面接近平行，拍柄略朝下。击球的时间、部位，拍面角度及手臂挥动方向基本上与直拍相似（图 10−2−18）。

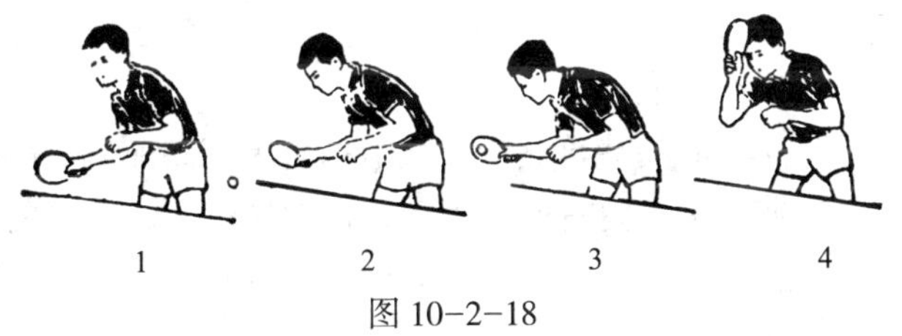

图 10−2−18

查看横拍正手近台攻球动作示范

2. 正手拉球

特点：速度快、动作小、线路活，是还击下旋球的有效方法。

方法：站位近台，右脚稍后，重心放在右脚上。击球前，引拍至身体右侧下方成半横状，拍面近乎垂直。当球从最高点开始下降时，上臂和前臂由后下方向前上方挥动，前臂迅速内收，结合手腕转动的力量摩擦球的中部或中下部。击球后，重心移至左脚，球拍随势挥至头部（图 10−2−19）。

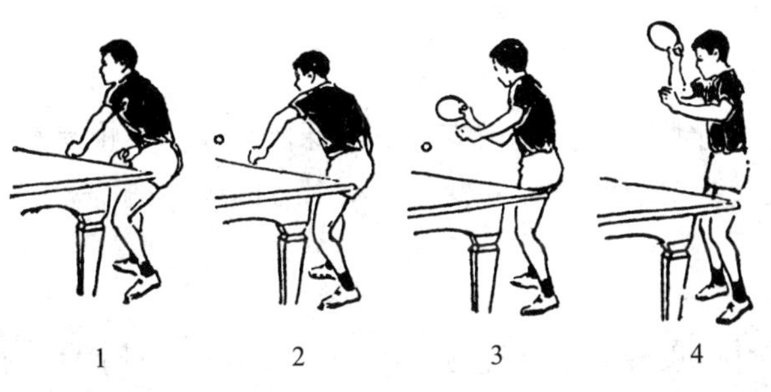

图 10−2−19

3. 反手近台攻球

特点：站位近、动作小、速度快、进攻性强，是直、横两面攻常用的一项重要技术。

方法：直拍反手近台攻球，身体靠近球台，两脚平行开立。击球前，引拍至腹前左侧，肘关节略前出，上臂和前臂约成 100°，拍柄稍向下。击球时，上臂贴近身体，前臂外旋向右前上方挥动，配合转腕动作，使拍柄略前倾，在球的上升期击球的中上部。击球后，随势将拍挥至右肩前（图 10-2-20）。

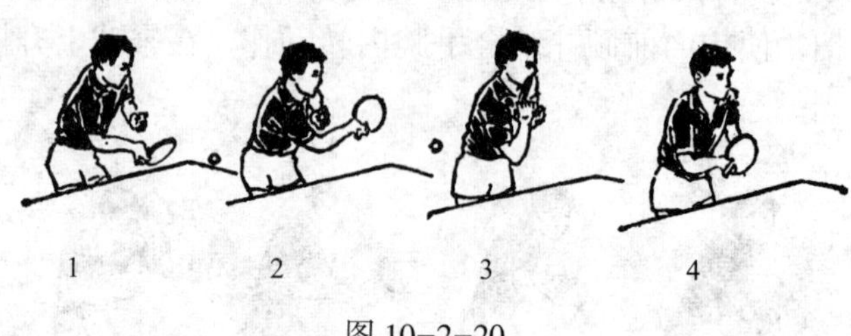

图 10-2-20

查看横拍反手近台攻球动作示范

横拍反手近台攻球时，两脚平行开立，上体稍前倾，肘关节自然弯曲，上臂与前臂约成 100°，前臂与手腕几乎成直线，拍柄稍向下，球拍置于腹部左前方。击球时，前臂向右前上方挥动，在球的上升期击球中上部。触球时，手腕向外转动。

4. 反手快拨

特点：站位近、动作小、落点变化多，有一定速度和力量，借来球反弹力量还击，是横拍反手近台的基本技术。

方法：两脚平行开立，肘关节自然弯曲，引拍至腹部左前侧，拍柄稍向下，肘部稍前出。击球时，前臂带动手腕向右前方挥动，拍面稍前倾，在球的上升期击球中上部，借来球反弹力将球拨回。击球后，球拍随势挥至右肩前（图 10-2-21）。

查看横拍反手快拨动作示范

图 10-2-21

（八）搓球

搓球是一项过渡性技术，用它来应对下旋球比较稳健，也是初学削球者必须掌握的技术。它通过旋转、落点和速度的变化，给对方回球制造一定的困难，为自己抢攻或抢拉创造机会。

1. 慢搓

特点：慢搓动作幅度较大，回球速度慢，一般在下降期击球。在对搓中如能运用旋转变化，可以直接得分或为进攻创造条件。

（1）正手慢搓：两脚开立，右脚稍后，两膝微屈，身体稍向右转，离台稍远。击球前，向右上方引拍，拍面后仰。击球时，前臂和手腕向左前下方挥动，在来球下降期摩擦球的中下部（图 10–2–22）。

查看直拍正手慢搓动作示范

图 10–2–22

查看横拍正手慢搓动作示范

（2）反手慢搓：两脚开立，身体离台较远，手臂自然弯曲，向左上方引拍。击球时，前臂内旋配合转腕动作，向前下方用力，拍面后仰，在来球下降期摩擦球中下部（图 10–2–23）。

查看直拍反手慢搓动作示范

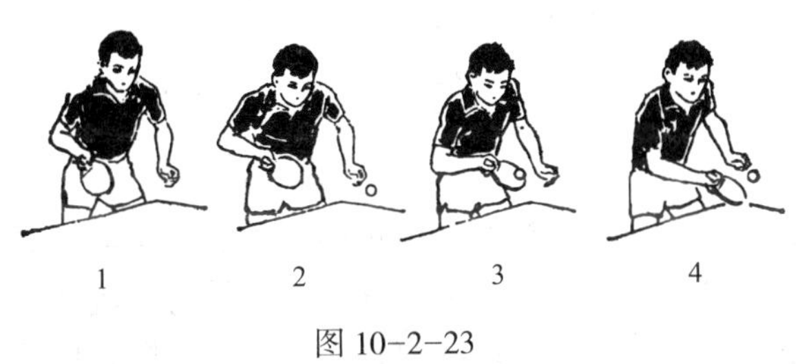

图 10–2–23

查看横拍反手慢搓动作示范

2. 快搓

特点：动作幅度小，回球速度快，借来球的力量将球搓回。

（1）正手快搓：两脚开立，两膝微屈，身体靠近球台。击球时，拍面稍后仰，前臂配合手腕转动动作向前下方切动，在来球上升期摩擦球的中下部，将球快速搓出。

（2）反手快搓：两脚平行或右脚稍前，两膝微屈，身体靠近球台。击球前，右手向右上方引拍，拍面稍后仰。击球时，前臂和手腕向左前下方切动，在来球上升期摩擦球的中下部，将球搓出。

（九）削球

削球是一种防守技术，削球可以造成对方失误直接得分，也可以在稳健削球的基础上，利用削转与不转球的变化，快速结合落点变化来调动对方，为反攻创造机会。

特点：击球动作较大，球速较慢，弧线较长，比较稳健，利于制造旋转变化，防守对方的扣杀。

1. 正手远削

左脚稍前，身体离球台 1 米以外。上体稍右转，重心放于右脚上。击球前手臂自然弯曲，将拍引向右上方与肩同高。击球时，手臂向左前下方挥动，在下降期击球中下部。触球刹那前臂加速削击球，同时手腕向下辅助用力。击球后，球拍随势前送，重心移至左脚（图 10-2-24，图 10-2-25）。

图 10-2-24

图 10-2-25

2. 反手远削

右脚稍前，身体左转，手臂弯曲，球拍向左上方引至与肩同高，拍柄向下，重心放在左脚上。击球时，手臂向右前下方挥动，手臂与手腕加速用力削击来球。在下降期，击球中下部。击球后，上体向右转动，将球拍顺势挥至身体右侧，重心移至右脚（图 10-2-26，图 10-2-27）。

图 10-2-26

图 10-2-27

3. 正手近削

左脚稍前，站位距球台 50 厘米左右，上体稍向右转。击球时手臂弯曲，把球引至与肩同高，拍形稍后仰。触球时，前臂由右或左向前下方挥动，手腕配合下压，在球的上升后期或高点期，击球的中部或中下部。

4. 反手近削

右脚稍前，手臂弯曲向左或右上方引拍。击球时，前臂向前下方挥动，手腕配合用力下压，在球的上升后期或高点期，击球的中部或中下部。

（十）弧圈球

弧圈球是一种上旋非常强的进攻技术。它从 20 世纪 60 年代出现以来，有了很大的发展，当前为各国运动员广泛采用。弧圈球可分为加转（高吊）弧圈球、前冲弧圈球、侧旋弧圈球、假弧圈球（不太转的高吊拉球）等，并且正、反手均可拉。

1. 正手加转弧圈球技术

特点：飞行弧线较高，速度较慢，上旋很强，着台后向下滑落快。这种球往往能使对方回球出界或回高球，可为扣杀创造机会，也可直接得分。

查看横拍正手拉加转弧圈球动作示范

方法：

（1）横拍正手拉加转弧圈球（以右手为例）：左脚在前，右脚稍后，身体重心较低。手臂自然下垂向右后下方引拍，身体随之向右转动，右肩下沉，重心在右脚上。拍触球时拍面稍前倾，上臂带动前臂向前上方挥动，手腕配合发力，身体向左侧转动。在来球的下降前期击球的中部或中上部，在摩擦球的瞬间迅速收缩前臂加大摩擦力。击球后，身体稍向上抬起，随势挥拍至头部高度，重心移至左脚，并迅速还原。

查看横拍反手拉加转弧圈球动作示范

（2）横拍反手拉加转弧圈球技术：两脚基本平行，间距略大于肩宽，两膝自然弯曲，腰、髋略向左转，稍收腹，前臂自然弯曲。球渐近身前，两脚用力蹬地，伸膝、展腹，腰髋略向右转，前臂带动手腕同时向前上方发力，击球的中部，撞球后立即转为摩擦，用拇指调节击球的弧线。

2. 正手前冲弧圈球技术

特点：击出的球弧线较低，速度快，前冲力大，能起到与扣杀同样的作用。

查看横拍正手拉前冲弧圈球动作示范

方法：

（1）横拍正手拉前冲弧圈球：左脚稍前，根据拉球选择站位远近。向右后方引拍时腰向右转动，重心移至右脚。击球时，拍面前倾，在上臂带动下前臂加速向前上方挥动，手腕配合发力，在来球的上升期或高点期摩擦球的中上部。随势挥拍后迅速调整身体重心并还原。

查看横拍反手拉前冲弧圈球动作示范

（2）横拍反手拉前冲弧圈球技术：两脚分开，右脚略前，重心置于左脚，上体稍微左转，手臂自然弯曲，肘关节略近身，手腕内收，前臂外旋引拍至向左后方，拍形前倾。当来球弹起于高点期或上升后期时，触来球的中上部，随后腰髋由左向前上方转动，上臂带动前臂，以前臂为主加速向前略向上摩擦球，触球后，手腕向前加力摩擦，重心由左脚转至右脚，迅速还原，以备下次击球。

（十一）台内拧技术

特点：充分摩擦球，容易克服来球旋转，可使回球稳定且带有强烈旋转，从而在接发球过程中变被动为主动。

1. 直拍反手拧技术

查看直拍反手拧动作示范

方法：站位近台，击球前，右脚向前方插入台内，挥拍手手臂深入台内，手腕自然下垂，手臂手腕成“S”形，拇指和中指用力，食指放松。击球时，在球的高点期摩擦球的左侧中部偏上位置，挥拍路线从右下向左上方挥拍，发力方向成“L”形，使球上旋过网，击球后，迅速撤步，还原成准备姿势。

2. 横拍反手拧技术

查看横拍反手拧动作示范

方法：击球前，身体重心前迎，右脚在前。击球时，身体更接近来球，反手拧时肘部抬高，肘关节前顶，手腕内屈，拍头向右下，使球拍低于来球的上升高点。来球下旋时，拍形稍仰，用球拍的前部摩擦来球的侧下部，吃住球向左或右前方摩擦，至对方大角。当来球不转或上旋时，拍形垂立，触球的中部或侧面中部。

第三节 乒乓球基本战术

一、发球抢攻战术

发球抢攻是我国乒乓球运动员的重要战术之一。近年来，世界各种类型打法的运动员都越来越重视这一战术，并使之有了很大的发展。

（一）发球抢攻的注意事项

运用发球抢攻，应注意以下几点：

（1）注意发球与抢攻的配合。发球时，应明确对方可能怎样接、接到什么位置、自己怎样抢攻等。

（2）注意发球抢攻与其他战术的配合。有时接过来的球很难抢攻。此时，可先控制一板，争取下一板抢攻。不能一心只想发球后就抢攻，一旦无机会，或盲目抢攻，或无计可施，都会形成相持球的被动。

（3）注意提高发球的质量，将速度、旋转和落点的变化结合起来。同时，应特别强调发球花样的创新，为抢攻制造更多的机会。

（4）抢攻应大胆果断，不论对方用搓拉（包括弧圈球）等技术接发球，自己都应调整位置伺机抢攻。抢攻的技术好，可以增加发球的威力。

（5）每个运动员应有两套特别突出的发球的抢攻。

具体的发球抢攻战术，主要有下面几套：

（二）发球抢攻战术类型

1. 正手发转与不转球后抢攻

一般以发至对方中路或右方短球为主，配合左方长球。开始先发短的下旋球为好，以控制对方不能抢攻或抢拍，然后再发不转球抢攻。不转球，一般也先发短的，或发至对方攻势较弱的一面；如果对方接，还可以适当发些长的球到其正手。若能发到似出台又未出台的落点，则效果更好。

2. 侧身用正手发高、低抛左侧上、下旋球后抢攻

侧身用正手发高、低抛左侧上、下旋球的落点为：发至对方中左短、左大角、中左长、中右（向侧拐弯飞行正好至对方怀中）和右短，配合一个直线奔球。

3. 反手右侧旋后抢攻

此战术尤其适合擅长反手进攻的选手运用。一般可发至对方中右近网或半出台落点，然后用正、反手抢攻对方反手。

4. 反手发急球后抢推、抢攻

5. 反手发高抛右侧上、下旋球后抢攻

一般以发至对方正手位或中右近网为主，配合发两大角长球，伺机抢攻。

二、对攻战术

对攻战术是两名进攻型选手相遇，形成攻对攻的局面时，常采用下列战术：

（1）压对方反手，伺机正手攻或侧身攻。一般用于对付反手较弱或进攻能力不强的对手。压反手时，可用推挡、反手攻或弧圈球。

（2）压右调右（亦称压反手变正手）。适用范围：① 自己反手不如对方反手时，主动变线，避实就虚；② 对方侧身攻的意识极强，用变其正手的方法，既可偷袭空当，又可牵制对方的侧身攻；③ 对付正手位攻力不强的选手；④ 自己正手好，主动变对方正手后伺机正手攻；⑤ 自己反手攻击力很强，可在变对方正手位时直接得分或取得主动；⑥ 左手持拍的选手用此战术较多。因变线的角度大，右手持拍的选手往往被动。

（3）压左等右（紧压对方反手，等着对方变线，自己用正手抢攻）。多在对方采用压左调右的战术时使用。运用此战术时，压对方反手要凶些，否则对方变线较狠，自己往往被动。

（4）调右压左先打对方正手，将其调到正手位并被迫离台后，再打其反手位。

（5）用加减力量压对方反手、中路后，迅速抢攻用于对付站位球台中间的两面拉（攻）选手。一般先用加力推（攻）将对方压下去，再用减力挡将其诱上来，然后伺机加力扣杀。

三、拉攻战术

拉攻是进攻型选手对付削球打法的主要战术，即用拉球找机会，然后伺机突击。主要有以下几种方法：

（1）拉一角为主，伺机突击自己的特长线路追身。

（2）拉中路杀两角或拉两角杀中路。

（3）拉左杀右或拉右杀左。

（4）拉直杀斜线或拉斜杀直。

（5）拉长球配合拉将出台的球，伺机突击。

（6）变化拉球的旋转，伺机突击。

（7）拉搓、拉吊结合，伺机突击。

（8）拉、搓、攻结合，伺机突击。

（9）以稳拉为主，伺机突击。

四、搓攻战术

搓攻战术是进攻型打法的辅助手段之一，又是削球打法相互交锋时的主要战术。

（1）先搓反手大角，再变直线，伺机进攻。主要用来对付反手不擅长进攻的选手。逼住对方反手大角，视其准备侧身攻或将注意力都放到了反手后，将球拉起攻其正手，伺机抢攻。

（2）搓转与不转后，伺机反攻。

（3）以快搓短球为主，配合劈两大角长球，伺机进攻。

（4）搓右转快攻。

五、接发球战术

（1）接发球抢攻，这是最积极主动的接发球方法。

（2）用拉（包括小上旋和弧圈球）、拨或推的方法将球接至对方弱点处。

（3）以摆短为主，结合劈两大角长球，争取下一板主动，先上手或抢攻。

（4）稳健控制法。一般在攻对削、削对攻或削对削时采用。

（5）接发球战术的指导思想：① 力争积极主动，克服单纯求稳的思想，能攻的要攻，能撇的要撇，尽量少用搓球，应增加用正手侧身接发球的意识；② 最大限度地控制对方的发球抢攻，在此基础上，争取为下一板球的进攻制造机会；③ 接发球后，要有防御的准备，一旦被对方抢攻，应具备从被动转主动的意识和能力。

第四节 乒乓球竞赛规则简介

标准乒乓球比赛场地长 14 米、宽 7 米、高至少有 4 米的空间，四周用 75 厘米高的暗色挡板围住。球台总长 2.74 米，宽 1.525 米，台面离地面高度 76 厘米。球网长 183 厘米，高 15.25 厘米。

乒乓球由赛璐珞或塑料制成，多为不反光的白色、橙色，圆形，球的直径为 40 毫米，重量为 2.7~2.75 克。

一、一局比赛、一场比赛

在一局比赛中，先得 11 分的为胜方。若到 10 平后，先多得 2 分者为胜方。在大型国际乒乓球团体赛中，每场比赛，均采用五局三胜制；单打或双打比赛则采用七局四胜制。

二、交换发球次序、交换方位

开赛前，用抽签等公平选择方式决定某一方先发球和双方方位。开赛产生 2 分后换另一方发球，以此类推，直到一局结束。如果双方的比分都达到 10 分时，开始按每得一分就换发球方一次的方法，直到该局分出胜负为止。

一局中，站在某一方位的单打或双打运动员，在下一局应与对方交换方位，在决胜局中，当一方先得到 5 分时，即应与对方交换方位。

三、合理发球

发球时，球应放在不执拍手的手掌上，手掌应静止、朝上、伸平。发球时，不执拍手应始终在台面以上、端线以外，把球向上抛起 16 厘米以上，不能使其旋转，抛出的球倾斜不能超过 45°，当抛起的球从高点下降后才能击球，击球后，球应先落在本方台面，然后弹起落到对方台面上。发球时，发球者有责任让对方、裁判清楚地看见发球的技术合理性，不能有遮挡现象出现。

四、合法还击

1. 对方发球或还击后，本方运动员必须击球，使球直接越过或绕过球网装置，或触及球网装置后，再触及对方台区。

2. 比赛次序

（1）在单打中，首先由发球员合法发球，再由接发球员合法还击，然后两者交替合法还击。

（2）在双打中，首先由发球员合法发球，再由接发球员合法还击，然后由发球员的同伴合法还击，再由接发球员的同伴合法还击，此后，运动员按此次序轮流合法还击。

五、重发球

回合出现下列情况应判重发球：

（1）如果发球员发出的球，在越过或绕过球网装置时，触及球网装置，此后触及对方台区。

（2）如果接发球员或同伴未准备好时，球已发出，而且接发球员或其同伴均没有企图击球。

（3）由于发生了运动员无法控制的干扰，而使运动员未能合法发球。

（4）裁判员或副裁判员宣布暂停比赛。

（5）在双打时，运动员错发，错接。

六、得一分

除被判重发球的回合，下列情况运动员得一分：

（1）对方运动员未能合法发球。

（2）对方运动员未能合法还击。

（3）运动员在发球或还击后，对方队员在击球前，球触及了除球网装置以外的任何东西。

（4）对方击球后，该球越过本方端线而没有触及本方台区。

（5）对方阻挡。

（6）对方连击。

（7）对方用不符合条款的拍面击球。

（8）对方运动员或他穿戴的任何东西使球台移动。

（9）对方运动员或他穿戴的任何东西触及球网装置。

（10）对方运动员不执拍手触及比赛台面。

（11）双打时，对方运动员击球次序错误。

（12）执行轮换发球法时，接发球运动员或其双打同伴，包括接发球一击，完成了13次合法还击，接发球方得一分。

七、发球、接发球和方位的次序

（1）选择发球、接发球和这一方位、那一方位的权力应由抽签来决定，中签者可以选择先发球或先接发球，或选择先在某一方位。

（2）当一方运动员选择了先发球或先接发球，或选择先在某一方位后，另一方运动员应有另一种选择的权力。

（3）在产生每2分之后，接发球方即成为发球方，以此类推，直至该局比赛结束，或者直至双方比分都达到10分或实行轮换发球法，这时，发球和接发球次序仍然不变，但每人只轮发一分球。

（4）在双打的第一局比赛中，先发球方确定第一发球员，再由先接发球方确定第一接发球员。在以后的各局比赛中，第一发球员被确定后，第一接发球员应是前一局发球给他的运动员。

（5）在双打中，每次换发球时，前面的接发球员应成为发球员，前面的发球员的同伴应成为接发球员。

（6）一局中首先发球的一方，在该场下一局应首先接发球。在双打决胜局中，当一方先得5分时，接发球方应交换接发球次序。

（7）一局中，在某一方位比赛的一方，在该场下一局应换到另一方位。在决胜局中，一方先得5分时，双方应交换方位。

八、发球，接发球次序和方位的错误

（1）裁判员一旦发现发球、接发球次序错误，应立即暂停比赛，并按该场比赛开始时确立的次序，按场上比分由应该发球或接发球的运动员发球或接发球；在双打中，则按发现错误时那一局中首先有发球权的一方所确立的次序予以纠正，继续比赛。

（2）裁判员一旦发现运动员应交换方位而未交换时，应立即暂停比赛，并按该场比赛开始时确立的次序按场上比分运动员应站的正确方位予以纠正，再继续比赛。

（3）在任何情况下，发现错误之前的所有得分均有效。

九、轮换发球法

（1）如果一局比赛进行到 10 分钟仍未结束（双方都已获得至少 9 分时除外），或者在此之前任何时间应双方运动员要求，可实行轮换发球法。

（2）当时限到时，球仍处于比赛状态，裁判员应立即暂停比赛。由被暂停回合的发球员发球，继续比赛。

（3）当时限到时，球未处于比赛状态，应由前一回合的接发球员发球，继续比赛。

（4）此后，每个运动员都轮发一个球，直至该局结束。如果接发球方给予 13 次合法还击，则判发球方失一分。

（5）轮换发球法一经实行，该场比赛的剩余部分必须继续实行，直至该场比赛结束。

作业与思考题

1. 谈谈乒乓球运动的起源。
2. 中国乒乓球长盛不衰的原因有哪些？
3. 简述乒乓球的握拍方法及其特点。
4. 简述弧圈球技术的特点。

第十一章 羽毛球运动

名人名言

运动是一切生命的源泉。

——达·芬奇

学习导航

羽毛球是使用长柄网状球拍击打平口端扎有一圈羽毛的半球状软木的室内运动，属于技术主导类隔网对抗性项目，比赛有单打和双打两种形式。羽毛球运动深受大学生喜爱，也是大众喜闻乐见的体育运动项目。本章在介绍羽毛球运动的起源、发展、特点及锻炼价值的基础上，重点介绍了羽毛球的基本技术和基本战术，最后介绍了羽毛球比赛的基本规则。

知识目标

1. 了解羽毛球运动的起源及其发展概况。
2. 掌握羽毛球运动的基本技术及学练方法，了解羽毛球的基本战术。
3. 懂得羽毛球比赛的基本规则及裁判法，并能在实践中灵活运用。

能力目标

1. 懂得欣赏高水平羽毛球比赛，学会分析羽毛球比赛。
2. 培养对羽毛球运动的兴趣，树立正确的欣赏观和审美观。

第一节　羽毛球运动概述

一、羽毛球运动的起源与发展

相传羽毛球最早出现于14—15世纪时的日本，当时的球拍是木制的，球用樱桃核插上羽毛制成。大约至18世纪时，印度的普那（Poona）出现了一种与早期日本的羽毛球极相似的游戏（球用圆形硬质板插上羽毛制成，板是木质，两人相对站着，手执木板来回击球的一种游戏）。

现代羽毛球运动始于英国。19 世纪 60 年代，一批退役的英国军官把印度孟买的“普那”带回英国。1873 年的一天，在英格兰格拉斯哥附近的鲍弗特公爵的伯明顿庄园举行的宴会上，由于下雨，客人们只能待在室内，有几个从印度回来的退役军官就向大家介绍了一种隔网用拍子来回击打毽球的游戏，人们对此产生了很大的兴趣。这是最早期的羽毛球表演。为了纪念这项运动，便以伯明顿这个庄园命名，所以，英语中的羽毛球被称为“badminton”。早期的羽毛球场地呈葫芦状，中间狭窄处张挂球网，并在这一场地上举行羽毛球表演。后来加以改进，便成为现代的羽毛球运动。1878 年，第一部羽毛球规则在英国出版。1893 年，英国成立了羽毛球协会，1899 年，举行了第一届全英羽毛球锦标赛。

1934 年，由加拿大、丹麦、英国、法国、爱尔兰、荷兰、新西兰、苏格兰等国发起成立了国际羽毛球联合会，总部设在伦敦。1939 年，国际羽联制定了会员国共同遵守的统一的羽毛球规则。从此，羽毛球国际比赛日渐增多，这项运动也逐渐传到了世界各地。

现代羽毛球运动约于 1910 年传入我国，最早在上海，随后在广州、天津、北京、成都等城市的基督教青年会和学校中有所开展。新中国成立后，党和政府十分关心人民群众的健康，体育运动得到了蓬勃的发展，羽毛球运动也逐渐为群众所喜爱，并作为我国重点开展的项目之一。1953 年，在天津首次举办了全国羽毛球比赛，当时只有 5 个队 19 名选手参加。1954 年，先后有一批报效祖国的赤子回国，并带回了先进的羽毛球技术，同时组建了国家集训队。继而这项运动在我国东南沿海几个大城市开展起来。1981 年，随着我国被恢复了在国际羽联的合法席位，涌现了一大批羽毛球世界级选手。他们在一系列世界大赛中为祖国夺得了众多的金牌，奠定了我国羽毛球技术水平处于世界羽坛领先地位的基础，创造了中国羽毛球历史上的辉煌时期，并一直延续至今。

查看世界羽毛球运动重大赛事

目前，世界羽毛球运动的技战术发展趋势朝着更加“快速、全面、进攻、多变、多拍、特长突出”的方向发展。我国羽毛球运动的技术风格是“快速、凶狠、准确、灵活”，在技术上强调快字当头，基本技术全面、熟练、特长突出，进攻点多，封网积极，杀劈凶狠，防守刁稳，以攻为主，能攻善守，达到全面结合，正确运用。形成了“以我为主、以快为主、以攻为主”的战术指导思想。

二、羽毛球运动的特点

（1）是一项全身运动项目：无论是进行有规则的羽毛球比赛还是作为一般性的健身活动，都要在场地上不停地进行脚步移动、跳跃、转体、挥拍，合理地运用各种击球技术和步法将球在场上往返对击，增大了上肢、下肢和腰部肌肉的力量，加快了血液循环，增强了心血管系统和呼吸系统的功能。

（2）不受场地的限制：羽毛球活动对场地设备的基本要求比较简单，两把拍子一个球，无论走到哪里，无论在室内室外和是否架网，只要有空地，就能进行羽毛球活动。

（3）集体、个人皆宜：羽毛球运动既可单兵作战（两人对练），又可集体会战（双打练习或三人对三人对练）。单人对练时，练习者可以随心所欲地打出任何弧线、任何远度、任何力量、速度、任何落点的球来；集体会战则可以使练习者养成协调配合的习惯，培养集体主义精神。

（4）不受年龄、性别的限制：羽毛球运动游戏性较强，运动量可大可小。年轻人可以将球打得又重又刁，拼尽全力扑救任何来球；年老练习者可以把球轻轻地击来打去，根据自己的身体情况变换击球节奏，从而达到锻炼身体、延年益寿的功效，既活动了身体，又娱乐了心情。

三、羽毛球运动的锻炼价值

（1）增进身体健康：羽毛球运动可以全面增强人的体质。前后场的快速移动击球、中后场的大力扣杀球、被动时的扑救球、双打的换位击球等，都需要练习者有较好的力量、速度、耐力、灵敏、柔韧以及快速的反应能力。经常从事羽毛球锻炼，可以发展参与者的灵活性、协调性，提高上下肢及躯干的活动能力，改善呼吸系统和心血管系统的功能，提高有氧供能和无氧供能的能力，调节神经系统并提高其抗乳酸的能力，达到增进健康、抗病防衰和调节精神的作用。

（2）调节心理状态：羽毛球活动包括对对方战术意图的揣摩，对各种战机的把握，对自己运用什么战术的选择等智力因素，经常从事羽毛球锻炼，可以使人思维敏捷，使人的心理素质得到较好的锻炼，在竞争中，强化进取精神，使人的智、勇、技在竞争与对抗中得到升华。经此磨炼，能够做到临危不乱，泰然处之，既增长了智慧又陶冶了情操，不仅能在羽毛球活动中应付自如，而且能以良好的形态，正确的人生观去面对事业、家庭和荣辱等。

第二节 羽毛球基本技术与学练方法

羽毛球运动的基本技术主要有手法和步法。每一基本技术都有很多的技术动作，各个技术动作之间相互联系，构成了羽毛球运动的基本技术系统。常用的羽毛球运动基本技术有握拍、发球、击球以及各种步法。

一、握拍法

1. 正手握拍法

动作要领：左手拿住拍杆，使拍面与地面垂直，直视下方，从左向右拍柄可见四条斜棱，自然张开右手，用握手的方法握住球拍，虎口对准拍柄的内侧斜棱，小指、无名指和中指并拢握住拍柄，力度得当，手心能够放两个手指。单打拍柄握持的位置一般是拍柄远端靠在小鱼际肌上较佳。双打时，在前封网的选手可将手握位置偏上些，便于快速击球。后场扣杀的选手可以握后一些（图 11-2-1）。

2. 反手握拍法

在正手握拍法的基础上，稍微将拍外旋，大拇指往上提，内侧顶贴着第一斜棱旁的球拍宽面，食指往下扣，其余三指与正手握拍相似；掌心、拍柄与小鱼际肌间留有空隙。发力时，后三指紧握拍柄，拇指前顶发力（图 11-2-2）。

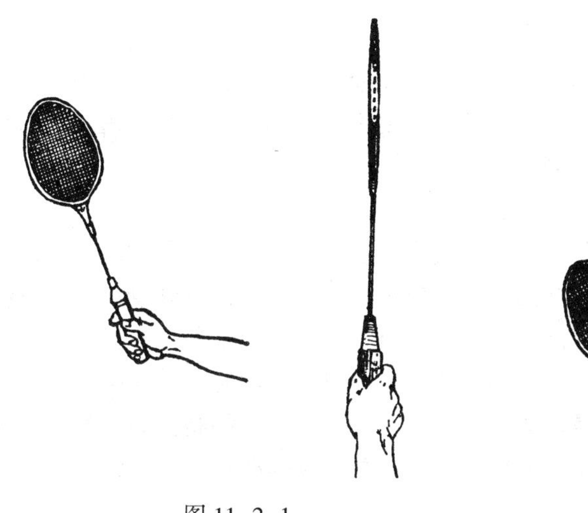

图 11-2-1　　图 11-2-2

查看握拍法动作示范

练习方法：

（1）通过看技术录像，观摩优秀运动员的比赛、技术示范，进行模仿练习。

（2）体会握拍的部位是否准确。正手握拍法如同与人握手方式。常见错误是虎口不是对着拍柄窄面内侧斜棱上，而是对着拍柄宽面上；拇指掌面过于紧贴在拍柄内侧宽面上；拳式握拍，各手指相互紧靠并与拍柄棱呈垂直状态。

（3）体验握拍的松紧度。握拍太紧动作必然僵硬，握拍太松击球无力，且动作可能变形。

二、准备姿势

准备姿势可分为两种：一种是接发球姿势，另一种是在双方对打过程中的站位姿势。

查看击发球准备姿势动作示范

动作要领：接发球姿势：左脚在前，右脚在后，侧身对网，重心在前脚上，右脚跟离地，双膝微屈，收腹含胸，放松握拍屈肘举在胸前，两眼注视对方发球动作（图 11-2-3）。双方对打过程中的站位姿势：右脚在前，左脚在后，脚前掌着地，脚跟提起，膝关节微屈，上体稍前倾，重心落在两脚之间，持拍于腹前。整个姿势要协调放松，保持一触即发的起动姿态（图 11-2-4）。

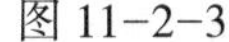

图 11-2-3　　图 11-2-4

练习方法：

（1）集体一起学习接球站位与准备姿势。

（2）学生出列，老师针对接球动作进行个别错误纠正。

三、发球

发球是羽毛球运动的一项重要的基本技术。发球的方式有许多种，如正手发球、反手发球。发球的种类有后场高远球、平高球、平射球和网前小球等。

1. 正手发后场高远球

正手发后场高远球指把球发得又高又远，使球接近垂直地落在对方后发球线附近的发球区里，最好是落在四个角里。这样球由于离网远，对手很难击出攻击性较大的回球，从而可以给自己的得分创造条件。

准备发球时，两脚与肩同宽，自然分开，左脚在前，脚尖正对网；右脚在后，与左脚大约成45°夹角，重心位于右脚；左手三指（拇指、食指、中指）拿住球中部，自然上抬到与左肩齐平，正对球网；右手握拍，自然屈肘，举到身体右后侧；两眼注视前方，观察对方准备接球的动向。左手放松羽毛球，使球自然下落，右手大臂外旋，并带动小臂沿半弧形做回环引拍动作。击球时前臂内旋，带动手腕从伸腕到展腕闪动发力，击球最佳点位于身体的右前下方。击球完毕，手腕呈展腕状态，身体重心移至左脚，持拍手随击球动作的惯性，自然向左上方挥动（图 11–2–5）。

查看正手发后场高远球动作示范

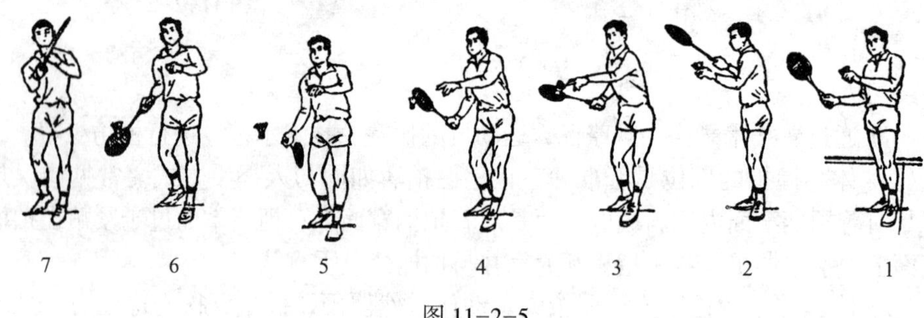

图 11–2–5

2. 正手发网前球

发球击球后，球擦网而过，正好落于对方前发球线附近的区域内，称为发网前球。

准备动作与正手发高球相同，只是大臂挥动的幅度和手腕后伸的角度要比发高球稍小。球拍触击球时，拍面从右后向左斜切击球，使球刚好越网而过，落在对方前发球线附近（图 11–2–6）。

图 11–2–6

3. 反手发网前球

发球时，前臂带动手腕使球拍从左下方向右前上方作画半弧形挥动。在拍将要击到球之前，左手自然撒手放球，用球拍对球作横切推送动作，使球贴网而过，正好落在前发球线附近的发球区内（图 11-2-7）。

查看反手发网前球动作示范

图 11-2-7

发球质量好坏的关键

1. 能否合理掌握球拍面的击球点。
2. 能否正确运用手腕、手指的爆发力。

练习方法：

（1）原地挥拍做模仿练习。

（2）对墙发球练习。

（3）定点定位，多球发球练习。

（4）发球、接发球对抗性练习。

四、击球

击球技术分后场击高远球、平高球、吊球、杀球；中场击球技术包括接杀球、平推球、平挡；前场击球技术包括放网、搓球、推球、钩球、扑球等。

（一）高远球

1. 正手后场高远球

准备姿势：击球前右脚在后，左脚在前，重心位于右脚，侧身对网，右手正握球拍，屈肘位于体侧（90° 为佳）；左手自然往上，手心向外，保持身体平衡。

引拍动作：当球下落到一定高度时，手肘上台，手臂后倒引拍（球拍与后背垂直），以肩为轴做回环动作。

击球动作：前臂急速内旋，带动手腕加速向前上方挥动，手腕屈收，手指屈指发力，用正拍面将球击出。击球点位于右肩的前上方。

击球后动作：右手随击球后的惯性，向左前下方挥动，然后顺势收回到体前，呈接球前的准备姿势（图 11-2-8）。

查看正手后场高远球动作示范

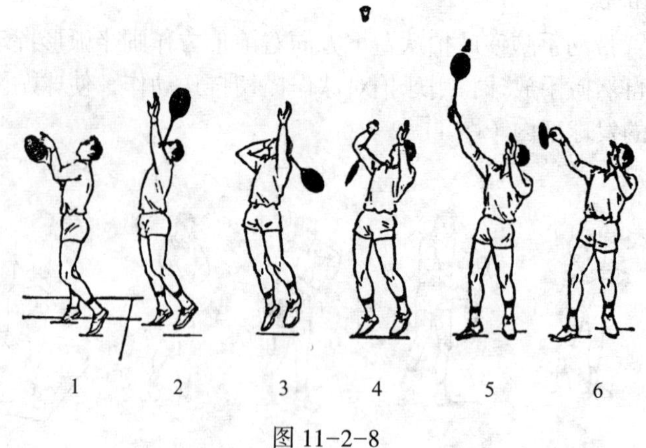

图 11-2-8

2. 头顶后场高远球

查看头顶后场高远球动作示范

头顶后场高远球是将飞往左后场区的球用正手握拍击球的正面，将球击到对方后场区的击球技术。准备动作与正手后场高远球基本相同，只是在引拍时身体略朝左后倾斜；击球时将球拍绕过头顶，在头顶左肩上方击球。

练习方法：

（1）原地做击高远球挥拍动作练习。

（2）用细绳把球悬挂在适当的高度上做击球练习。

（3）一人发球，一人击高远球练习。

（4）定点定位进行多球击球练习。

（二）吊球

吊球分为正手后场吊球和头顶吊球，都是将后场球压击至近网两点的进攻性较强的技术。吊球飞行速度快、线路短，是一项调动对方前后奔跑的主要技术。

1. 正手后场吊球

吊球的准备动作、引拍动作和击球后的回收动作与高球的技巧相同，只是其击球点比高球更靠前些。击球时，用手指捻动发力，使球拍外旋，稍屈外，拍面向前下方切球托的右侧部位，挥拍始终放松（图 11-2-9）。

查看正手后场吊球动作示范

图 11-2-9

2. 头顶吊球

起动、引拍和击球后的回收动作均与头顶击后场高远球相似，不同之处：① 击球力量较小；② 拍面的仰角较小，一般在 90° 左右；③ 吊球时，前臂应内旋带动球拍自左向右挥动，手腕放松，手指控制好拍面。

查看头顶吊球动作示范

练习方法：

（1）挥拍练习吊球动作。

（2）一人发高球，一人连续吊对角练习。

（3）一人挑高球，一人连续吊球练习。

（4）吊球熟练后可做高、吊、杀的综合练习。

（三）杀球技术

杀球技术击球力量最大，速度也最快，进攻威力也最强，是后场进攻和争取得分的主要手段。

查看正手杀球动作示范

1. 正手杀球

准备姿势及击球动作与正手后场高远球基本一致。因为杀球力量大，引拍动作比后场高远球动作要大。大臂带动小臂充分地后倒回环，上身要后仰，形成一定的背弓，击球前准备要充分。击球点位于右肩的前上方，位置比高远球和吊球的位置都要偏前。在击球瞬间，将上下肢全身的力量通过手腕由伸到屈快速闪动发力，以正拍面向前下方全力压击球（图 11-2-10）。

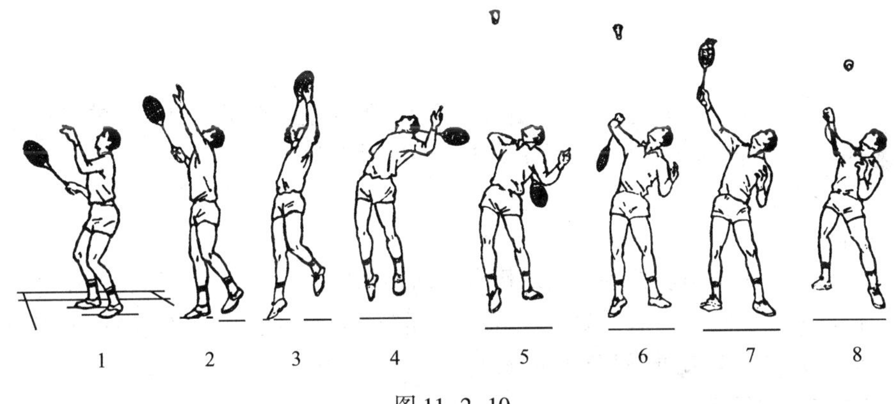

图 11-2-10

2. 头顶杀球

准备姿势、引拍及击球后动作均与后场头顶击高远球一致。击球动作和后场正手杀球也是一样。不同点是：① 击球的力量比击高远球大，发力的方向是向下的；② 击球点稍向前些，拍面的角度要小。

查看头顶杀球动作示范

练习方法：

（1）手持羽毛球站在半场区，模仿杀球的方法向对方区下压掷球。

（2）陪练者发半场高球，练习者做杀球练习。

（3）一攻一防练习。

五、网前击球

（一）放网

1. 正手放网前球

查看正手放网前球动作示范

准备动作：运用正手上网步伐向来球方向移动。当右脚向前蹬跨的同时，持拍手于胸前向来球方向伸出，争取高的击球位置。左手于身后拉举至右手对称的反方向，保持身体平衡。

引拍动作：在伸拍的同时，右前臂外旋，手腕后伸外展，做半弧形引拍动作。

击球动作：击球时小臂稍内旋，手腕由后伸至内收闪动，食指和拇指夹住拍柄轻击球托底部。

查看反手放网前球动作示范

随势动作：击球后，右脚掌触地后立即蹬地收回，击球手臂收回至胸前，准备下一次击球（图 11-2-11）。

图 11-2-11

2. 反手放网前球

查看正手网前搓球动作示范

反手放网前球其方法与正手放网前球相似。不同之处在于：应向左前场转体，向球的方向跨步，并及时转换成反手握拍法，用反手击球。

（二）搓球

1. 正手网前搓球

正手握拍，将飞至右前场区的球用斜拍面切削球托，使球向上旋转漂浮过网。正手网前搓球的准备动作、引拍动作与击球后的随势动作与正手网前放网技术相同，只是在击球时必须用斜拍面切削球托的右侧。

查看反手网前搓球动作示范

2. 反手网前搓球

反手握拍，将飞至左前场区的球用斜拍面切削球托，使球向上旋转漂浮过网。反手网前搓球的准备动作、引拍动作与击球后的随势动作与反手网前放网技术相同，只是在击球时必须用斜拍面切削球托的左侧。

（三）钩球

钩球就是在网前把球击到对方网前斜对角的小球。钩对角有两种情况：一种是位置比较高；还有一种是位置比较被动，即位置较低的时候。

1. 正手网前钩对角线小球

基本动作与正手网前放网相同。以手肘一定的回拉动作带动上臂内旋手腕，由伸腕向收腕发力切击球托的右后部位，击球力量不宜太大，并根据不同来球的位置调整好击球的拍面角度。如离球网距离较近，球拍向下切击的成分要多点；如球位置较低，且离球网距离较远，推送的力量可较大些（图 11-2-12）。

图 11-2-12

查看正手网前钩对角线小球动作示范

2. 反手网前钩对角线小球

基本动作与反手放网前球相同。上臂外旋带动手腕伸腕发力向网前对角的斜前方向切击球托的左后侧。击球力量的大小、位置的高低和出球角度的调整均与正手网前钩对角线小球相仿。

查看反手网前钩对角线小球动作示范

（四）挑球

1. 前场正手挑高球

基本动作均与正手放网前球相同。右脚在前，做最后一个跨步并向前伸臂时，应放松伸腕，使球拍垂在后下方，以肩为轴，用小臂带动手腕内旋，将球挑到对方后场（图 11-2-13）。

查看正手挑高球动作示范

图 11-2-13

2. 前场反手挑高球

运用反手上网步伐，在右脚向前蹬跨步的同时，放松屈肘、屈腕，使球拍垂于后下方，紧接着以肩为轴，以小臂带动手腕发力，由左下方往右上方作弧形挥拍，将球挑出。

查看前场反手挑高球动作示范

练习方法：

（1）两人在网前进行多球练习挑高球。

（2）两人一组，一人吊球，一人练习挑球。

（五）扑球

1. 前场正手扑球

查看前场正手扑球动作示范

前臂往前上方举起，球拍正对来球方向，以肘为轴，前臂稍加一点外旋回环引拍。击球时，前臂内旋，手腕由伸展姿势向前下方挥动发力拍击球托正面。击球后，球拍随手臂往前下回收，靠手臂力量控制前臂和手腕以制动动作结束（图 11-2-14）。

图 11-2-14

2. 前场反手扑球

查看前场反手扑球动作示范

击球前，以右脚蹬跨步或腾空步向来球方向迈出，持拍手以反手握拍，向身体右侧前上方的来球方向高举伸出，前臂稍作外旋手腕外展，拇指顶压在拍柄的宽面上，食指和其他三指并拢，拍面正对来球。击球时，前臂迅速外旋，手腕由内收外展，运用大拇指的顶压向前下方快速发力拍击球托正面。

练习方法：

（1）两人在网前进行模拟扑球练习。

（2）两人一球，一人扔网前球，一人进行扑球练习。

查看前场正手一步上网步法

六、步法

在羽毛球比赛中，我们常常会被运动员精妙的小球、迅猛的跳杀所折服，而这一切与羽毛球的基本步法是离不开的。有快速灵活的步法作保证，这样才能准确、有效地发挥手法。

查看前场正手两步上网步法

（一）前场步法

1. 前场正手上网步法

（1）一步上网步法：利用左脚蹬地抬右腿，向前跨步并伸右手，回来的时候，左脚回收一半的同时垫步回位。

（2）两步上网步法：两脚左右开立，左脚向前迈一步起蹬，右脚跨步向前，伸右手同时左手后拉，保持身体平衡。

（3）三步上网步法：两脚左右开立，两眼正视前方，右脚先迈出一小步，左脚交叉于右脚迈出第二步，第三步利用左脚起蹬，右脚向前跨的同时右手上伸，回来的时候，左脚先收一半，右脚撤回一步，左脚撤第二步并小跳步回位。

查看前场正手三步上网步法

2. 前场反手上网步法

（1）一步上网步法：根据来球方向，左脚蹬地身体左转向自己身体的左前方，右脚跨步向前并伸出右手，左手后撤保持身体平衡，还原时利用左脚回收保持身体收回中位。

查看前场反手一步上网步法

（2）两步上网步法：根据来球方向，左脚向身体左前方迈一小步，右脚跟随向前上步并伸右手，左手后撤保持身体平衡。还原时左脚往后收一半，将身体带回中心回位。

（3）三步上网步法：右脚随来球方向，向身体左前方先迈出一小步，左脚前交叉迈出第二步，第三步时右腿抬起同时伸出右手，左手后拉保持身体平衡，回来的时候，左脚收回一半，右脚和左脚最后垫步回位。

查看前场反手两步上网步法

练习方法：

（1）不击球，在场地上进行单纯步法练习。

（2）配合一步上网步法、两步上网步法、三步上网步法进行网前的多球练习。

（二）中场步法

中场步法主要用于接杀球。

查看前场反手三步上网步法

1. 中场正手步法

（1）蹬跨步接杀球步法：两脚微屈，重心保持在两脚之间左脚蹬地，右脚向自己的右侧位大撤步，脚尖向右侧同时伸手，左手自然打开，保持身体的重心。

（2）垫步接杀球步法：左脚先向右侧位跨一小步，然后右脚向自己身体的右侧方跨步，同时右手伸出左手打开保持身体平衡。

查看中场正手蹬跨步接杀球步法

2. 中场反手步法

（1）一步接杀球步法：右脚蹬地，左脚向身体左侧跨一大步，同时伸右手下去，左手向后打开，保持身体平衡。

（2）两步接杀球步法：左脚向身体左侧位先迈出一小步，同时以前脚掌为轴，右脚向身体左侧方跨一大步，伸右手的同时左手向后打开保持身体平衡。

练习方法：

（1）不击球，在场地上进行单纯步法练习。

（2）配合杀球进行多球练习。

查看中场正手垫步接杀球步法

（三）后场步法

1. 后场正手后退步法

（1）两步后退步法：根据来球方向，以左脚轴为一个中心，右脚后撤一步，左脚后并到右脚，然后右脚向右迈一小步，重心落在右脚上，随后起跳挥拍。

（2）三步后退步法：根据来球方向，右脚后撤一小步，左脚右交叉，随之将重心移到右脚同时起跳击球。

查看中场反手一步接杀球步法

2. 后场头顶后退步法

（1）两步后退步法：根据来球方向，以左脚前脚掌为轴心向自己的左后侧转身，

查看中场反手两步接杀球步法

右脚先后撤一小步，左脚并右脚，第一步重心移到右脚随之起跳击球。

（2）三步后退步法：以左脚前脚掌为轴心，向自己的左后侧转身，右脚撤一小步，左脚后交叉，第三步把重心落在右脚上，随之起跳击球。

练习方法：

（1）持拍重复练习后场正手两步步法、后场正手三步后退步法、后场头顶两步后退步法、后场头顶三步后退步法。

（2）运用后场正手两步步法、后场正手三步后退步法、后场头顶两步后退步法、后场头顶三步后退步法进行多球练习。

查看后场正手两步后退步法

第三节 羽毛球基本战术

查看后场正手三步后退步法

战术是在比赛中根据双方的情况合理运用技术，有针对性地组织自己的球路以争取胜利的策略。在双方技术水平相当的情况下，正确运用战术就成了胜败的关键。

一、单打战术

查看后场头顶两步后退步法

1. 发球抢攻战术

发球不受对方干扰，发球者可以根据规则，随心所欲地以任何方式将球发到对方接球区的任意一点。善于利用多变的发球术，可以先发制人，取得主动。采用发平快球和网前球相结合的方式，可以争取创造第三拍的主动进攻机会。

查看后场头顶三步后退步法

2. 攻后场战术

采用重复打高远球或平高球的技术，压对方后场两角，迫使对方处于被动状态。一旦其回球质量不高，便伺机杀、吊对方的空当。

3. 逼反手战术

一般来说，后场反手击球的进攻性不强，球路也较简单。对于后场反手较差的对手，可先拉开对方位置，使对方反手区露出空当，然后把球打到反手区，迫使对方使用反拍击球。例如，先吊对方正手网前，对方挑高球，以平高球攻击对方反手区。在重复攻击对方反手区迫使其远离中心位置时，突然吊对角网前。

4. 打 4 点球突击战术

以快速的平高球、吊球准确地打到对方场区的 4 个角落，迫使对方前后左右奔跑。当对方来不及回中心位置或失去重心时，抓住空当和弱点进行突击。

5. 吊、杀上网战术

先在后场以轻杀配合吊球把球下压，落点可选择在场地两边，使对方被动回球。若对方还击网前球时，便迅速上网搓球或钩对角快速平推球；若对方在网前挑高球，可在其后退途中把球直接杀至其身上。

6. 先守后攻战术

这一战术是一种以逸待劳、后发制人的战术，可用来对付那种盲目进攻而体力又差的对手。比赛开始时，先以高球诱使对方进攻，在对方只顾进攻疏于防守时，即可突击进攻。或者在对方体力下降、速度减慢时再发动进攻。

二、双打战术

1. 攻人（二打一）战术

这是一种经常运用的行之有效的战术。当发现对方有一个人的防守能力或心理素质较差，失误率比较高或防守时球路单调，就可以采用这种战术，把球打到这个较弱者的一边。这种战术可集中优势兵力以多打少，以优势打劣势，造成主动或得分，有利于打乱对方的防守站位。另一个不被攻的人，由于没有球可打，慢慢地站位会偏向同伴，也会形成站位上的空当。此外，这种战术也有利于造成对方思想上的矛盾而致其互相埋怨，影响其士气。

2. 攻中路战术

不论对方把球打到什么地方，攻球的落点都应集中在对方两人之间的结合部，并靠近防守能力较差者一侧，或在中线上。这种战术可造成对方抢球或漏球，可以限制对方挑出大角度的球路，有利于网前的封网。

3. 攻直线战术

即杀球路线和落点均为直线，没有固定的目标和对象，只依靠杀球的力量和落点来取得得分。当对方的来球靠边线时，攻球的落点可打到边线上；当对方的来球在中间区时，就朝中路进攻。杀近线球虽然难度高一些，但效果不错，便于网前同伴的封网。

4. 攻后场战术

遇到对方后场扣杀能力较差的对手，可采用平高球、推平球、接杀挑高球等，迫使对方一人在底线两角移动。一旦其还击被动时，便可大力扑杀。如另一对手后退支援时，即可攻网前空当。

5. 后攻前封战术

当本方取得主动攻势时，后场队员逢高必杀，前场队员积极移动封网扑打。

6. 守中反攻战术

防守时，对方攻直线球，本方挑高球；对方攻对角球，本方挑直线平高球，以达到调动对方移动的目的。然后可采用挡或钩网前逼进对攻的战术，这在对付网前扑、推、左右转体不灵的对手较有效，可以很快获得由守转攻的主动权。

第四节　羽毛球竞赛规则简介

一、比赛场地

羽毛球场地呈长方形，长 13.4 米，单打场地宽 5.18 米，双打场地宽 6.10 米。球场外面两条边线是双打场地边线，里面的两条线是单打场地边线，双打边线与单打边线相距 0.46 米。靠近球网 1.98 米与网平行的两条线为前发球线，离端线 0.76 米与底线相平行的线为双打后发球线。球场上各条线宽均为 4 厘米，用白色、黄色或其他易于识别的颜色画出（图 11-4-1）。

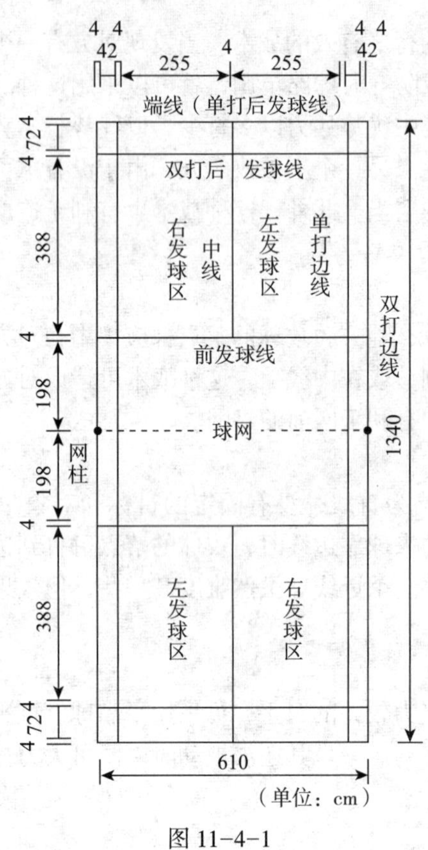

图 11-4-1

二、比赛方法及主要规则

（一）比赛的项目

羽毛球比赛项目分为男子单打、女子单打、男子双打、女子双打、混合双打、男子团体、女子团体。

（二）比赛的计分方法及规则

（1）比赛采用每球得分、21 分制，即双方分数先达 21 分者胜，三局两胜。每局双方打到 20 平后，一方领先 2 分即算该局获胜；若双方打成 29 平后，一方领先 1 分，即算该局取胜。

（2）得分者方有发球权，如果本方得单数分，从左边发球；得双数分，从右边发球。取消（单打）后发球线。在第三局或只进行一局的比赛中，当一方分数首先到达 11 分时，双方交换场区。

（三）比赛中的站位

1. 单打

（1）发球员的分数为 0 或双数时，双方运动员均应在各自的右发球区发球或接发球。

（2）发球员的分数为单数时，双方运动员均应在各自的左发球区发球或接发球。

（3）如“再赛”，发球员应以该局的总的分数来确定站位。若总分为 15 分（单数），双方运动员均应在各自的左发球区发球或接发球；若总分为 16 分（双数），双方运动员均应在各自的右发球区发球或接发球。

（4）球发出后，双方运动员就不再受发球区的限制而可以自由击到对方场区的任何位置，运动员的站位也可以在自己这方场区的界内或界外。

2. 双打

（1）一局比赛开始和获得发球局的一方，都应从右发球区开始发球。

（2）只有接发球员才能接发球；如果他的同伴去接球或被球触及，发球方得一分。每局开始首先接发球的运动员，在该局本方得分为 0 或双数时，都必须在右发球区接发球或发球；得分为单数时，则应在左发球区接发球或发球。

（3）上述两条相反形式的站位适用于他们的同伴。

（4）任何一局的本方发球员失去发球权后，由该局首先发球员发球，然后首先发球员的同伴发球，接着由他们的对手之一发球，然后再由另一对手发球，如此传递发球权。

（5）队员不得有发球错误和接发球的错误，或在同一局比赛中有两次发球。

（6）一局胜方的任一队员可在下一局先发球，负方中任一队员可先接发球。

（7）球发出后就不再受发球区的限制了，运动员可在本方场区自由站位和将球击到对方场区的任何位置。

（四）比赛规则

1. 交换场区

（1）以下情况队员应交换场区：第一局结束；第三局开始；第三局中或只进行一局的比赛进行至一方达到 11 分时。

（2）队员未按以上规则交换场区，一经发现立即交换，已得分数有效。

2. 合法发球

（1）发球时任何一方都不允许非法延误发球。

（2）发球员和接发球员都必须站在斜对角线发球区内发球和接发球，脚不能触及发球区的界限；两脚必须都有一部分与地面接触，不得移动，直至将球发出。

（3）发球员的球拍必须先击中球托，与此同时整个球必须低于发球员的腰部。

（4）击球瞬间球杆应指向下方，从而使整个球筐明显低于发球员的整个握拍手部。

（5）发球开始后，发球员的球拍必须连续向前挥动，直至将球发出。

（6）发出的球必须向上飞行过网，如果不受拦截，应落入接发球员的发球区。

3. 羽毛球的违例

（1）发球不合法违例。

（2）发球员发球时未击中球。

（3）发球时，球过网后挂在网上或停在网顶。

（4）比赛时：① 球落在球场边线外；② 球从网孔或从网下穿过；③ 球不过网；④ 球碰屋顶、天花板或四周墙壁；⑤ 球碰到队员的身体或衣服；⑥ 球碰到场地外其他人或物体；⑦ 球拍或球的最初接触点不在击球者网的这一方（击球者击球后，球拍可以随球过网）。

（5）比赛进行中：① 队员球拍、身体或衣服触及网或网的支持物；② 队员的球拍或身体，以任何程度侵入对方场区；③ 妨碍对手，如阻挡对方紧靠球网的合法击球。

（6）比赛时，队员有故意分散对方注意力的任何举动，如喊叫、故作姿态等。

（7）比赛时：① 击球时，球夹在或停滞在拍上紧接着又被拖带；② 同一队员两次挥拍连续击中球两次；③ 同一方两名队员连续各击中球一次；④ 球碰球拍继续向后场飞行。

（8）队员违反比赛连续性的规定。

（9）队员行为不端。

4. 重发球

（1）遇到不能预见或意外的情况，应重发球。

（2）除发球外，球挂在网上或停在网顶，应重发球。

（3）发球时，发球员和接发球员同时违例，应重发球。

（4）发球员在接发球员未做好准备时发球，应重发球。

（5）比赛进行中，球托与球的其他部分完全分离，应重发球。

（6）司线员未看清球的落点，裁判员也不能做出决定时，应重发球。

（7）“重发球”时，最后一次发球无效，原发球员重发球。

5. 死球

（1）球撞网并挂在网上，或停在网顶上。

（2）球撞网或网柱后开始在击球这一方落向地面。

（3）球触及地面。

（4）“违例”或“重发球”。

6. 发球区错误

（1）发球顺序错误。

（2）从错误的发球区发球。

（3）在错误的发球区准备接发球，且对方球已发出。

作业与思考题

1. 试述羽毛球运动的起源。
2. 简述下手发高远球的动作要领。
3. 击网前球通常采用哪些击球手法。
4. 试述正手击高远球的动作要领，并举出2~3种有效的学练方法。

第十二章 网球运动

| 名人名言 |

如果你的打法正确，训练有目的，你就能从网球运动中得到更大的满足。

——马蒂纳·纳芙拉蒂洛娃

| 学习导航 |

网球运动是一项深受人们喜爱、富有乐趣的体育活动，具有很高的锻炼价值。它既是一种自我娱乐和增进健康的手段，又是一种艺术追求和享受，同时还是一个观赏性很强的体育竞赛项目。在我国，网球运动现也是高校体育教学的一项重要内容，是广大青少年终身锻炼的最佳运动项目。本章在介绍网球运动的起源、发展、基本特点和锻炼价值的基础上，对网球运动的基本技术、学练方法以及基本战术作了详细的介绍，最后简要介绍了网球比赛的规则。

| 知识目标 |

1. 了解网球运动的发展史及网球重大赛事，提高欣赏水平。
2. 熟悉网球运动的基本技术，培养终身体育的意识。
3. 懂得网球运动的基本战术，掌握自我锻炼的方法。

| 能力目标 |

能在科学的健身理念指导下自觉地参与网球锻炼，形成科学有效的锻炼方法，为终身体育打下良好基础。

第一节　网球运动概述

一、网球运动的起源与发展

网球运动起源于法国，成熟于英国。12—13 世纪，在法国传教士中流行一种用手掌击球的游戏，方法是在空地上两人隔一条绳子，用手掌将布包着头发制成的球打来打去。当时，这种游戏叫“jeu de paume”（法语，用手掌击球的意思）。后来，这种运动渐渐从修道院传到了法国宫廷。1358—1360 年，这种供贵族玩的古式网球又从法国传入英国，当时这种球的表皮是用埃及坦尼斯镇所产的著名绒布——斜纹法兰绒制作的，英国人就将这种球取名为“tennis”。

近代网球的历史是从 1873 年开始的。当时，会打古式网球的英国少校 M. 温菲尔德改进了古式网球的打法，把场地移到了室外草坪上，设计了一种适用于户外、男女都可以从事的网球运动。1875 年，出现了较详细的竞赛规则。1877 年，在英国伦敦郊外的温布尔顿举办了首届全英草地网球锦标赛，当时仅设男子单打一个项目。1879 年，增设了男子双打。1884 年起，开始设女子单打。又过了 29 年，女子双打和混合双打才走进温布尔顿公开赛。

紧随英国之后开展网球运动的国家是美国。1881 年，世界上第一个全国性网球协会——全美草地网球协会诞生，并在罗德岛新港举行了首届比赛，并开始设有男子双打。1887 年，增加了女子单打，1890 年又增加了女子双打，1892 年举行了混合双打比赛。

1878 年以后，草地网球相继传入加拿大、斯里兰卡、瑞典、印度、日本、澳大利亚、南非等国。

1913 年 3 月 1 日，在法国巴黎成立了世界网球的最高组织——国际网球联合会。它的成立，为网球运动的进一步发展开辟了一条更加广阔的道路。至此，现代网球运动逐渐在全球盛行起来，成为一项深受广大群众喜爱的球类运动。

我国网球运动起步也不算晚。约在 1885 年，现代网球运动传入上海、广州、天津等几个大城市，但仅在教会及教会学校中开展，参加人数较少，运动水平也较低。

查看世界网球运动重大赛事

新中国成立后，网球运动和其他体育项目一样，得到了迅速发展。1956 年 10 月 23 日，中国网球协会正式成立。近十几年来，我国女子网球进步神速。2004 年，郑洁首次晋级法网 16 强，李婷、孙甜甜获得雅典奥运会双打金牌。2006 年，郑洁 / 晏紫先后拿下澳网、温网两项大满贯双打冠军。值得一提的是，李娜勇夺 2010 年法网女单冠军，这一成就足以载入世界网球史册。

二、网球运动的特点

（一）空中击球快速有力

网球比赛要求，接对手击过网的球时，必须用拍子击空中球或地面反弹球，发球时要求先将球抛起，然后才将球击到对方发球区内。由于在空中击球，所以球速快而有力。

（二）发球方法独具一格

网球规则规定，在一局比赛中，一人连续发球直至该局结束，此局被称为发球局。每次发球，发球者均有两次机会，即一发失误，还有二发的机会。这种独特的发球方式使得网球的发球威力巨大，也正因为如此，在双方实力均衡的比赛过程中，发球方总能占据一定的优势。

（三）记分方式与众不同

网球比赛采用15、20、40平分的记分方法，每盘比赛采用6局形式。以15分为单元的记分法始于中世纪。比赛中球员每胜一球即得1分，记分15，胜第二分记分30，胜第三分记分40，先胜4分者为胜一局。如遇到双方各得3分时，则为“平分”。“平分”后，某一方先得1分，为“该球员占先”，“占先”后再得1分，才算胜一局。如一方“占先”后，对方又得1分，则仍未“平分”。依此类推，直到一方在“平分”后净胜2分才为胜该局。

（四）比赛时间难以控制

正式的网球比赛为男子五盘三胜、女子为三盘两胜，比赛时间往往长达3~5小时，有的比赛甚至达到6~7个小时。由于比赛时间太长，在当天不得不中止比赛，在第二天继续进行的情况也屡见不鲜，这种比赛时间的不确定性，也增添了网球的魅力。

（五）比赛强度大

网球比赛对于双方运动员的体力要求很高。有人做过统计，一场双方势均力敌、高水平的网球比赛，男子的跑动距离接近6 000米，女子也要达到5 000米，运动员的挥拍次数达到上千次。如此高的比赛强度在其他竞技比赛中是很少见的。所以，网球运动对于运动员的体力、意志力和心理都是极大的考验。

（六）心理素质要求高

网球除团体比赛在交换场地时教练可以进行场外指导外，其他任何时候比赛中都不允许有教练进行指导，哪怕是手势也不行。整个比赛全程都是个人独立作战，没有良好的心理素质，要想取得比赛的胜利是非常困难的。

三、网球运动的锻炼价值

（一）增强体质，促进健康

网球运动是一项男女老少皆宜的运动，运动量可大可小，可以自行调节。长期参与网球锻炼，可以使人动作敏捷，判断准确，反应迅速，提高速度、力量、柔韧、灵敏等身体素质，对改善人体运动系统、循环系统、呼吸系统、神经系统以及抵抗各种疾病、适应外界的能力都有重要的作用，从而可以有效地增强人们的体质和健康。

（二）培养良好的意志和作风

在网球运动中，特别是在比赛中，人们通过进攻与防守，控制与反控制，既斗智，又斗勇，有利于培养拼搏进取的作风和胜不骄、败不馁的意志品质，有利于提高克服各种困难的勇气。

（三）团结协作，增进友谊

习练网球需要一个对手或球友。通过网球运动可以交流球艺，增进友谊。特别是参加双打比赛，可以培养人们相互信赖、团结协作、密切配合的合作意识。网球运动还是一项良好的社交活动，可以促进彼此的沟通和理解。

（四）愉悦身心，陶冶情操

网球比赛具有较强的观赏性。在网球比赛中，场上热烈的气氛，激烈的争夺，往往使观众如痴如醉。运动员在比赛中所表现的顽强斗志、潇洒的作风和精湛的技艺，都令人赏心悦目，久久难以忘怀，从中可以得到一种精神享受。

第二节 网球基本技术与学练方法

网球技术是指在网球规则允许的条件下，运动员采用的各种合理的击球动作和为完成击球动作必不可少的其他配合动作的总称。合理的击球动作是指各种直接触球的动作，如发球、接发球、挑高球、高压球和截击球等技术，这些技术称为有球技术。而准备姿势、移动、跑动和握拍方法等没有直接触及球的配合动作，称为无球技术。

一、握拍法

如果把拍柄底端平面比作一个时钟的钟面，那么，就可以按照顺时针的方向，将钟面上端12点对应的平面称为第一平面，下面依次为第二至第八平面。由于握拍方法与所对应的平面密切相关，下面对常见的握法进行形象的讲解（图12-2-1）。

（一）单手正手握拍

查看握拍法技术动作示范

（1）大陆式握拍法：食指远端指尖关节按在第二面上。

（2）东方式握拍法：食指远端指尖关节按在第三面上。

（3）半西方式握拍法：食指远端指尖关节按在第三、第四面上。

（4）西方式握拍法：食指远端指尖关节按在第四面上。

12

9

3

6

图12-2-1

（二）单手反手握拍

（1）东方式握拍法：食指远端指尖关节按在第一、第二面上。

（2）半西方式握拍法：食指远端指尖关节按在第一面上。

（3）西方式握拍法：食指远端指尖关节按在第一、第六面之间（图12-2-2）。

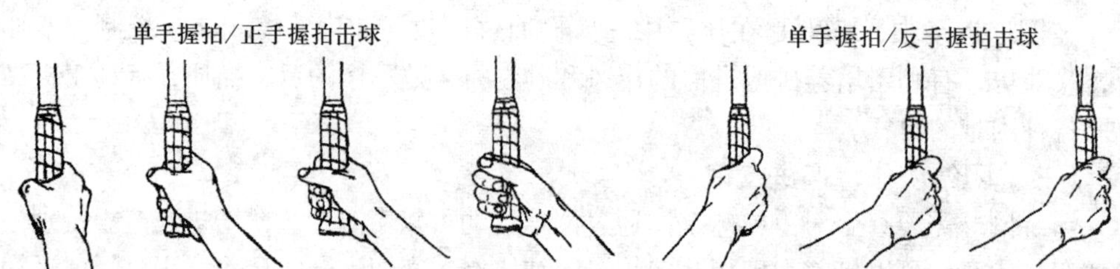

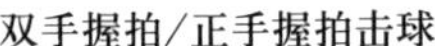

双手握拍/反手握拍击球

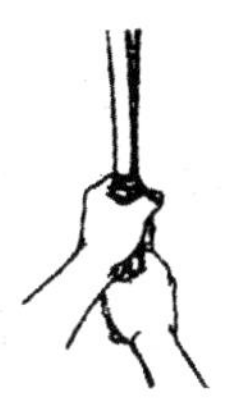

大陆式握拍法　半西方式握拍法　西方式握拍法　大陆式握拍法　半西方式握拍法　西方式握拍法

图 12-2-2

二、步法

网球运动员跑动是否迅速、步法是否灵活对比赛起着至关重要的作用。在网球的各种击球中，必须使人与球保持一个适当的距离，需要一种合适的站位，才能得心应手地打出各种好球。

1. 分腿垫步

分腿垫步是指双脚平行于身体同时落地。从准备状态开始，当对手开始挥拍时，膝盖弯曲，做一个小跳跃，双脚的前脚掌着地。分腿垫步是一种身体起动信号，其主要的动作是“跳”，当对手开始挥拍时开始小幅的跳。

2. 交叉步

左右交叉步在底线的正反手击球中经常运用。向右移动时，脚掌向右转动，左脚先向右前方跨一步，交叉于右脚前，同时向右转体进右脚，再进左脚。向左移动时，方法与右侧移动相同，方向相反。

3. 滑步

滑步是指面对球网两脚左右滑步移动。向左移动时，蹬右脚，先移动左脚，再跟右脚；向右移动则蹬左脚，先移动右脚再跟左脚。准备击球或击球后回位的距离较短时，多数球员都会采用滑步。

4. 碎步

碎步是指在对方击球的一刹那双脚轻轻点地跳起。在挥拍击球前用小碎步调整可以帮助选手处于最佳的击球位置。

三、基本技术

（一）发球（图 12-2-3）

在网球比赛中，发球是比赛的开始，也是得分和占据主动的重要手段，因此，现代网球技术对发球越来越重视。发好球的技术要素是动作连贯、动作简单、良好的平衡和准确的抛球、合理正确的握拍。

（1）握拍：初学者可用东方式正手握拍法。有些基础的初学者可采用大陆式握拍法，即半东方式正手和半东方式反手握拍法。

（2）准备姿势和引拍：双脚与肩同宽，在端线后侧站立。右脚与底线基本平行，左脚正对右网柱；手腕和手臂放松，握拍于体前。左手在拍颈处托住拍，两脚尖的切线对着目标。两手臂同时向下和向上运动，球从伸展的左手中向上垂直抛，握拍手掌

查看发球动作示范

图 12-2-3

在向后引拍时朝下，身体重心平稳地向前脚移动，抛球的高度应能满足击球手臂的充分伸展，并使击球感到舒适。

（3）击球：抛球后身体开始向前上转动，球拍在身后向后下摆动，并最后加速向前上方挥动击球，尽力伸展身体，在最高点击球，击球点应在身体右前方，大致位于右肩充分伸直的位置。击球时，手臂和球拍充分伸展，身体重心向前转动，右脚跟向上提，鞋跟正对后挡网，理想的状态是从球拍的顶部到左脚跟与身体成一条线。

（4）随挥动作：球拍成弧形下摆，并在身体左侧结束挥动，身体重心完全落在前脚上，右脚跟上提。

练习方法：

（1）沿着柱子抛球练习。

（2）投球练习。

（3）发球线练习——底线练习发球。

（4）朝目标发球。

（5）击打空中高物挥拍练习。

（二）接发球

在网球比赛中，接发球的质量直接决定着比赛的方向。

查看接发球动作示范

（1）握拍：一般采用自己习惯的正手握拍（半西方式）或反手握拍（左手东方式、右手大陆式握拍法）。

（2）准备姿势：准备姿势有两种：① 平行站立准备姿势：两脚左右开立，比肩略宽，屈膝，身体前倾，重心落在前脚掌，持拍手置于腹前，抬头注视对手发球情况。② 前后脚错开准备姿势：前脚前后错开，屈膝，身体前倾，持拍手置于腹前，抬头注视对手发球。

（3）引拍：判断来球，决定用正手还是用反手接球。如对方发球不在左侧，则侧身对网，将球引入右侧前方，将拍引至侧身，转体同时或直线或斜线击球，引拍幅度控制不要太大，高不过肩，对方球速越快，转身引拍越快，幅度就越小。

（4）击球：身体下蹲，重心迅速前移，击球瞬间拍面垂直地面，手腕绷紧，保证在身前击球，后脚不要离地，保持身体稳定。

（5）随挥动作：击球后持球手臂顺势向左前方挥动，动作不要太大，双脚随即跟上，以准备下一个击球。

练习方法：

（1）起动—上步—垫步—接发球模拟练习。

（2）两人一组，一发一接。

（3）接发球反手切削练习。

（4）接发球—深度游戏（高出球网 30 厘米拉一条线）。

（5）接发球正手回直线、斜线练习。

（三）正手击球（图 12-2-4）

（1）握拍：初学者一般采用东方式握拍法，也可采用半西方式握拍法。

（2）准备姿势和引拍：面对球网，双脚开立，略比肩宽，膝部放松，上身稍向前倾，重心稍放在脚尖上。向后拉开球拍转动双肩，重心后移，左脚前踏，左肩对网，左脚与底线约成 45° 角，右脚与底线平行。左臂屈肘前伸，协助转体与身体平衡。

（3）击球：拍面、手腕、肘向着打球的方向平行地运动。击球时以肩关节为肘，手腕要关闭，用大臂挥动带动小臂、手腕及球拍，球拍面在整个击打过程中与地面保持垂直，球拍从后引开始到向前挥击是一个完整动作。

（4）随挥动作：球拍向着打球的方向向身体的异侧做雨刮器运动收回。随挥动作结束时，身体和非执拍臂在整个动作过程中保持平衡。

图 12-2-4

查看正手击球动作示范

练习方法：

（1）徒手挥拍练习。

（2）垫步 + 上步击打定点球练习。

（3）垫步 + 滑步击打定点球练习。

（4）垫步 + 碎步击打抛球练习。

（5）两人小场地斜线正手练习。

（6）底线正手斜线练习。

（四）双手反手击球（图 12-2-5）

（1）握拍：采用左手东方式、右手大陆式握拍法。

（2）准备姿势和引拍：面对球网，双脚开立，略比肩宽，膝部放松，上身稍向前倾，重心稍放在脚尖上。向后拉开球拍，转动双肩，重心后移，右脚前踏，右肩对网。向后引拍时，肩膀转动有力，保持上身的扭转，并可从右肩膀的后面看到来球。引拍结束时，重心在后脚跟上，同时下颌紧贴右肩，伸展背肌，保持身体平衡。

（3）击球：眼睛紧盯来球。当球接近身体时，开始向前转移重心，双髋带动上体转动，双臂随上体转动，并保持稍开放的站姿。上半身保持扭转的状态，肘部或腕部稍微移动至触球，在前脚的前方击球。注意拍头垂直，拍身与地面平行。

（4）随挥动作：随挥动作应伸展、放松，收拍时球拍绕至身体后面且与肩同高。

查看双手反手击球动作示范

图 12-2-5

练习方法：

（1）徒手挥拍练习。

（2）垫步 + 上步击打定点球练习。

（3）垫步 + 滑步击打定点球练习。

（4）垫步 + 碎步击打抛球练习。

（5）两人小场地斜线双反练习。

（6）底线双反斜线练习。

（五）单手反手击球（图 12-2-6）

（1）握拍：采用东方式反手握拍法。

查看单手反手击球动作示范

图 12-2-6

（2）准备姿势和引拍：从准备姿势开始，双肩和手（和球拍）在球接近时作为一个整体转动。转肩，持拍手后摆，然后上提到准备姿势，引拍时划一个圈。

（3）击球：当右脚朝来球向前跨步，球拍下坠低于来球高度（低于手腕）时，形成基本的向前挥拍的轨迹，这时持拍手臂的肘部保持适当屈度，拍头稍翘起。在迎球过程中，挥拍手臂与向右转体动作相配合，使球拍由低向高挥动，屈膝展髋在前脚的前方击球，拍面垂直，拍身与地面平行，拍触球时手腕固定握紧球拍，肘部伸直，肩抬高，动作舒展流畅。

（4）随挥动作：触球后，球拍继续向上移动，保持身体平衡，然后迅速还原成准备姿势。

练习方法：

（1）徒手挥拍练习。

（2）垫步＋上步击打定点球练习。

（3）垫步＋滑步击打定点球练习。

（4）垫步＋碎步击打抛球练习。

（5）隔网送球单反直线、斜线练习。

（六）截击球

截击是指运动员在球第一次落地之前的击球。运动员通常在球网和中场之间做截击动作。

1. 正手截击（图 12–2–7）

图 12–2–7

查看正手截击动作示范

（1）握拍：初学者可用东方式正手握拍，随着水平的提高可采用大陆式握拍。

（2）准备姿势和引拍：肩部稍做转动，球拍与肩平行对准来球线路。向后引拍要稳定，球拍要适当握紧，引拍动作不可过大、过后。

（3）击球：向前挥拍前左脚朝击球方向迈步，保持手腕稳固并在身体前方击球，球面应稍开放，但击高球除外。

（4）随挥动作：随挥动作应稳定、短促，以便迅速回到接下一个球的位置。

2. 反手截击（图 12–2–8）

（1）握拍：初学者用东方式反手握拍法，随着水平的提高，可用大陆式握拍法。

（2）引拍准备动作：肩部稍做转动，球拍与肩平行，并对准来球的路线；向后引拍要稳定，手腕紧握球拍，后引拍动作不可过于靠后。

（3）击球：向前挥拍前，右脚朝击球方向跨步，保持手腕稳定，并在身体前方击球；球拍面稍开放，但击高球除外。

（4）随挥动作：随挥动作应稳定、短促，以便迅速回到接下一个球的位置。

查看反手截击动作示范

图 12-2-8

练习方法：

（1）徒手挥拍练习。

（2）多球截击直线、斜线练习。

（3）多球截击练习放短。

（4）对墙练习。

（七）高压球（图 12-2-9）

（1）握拍：采用东方式正手或大陆式握拍法。

（2）准备姿势和引拍：当对方挑高球时，应先分腿垫步，立即侧身转体并用短促的垫步向后退，同时侧身，持拍手上举至头部位向后引拍，重心在两脚前脚掌上，后腿弯曲，随时准备扣杀。

（3）击球：开始引拍击球时，球拍在身体的后上方，转肩，头保持稳定。后脚向上起跳，用力击球。击球时手腕下勾加力，拍头高于手腕，击球点在身体前上方，充分伸展身体。

（4）随挥动作：击球后顺势下挥，后脚前移，保持平衡，让不持拍手围绕着腰慢慢移动。身体落地的瞬间，重心随着持拍一侧的腿前移，随挥球拍到腰的另一侧。

查看高压球动作示范

图 12-2-9

练习方法：

（1）徒手挥拍练习。

（2）多球练习。

（3）对墙练习。

（4）一底一中场、后场高压球练习。

（5）多球高压直线、斜线练习。

（八）反手削球

（1）握拍：大陆式握拍法

（2）准备姿势和引拍：通过分腿垫步带动上体转动，球拍向后向上移动。非持拍手置于拍颈以保持动作的稳定。上体后转，身体重心向后向上移动。引拍动作结束时，肘部弯曲，拍面几乎与地面平行并置于肩高。

查看反手削球动作示范

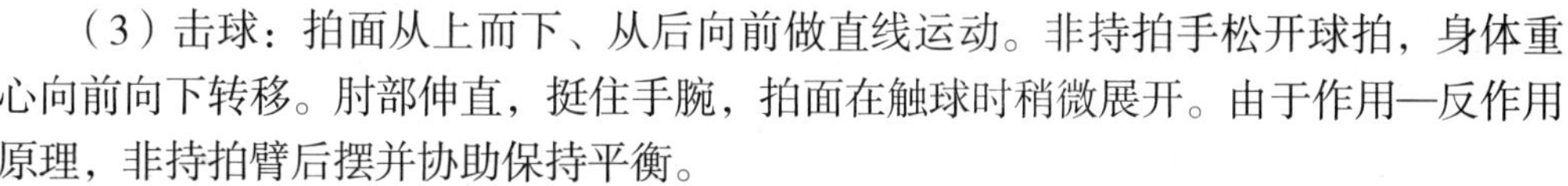

（3）击球：拍面从上而下、从后向前做直线运动。非持拍手松开球拍，身体重心向前向下转移。肘部伸直，挺住手腕，拍面在触球时稍微展开。由于作用—反作用原理，非持拍臂后摆并协助保持平衡。

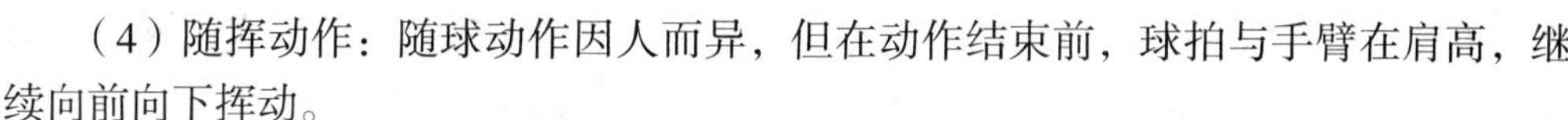

（4）随挥动作：随球动作因人而异，但在动作结束前，球拍与手臂在肩高，继续向前向下挥动。

练习方法：

（1）徒手挥拍练习。

（2）手抛球反手削球直线练习。

（3）手抛球反手削球直线练习。

（4）对墙削球练习。

第三节　网球基本战术

网球战术是指运动员在比赛中，根据网球竞赛规则和网球运动的规律、比赛双方的具体情况和临场变化，合理运用个人技术及采取的有意识、有组织的行动。根据网球运动的规则和基本特点，网球战术可分为单打战术和双打战术两大类。其中单打战术主要有发球战术、接发球战术、底线战术和网前截击战术等。

一、发球战术

网球运动中最具有攻击性的技术就是发球。发球不受对方任何影响，只需根据自己的情况去击球。要想在比赛中取胜，首先要控制住发球这一回合的主动权。

运动员在发球时选择的击球方式不同，其站位及瞄准的目标也有细微的变化。单打发球站的位置一般在中线附近。

（一）发平击球

发球要领：抛球的位置及击球点在身体的右前方，用力蹬地，身体充分伸展，利用手腕力量在最高点用力击球。

1. 平分发球区（右区）（以右手持拍者为例，下同）

站在靠近中线处，所瞄准的目标也是对方中心线。从这个位置上发球，球飞行的距离最短，球可以从球网最低处通过，发球的成功率较高。有效地打到对方发球区后，可迫使对手后撤。

2. 占先发球区（左区）

取位于中心线附近，瞄准的目标也是对方中心线。球可以从球网最低的位置上通过，此时球虽然是发到对手的正手，但是从中心方向接回的球很难打出角度，因此，发这种球有利于自己防守（图 12–3–1）。

（二）发切削球

发球要领：抛球的位置及击球点比发平击球时稍靠右。击球时，好像是从球的右侧向左侧沿水平轴横切球一样，使之产生旋转。

1. 平分发球区（右区）

站在离中心线标志向右边线方向横跨一步的位置上发球，瞄准的目标是对方边线。所发的切削球落地弹起后则飞向场外（从发球者看是向左侧飞），对手被迫追出场地外去接球。这样的发球能创造出较好的进攻机会（图 12–3–2）。

图 12–3–1

图 12–3–2

2. 占先发球区（左区）

同样站在靠近中心线的位置上，瞄准对方边线发球。球弹起后向后飞，对方接发球时难度较大。

（三）发旋转球

发球要领：抛球位置比发平击球时稍靠左，击球位置也稍向左侧移动。此时在稍低一些的位置上触球，击球时好像是从左下方向右方上摩擦似的将球击出去，使球产生旋转。

1. 平分发球区（右区）

站在靠近中心线的位置上，瞄准对方的中心线。旋转发球落在对方场地后弹起，向后右侧高高地飞去（从发球方看是向右），而对于接球者来说，球已弹到其反手侧。

2. 占先发球区（左区）

站在距中心线一步远靠近边线方向的位置上，瞄准的目标是对方边线。旋转球落地后弹起，直逼对手后侧，而且由于发球角度较大，可迫使对方追出场外去接球（图 12-3-3）。

图 12-3-3

二、接发球战术

接发球与比赛一开始完全掌握主动权的发球技术相比，属于被动的技术。为了控制比赛的主动权，接好发球，除了要判断出对手所擅长的发球类型外，还要根据对手的不同打法采取有效的接发球策略。

（一）接平击球的战术

对于没有横向变化的快速平击球，可站在稍靠后的位置上接球（图 12-3-4）。接发球时，首先要考虑设法将对手逼到底线附近，而不是一心想打出力量大、速度快的球。

（二）接切削球的战术

对于接落地弹起后向右拐弯的切削球，站位的方法是：当对方从一区（右区）发来球时，防守应靠向边线（图 12-3-5）；当对方在二区（左区）发球时，应稍靠中线站位。最理想的击球路线是打对角线球，只有打大斜角才能有时间调整身体的姿势。

图 12-3-4

图 12-3-5

（三）接旋转球的战术

对于落地后弹得又高又远的旋转球，在球弹起时如果不能及时接球，给对方造成攻击机会的可能性较高。接旋转球的对策是稍稍站在靠前的位置上，注意在球弹起前踏进击球点（图 12-3-6）。接球时身体姿势的平衡容易遭到破坏，应抓住高点击球。

图 12-3-6

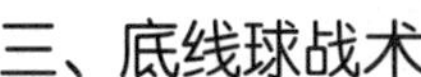

三、底线球战术

单打与双打不同，双打以网前积极进攻的打法为主，而单打上网的机会相对少些，以底线打法为基础。底线打法所取基本位置是底线中心位置。因为处于中心位置对于去追赶正手球和反手球都是最短的距离。

（一）针对底线型选手

作为一名底线型选手，在面临同样是底线型选手的时候，不要企图一板将对方置于死地，要在对拉过程中寻求得分的机会。这就要先于对手找到突破口，创造机会球。“三球攻击战术”是寻找突破口、创造机会的方法之一。所谓“三球攻击战术”，是指底线型选手在比赛中处于持续对拉的情况下，由三次击球组成的战术。主要有以下几种：

1. “I”攻击战术（图 12-3-7）

要领：对手为了防守自己的空当必定要跑回中点处，这时可以趁其向中心处返回时，再向其反方向攻击。

方法：① 将对方来球打向压底线的直线球；② 对方返回一个压底线的直线球；③ 将对方返回的直线球再打回直线（此时对方正处于向中心线返回途中）。

2. “N”攻击战术

要领：充分调动对手，让对手从场地的一端跑到另一端追赶着击球，最终迫使对手出现击球失误。

方法：① 将对方来球打向压底线的直线球；② 对方击回一个大对角线球；③ 再将来球打出压底线的直线球（即向对方空场处击球）。

3. “X”攻击战术（图 12-3-8）

图 12-3-7

图 12-3-8

要领：让对手从场地的一端跑到另一端，最终迫使对方击球失误。

方法：① 将对方来球打向大对角；② 对方击回直线球；③ 再把这个直线球向大对角打去。

4. “E”攻击战术

要领：当对方为防守场地空当向中心处返回的时候，突然向其反方向攻击。

方法：① 将对方来球打向大对角；② 对方击回一个大对角；③ 把回球再打向大对角。

5. “V”攻击战术（图 12-3-9）

要领：让对手在场地两端来回奔跑，即使第三个球被对方接回，对手也是处于向边线跑动中，下一个球将是自己进攻的机会。

方法：① 将对方来球打向直线；② 对方击回一个直线球；③ 再把击回来的球向斜对角（空当）打去。

图 12-3-9

（二）针对平击球选手

平击类型的击球，由于几乎没有旋转，球擦网而过，直线飞来，落地之后，反弹很低，快速向前冲，但由于球速快，接这种球非常不容易。接球时，需把握好拍面，避免挥拍过迟。

1. 形成相持

遇到对方打平击球时，首先要能连续接起对方来球。由于平击球大多数是从网上约 30 厘米处通过，且球速很快，所以稍有一点疏忽就会导致失误。因此，关键是要比对方更有韧性，拖住对手，形成相持。

2. 打对角线

如果对手是平击球选手，当他击来平击球时，一般回对角线比较好。如果能迫使对手到场外追球，则可以造成对方的失误或为自己创造进攻的机会。

（三）针对削球型选手

对手来球是削球时，一般情况下，以削球对付较稳妥。削球运行轨迹很低，球手必须在低位击球，要想打出有威力的上旋球很困难。对付削球要求以较低的身体姿势进行击球同时还要具备较强的韧性。削球大部分是在两种情况下使用：一是当身体姿势被破坏时，为了使姿势恢复平衡，在打过渡拍的情况下使用；二是处理前场低浅球时使用，主要用于攻击对方的反手。

如对方为削球类型选手时，由于削球比平时击球的速度慢，因此，无论将球打到哪个区域，对方一般都有足够的时间应付。对付削球的原则就是朝对手的反手侧击球，当遇到机会时，坚决以正手抽球予以攻击。

（四）针对上旋型选手

上旋球因为是沿弧形线路飞行的，所以一般很少下网，也很少出界，可以说是准确性较高的击球方式。由于可以通过调节挥臂、旋转度的方法打出不同线路、不同旋转的上旋球，使球落地后弹得又高又远，故上旋球是最有效的一种击球手段。然而，上旋球也并非无懈可击。对付上旋球，可采用如下对策：

1. 破坏对方击球姿势

打上旋球的选手，为了加大球的旋转度，必须做到挥拍动作充分，使用全身的力量击球。因此，应尽量让对方左右不停地奔跑，迫使其不能从容击球，导致其无法完成高质量的回球，从而找到突破口。

2. 迫使对方改变打法

一般来说，旋转打法的选手，因其握拍方法的关系，大多数不擅长截击球。因此，碰到这样的选手，可以打近网低球，把对手调动到网前来，使其打并不擅长的网前球，迫使对方改变打法。

3. 截击之后立即上网

在双方对拉的持久战中，当对方掌握着主动权而频频向自己反手一侧攻击，或对方得分领先而自己处于非常被动的状况时，若来球的轨迹稍高，可果断地迎上去截击，随后快速上网。

四、双打战术

在双打训练中，应先学习怎样在双打比赛中运用已掌握的技术。如果组成一队的两个人分别按自己最擅长的方式一味地进攻，是不可能取得成功的。相互了解彼此打球的方式和习惯后，战术上的安排就会变得比较容易。另外，还要相互了解彼此的缺点，然后再考虑该怎样利用自己的技术与之配合，这是非常重要的。

（一）双打中的发球

在技术上，双打和单打并没有区别，但比赛战术却截然不同。

在单打比赛中，选手希望在第一次发球时就直接得分，而双打则应考虑如何提高一发的成功率，如何让自己的同伴感到对方的回球比较容易回击。

双打比赛中发球的要点如下：

1. 提高一发的成功率

在双打比赛中，一发的力量应限制到单打比赛发球力量的80%，并重视对球落点的控制。若为直接得分而使出全力发球，成功率就会下降。这样到二发时，容易遭到对方接球选手的攻击而处于不利的位置。

2. 向对手反手位发球

第一次发球，应将球打到对方接球选手的反手侧，这样接球选手的移动就会受到限制，从而造成回球不到位。此时，截击空中球的同伴就可以抢到机会击球。若把球发到对方的正手位，同伴一定要注意对方回击直线球。

3. 灵活改变发球位置

若感到自己发球可能有利于对方回球或容易让对方抓住机会，可以左右稍微移动一下发球的位置，位置的变动会导致接球的选手无法及时地做动作，破坏对方回球。

（二）双打中的截击

在双打比赛中，截击空中球是得分的重要手段。快速截击时，除了应具备打远球的基本技术外，若要限制发球者上网，还要多打边角球。如果想控制网前球，就要采用近网低球打脚下。与单打相比，双打截击要把握如下要领：

1. 快速截击要远打

快速截击的基本要点是远打。如果对手的回球较高，可用高空截击打直线球打击对方；如果球被打到边角，为了防止对手上网抢攻，就必须打边角球回击。

2. 选择有效的进攻方式

在双打比赛中，积极进攻的一方总能给接球方施加压力。在中线接球进攻时，打距离接球方最远的边角球往往最有效。若击球距离较近且球的高度较高，就有可能遭到反击。

3. 重复落点战术

截击的另一个基本方式是把球按原来的路线打回去。在快速对攻中，回击的路线很难改变，同时也要考虑到被对方反击的可能性和截击失败的可能性。

（三）双打的接发球

双打比赛中的接发球与单打比赛中的接发球是完全不同的。由于本身处于被动位置，加上对方又有一名队员封网，所以接发球的难度加大，还要重视落点的控制。双打的接发球技术要把握如下要领：

1. 注意紧凑收拍

双打的接发球比单打接发球要更紧凑地收拍，与其快速回击，不如控制好球，让球落在对方的脚下，这样不仅可以迫使对方移动，而且会给对方发球造成压力。

2. 接发球迅速果断

由于双打的击打范围比单打小，所以，双打中的接发球如在尽可能短的时间内回出，对方就很难改变站位，从而使比赛朝着有利于本方的方向发展。

3. 多用直线球回击

在发球方展开积极的进攻之前，在比赛的前半段，接球方可以利用回击直线球给对方截击造成压力。如果接球者正、反手都能打，则把球回击到截击者的反手方，这也是双打比赛中非常重要的战术。

（四）双打中的抽击球

抽击球是双打比赛中不可缺少的技术。为了使比赛对自己有利，也要及时变化抽击球的落点，使对方失去进攻机会。双打的抽击球技术要把握如下要领：

1. 用抽击球进攻，把对方调到网前

把球按来时的路线用适当的旋转低抽回去，把对方调到网前。这时不用太担心对方的进攻，而应耐心地反击。

2. 在抽击几个回合后，抓住时机挑高球

在打了两三个抽击回合后，可在适当的时机将球挑到对方身后，迫使对方失误。尽量不要让对方从姿势上提前预判自己的企图，即使是放高球，也要采取与抽击球一样的身体姿势。

第四节 网球竞赛规则简介

一、场地、器材

1. 网球场地

网球场地是一个平整的长方形地面，长 23.77 米，宽 8.23 米，球网（网的中央高度为 91.4 厘米，两端高度为 107 厘米）把全场隔成相等的两个半场，接近球网两边的 4 块相等的区域是发球区，双打场地的两边较单打场地宽 1.37 米。全场除端线可宽至 10 厘米，其他各线的宽度均不得超过 5 厘米，也不得少于 2.5 厘米。全场各区域的丈量，除中线外都从各线的外沿计算。网球场地分草地、土地、硬地和塑胶场地等类型。

2. 网球球拍

网球拍一般由木质、铝合金、碳素等材质制成，各种材质的球拍都有其优缺点。目前，网球爱好者选择铝合金和碳素网球拍的居多。球拍分轻型（light）、中型（medium）、重型（heavy），分别表示球拍的重量类型。

二、发球

1. 发球前的规定

发球员在发球前应先站在端线后、中点和边线的假定延长线之间的区域里，用手将球向空中任何方向抛起，在球接触地面以前，用球拍击球。

2. 发球时的规定

发球员在整个发球动作中，不得通过行走或跑动改变原站的位置，两脚只准站在规定位置，不得触及其他区域。

3. 发球员的位置

（1）每局开始，先从右区端线后发球，得或失一分后，再换到左区发球。

（2）发出的球应从网上越过，落到对角的对方发球区内，或其周围的线上。

4. 发球失误

未击中球；发出的球，在落地前触及固定物（球网、中心带和网边白布除外）；违反发球站位规定。发球员第一次发球失误后，应在原发位置上第二次发球。

5. 发球无效

发球触网后，仍然落到对方发球区内，接球员未做好接球准备，均应重发球。

6. 交换发球

第一局比赛终了，接球员成为发球员。以后每局终了，均依次互相交换，直至比赛结束。

三、比赛通则

1. 交换场地

双方应在每盘的第一、三、五等单数局结束后以及每盘结束双方局数之和为单数时，交换场地。

2. 失分

发生下列任何一种情况，均判失分：

（1）在球第二次着地前，未能还击过网。

（2）还击的球触及对方场区界线以外的地面、固定物或其他物件。

（3）还击空中球失败。

（4）故意用球拍触球超过一次。

（5）队员的身体、球拍在发球期间触及球网。

（6）过网击球。

（7）抛拍击球。

3. 压线球

落在线上的球都算界内球。

四、双打

1. 双打发球次序

每盘第一局开始时，由发球方决定由何人首先发球，对方则同样在第二局开始时，定由何人首先发球。第三局由第一局发球方的另一球员发球。第四局由第二局发球方的另一球员发球。以下各局均按此秩序发球。

2. 双打接球次序

先接球的一方，应在第一局开始时，决定何人先接发球，并在这盘单数局，继续先接发球。双方同样应在第二局开始时，决定何人接发球，并在这盘双数局继续先接发球。他们的同伴应在每局中轮流接发球。

3. 双打还击

接发球后，双方应轮流由其中任何一名队员还击。如队动员在其同队队员击球后，再以球拍触球，则判对方得分。

五、计分方法

1. 一局

（1）每胜 1 球得 1 分，先胜 4 分者胜一局。

（2）双方各得 3 分时为“平分”，平分后，净胜两分为胜一局。

- 0 分——呼报（love）
- 1 分——呼报 15（fifteen）
- 2 分——呼报 30（thirty）
- 3 分——呼报 40（forty）

如果比分 1 比 1——呼报为 15 平（fifteen all）；如果比分 3 比 3——呼报为 40 平（deuce）。

2. 一盘

（1）一方先胜 6 局为胜一盘。

（2）双方各胜 5 局时，一方净胜两局为胜一盘。

3. 决胜局计分制

在每盘的局数为 6 平时，有以下两种计分制：

（1）长盘制：一方净胜两局为胜一盘。

（2）短盘制（抢七）：决胜盘除外，除非赛前另有规定，一般应按以下办法执行：

- 先得 7 分者为胜该局及该盘（若分数为 6 平时，一方须胜净两分）。
- 首先发球员发第一分球，对方发第二、三分球，然后轮流发两分球，直到比赛结束。
- 第一分球在右区发，第二分球在左区发，第三分球在右区发。
- 每 6 分球和决胜局结束都要交换场地。

4. 短盘制的计分

（1）第一个球（0∶0），发球员A发1分球，1分球之后换发球。

（2）第二、三个球（报1∶0或0∶1，不报15∶0或0∶15），由B发球，B连发两球后换发球，先从左区发球。

（3）第四、五个球（报3∶0或1∶2，2∶1，不报40∶0或15∶30，30∶15），由A发球，A连发两球后换发球后换发球，先从左区发球。

（4）第六、七个球（报3∶3或2∶4，4∶2或1∶5，5∶1或6∶0，0∶6），由B发1分球之后交换场地，若比赛未结束，B继续发第七个球。

（5）比分打到5∶5，6∶6，7∶7，8∶8……时，需连胜两分才能决定谁为胜方。但在记分表上则统一写为7∶6。

（6）决胜局打完之后，双方队员交换场地。

作业与思考题

1. 试述网球运动的锻炼价值。
2. 网球的握拍方法有哪几种？
3. 正手击球和反手击球（双手）的动作环节及其要点是什么？
4. 网球比赛规则是如何规定一分、胜一局和胜一盘的？

第十三章 游泳运动

名人名言

才饮长沙水，又食武昌鱼。万里长江横渡，极目楚天舒。

——毛泽东

学习导航

游泳是一项集健身、娱乐为一体的运动项目，也是一项老少皆宜的健身项目，还是一项生存的基本技能。本章介绍了游泳的起源与发展、基本特点、锻炼价值、熟悉水性练习、基本泳姿以及游泳比赛简要规则。

知识目标

1. 掌握蛙泳、自由泳的基本技术及练习方法。
2. 通过参与游泳锻炼，理解游泳的益处，懂得从多角度欣赏游泳运动。

能力目标

掌握简单的水上救生技能和急救常识。

第一节 游泳运动概述

游泳是一种靠自身肢体动作的配合，利用水的自然特性，使身体在水中移动的技能活动。游泳是人类一种有意识的技能活动，是人类在长期适应自然的过程中产生和发展起来的，它不是人类天生的本能，而是后天形成的技能。

一、游泳的起源与发展

游泳是人类最古老的体育活动之一，起源于远古时代。居住在江、河、湖、海一带的远古祖先们，为了生存，需在水中捕猎鱼类等食物，通过观察和模仿鱼、蛙等动物的动作，逐渐学会了游泳。

游泳是人类在与大自然斗争中产生和发展而来的。我国最早的诗歌集《诗经》中就有了描写游泳的诗句："就其深矣，方之舟之；就其浅矣，游之泳之。"军事文献《六韬》载："奇技者，所以越深水，渡江河。"考古出土的"战国宴乐渔猎攻战纹铜壶"（现藏于故宫博物院），壶体绘有战船上士兵搏斗和水中持有兵器的战士在水中游泳的场景。在敦煌莫高窟北魏、隋代和唐时期的洞窟壁画中，均绘有形象生动的游泳场面。此外，埃及考古学者发现在考古出土的原始时期的陶器上也绘有人潜在水中捕捉水鸟的场景。

现代游泳运动起源于英国。17 世纪中叶，英国许多地区广泛开展了游泳活动。20 世纪初，出现了游泳比赛间歇时的水中表演项目，即现代的花样游泳。1828 年，英国在利物浦码头修造了第一个室内游泳池，之后在英国各大城市相继出现了游泳池。1837 年，在英国伦敦成立了世界上第一个游泳组织，同时举办了游泳比赛。1869 年，英国成立了大城市游泳俱乐部联合会（现英国业余游泳协会前身）。1896 年，游泳被列为奥运会竞赛项目。1912 年，女子游泳被列为奥运会竞赛项目。自 1900 年开始，相继出现了仰泳、蛙泳。1956 年，又出现了蝶泳，从此游泳运动分为 4 种姿势。今天，游泳已成为令人瞩目的奥运会大项之一，奥运会的游泳比赛发展到 6 个大项 32 个小项。国际游泳联合会从 1937 年开始，每四年举行一次世界游泳锦标赛，每两年举行一次世界杯游泳比赛。

当今世界，欧美国家的游泳实力处于领先地位。中华人民共和国成立后，全民游泳活动迅速普及，技术水平不断提高，旧中国的游戏纪录早已全部被刷新。我国运动员不畏强手，勇于进取，科学训练，为祖国争得了荣誉。从 1953 年吴传玉在第一届国际友谊运动会荣获男子 100 米仰泳冠军后，1957—1960 年间，戚烈云、穆祥雄、莫国雄三人，先后 5 次打破男子蛙泳世界纪录。进入 20 世纪 80 年代，改革开放政策为游泳运动腾飞创造了最佳机遇和良好的外部环境，使我国游泳水平有了显著的提高，成为亚洲游泳强国，实现了在世界大赛中金牌"零"的突破。特别是女子游泳运动成绩，保持了持续上升的趋势，这预示着我国游泳运动进入了一个新的历史阶段。

二、游泳运动的分类

游泳运动大致可分为竞技游泳、大众游泳、实用游泳这三类。

竞技游泳是指按照国际游泳联合会制定的竞赛规则进行的，以竞速为目的的游泳比赛，包括蝶泳、仰泳、蛙泳、爬泳（自由泳）以及通过这 4 种泳姿组成的混合泳项目。

大众游泳以增强体质、锻炼身体为主要目的，以其简单多样的形式适合各类人群。大众游泳不拘泥于泳姿，不追求规范的技术动作，如娱乐游泳、水中游戏、康复游泳、冬泳等。

实用游泳是指适用于生产、生活及武装泅渡等特点环境下的游泳技能，如水下作业的潜泳，水上救生中常用的侧泳、反蛙泳、水中拖带、踩水等技能。

三、游泳运动的基本特点

1. 特殊的运动环境

游泳运动不同于其他陆上运动项目，是在水中进行的，由于水的密闭性阻碍了视觉、听觉对掌握技术动作的帮助，同时在水中运动，除了水的阻力与浮力，是没有任何固定支持的，因而增加了学习的难度。

2. 运动时不同的身体位置

与其他运动项目不同，游泳时身体是俯卧或仰卧在水中的，通常是以头的方向为前方，也就是游进的方向，脚的方向则为后，左右两边为侧。

四、游泳运动的锻炼价值

1. 保障生命安全

人类生存的地球布满江、河、湖、海，生活中不可避免地要与水打交道。不论是主动下水游泳、玩耍、进行水上作业，还是失足落水、乘船发生意外，不会游泳都将威胁到自身生命安全。

2. 强身健体

长期坚持游泳锻炼，可以提高肌肉的力量、速度和耐力及关节的灵活性，使身体得到全面协调发展，使体型匀称健美，肌肉富有弹性。游泳时消耗热量较大，能有效地消耗身体的脂肪。据报道，人体在 12℃的水中停留 4 分钟所散发的热量相当于人在陆地上 1 小时所散发的热量。

3. 防病治病

经常参加游泳锻炼，可以提高机体对水温、气温的适应能力，提高抵御寒冷的能力，尤其是冬泳，可以预防疾病，使人不易感冒。游泳时，由于水的浮力作用，人体脊柱可以充分伸展，这对预防脊柱侧弯有良好的作用。此外，经常游泳，对于身体瘦弱者和许多慢性疾病患者（如慢性肠胃病、神经衰弱、习惯性便秘、慢性支气管炎和哮喘等患者）有明显疗效。很多康复中心，都把游泳水疗作为治疗慢性病和身体恢复的重要医疗手段。

4. 锻炼意志，培养勇敢顽强的精神

初学者面对水环境，要克服怕水的心理，才能学好游泳技术，尤其是在江河等开放性水域中游泳时，更要具备勇敢顽强的精神和坚强的意志。长期游泳可以培养吃苦耐劳、不怕困难的品质。

第二节　熟悉水性练习

熟悉水性是学习各种游泳姿势前的一个重要的过渡性学习。这个练习是初学者入门必经的阶段，为学习和掌握各种竞技游泳技术打下基础。

在熟悉水性的学习和练习中，重点应抓好呼吸和滑行这两个动作。并且尽可能选择在齐腰深的水里练习。在学习浮体的方法时，应与站立的方法一起学习，以防止初学时因站立时失去平衡而呛水。

一、水中行走练习

目的是体会水的阻力，消除怕水心理，学会在水中行走时控制身体平衡。要求在齐腰深的水里，做各种方向的行走练习。

可采用以下练习方法：

（1）在水中手（单手或双手）扶池边向前、向后、向两侧行走。

（2）用两手保持平衡，向前、向后、向两侧行走。

（3）集体手拉手向前、向后、向两侧行走。

（4）各种方向的走、跑、跳、转身、跃起和下沉等。

（5）向上、向前、向后和向侧跳跃。

二、水中呼吸练习

目的是初步掌握游泳的呼吸方法、呼吸过程、呼吸节奏，适应头浸入水中的刺激，消除怕水心理，学会用口吸气的动作。要求吸气一定要用口，呼气一定要在水中，用鼻或口鼻一齐呼。吸—闭—呼要有节奏，连续做 30 次左右。

可采用以下练习方法：

（1）双手扶住水槽或在同伴的帮助下，用口吸气后闭气，然后慢慢下蹲把头全部浸入水中，停留片刻后起立，在水面换气。

（2）同上练习。要求把头浸入水中停留片刻后，在水中用鼻慢慢地呼气，一直呼到快完（但不能把气呼尽），然后起立在水面上用口吸气（吸气之前把最后一点气呼尽）。

（3）同上练习。要求吸气后把头浸入水中，稍闭气后立即用口鼻同时呼气，在口接近水面时用力把气吐完并立即用口在水面上吸气，吸气结束后立即把头再次浸入水中，连续做有节奏的吸、闭、呼的动作。

（4）两脚原地开立，按以上练习，要求独立完成连续吸、闭、呼的动作 30 次左右。稍休息后，重复此练习，但不同的是随头逐渐向前上抬（或向侧转）时开始加大呼气量。

呼吸是学习游泳的难点，练习呼吸应贯穿于学习的始终。

三、浮体与站立练习

目的是消除怕水心理，体会水的浮力，了解人在水中是可以漂浮起来的，学会浮体后站立的本领。掌握水中闭气要领，要求练习时要尽量深吸气，在水中闭气的时间应尽可能长。站立时，两臂前伸向下按压水并抬头，以脚触池底站立。

可采用以下练习方法：

（1）抱膝浮体练习：原地站立，深吸气后，下蹲低头抱膝。双膝尽量靠近胸部，前脚掌蹬离池底，成低头抱膝团身姿势，自然漂浮于水中。站立时，两臂前伸，向下按压水并抬头，同时两腿伸直，以脚触池底站立，两臂自然放于体侧（图 13-2-1）。

图 13-2-1

（2）展体浮体练习：两脚开立，两臂放松向前伸出，深吸气后身体前倒并低头，两脚轻轻蹬离池底，成俯卧姿势漂浮于水中，两臂、两腿自然伸直。站立时，收腹、收腿，两臂向下按压水并抬头，两腿伸直，脚触池底站立。

四、滑行练习

目的是体会水中的平衡和身体的滑行姿势。学会蹬池壁或蹬池底和身体成流线型的动作，保持身体平衡。要求滑行时臂和腿并拢伸直，头夹于两臂之间，身体成流线型。注意要有向前滑行的动力才能滑行得好，所以必须同时学会蹬壁或蹬池底的动作。

可采用以下练习方法：

（1）蹬池底滑行练习：两脚前后开立，两臂前上举。深吸气后上体前倒并屈膝，当头、肩浸入水中时前脚掌用力蹬池底，随后两脚并拢，使身体成流线型向前滑行。

（2）蹬壁滑行练习：背向池壁，一手拉水槽，一臂前伸，同时一脚站立，一脚贴池壁；深吸气后低头，上体在水中前倾成俯卧姿势，大小腿尽量收紧，臀部靠近池壁，两脚掌贴住池壁。与此同时，拉水槽的一臂向前伸出与前伸臂并拢，头夹于两臂之间，这时两脚用力蹬离池壁，成流线型向前滑行（图 13-2-2）。

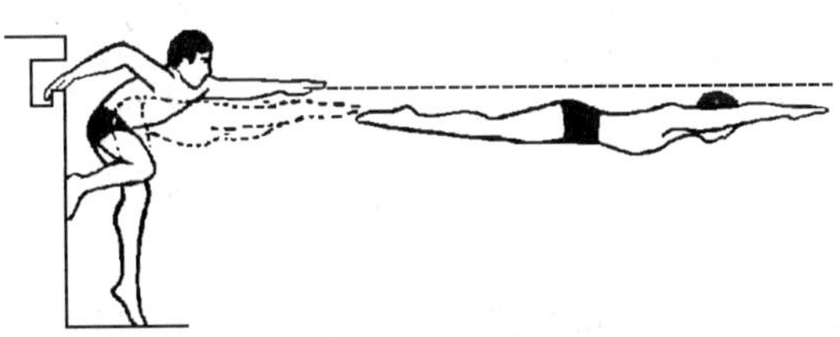

图 13-2-2

第三节　游泳基本技术与学练方法

一、蛙泳

蛙泳整个动作与青蛙游水十分相似，所以取名为蛙泳。

查看蛙泳身体姿势示范

蛙泳的特点是游时省力，容易学，游动时动作全部在水下，声音较小，头部可以露出水面呼吸，视野开阔。

1. 身体姿势

游蛙泳时，身体呈水平俯卧于水中，两臂向前伸直并拢，两腿自然向后伸直并拢，同时上体稍挺起，头略抬，使身体和前进方向成5°～10°角，这种流线型的姿势，既能减少前进的阻力，又可以充分发挥手、臂、腿的作用，加快游速。

2. 腿部动作

腿部蹬水动作是蛙泳推动身体前进和加快游速的主要动力来源。腿部动作可分为滑行、收腿、翻脚和蹬水 4 个动作阶段。

（1）滑行：是蛙泳的开始姿势，当身体借助惯性力向前滑行时，两腿并拢向后伸直，身体成水平姿势，下肢放松，只靠腿部肌肉的适当收缩，把脚跟稍稍提向水面，为收腿做好准备。

（2）收腿：是蹬腿的准备动作，路线要短，阻力要小，要为蹬水创造有利条件。收腿时，两腿稍微内旋，使脚跟分开，膝关节随腿的下沉向前，边收边分。收腿结束时，大腿和躯干之间角度为130°～140°，小腿尽量靠近臀部（图 13-3-1），并藏于大腿的投影之中，两膝的距离约与肩同宽，两脚掌几乎是平行向前收，靠腿的内旋使脚跟分开与臀部同宽。

（3）翻脚：指从收腿到蹬夹水的一个过程，是收腿的继续、蹬水的开始。蹬水效果的好坏，取决于翻脚技术是否正确。

为了增长蹬夹的路线，随着收腿的结束，两脚应继续向臀部靠紧，大腿内旋使两膝内压的同时，小腿向外翻，接着脚尖也向两侧外翻，使脚掌内侧正对蹬水方向。整个翻脚的动作由内收腿、压膝、翻脚三个连贯动作组成（图 13-3-2）。

查看蛙泳腿部动作示范

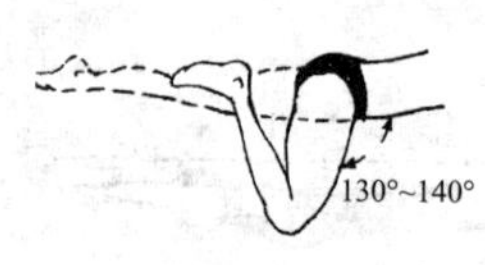

图 13-3-1

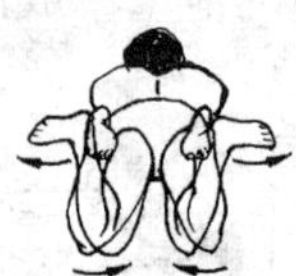
图 13-3-2

（4）蹬夹水：翻脚后，立即以腰腹和大腿同时发力向后蹬水。先伸髋，再伸膝，以大、小腿内侧和脚掌向后做急速而有力的蹬夹动作。在蹬夹腿过程中，当两腿并拢时略向下压，以形成前后鞭打动作。蹬夹是推动身体前进的重要动力来源。

为了增长有效的蹬夹动作路线，要在两腿蹬直之后再伸直踝关节，而不要过早地伸直，否则会缩短蹬水的有效距离。因此，踝关节的灵活性对提高蹬水效果特别重要。

3. 臂部动作

蛙泳的臂部动作可分为滑行、抓水、划水、收手、伸臂等 5 个连续的动作。

（1）滑行：伸臂结束后，身体向前滑行，这时两臂向前伸直，手指并拢，掌心向下，两手尽量接近水面，使身体在较高的位置上保持稳定，整个身体成流线型。

（2）抓水：是滑行后进入划水前的动作，如果立即开始做划水动作，其动作方向会向外下方，不仅不利于推进身体，还会造成身体过分起伏，所以从滑行到划水之间要有一个准备划水的抓水动作。抓水时，肩保持前伸，两臂内旋，使两臂和掌心转向斜外下方，屈手腕成 150° ~160° 。结束抓水时，两臂和水平面及前进方向为 15° ~20° ，肘关节伸直。

（3）划水：抓水后紧接着划水。划水路线是向后偏外下方，划至与前进方向约成 80° 。划水时，肩部向前伸展，保持高抬肘的姿势。整个动作过程是肘高于手并前于肩，在手带动前臂和上臂向后划水的过程中，肘关节的角度为 120° ~130° 。划水是用手掌加速内拨的动作，这个动作带动前臂收至超过垂直部位并开始降肘，掌心从外后转向内后急促拨水而结束划水，这也是蛙泳划水最有效的阶段。

查看蛙泳手臂动作示范

（4）收手：划水结束即开始收手。收手就是结束划水后，手掌在向内上移动的同时，上臂外旋，向前推肘的动作过程。收手时，要尽量把两臂收在身体的投影之中，以发挥划水造成的推进惯性作用，减少水对臂前移的阻力。

（5）伸臂：收手后继续推肘伸臂。推肘不是先伸肘关节，而是伸肩关节的同时伸肘关节。两手先向前上、再向前伸。两臂伸直后即恢复成滑行姿势。伸臂时不能有停顿的动作。

4. 呼吸和完整动作的配合

蛙泳的呼吸方法有两种：一种是早吸气，一种是晚吸气。早吸气在两臂抓水时抬头用力呼气，在划水过程中吸气，在收手过程小闭气低头，伸臂滑行时慢慢吐气。晚吸气是划水将要结束时才开始抬头用力呼气，在两臂结束划水和收手过程中，身体达到最高点时吸气，结束收手时闭气低头，在伸臂的后阶段直至划水过程中慢慢吐气。

一般优秀运动员多采用晚吸气的方法，因为这种方法能保持身体平衡，动作连贯，前进速度均匀，对提高成绩很有帮助。但是晚吸气动作要求严格，吸气时间比较短促。所以一般游泳爱好者和初学者，先从学习早吸气的方法开始为宜，它比较简单易学。

完整配合动作如图 13-3-3 所示。

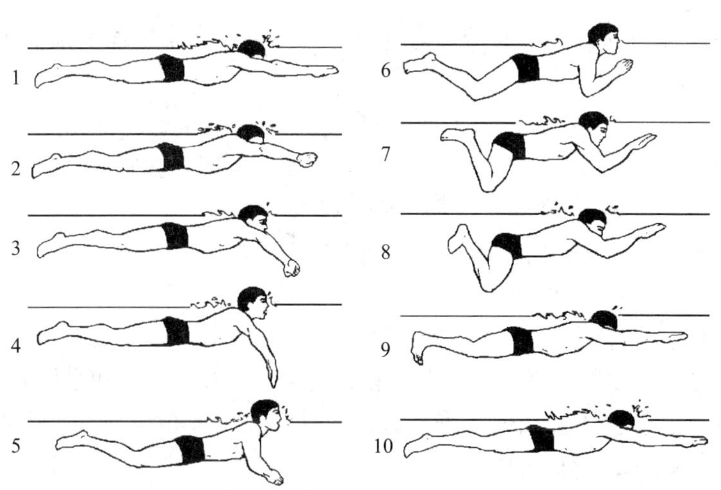

查看蛙泳完整配合技术动作示范

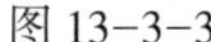
图 13-3-3

练习方法：

1. 腿部动作练习

（1）陆上练习

① 模仿蛙泳腿。坐在凳上或池边上，上体稍后仰，两手撑在体后，两腿伸直并拢，髋关节展开，做蛙泳腿的收腿、翻脚、蹬夹水和停止动作。练习时，可先分解做，再连贯做。要求收腿时，大腿带动小腿，边收边分；翻脚时，脚翻向蹬水方向，膝稍内压；蹬夹水时，应向后弧形蹬夹；停止时，两腿并拢，伸直放松。

② 俯卧在凳子上做收、翻、蹬夹、停的动作。先做分解动作，再做连贯的完整动作。要求边想边做，开始可以由同伴帮助体会和纠正动作。重点体会翻脚和蹬夹水的路线及动作的节奏。

③ 单腿练习。一脚站立，一脚收缩，然后用手搬脚上翻，做蹬夹水练习。

（2）水中练习

① 一手抓住水槽，一手撑住池壁做收、翻、蹬夹和停等腿部动作练习。

② 扶池槽仰卧做蹬夹水动作。

③ 扶池槽俯卧做蹬夹水动作。

④ 扶池槽仰卧或俯卧由同伴帮助或纠正蹬夹水的动作。

⑤ 在水中由同伴托住腰腹后，做腿的蹬夹水动作。

⑥ 用救生圈或救生衣使身体浮起后，做蹬夹水动作。

⑦ 双手扶木板或其他浮体的前端，练习收、翻、蹬夹和停的腿部动作。

⑧ 由同伴拉着练习者前伸的手，牵引着做腿部的完整练习。

⑨ 自己蹬池壁滑行后，做蛙泳腿的练习。

2. 手臂动作练习

（1）陆上练习

① 原地站立，做手臂的划、收、伸动作。

② 原地站立，上体前屈，两臂前伸，掌心向下，做蛙泳划水动作。

（2）水中练习

① 在水中原地站立，上体前屈成水平姿势。然后两掌心向下前伸于水中，做划水、收手、前伸的动作。

② 在水中上体前倾，走动中做两臂划、收手和伸臂的连贯动作。

③ 由同伴托扶腰腹，使身体成水平姿势，在水中做手臂的划、收、伸动作。

④ 用救生衣或救生圈保护，在水中做划臂动作。

⑤ 自己蹬池壁，在滑行中做双臂的划水连贯动作。

3. 呼吸练习

（1）陆上练习

① 原地站立，双臂上举，当双臂左右分开时，抬头呼吸，随之低头，双手还原。

② 原地站立，上体前屈成水平姿势，两臂前伸，掌心向下，当两臂向左右分开时，即抬头呼吸，随之划水时低头。

（2）水中练习

① 在水中原地站立，上体前倾，头没水中，两臂在水中伸直，当两臂向左右分

开时，即抬头呼吸，随之划水低头。

② 在水中练习呼吸。由保护人帮助夹抱着双腿，使身体俯卧于水面，然后听保护人的口令做吐气、吸气的呼吸练习。

4. 完整配合技术练习

（1）陆上练习

原地站立，双臂上举，开始划臂并呼吸，继而低头继续划水，收手时单腿抬举。臂伸直，蹬夹腿。

（2）水中练习

① 在同伴托扶下练习完整的配合技术，做划手、呼吸、低头划水、收手收腿、伸臂蹬夹的动作。

② 采用浮体物（如救生衣、救生圈等）练习完整配合技术。可以自己一边默念划手、吸气、收手、收腿、伸臂、蹬腿，一边做上述动作练习。

③ 漂浮或俯卧后做一次划臂、两次或三次蹬腿、一次呼吸的配合动作。

④ 做一次划水、一次呼吸、一次蹬腿的练习。

二、爬泳

爬泳又称自由泳。由于这种姿势的两臂轮换划水很像爬行，所以称为爬泳。在自由泳比赛中，规则规定可以采用任何一种姿势。因为爬泳的速度最快，所以在自由泳比赛中，一般都采用爬泳这种姿势。

1. 身体姿势

游爬泳时，身体平直地俯卧在水中，身体的纵轴与水平面保持 3°～5° 角，微微抬起，这种平直的姿势能缩小前进时的截面，有助于减少阻力。颈部自然后屈，与水平面成 20°～30° 角，两眼注视前下方。两臂轮换前伸向后划水，两腿上下交替打水、身体保持平直，既不要收腹提臀，也不要挺胸塌腰，但在游进中身体可以绕身体纵轴有节奏地转动，这种转动一般在 35°～45° 角之间。

查看爬泳身体姿势动作示范

2. 腿部动作

爬泳的打腿，主要使身体保持平衡，有利于划水，在整个爬泳的配合技术中有着重要的作用。

爬泳的打腿是两腿不停地上下交替摆动。向下时，腿自然伸直，用髋关节发力，大腿带动小腿。打水的幅度，一般两腿间差距 30~45 厘米。向下打水时，动作要快而有力，向上提腿时应放松一些。在向下打水时，由于惯性作用，此时小腿和大腿仍继续向上移动，而使膝关节有些弯曲，弯曲程度一般在 140°～160° 角之间。在打水时，脚尖自然伸直，在向下打水时，两脚应自然向里转一些。

查看爬泳腿部动作示范

打水的次数，一般是一个完整的划臂动作配合 6 次打水，但也有人采用 4 次打水和 2 次打水，这要根据个人的特点来定。

3. 臂部动作

爬泳的手臂动作是产生推进力的主要动力。整个手臂动作可分为入水、抱水、划水、出水和空中移臂 5 个不可分割的部分。它们之间并没有明显的界限，而是一个完整的动作。

（1）入水：在完成空中移臂后，手应向前，自然放松地入水，入水点一般在身体纵轴和肩关节的前方延长线之间。入水时，手指自然伸直并拢，通过臂内旋使肘关节抬高，弯成130°～150°角，使肘关节处于最高点，掌心斜向外下方。这种姿势阻力较小。

（2）抱水：臂入水后，手掌从向斜外下方转向斜内后方，并开始屈腕、屈肘，保持高抬肘姿势。抱水时，上臂和水平面约为30°角，前臂与水平面约为60°角，手掌接近垂直对水，肘关节屈成150°左右的角，整个手臂像抱个圆球似的。

（3）划水：划水是整个臂部动作产生推进力的主要环节。在抱水的基础上，划水时臂与水面成35°～45°角。

划水时应采用屈臂划水，屈臂的程度可根据自己的身体条件而定。臂长、臂力弱的可以屈臂程度大些，反之则可以屈臂程度小些。

开始划水时，屈肘100°～120°角。此时前臂移动快于后臂，当划至肩下垂直面时，屈肘90°～120°角。前臂迅速向后推水至侧腿旁，结束划水。在划水过程中，手掌微凹。

（4）出水：划水结束后，臂借助推水后的速度惯性，利用肩三角肌、肩带肌的收缩及身体沿纵轴的转动，将肘部向上方提起，并迅速将臂部提出水面，这时臂部和手腕应柔和放松。

（5）空中移臂：是臂部在一个划水周期中的休息放松阶段。移臂时，肘稍屈，保持比肩和手部都要高的位置（图13-3-4），不要直臂侧向挥摆，也不要以手来带动臂成屈肘移臂，这样动作紧张，而且也不正确，还达不到放松的目的。

查看爬泳手臂动作示范

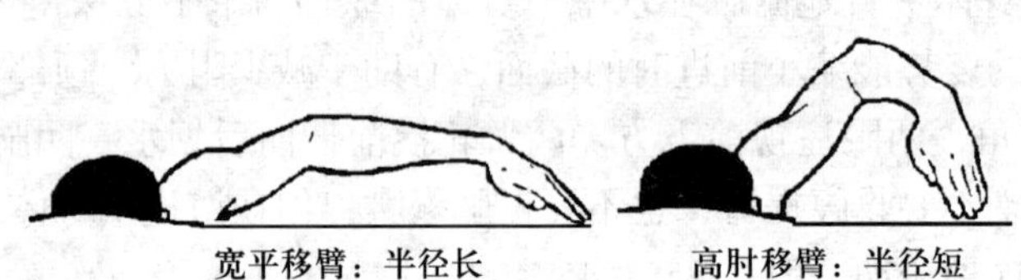

图13-3-4

（6）两臂配合：爬泳两臂是否协调配合，是前进速度均匀性的重要条件。两臂配合，通常有三种方法。

- 前交叉：是指一臂入水时，另一臂处在滑下阶段，这是一种带滑行阶段的技术（图13-3-5之1）。
- 中交叉：是指一臂入水时，另一臂已经进入划水阶段的中间部分（图13-3-5之2）。
- 后交叉：是指一臂入水时，另一臂已经进入划水阶段的后半部分（图13-3-5之3）。

对一般游泳爱好者来说，以学习前交叉为宜，因为前交叉能更好地保持身体平衡，较易掌握呼吸技术，也可以节省体力，减少疲劳。

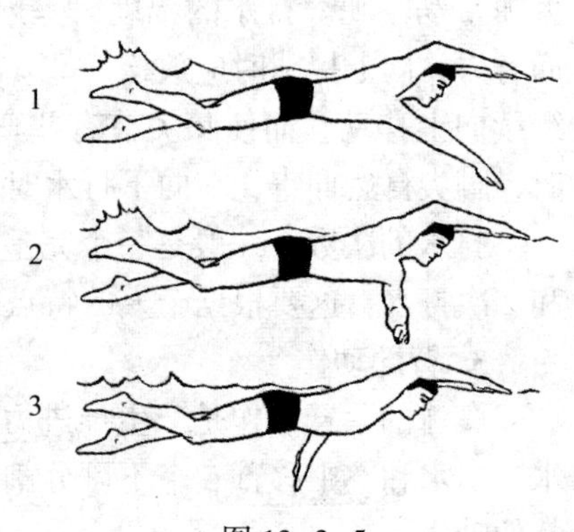

图13-3-5

4. 呼吸与臂部动作的配合

爬泳的呼吸是利用头向左侧或右侧的转动，用嘴呼吸的。如以向右呼吸为例：右手入水以后，嘴和鼻开始慢慢地呼气，划臂划至肩下向右侧转头，呼气量开始增加，当右臂推水即将结束，呼气量进一步加大。右臂出水时，马上张嘴吸气。移臂到一半时，吸气就结束，并开始转头复原。此时，又闭气，继续转头和移臂，脸部向前下方。头部姿势稳定时，右臂又入水开始下一次呼吸。如此反复循环呼吸。

5. 呼吸和完整动作的配合

爬泳腿、臂、呼吸的配合动作，一般采用两手各划水一次，呼吸一次和两腿打水 6 次的配合方法。为了充分发挥手臂作用，提高游进速度，也有采用两臂各划一次水，呼吸一次和打腿 4 次的配合方法。

完整的配合动作如图 13-3-6 所示。

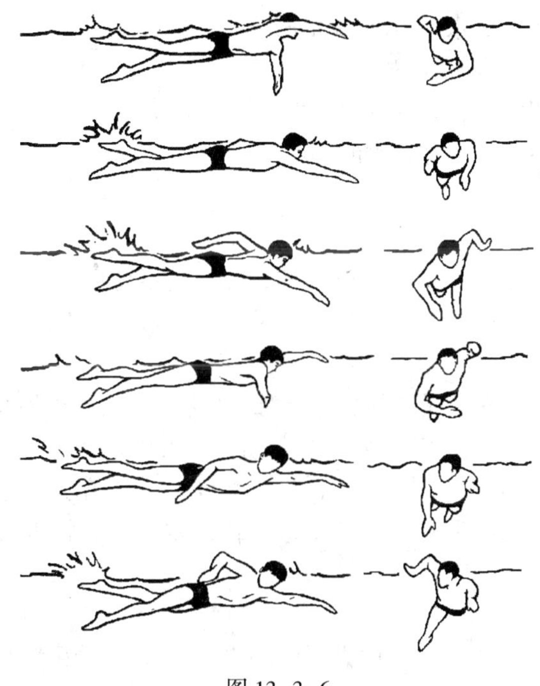

图 13-3-6

查看爬泳完整配合技术动作示范

练习方法：

1. 腿部动作练习

（1）陆上练习

① 坐姿打水：坐在岸边或桌椅边上，两手合掌，两腿伸直，脚尖相对，脚跟分开成八字形。以髋关节为轴，大腿带动小腿，做上下交替打水动作。先可以做慢打水，然后再做快打水的练习。

② 坐在池边，两脚放入水中打水，要求同上。

③ 俯卧在池边或长凳上，两臂前伸或弯曲抱住固定物体，两腿自然并拢伸直，做上下打腿动作。

（2）水中练习

① 扶池槽打水。

② 手扶浮板或救生圈打水。

③ 脚蹬池壁滑行打水。打水方法按腿部动作要领做。

④ 练习者由同伴拉着，做原位或后退行走的打水练习。

2. 臂部动作练习

（1）陆上练习

① 身体站立，上体前屈，两臂伸直前平举，做单臂的抱水、划水、出水、空中移臂、入水的模仿动作。

② 双臂的配合：原地站立，上体前屈，两臂伸直前平举，做左（右）臂抱水、划水、出水、空中移臂、入水模仿练习。

（2）水上练习

① 站立在水中，上体前倾，做手臂的划水练习。动作按臂部动作要领做。

② 上体前倾，入水做水中走动的动作练习。

③ 两腿夹板做臂的划水练习。

④ 由同伴扶住双脚，身体俯卧在水中，练习手臂划水动作。

⑤ 蹬池壁滑行后，做手臂划水的练习。

3. 呼吸动作练习

（1）陆上练习

① 臂腿配合：体前屈站立，两臂前伸，做脚尖不离地两膝轮流前屈的踏步，并与二次划水配合。口令配合：1~3 踏步，同时左臂划水一次；4~6 踏步，同时右臂划水一次。

② 单臂与呼吸配合：体前屈站立，做抱水动作，同时慢慢呼气，并向后划水、转头、用力呼气和吸气，然后做出水、入水动作。头转正时闭气。

③ 双臂和呼吸配合：体前屈站立，口令配合：1~3 踏步，右臂划水一次，并配合吸气、闭气、吐气、还原；4~6 踏步，左臂划水一次，同时吸气、闭气、吐气、还原。

（2）水中练习

① 体前屈，脸部入水，在水中做呼气动作。转头时，用力吐气；吸气时，下颌靠近肩部，闭气还原。

② 站定水中，上体前屈成水平姿势，头部放在水里。开始时，可以练习一臂划水与呼吸的配合，再练习两臂同时划水与呼吸的配合，也可以模仿向前游泳的姿势，两脚向前走动进行练习。

③ 练习者双脚由同伴扶住，身体俯卧在水中，做呼吸与两臂配合的动作。

4. 爬泳的完整技术配合

（1）滑行打腿，一臂前伸，一臂划水。划时不要太快，但划水路线要长，以推水为主。

（2）滑行打腿，两臂分解配合。

（3）滑行打腿，两臂轮流划水，做前交叉配合。

（4）臂与呼吸配合，滑行打腿，单臂划水，向同侧转头呼吸。掌握技术后再做两侧呼吸。

（5）完整配合游。距离可以逐渐加长，在长游中改进和提高技术水平。

三、仰泳

仰泳是仰卧在水面上的一种游泳姿势。仰泳时，依靠两臂交替向后划水，两腿交替上下（向后）打水游进。它和爬泳的动作相似，只是身体仰卧，是中老年和游泳爱好者喜欢的一种游泳姿势。

1. 身体姿势

仰泳时，身体要自然伸展、仰卧在水中形成较好的流线型，头和肩稍高，腰腹和腿部保持水平，身体纵轴在水平面上形成 4°～6° 角，腹部和两腿均在水面下 10～15 厘米。

查看仰泳身体姿势示范

仰泳的头部姿势很重要。仰泳时，头应保持相对稳定，不要左右晃动，颈部肌肉要自然放松，从整个身体姿势看上去，好像平躺在床上一样。

2. 腿部动作

仰泳的腿部动作与爬泳相似，主要是保持身体平衡。仰泳时，腿部动作是以髋关节为轴、以大腿带动小腿、小腿带动脚的“鞭打”形式来完成。它与爬泳不同的是，身体在水中的位置比爬泳低，腿的打水推动作用比爬泳要大。仰泳打水时，大腿动作幅度比爬泳小，但小腿的弯曲角度和打水幅度都要比爬泳大。

查看仰泳腿部动作示范

仰泳腿部动作可分为下压和上踢两个部分。前进时，主要靠向上踢水的动作，所以踢水时要脚背稍向内旋，并向后上方踢以加大踢水面。不要向两侧踢水，也不要使膝和脚踢出水面，降低踢水的效果。下压动作有一定的推进作用，但主要是为上踢动作做准备，起着使身体上升和保持平衡的作用。

3. 臂部动作

仰泳的臂部动作分为入水、抱水、划水、出水和空中移臂 5 个阶段。

（1）入水：入水时臂自然伸直，掌心朝外下方，手指首先入水，手稍内收，与小臂成 150°～160° 角。入水点在肩的前方延长线上。臂的入水动作要求轻松、自然，不应击水。其顺序是大臂先入水，小臂和手接着入水。

查看仰泳臂部动作示范

（2）抱水：手臂入水以后，躯干上部稍向入水臂一侧转动，直臂向前下方伸，同时转手腕对准水，成屈臂抱水姿势。这时大臂与前进方向构成约 40° 角，手掌离水约 30 厘米。

（3）划水：仰泳的划水动作是推进身体前进的主要动力。整个动作从屈臂抱水开始，向后划水到大腿侧下方为止。划水动作由拉水和推水两个部分组成。

• 拉水：拉水时，肘关节应屈成约 150° 角（使手掌和小臂都达到良好的对准水的姿势）。随着划水力量的加大，屈肘角度也应逐渐减少。当划至肩部垂直平面时，手掌离水面 15 厘米左右，小臂和大臂形成 90°～110° 角。

• 推水：推水时，应充分利用拉水的速度和划水面，使整个手臂同时用力向下方做推压的动作，并利用推水的惯性，使大臂带动小臂和手加速内旋推水，并以手的下压结束推水动作，这时手掌在大腿侧下方，离水面 45～50 厘米。

从仰泳的整个臂部动作可以看出，手掌因在不同部位时所处的深度不同，所以在整个划水动作中形成一个“S”形路线。

（4）出水：正确的出水动作是先压水后提肩，使肩露出水面后，由肩带动大臂、小臂和手依次出水。为了减少水的阻力，手出水时，手掌心应向内，大拇指向上。

（5）空中移臂：当臂提出水面后，应迅速沿着肩的垂直面向肩前移动。移臂时不要偏离，否则身体会左右摇摆，增加前进的阻力。当手臂移过垂直部位后，手掌即开始内旋，使掌心向外翻转，接入水动作。移臂时，臂要放松，移臂的后阶段，要注意肩关节充分伸展。仰泳时，两臂的动作始终是对角交替的。当一臂完成出水时，另一臂抱水；当一臂空中移臂时，另一臂则划水。

4. 仰泳的呼吸和完整的技术配合

仰泳的呼吸一般为两臂各划一次，呼吸一次，不要过于频繁地呼吸，不然会引起动作紊乱。一般一臂移臂时开始吸气，然后作短暂的闭气，另一臂再移臂时开始吐气，按此循环运行。

仰泳腿、臂、呼吸的完整配合，一般采用打腿6次、臂划水两次、呼吸一次的配合方法（图13-3-7）。

查看仰泳完整配合技术动作示范

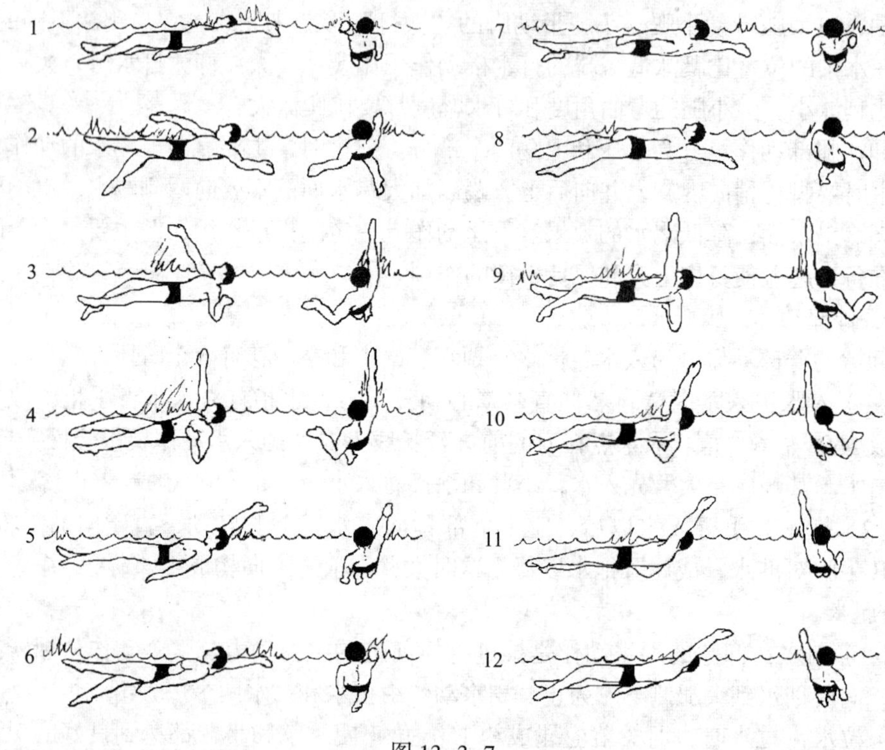

图13-3-7

四、蝶泳

蝶泳是由蛙泳演变而来的，由于双臂出水时像蝴蝶飞行，所以被称为蝶泳。后来有人模仿海豚的波浪击水动作游动，所以又被称为海豚式游泳。由于海豚式游泳速度仅次于自由泳，所以在蝶泳比赛时，一般都采用这种泳姿。

1. 身体姿势

查看蝶泳身体姿势示范

蝶泳时，身体俯卧在水中，两臂同时向前方入水，经抱水、划水至大腿处，然后提肘出水，在空中移臂后再入水；躯干以腰部发力，带动大腿、小腿及脚进行波浪形的鞭状打水。整个动作从头、颈、躯干到脚部沿着身体纵轴做传动式的起伏，形成波浪式动作。

蝶泳时要求身体姿势相对稳定，身体有节奏地起伏，以给臂和腿部动作提供有利的条件，但不要起伏太大，不然会破坏身体的水平游进和增加水对身体的阻力。

2. 躯干和腿部动作

查看蝶泳腿部动作示范

蝶泳时，虽然身体的游进主要靠臂部动作，但是蝶泳的打水动作在游进中也起着十分重要的作用。它不但可以弥补臂部动作间断时速度下降的不足，而且还能使身体处于平衡，给臂和呼吸动作创造良好的条件。

躯干和腿部动作的开始姿势是：两腿并拢，脚掌稍加内旋，踝关节放松。在鞭打水时，从腰部发力，带动脊柱、髋、膝、踝各部位相继屈伸，形成波浪式动作。

向下打水时开始屈膝约 110° 角，髋关节几乎伸直，脚上抬到最高点至水面，然后向后下方打水，当小腿继续向下打水，腿部打水的反作用力使臀部升高，大腿和躯干约为 160° 角，脚跟距水面约 50 厘米，然后两腿伸直向上移动，由腰部发力，带动臀部下降。髋关节逐渐展开后，使脚后跟与臀部几乎成水平，经过伸直膝关节，身体也几乎成水平。这时在臀部带动下，大腿开始下压，膝关节随大腿的下压而逐渐弯曲。随着屈膝程度增加，脚向上抬到最高点接近水面，再准备向下打水。

3. 臂部动作

蝶泳的臂部动作是推进身体向前的主要动力，也是游泳姿势中推进力最大的一种。蝶泳臂部动作是两臂同时对称进行的。

蝶泳臂部动作过程也包括入水、抱水、划水、出水和空中移臂 5 个部分。

查看蝶泳手臂动作示范

（1）入水：两臂经空中移臂后在肩前插入水中，入水时，两手距离略与肩同宽，掌心向两侧，手指向下，依手、前臂、上臂依次切入。

（2）抱水：手入水后，迅速向前下方伸肩滑下，手掌由外侧转向内做抱水动作（肘关节保持最高位置）。抱水时，手和前臂的速度比肘部快，这时前臂与水面约成 45° 角，肘关节约屈成 150° 角，上臂与水平面约成 20° 角，两手掌距离略比肩宽。

（3）划水：划水时，两臂屈臂向后，靠上臂内旋，前臂和手加速向内后拉水。拉至与肩平直时，屈肘约 100° 角，然后继续向后推水直至大腿旁。划水时，两手臂的路线呈双“S”形。

（4）出水：推水结束后，手臂充分推直，然后借助其惯性，提肘，迅速将两臂和手提出水面。

（5）空中移臂：臂出水后，两臂经身体两侧和空中快速向前移动。移臂时，整个臂部动作要自然放松。

4. 呼吸与臂部动作的配合

当臂部入水后，用鼻和嘴慢慢吐气，两臂进入划水时，下颌微抬。划水到胸腹下方时抬头，嘴露出水面用力完成吐气，然后迅速张嘴吸气。两臂出水在空中移臂时闭气，头放平。

5. 臂、腿、呼吸的完整技术配合动作

蝶泳的动作配合比例为2∶1∶1，即采用打腿两次、两臂划水一次、呼吸一次的方式。臂和腿的具体配合方法是：两臂入水时，做第一次打水，抱水时腿向上，当两臂推水结束，同时打水结束。也可以采用打腿一次、两臂划水一次、呼吸一次的配合，但一般游泳爱好者宜采用2∶1∶1的配合方法（图13-3-8）。

查看蝶泳完整配合技术示范

图13-3-8

第四节 游泳安全与救护

一、游泳安全与卫生

（一）游泳的安全措施

游泳时，如果不熟悉水性，很容易呛水或者失去平衡，以致出现溺水而危及生命。因此，游泳时，必须把安全放在第一位，并要采取以下安全措施：

1. 强化安全教育

（1）树立安全意识，克服麻痹思想。

（2）加强组织纪律教育，严格遵守纪律，一切行动听指挥，做到令行禁止。

2. 选择安全的游泳场所

不管是选择人工修建的游泳馆还是天然水域，都要充分考虑安全问题。

（二）游泳的卫生要求

保证身体健康，防止疾病传染。游泳者每年都必须进行一次全面的身体检查，以便清楚地了解自己的身体状况，确定能否参加游泳锻炼。凡患有严重高血压、心脏病、精神病、传染性疾病以及有开放性创伤的病人，都不宜游泳。此外，有腹泻、伤风感冒、咳嗽、严重沙眼、急性结膜炎等疾病的人也不宜游泳。

（三）游泳的时机

1. 饱食后不宜游泳

饱食后，消化器官活动增强。此时下水游泳，血液将首先满足肌肉活动的需要，会造成消化器官供血不足，影响食物的消化和吸收。此外，由于水的刺激，胃肠的蠕动受到限制，容易引起胃痉挛，易导致腹痛或呕吐。因此，饱食后30分钟之内不要下水游泳。

2. 饥饿时不宜游泳

饥饿时，体内血糖浓度下降，此时游泳容易出现头昏、四肢无力等症状，严重时甚至发生昏厥。

3. 疲劳时不宜游泳

激烈运动或重体力劳动后，肌肉处于疲劳状态，此时游泳，容易造成疲劳积累，易引起呛水、肌肉痉挛等情况，甚至发生溺水事故。

4. 酒后不宜游泳

酒中含有乙醇，对人体的神经系统有麻醉作用，会使人体机能下降，身体的反应能力减弱，动作协调性变差。此时下水游泳，无法清醒地处理可能发生的意外情况，很容易出现溺水事故。

二、游泳救护知识

在游泳中，事故的发生大多都与安全观念松懈和规章制度的疏漏有直接关系。反复强调安全第一，对于发展游泳运动十分必要。游泳者不仅要能够自救，还要能够救人，因此，应具备扎实的水中救护知识和过硬的救生本领。

（一）间接施救

间接施救一般适用于对溺水程度较轻、神志比较清醒、还能使用救生器材的溺水者。在间接施救时，施救者在岸上或池边借助救生器材即可对溺水者施救，因而不会游泳或游泳技术较差的施救者，可以采用此法。下面介绍几种常用的救生器材和使用方法。

1. 救生圈

在救生圈上系一条绳子，当发现溺水者时，可将救生圈掷给溺水者。如在江河里，应向溺水者的上游掷去，使溺水者够到救生圈，然后将其拖至岸边。

2. 竹竿

溺水者离岸（船）较近时，施救者可在岸边或船舷上将竹竿伸向溺水者，待溺水者抓住竹竿后，将其拖到岸（船）边。

3. 绳子

将绳子的一头系在漂浮物上，把绳子盘成圆形，施救者握住绳子的一端，然后将盘起来的绳子掷在溺水者的前方，使溺水者握住绳子，拉其上岸。

4. 漂浮物

施救者将泡沫塑料块、木板、游泳使用的扶板、浮球等漂浮物，抛给溺水者，溺水者得到漂浮物后借助其游向岸边。

（二）直接施救

1. 入水和接近溺水者

救护溺水者时，要以最快的方式入水，在不熟悉水情时，以脚先入水为宜。

入水后，目视目标快速接近，从后面接触溺水者，如正面接近目标，应果断地拉住其手臂或扭转臀部使其背向施救者，迅速将其脸部拖出水面或使其仰卧，以便拖带。

2. 水中解脱

溺水者在水中挣扎时，凡能抓住的东西，不会轻易放手。救护时也容易被抓、抱，应设法解脱，以便顺利施救。

3. 水中拖带

水中拖带溺水者，多采用反蛙泳或侧泳技术。此时应时刻注意使溺水者脸部露出水面，包括仰式拖带法、侧式拖带法。

4. 出水和控水

溺水者处于昏迷状态时，全身是松弛的。出水时可采用从下往上拉的方法。控水时，使溺水者俯卧、腹高头低，并适当做推压动作，为倒清其肺、腹里的积水。也可采用仰卧肩背的方法。

5. 人工呼吸

把溺水者抬到平坦、松软和安静的地方后，松解衣裤，清除口鼻内的杂物，检查心跳和呼吸情况。人工呼吸时，可采用单人口对口或双人口对口人工呼吸。单人施救操作时，胸外按压 15 次，口对口吹气 2 次；双人施救操作时，胸外按压 5 次，口对口吹气 1 次，反复进行。也可采用举臂压胸法和俯卧压背法等。

施救时，如溺水者唇色已转红润，每做 10 次，间歇 5 秒，检查一次心跳情况，直至溺水者恢复自主心跳和自主呼吸，并及时转送医院进一步观察治疗。

第五节 游泳竞赛规则简介

一、比赛通则

1. 出发

（1）自由泳、蛙泳、蝶泳的各项比赛都应从出发台上出发；仰泳应在水中出发。

当听到发令员发出长哨声信号后，运动员应站到出发台的后半部等候；仰泳运动员下水，面对出发台，两手握住握手器或池端水槽，两脚蹬池壁，两脚和脚趾不许露出水面或蹬在水槽上，当发令员发出第二声长哨声时，仰泳运动员在水中做好出发准备。当所有运动员都做好准备时，发令员发“各就位”口令，当所有运动员身体都处于稳定静止时，发令员发“出发信号”（鸣枪、鸣哨、电笛或口令）。运动员听到出发信号后才能做出发动作。

（2）运动员如在“出发信号”发出前出发，应判抢码犯规。第一次出发抢码犯规，发令员应召回运动员并组织重新出发。第一次出发抢码犯规以后，第二次出发无论哪个运动员抢码犯规（不论该运动员是第几次犯规），均取消其比赛资格或录取资格。如果在“出发信号”发出之后发现运动员抢码犯规，应继续比赛，在该组比赛结束后取消犯规运动员的录取资格。如果在“出发信号”发出前发现运动员抢码犯规，则不再发“出发信号”，取消抢码犯规运动员的比赛资格后，再次组织出发。

（3）如因裁判员的失误或器材失灵而导致运动员抢码犯规，发令员应将运动员召回重新出发，不作为一次抢码犯规。

2. 比赛和犯规

（1）运动员必须在自己的泳道内比赛完毕，否则即算犯规。

（2）游出本泳道或以其他方式干扰、阻碍其他运动员者应取消其录取资格。

（3）由于某运动员犯规而影响了被干扰、阻碍的运动员获得优良成绩时，则应准许受干扰阻碍的运动员补测成绩，或直接参加决赛。如在决赛中发生上述情况，应令该组重新决赛（犯规运动员除外）。

（4）在比赛中，运动员转身时必须使身体某一部分触及池壁。转身必须从池壁蹬出，不得在池底跨越或行走，否则即算犯规。

（5）在比赛中，除自由泳可在池底站立外，其他泳式（包括自由泳）均不得跨越或行走，否则即算犯规。

（6）在比赛中，运动员不得使用或穿戴任何有利于其速度、浮力的器具。

（7）每一个接力队应有 4 名队员，在接力比赛中，任何一名队员犯规即算该队犯规。

（8）接力比赛时，如本队的前一名运动员尚未触及池壁，而后一名运动员即离台出发，即算犯规。

二、各项泳式的比赛规定

1. 自由泳

（1）在自由泳比赛中，可采用任何泳式。

（2）转身和到达终点时，可用身体任何部位触及池壁。

2. 蛙泳

（1）身体应保持俯卧，两肩须与水面平行。

（2）两臂和两腿的所有动作应始终同时并在同一水平面上进行，不得有交替动作。

（3）每次转身和到达终点时，两手应在水面上或水面下同时触壁，两肩应保持水平位置。

（4）在蹬腿过程中，两脚必须做外翻动作，不允许做剪夹、上下交替打水或向下的海豚式打水动作。只要不做向下的海豚式打腿动作，允许两脚露出水面。

（5）在每次转身和到达终点时，两手应在水面、水上或水下同时触壁，触壁前两肩应与水面平行。在触壁前的最后一次向后划水动作结束后，头可以潜入水中，但在触壁前的一个完整或不完整的配合动作中，头应部分地露出水面。

（6）在每个以一次划臂和一次蹬腿顺序完成的完整动作周期内，运动员头的某一部分应露出水面。只有在出发和每次转身后，运动员可在全身没入水中时，做一次手臂充分的向后划至腿部的动作和一次蹬腿动作。

3. 蝶泳

（1）两臂要同时并对称地向后划水和提出水面经空中向前摆。

（2）身体应俯卧，两肩须与水面平行。

（3）两腿动作必须同时，允许做垂直上下打水，两脚或两腿可以不在同一水平面上，但不允许有交替动作。

（4）在每次转身和到达终点时，两手应在水面、水上或水下同时触壁，触壁前两肩应与水面平行。

（5）在出发和每次转身后，允许运动员在水下做一次或多次打水动作和一次划水动作，每次划水动作必须使身体升到水面。

4. 仰泳

（1）在出发入水、转身后和整个游程中，身体必须保持正常的仰卧姿势。

（2）正常仰卧姿势是指身体与水平面不超过 90°，头部位置不受此限。

（3）在整个游进过程中，运动员身体的某部分必须露出水面。在转身过程中，允许运动员完全潜入水中。但在出发和每次转身后，运动员潜泳距离不得超过 15 米，在 15 米前运动员的头必须露出水面。

（4）在转身过程中，当运动员肩的转动超过垂直面后，可进行一次连续单臂划水或双臂同时划水动作，并在该动作结束前开始滚翻。一旦改变仰卧姿势，就不允许做与连续转身动作无关的打水或划水动作。运动员必须呈仰卧姿势蹬离池壁。转身时，运动员身体的某部分必须触壁。

（5）运动员在到达终点时，必须以仰泳姿势触壁。

5. 混合泳

（1）个人混合泳须按照下列顺序进行比赛：蝶泳、仰泳、蛙泳、自由泳（蛙泳、仰泳及蝶泳以外的任何泳式）。

（2）混合泳接力须按照下列顺序进行比赛：仰泳、蛙泳、蝶泳、自由泳（蛙泳、仰泳及蝶泳以外的任何泳式）。

作业与思考题

1. 游泳运动的锻炼价值何在?
2. 竞技游泳有哪几种泳姿?
3. 蛙泳蹬腿分为哪几个环节?

第十四章 健美操

| 名人名言 |

生命就是运动，人的生命就是运动。

——列夫·托尔斯泰

| 学习导航 |

健美操是一项新兴的运动项目。它源于生活，不仅体现了人们对健身健美的追求，而且还体现了人体在力量、柔韧、协调、节奏感、审美及表现力等诸多方面的综合能力。本章主要介绍了健美操的起源与发展、分类、特点及锻炼价值，着重介绍了健美操运动的练习套路。

| 知识目标 |

1. 了解健美操项目的起源和发展，了解健美操的分类及特点，理解健美操运动的锻炼价值。
2. 学习健美操训练的方法并运用到实际练习当中。
3. 理解健美操比赛的基本规则，学会欣赏健美操赛事。

| 能力目标 |

1. 科学地参与健美操学习和锻炼。
2. 掌握健美操的基本动作元素，学会创编简单的健美操套路。

第一节 健美操概述

一、健美操的兴起与发展

健美操是近几十年发展起来的一项新兴的体育运动项目，它起源于传统的有氧健身操，是以有氧运动为基础，以健、力、美为特征，融体操、音乐、舞蹈为一体的大众健身方式。

健美操源于英文“aerobics”，原意为“有氧运动、有氧健美操”，最初是美国太空总署医生库珀博士于20世纪60年代为宇航员所设计的体能训练内容。到了70年代中叶，随着库珀博士《新有氧操》和《有氧体操有益于大众》等著作的发表，有氧体操不仅在美国，而且在欧洲受到了重视。后来，由于又加入了音乐伴奏和特殊器材等，从而使得这种锻炼既带有娱乐性又简单易学，并逐渐成为具有独特体系的运动。

健美操作为独立的体育运动始于20世纪70年代末，其标志是“简・方达健美操”的出现。作为电影明星，简・方达为了追求健美的身体曾用过“节食减肥”“自寻呕吐法”“服用减肥药”等方法塑身，结果导致体质下降。后来，简・方达总结编排了一套健美操，并坚持锻炼，收到了理想的塑身效果。后来，由她编写的《简・方达健身术》一书出版后一直畅销不衰，被译成20多种语言在世界30多个国家和地区出售，这推动了健美操运动在世界范围的传播与推广。

首届国际健美操比赛于1983年在日本举办。1994年，国际体操联合会接受健美操为其正式的比赛项目，并于1995年开始举办健美操世界锦标赛。20世纪80年代，健美操热传到了我国，在高校首先得到发展。1986年，北京体育学院编写了我国第一部健美操试用教材，并正式在本科生中开设了健美操选修课。1992年，中国健美操协会在北京成立。同年，中国大学生体协健美操、艺术体操分会成立。自此，我国健美操运动进入了一个崭新的发展阶段。

二、健美操的分类

健美操的分类丰富，形式多样，按不同目的和任务，可将健美操分为健身健美操、竞技健美操和表演性健美操三大类。

健身健美操（通常称为大众健美操）以健身为目的，动作难度不大，音乐速度可控制，锻炼全面且达到一定的运动强度。其动作多有重复，并以对称的形式出现。健身健美操按练习形式又可分为徒手健美操、轻器械健美操和特殊场地健美操。

竞技健美操是在健身健美操的基础上发展起来的，它以竞技为目的，有特定的比赛规则和评分方法，需完成一些特定动作，对人的身体素质、技术技能和艺术表现能力有较高的要求。竞技健美操分为男子单人、女子单人、混合双人、三人和混合六人健美操。目前，国际上规模较大的竞技健美操比赛有健美操世界锦标赛、世界健美操冠军赛和健美操世界杯赛。我国正式的竞技健美操比赛有全国健美操锦标赛、全国健美操冠军赛和全国健美操青少年锦标赛。

表演性健美操的主要练习目的是“表演”，人数不限，时间一般为2~5分钟。表演性健美操的动作较健身健美操的动作复杂，为了保证一定的表演效果，动作较少重复，也不一定是对称的。

三、健美操的特点

健美操与其他项目相比较，其主要特点在于高度的艺术性、强烈的节奏性、广泛的适应性和健身美体的实效性。

（1）高度的艺术性：健美操的艺术性主要表现在其“健、力、美”的项目特征上。“健康、力量、美丽”是人类追求的身体状况的最高境界。健美操动作协调、流畅、有弹性，练习者不仅可以锻炼身体、增强体质，而且从中也能得到“美”的享受，提高审美意识和艺术修养。

（2）强烈的节奏性：健美操的音乐一般取材于迪斯科、爵士、摇滚等现代音乐和具有上述特点的民族乐曲，体现出一种鲜明的现代韵律感。健美操动作与音乐强烈的节奏性使健美操练习极具感染力，也使得健美操比赛和表演更具观赏性。

（3）广泛的适应性：健美操练习形式多样，运动负荷可大可小，对场地、器材条件要求不高，适合不同年龄、性别、身体素质、技术水平的人参与，各类人群都能从中找到适合自己的方式，具有广泛的群众性。

（4）健身美体的实效性：健美操是根据人体解剖学、运动生理学、体育美学等多学科理论，为使人体健康健美地发展而编排的。在全面锻炼身体的基础上，健美操还可以对身体某一部位进行针对性的锻炼，如胸部健美操、腰部健美操、臀部健美操、形体健美操等，使人们在锻炼身体的同时健美身体形态。这种健身美体的实效性正是当代人从事体育锻炼的选择与追求。

四、健美操的锻炼价值

健美操属于有氧运动，一般采用徒手或手持轻器械进行练习，其运动特征是在氧供应充足的情况下持续一定时间、中低强度的全身性练习，主要锻炼练习者的心肺功能，是一项很有实用锻炼价值的运动项目。

（一）祛病强身，增进健康

经常参加健美操锻炼，可以提高人体心肺功能，增加肺活量，减少心肺系统呼吸疾病；可以增大肌肉力量，塑造强健体魄；可以消耗大量能量，刺激肠胃蠕动，增强消化机能，有助于营养物质的吸收和利用，从而提高对疾病的抵抗能力；还可以发展身体的柔韧性、协调性和灵敏性，增强肌肉与关节的活动能力，延缓肌肉与附着组织的退化和衰老的过程，使身体动作更加灵活、富有朝气。

（二）缓解压力，娱乐身心

随着时代的发展和社会的进步，人们会受到来自各方面的精神压力，长期的精神压力会引发很多生理疾病，如高血压、心脏病、癌症等。而健美操以其优美的动作、强烈的音乐、锻炼的全面性帮助练习者忘却烦恼，忘掉失意，尽情享受健美操带来的欢乐，获得内心的平静，从而缓解精神压力，达到良好的心态。

（三）塑造形体，培养气质

长期进行健美操锻炼有利于肌肉、关节、骨骼的匀称和均衡发展，有利于消除体内多余的脂肪，降低体重；还有利于改善不良的身体姿态，弥补先天的体型缺陷，形成优美的体姿，从而表现出一种良好的气质和修养，给人以朝气蓬勃、健康靓丽的感觉。

第二节　健美操练习套路与学练方法

一、热身套路学练方法

（一）有氧热身套路一

音乐：选取藏族音乐。

组合 A（2×8）

准备姿势：身体保持直立。

第一个八拍

下肢：

1—4 拍：左脚向外跨一步，稍宽于肩，左膝稍屈，髋先向左后左右依次摆动。

5—8 拍：左脚抬起，移动重心点地，两腿稍蹲。

上肢：

1—4 拍：1 拍：双手屈肘轻拍臀部；2 拍：两臂伸直贴耳在头上方击掌；3—4 拍同 1—2 拍。

5—8 拍：两臂前伸稍屈肘置于腹前，五指张开，前臂向左弹动回到水平位置依次进行。

躯干：1—4 拍：身体朝向稍向右；5—8 拍：身体稍蹲正对。

第二个八拍

1—4 拍：同第一个八拍，动作相同，方向相反；5—8 拍：同第一个八拍。

查看有氧热身套路一分解练习示范

组合 B（2×8）

第一个八拍

下肢：

1—4 拍：左脚向左一步，右脚跟上，依次进行。

5—8 拍：5—6 拍：双脚由向左转向右；7—8 拍：右脚点地。

上肢：

1—4 拍：1—3 拍：右臂上举绕过头前右后；4 拍：手臂伸直至体前打响指，左臂自然置于体侧。

5—8 拍：5—6 拍：左臂在腹前由里向外绕弧线；7—8 拍：手臂伸直至体前打响指，右臂自然置于体侧。

躯干：

1—4 拍：身体朝向左。

5—8 拍：身体朝向右。

第二个八拍同第一个八拍，动作相同，方向相反。

组合 C（2×8）

第一个八拍

下肢：

1—4 拍：向左并步两次。

5—8 拍：向右并步两次。

上肢：

1—4 拍：1 拍：右上臂侧抬至与肩平齐，屈肘立腕，手掌与耳齐平不超过肘部；2 拍：手臂伸直手掌向外推；3—4 拍：重复 1—2 拍，左臂自然置于体侧。

5—8 拍：动作同 1—4 拍，换左臂。

躯干：

1—4 拍：身体朝向左，重心稍向前。

5—8 拍：身体朝向右，重心稍向前

第二个八拍

下肢：

1—4 拍：左脚向左跨一步，与肩同宽，屈膝稍蹲，右脚点地。

5—8 拍：同 1—4 拍。

上肢：

1—4 拍：两臂屈肘，叠放于胸前，与肩同高或稍低于肩。

5—8 拍：同 1—4 拍。

躯干：根据重心左右转移改变，身体朝向。

组合 D（4×8）

第一个八拍

下肢：

1—4 拍：两腿分开，略宽于肩，重心左右移动，两腿依次弹动，左边弹动两次，换至右边。

5—8 拍：同 1—4 拍。

上肢：

1—4 拍：左臂屈肘立前臂，五指张开置于耳旁，右臂屈肘，前臂置于水平，五指张开，屈肘弹动。

5—8 拍：同 1—4 拍。

躯干：身体正对前方。

第二个八拍

下肢：

1—4 拍：同第一个八拍 1—4 拍。

5—8 拍：5—6 拍：双脚交换各弹动一次；7—8 拍：重心在左，左脚落地，右脚屈膝后踢。

上肢：

1—4 拍：1—2 拍：两臂体侧上举，与头夹角约 45°；3—4 拍：两臂经体侧下摆于体侧，握拳。

5—8 拍：5—6 拍：两臂经体侧上举在头前上方交叉至下摆；7—8 拍：两臂上举，上臂与肩齐平，前臂屈肘垂直于地面，握拳。

躯干：身体正对前方。

第三、四个八拍与第一、二个八拍动作相同，方向相反。

组合 E（3×8）

第一个八拍

下肢：

1—4 拍：左脚向左跨一大步，重心降低，右脚向左与左脚交叉，左脚再向左一小步，右脚点地。

5—8 拍：与 1—4 拍动作相同，方向相反。

上肢：

1 拍：两臂交叉由里向外伸直打开；2 拍：右臂在前左臂在后，右臂高于左臂；3 拍：右臂贴耳，左臂侧平举或低于肩；4 拍：手腕转动向外。

躯干：

1—4 拍：1—3 身体朝向左；4 身体朝正前。

5—8 拍：与 1—4 拍动作相同，方向相反。

第二个八拍

下肢：

1—8 拍：左脚向前交叉后右脚向左，两腿交叉步向左走弧线。

上肢：

1—8 拍：两臂由体侧屈肘伸出至前平举，宽于肩，掌心朝上。

躯干：根据身体移动改变身体朝向。

第三个八拍与第二个八拍动作相同，方向相反。

组合 F（4×8）

第一个八拍：同组合 C 第一个八拍。

第二个八拍

下肢：

1—4 拍：两腿做两个并步，先向左。

5—8 拍：5—6 拍：并步；7 拍：两腿分开屈膝下蹲，髋经下，前移动；8 拍：两腿并拢。

上肢：

1—4 拍：两臂屈肘，与地面成水平如抱球状，掌心向里，向外转动手腕。

5—8 拍：5—6 拍：同 1—4 拍；7—8 拍：两臂经体侧上摆置于体前，屈肘前臂垂直地面。

躯干：身体正对前方。

第三个八拍同第一个八拍。

第四个八拍：1—6 拍同第二个八拍；7—8 拍重复 5—6 拍。

第五个八拍

下肢：

1—4 拍：左脚向外跨一步，略宽于肩。

5—8 拍：5—6 拍：髋由右向左滑动；7—8 拍：两腿跳起并拢。

查看有氧热身套路一完整示范

上肢：

1—4 拍：1 拍：右手拍放于左肩；2 拍：左手拍放于右肩；3 拍：右手拍放至右胯；4 拍：左手拍放至左胯。

5—8 拍：5—6 拍：双手分别放置两胯；7—8 拍：左手上举伸直贴耳，右手放置右胯。

躯干：

1—4 拍：身体稍朝向左。

5—8 拍：身体正对前方。

（二）有氧热身套路二

组合 A（2×8）

查看有氧热身套路二分解练习示范

第一个八拍

下肢：

1—4 拍：1—2 拍：两腿原地跳起，依次前后稍屈膝成弓步，左脚先做；3—4 拍：左脚在前两次弓步。

5—8 拍：与 1—4 拍动作相同，换右脚做。

上肢：

1—4 拍：两臂侧平举屈肘立前臂，五指张开，掌心向前，前后振臂。

5—8 拍：同 1—4 拍。

躯干：身体朝向正前方。

第二个八拍

下肢：

1—4 拍：同第一个八拍 1—4 拍。

5—8 拍：5—6 拍：两腿开立，略宽于肩；7—8 拍：两腿并拢。

上肢：

1—4 拍：同第一八拍 1—4 拍。

5—8 拍：5—6 拍：两臂胸前交叉至两臂侧平举，稍屈肘，掌心向外；7—8 拍：两臂胸前交叉。

躯干：身体朝向正前方。

组合 B（2×8）

第一个八拍

下肢：

1—4 拍：两腿依次提膝弹动，向左并步两次。

5—8 拍：屈膝稍蹲，弹动两次。

上肢：

1—4 拍：两臂前平举，五指张开，掌心向前，手腕左右依次转动。

5—8 拍：左臂屈肘提起，右臂自然伸直，两臂依次交替。

躯干：

1—4 拍：身体朝向正前方。

5—8 拍：身体偏向左。

第二个八拍与第一个八拍动作相同，方向相反。

组合 C（2×8）

第一个八拍

下肢：

1—4 拍：1—3 拍：右腿向右侧跨一步，重心置于左腿，屈膝，右腿依次屈膝弹动点地，4 拍：两腿并拢，稍屈膝向右摆髋。

5—8 拍：稍屈膝，左右依次摆髋。

上肢：

1—4 拍：1—3 拍：两手握拳，两臂屈肘，胸前平举，上下屈伸弹动，4 拍：两上臂稍夹身体，屈肘，两前臂同时由左向右摆动。

5—8 拍：两上臂稍夹身体，屈肘，两前臂同时由左向右摆动，依次进行。

躯干：

1—4 拍：身体偏向左。

5—8 拍：身体朝正前方。

第二个八拍与第一个八拍动作相同，方向相反。

组合 D（2×8）

第一个八拍

下肢：

1—4 拍：左脚向前跨一步，成弓步。

5—8 拍：右脚向前跨一步，成弓步。

上肢：

1—4 拍：右臂屈肘上抬，五指张开，从眼前划过至体侧。

5—8 拍：左臂屈肘上抬，五指张开，从眼前划过至体侧。

躯干：身体正对前方。

第二个八拍

下肢：

1—4 拍：左右脚依次后退，左脚先做。

5—8 拍：向左转体后踏步一次。

上肢：

1—8 拍：两臂自然置于体侧。

躯干：

1—4 拍：身体正对前方。

5—8 拍：转体接正对前方。

组合 E（2×8）

第一个八拍

下肢：

1—4 拍：一次并步，左脚先做，做两次。

5—8 拍：同 1—4 拍。

上肢：

查看有氧热身套路二完整示范

1—4 拍：右手绕经头左、后、右，置于右脸旁换左手绕，左右手各一次。

5—8 拍：同 1—4 拍。

躯干：身体正对前方。

第二个八拍

下肢：

1—4 拍：向前两次交叉步，左脚先做。

5—8 拍：后腿两步至原地踏步一次，左脚先做。

上肢：

1—4 拍：两臂同时上抬，两手自然叠放绕经头左、后、右、前。

5—8 拍：双手经胸、腰、髋至自然下垂置于体侧。

躯干：身体正对前方。

（三）有氧热身套路三

组合 A（4×8）

查看有氧热身套路三分解练习示范

第一个八拍

下肢：

1—4 拍：1—2 拍：左脚向左侧跨一步，略宽于肩；3—4 拍：右脚快速向左脚靠拢，置于左脚前，脚尖点地。

5—8 拍：双脚自然开立，略宽于肩，左右依次摆动髋部。

上肢：

1—4 拍：1—2 拍：左臂屈肘置于后腰，右臂由体侧屈肘伸出，从右向左划动；3—4 拍：右臂快速屈肘置于后腰。

5—8 拍：两臂上举距头约 45°，掌心相对，左右依次摆动。

躯干：

1—4 拍：身体偏向左后回正。

5—8 拍：身体正对前方。

第二、四个八拍与第一个八拍动作相同，方向相反。

第三个八拍同第一个八拍。

组合 B（4×8）

第一个八拍

下肢：

1—8 拍：左脚置于右脚前，稍屈膝，脚尖点地，髋由左向右滑动至向前。

上肢：

1—8 拍：右手屈肘叉腰，左臂上抬，左手经脸的右、下、左划过。

躯干：身体由朝向右至朝向正前方。

第二个八拍同第一个八拍。

第三个八拍

下肢：

1—4 拍：两脚向左做两次并步，脚尖向左，左脚先做。

5—8 拍：同 1—4 拍。

上肢：

1—4 拍：左臂置于后腰，右臂侧举屈肘，两手手腕转动，手掌五指由张开至握拳。

5—8 拍：同 1—4 拍。

躯干：身体朝向右侧。

第四个八拍与第三个八拍动作相同，方向相反。

组合 C（4×8）

第一个八拍

下肢：

1—4 拍：向前踏步两次，左脚先做。

5—8 拍：原地踏步两次。

上肢：

1—4 拍：两手握拳，屈肘，前后摆臂。

5—8 拍：两臂前平举，手腕相对依次左右转动。

躯干：身体正对前方。

第二个八拍

下肢：

1—4 拍：1—2 拍：左脚向后退一步，右脚向左交叉左脚；3—4 拍：两腿交叉转动。

5—8 拍：两腿开立，略宽于肩，髋左右依次摆动。

上肢：

1—4 拍：1 拍：两臂上举贴耳；2 拍：两臂下摆置于体侧；3—4 拍：两臂自然置于体侧。

5—8 拍：两臂屈肘，手背置于腰两侧。

躯干：

1—4 拍：身体由正对前方至转动。

5—8 拍：身体正对前方。

第三个八拍

下肢：

1—4 拍：1—2 拍：左脚向右后一步与右脚后交叉，右脚点地；3—4 拍：左脚回到原来开立位置。

5—8 拍：两腿开立，略宽于肩。

上肢：

1—4 拍：1—2 拍：两臂置于体侧距 15°，右肩由下自上顶肩，肩朝向正前方；3—4 拍：两臂置于体前左右依次摆动。

5—8 拍：5—6 拍：右臂举至身体侧前上方，手腕下压，左臂屈肘上抬至胸前压腕；7—8 拍：身体后仰，两臂同时后摆，后身体回正两臂顺势前摆至腹前。

躯干：

1—4 拍：1—2 拍：身体朝向左；3—4 拍：朝向正前方。

5—8 拍：身体偏向右。

第四个八拍

下肢：

1—4 拍：两腿开立，略宽于肩，稍屈膝。

5—8 拍：两腿开立，髋绕左、后、右至正位，伸膝直立。

上肢：

1—4 拍：1—3 拍：两臂同时上举，两手相叠绕经头左、后、右；4 拍：当两手经头前时，两臂顺势打开，左臂高于右臂至体侧。

5—8 拍：左臂置于后腰，右臂屈肘，前臂于腹前由内向外划弧线打开至握拳屈肘前平举。

躯干：身体正对前方。

组合 D（4×8）

第一个八拍

下肢：

1—4 拍：1 拍：左脚向右前方点地；2 拍：左脚向左后方点地；3—4 拍：左右脚依次向后弹动踏步，左脚先做。

5—8 拍：向前踏步，右脚先做。

上肢：

1—4 拍：1 拍：左臂握拳伸直置于体侧，右臂屈肘胸前侧平举握拳，身体稍后仰；2 拍：与 1 拍动作相同，两臂交换；3—4 拍：左臂顺势放下，两臂置于体侧。

5—8 拍：右臂置于体侧；5 拍：左臂屈肘向上外翻至伸直贴耳；6—8 拍：左臂握拳向下内旋至伸直于体侧，右肩高于左肩。

躯干：

1—4 拍：1 拍：身体偏向右；2 拍：身体偏向左；3—4 拍：身体朝向正前方。

5—8 拍：身体正对前方。

第二个八拍与第一个八拍动作相同，方向相反。

第三个八拍

下肢：

1—4 拍：两腿屈膝开立略宽于肩，髋后顶，两腿同时向后跳动。

5—8 拍：5—7 拍：两腿向前交叉步，左腿先做；8 拍：两腿并拢。

上肢：

1—4 拍：两臂体前伸直，两手五指张开相叠置于腹前。

5—8 拍：两臂屈肘侧平举，五指张开，前臂前后摆动。

躯干：身体正对前方。

第四个八拍

下肢：

1—4 拍：以左脚为轴，右脚向左点地转圈。

5—8 拍：5—6 拍：右点地两次；7—8 拍：两腿并拢。

上肢：

1—4 拍：两臂屈肘，侧平举握拳，前臂由里向外依次转圈。

5—8 拍：5—6 拍同 1—4 拍；7—8 拍：两臂自然置于体侧，两肩向后绕两周。

躯干：身体正对前方。

组合 E（4×8）

第一个八拍

下肢：

1—4 拍：1—3 拍：向左提膝踏步走；4 拍：两腿并拢。

5—8 拍：5 拍：右腿向右滑步，左腿顺势向右，髋向右；6 拍：换左腿；7—8 拍：同 5—6 拍。

上肢：

1—4 拍：1—3 拍：前后摆臂；4 拍：左臂上举，伸直贴耳。

5—8 拍：左臂于体侧，右臂于腹前屈肘，五指张开，由下自上左右依次摆动。

躯干：

1—4 拍：身体朝向左。

5—8 拍：身体朝向正前方。

第二个八拍与第一个八拍动作相同，方向相反。

第三个八拍

下肢：

1—4 拍：1 拍：左腿向左跨一步，屈膝；2 拍：右脚向左脚靠拢；3—4 拍：同 1—2 拍。

5—8 拍：与 1—4 拍动作相同，方向相反。

上肢：

1—4 拍：1 拍：两臂侧平举稍屈肘，五指并拢掌心向外；2 拍：两臂胸前交叉，五指并拢，掌心向外；3—4 拍：同 1—2 拍。

5—8 拍：同 1—4 拍。

躯干：身体正对前方。

第四个八拍

下肢：

1—4 拍：左脚点地，重心置于右脚。

5—8 拍：右脚点地，重心置于左脚。

查看有氧热身套路三完整示范

上肢：

1—4 拍：1—2 拍：两臂同时向外伸出，屈肘弹动；3—4 拍：两臂收回置于体侧。

5—8 拍：5—6 拍：左臂自然置于体侧，右臂弹动上举至伸直；7—8 拍：自然下放至右腿。

躯干：身体朝向正前方。

（四）有氧热身套路四

音乐：《最炫民族风》

组合 A（2×8）

第一个八拍

查看有氧热身套路四分解练习示范

下肢：

1—4 拍：1—3 拍：向左踏步走三步；4 拍：右腿置于左脚前点地。

5—8 拍：左腿不动，右腿交叉左腿前后点地，向后先做。

上肢：

1—4 拍：1—3 拍：前后握拳摆臂；4 拍：两臂向前交叉伸直置于腹前。

5—8 拍：两臂打开置于体侧，与两臂交叉置于腹前，依次进行。

躯干：身体偏向左。

第二个八拍与第一个八拍动作相同，方向相反。

组合 B（2×8）

第一个八拍

下肢：

1—4 拍：V 字步一次。

5—8 拍：5—7 拍：左右一次并步；8 拍：两腿并拢，稍蹲。

上肢：

1—4 拍：1 拍：两臂上举，左臂伸直，五指张开，高于肩置于体侧，右臂屈肘，前臂由外向里摆动，五指张开，手掌与耳齐平；2 拍：左右交换；3—4 拍：同 1—2 拍。

5—8 拍：5—6 拍：两手握拳，两臂同时屈肘置于体侧，两前臂顺时针旋转一周；7—8 拍：与 5—6 拍动作相同，前臂逆时针旋转一周。

躯干：身体朝向正前方。

第二个八拍同第一个八拍。

组合 C（4×8）

第一个八拍

下肢：

1—4 拍：左脚向左跨一步，脚尖朝左，髋依次前后摆动。

5—8 拍：同 1—4 拍。

上肢：

1—4 拍：1 拍：两手握拳向前上方伸直出拳；2 拍：两臂胸前屈肘平举，两拳相对；3 拍：两手握拳前平举；4 拍：同 2 拍。

5—8 拍：5—6 拍：两臂胸前平举，两前臂相叠，左臂向里，右臂向外转两圈；7—8 拍：两臂伸直，左臂侧平举，右臂上举贴耳。

躯干：身体朝向左。

第二个八拍

下肢：

1—4 拍：1—2 拍：右腿向左侧一步，与左腿交叉，左脚点地；3—4 拍：右脚向右跨一步，左脚点地。

5—8 拍：5—6 拍：同 1—4 拍；7—8 拍：右脚向右一步，左右脚依次点地。

上肢：

1—4 拍：左手叉腰，右臂伸直由前向后划圈。

5—8 拍：同 1—4 拍。

躯干：身体朝向左。

第三个八拍与第二个八拍动作相同，方向相反。

第四个八拍

下肢：

1—4 拍：1—3 拍：向前踏步走，左脚先做；4 拍：吸右腿。

5—8 拍：5—7 拍：向后踏步走，右腿先做；8 拍：吸左腿。

查看有氧热身套路四完整示范

上肢：

1—4 拍：1—3 拍：前后摆臂；4 拍：击掌。

5—8 拍：同 1—4 拍。

躯干：身体朝向正前方。

二、核心练习套路学练方法

（一）声韵套路一

音乐：《江南》

过渡组合（4×8）

第一个八拍

查看声韵套路一分解练习示范

下肢：

1—4 拍：1—3 拍：左腿伸直，绷脚尖，向左侧方伸出，右腿稍屈膝；4 拍：左脚脚后跟过渡至前脚掌落地，右腿向左腿靠拢。

5—8 拍：5—7 拍：右腿伸直，绷脚尖，向右侧方伸出，左腿稍屈膝；8 拍：右腿脚后跟过渡至前脚掌落地，左腿向右腿靠拢。

上肢：

1—4 拍：左臂侧平举，右臂前平举，手腕稍下压。

5—8 拍：左右臂交换。

躯干：

1—4 拍：身体稍偏左。

5—8 拍：身体稍偏右。

第二、三个八拍同第一个八拍。

第四个八拍

下肢：

1—4 拍：左右脚依次向后退，左脚先做。

5—8 拍：同 1—4 拍。

上肢：

1—4 拍：左臂上举伸直至贴耳，右臂自然置于体侧。

5—8 拍：右臂上举伸直至贴耳，左臂自然置于体侧。

躯干：身体朝向正前方。

组合 A（2×8）

第一个八拍

下肢：

1—4 拍：1—2 拍：左脚向前一步，脚尖向左；3—4 拍：右脚向左脚靠拢。

5—8 拍：5—6 拍：右脚向后划半圈，脚尖向右；7—8 拍：左脚向右脚靠拢。

上肢：

1—4 拍：左臂由下自上划圈至贴耳时直接下压置于体前，稍屈肘，压腕，右臂由上直接下压置于体前，稍屈肘，压腕。

5—8 拍：左臂不动，右臂由下自上划圈至贴耳时直接下压置于体前，稍屈肘，压腕。

躯干：

1—4 拍：身体朝向左。

5—8 拍：身体朝向右。

第二个八拍

下肢：

1—4 拍：1—2 拍：左脚向左侧跨一步，脚尖朝前；3—4 拍：右脚后交叉左脚。

5—8 拍：同 1—4 拍。

上肢：

1—4 拍：1—2 拍：左臂向上划至与肩齐高，稍屈肘，手心向上；3—4 拍：右臂向下划弧至胸前，屈肘，兰花指。

5—8 拍：同 1—4 拍。

躯干：身体朝向正前方。

组合 B（1×8）

下肢：

1—4 拍：1 拍：左腿提膝外跨；2 拍：右腿向左腿并拢；3 拍：右腿提膝外跨；4 拍：左腿向右腿并拢。

5—8 拍：同 1—4 拍。

上肢：

1—4 拍：1—2 拍：左臂置于后腰，右臂侧平举，手心向下，由右向左划过；3—4 拍：左右臂交换。

5—8 拍：同 1—4 拍。

躯干：身体朝向正前方。

组合 C（2×8）

第一个八拍

下肢：

1—4 拍：1—2 拍：左脚向前一步，脚尖向左，右脚向左脚靠拢；3—4 拍：右脚向后划半圈，脚尖向右，左脚向右脚靠拢。

5—8 拍：5—6 拍：左脚向左侧跨一步，脚尖朝前；7—8 拍：右脚后交叉左脚。

上肢：

1—4 拍：1—2 拍：左臂由下自上划圈至贴耳时直接下压置于体前，稍屈肘，压腕，右臂由上直接下压置于体前，稍屈肘，压腕；3—4 拍：左臂不动，右臂由下自上划圈至贴耳时直接下压置于体前，稍屈肘，压腕。

5—8 拍：5—6 拍：左臂向上划至与肩齐高，稍屈肘，手心向上；7—8 拍：右臂向下划弧至胸前，屈肘，兰花指。

躯干：

1—4 拍：1—2 拍：身体朝向左；3—4 拍：身体朝向右。

5—8 拍：身体朝向正前方。

第二个八拍

下肢：

1—4 拍：1 拍：左腿提膝外跨；2 拍：右腿向左腿并拢；3—4 拍：右脚向右跨一步，左腿向后交叉，右腿屈膝下蹲。

5—8 拍：两腿交叉，伸膝直立。

查看声韵套路一完整示范

上肢：

1—4 拍：1—2 拍：左臂置于后腰，右臂侧平举，手心向下，由右向左划过；3—4 拍：左臂由左向右划过，屈肘，手心贴于脸部。

5—8 拍：左臂不动，右臂由下自上向外划弧。

躯干：身体朝向正前方。

（二）声韵套路二

音乐：《江南二：采茶舞》

组合 A（2×8）

查看声韵套路二分解练习示范

第一个八拍

下肢：

1—4 拍：右腿直立不动，1 拍：左脚向左侧点地；2 拍：左腿向后交叉右腿点地；3—4 拍：同 1—2 拍。

5—8 拍：5—6 拍：同 1—4 拍；7 拍：左腿后交叉；8 拍：两腿并拢。

上肢：

1—4 拍：1 拍：两臂同时上摆，偏向左侧前平举；2 拍：两臂下摆至体侧，压腕；3—4 拍：同 1—2 拍。

5—8 拍：5—6 拍：右臂不动，左臂由里向外划弧至侧平举，转动手腕成兰花指；7—8 拍：右臂伸直，由下向上划至胸前屈肘，成兰花指，左臂高于右臂。

躯干：

1—4 拍：身体稍偏向左。

5—8 拍：身体朝向正前方。

第二个八拍与第一个八拍动作相同，方向相反。

组合 B（2×8）

第一个八拍

下肢：

查看声韵套路二完整示范

1—4 拍：屈膝稍蹲。

5—8 拍：同 1—4 拍。

上肢：

1—4 拍：1 拍：两臂上举，两手腕相靠，两手向相反方向转动；2 拍：两臂下摆至左腰间，3 拍：同 1 拍；4 拍：两臂下摆至右腰间。

5—8 拍：同 1—4 拍。

躯干：身体朝向正前方。

第二个八拍同第一个八拍。

三、有氧热舞套路学练方法

（一）街舞

音乐：爵士

组合 A（4×8）

第一个八拍

查看街舞分解练习示范

下肢：

1—4 拍：1 拍：左脚向左侧跨一步，脚尖点地，向左顶髋；2 拍：坐髋，重心移至右腿，屈膝，左脚脚尖向左点地，右腿不动，脚尖向前，稍屈膝；3—4：同 1—2 拍。

5—8 拍：5 拍：左腿向右后方踢腿后向左伸直点地；6 拍：左腿向右一步与右腿并拢，屈膝脚尖点地，右腿不动；7—8 拍：两腿以脚跟和脚尖为支点同时向左转动，脚尖向左。

上肢：

1—4 拍：1 拍：左臂侧上举，右臂上举贴耳，握拳；2 拍：两臂体前屈肘立前臂，左臂高于右臂，掌心向内；3—4 拍：两臂同时下移至下颌。

5—8 拍：5 拍：左臂下压至体侧，右臂由里向外画圈至上举贴耳，掌心向内；6 拍：两臂同时屈肘上下滑动至胸两侧；7—8 拍：左臂自然置于体侧，右臂屈肘立前臂，手腕与头同时由外向内转动置于下颌。

躯干：

1—4 拍：身体朝向正前方。

5—8 拍：5—6 拍：朝向正前方；7—8 拍：朝向正左方。

第二个八拍

下肢：

1—4 拍：1—2 拍：右脚向后一步；3—4 拍：以右腿支点，左腿后踢旋转至正前方，左脚落地右脚点地。

5—8 拍：5 拍：不动；6 拍：左腿屈膝下蹲，右腿伸直成侧弓步；7—8 拍：右腿收回屈膝跪地。

上肢：

1—4 拍：1 拍：两臂前平举，两手五指交叉外翻，低头；2 拍：两臂同时上举至头顶，手掌外翻；3—4 拍：两臂屈肘，自然置于体前。

5—8 拍：5 拍：两臂由体侧向外由下而上伸直打开；6 拍：两臂至侧平举时，两前臂同时由外向里转动伸直于体前拍地；7—8 拍：左臂从右向左划至侧平举，右臂绕经头左、后、右下摆至体侧伸直。

躯干：

1—4 拍：1—2 拍：身体朝向正左方；3—4 拍：旋转。

5—8 拍：身体朝向正前方。

第三个八拍

下肢：

1—4 拍：1 拍：两腿伸直，左脚脚尖点地，髋前顶，身体后仰；2 拍：髋向后，身体前倾，3—4 拍：两腿同时由脚尖向左转动朝向正右方。

5—8 拍：5 拍：转体，左脚向左一步；6 拍：右脚向前一步交叉左脚；7—8 拍：两腿同时以脚尖向右转动朝向正右方后下蹲。

上肢：

1—4 拍：1 拍：两臂屈肘向后压腕，手臂伸直；2 拍：两臂屈肘向前压腕，手臂伸直；3—4 拍：右臂屈肘叉腰，左臂伸直向前由上而下滑动，压腕。

5—8 拍：5—6 拍：手臂不动，左臂屈伸手指；7—8 拍：两臂同时伸直上举由左向右往外划弧线至体前下压撑地。

躯干：

1—4 拍：1—2 拍：身体朝向左；3—4 拍：转体。

5—8 拍：5—6 拍：身体朝向正左；7—8 拍：身体朝向正右。

第四个八拍

下肢：

1—4 拍：1—2 拍：两腿伸直；3—4 拍：两腿依次向后退，左腿先做。

5—8 拍：同 1—4 拍。

上肢：

1—4 拍：1 拍：两臂伸直撑地；2 拍：两臂屈肘置于体侧，手腕叉腰；3—4 拍：两臂自然置于体侧。

5—8 拍：同 1—4 拍。

躯干：

1—4 拍：1—2 拍：身体朝向正右；3—4 拍：身体朝向正前方。

5—8 拍：身体朝向正前方。

组合 B（2×8）

第一个八拍

下肢：

1—4 拍：1 拍：左腿伸直向前一步点地，转体向右，脚尖向右，左顶髋，右腿不动；2 拍：左腿稍屈膝，脚尖向前，坐髋，右腿稍屈膝；3—4 拍：左腿向左侧点地，收回，再向左点地。

5—8 拍：5 拍：左脚向右收回，右脚向右跨一步，脚尖点地；6 拍：左脚不动，右脚置于左脚前点地，朝向正前方；7 拍：以两脚脚尖为支点，脚后跟抬起同时外翻后回到原来位置；8 拍：两腿开立，略宽于肩。

上肢：

1—4 拍：1 拍：左臂侧上举，右臂上举贴耳，握拳；2 拍：两臂体前屈肘立前臂，左臂高于右臂，握拳；3 拍：左臂上抬，右臂下移，左前臂平行于地面，右前臂垂直于地面，两手五指张开，上下交叉；4 拍：左臂从右向左划至侧平举，右臂绕经头左、后、右下摆至体侧伸直。

5—8 拍：5 拍：两臂伸直于体前，手掌于腹前压腕相叠；6 拍：两臂伸直置于体侧，距身体约 45°；7 拍：两臂由手掌压腕转动旋内后恢复原状，头后仰；8 拍：两臂伸直，上举至头顶，手掌相叠，掌心向前。

躯干：

1—4 拍：1 拍：身体朝向正右；2—4 拍：朝向正前方。

5—8 拍：5 拍：偏向左；6—8 拍：身体朝向正前方。

第二个八拍

下肢：

1—4 拍：1 拍：两腿开立，髋向左摆一次回右；2 拍：右腿向左后方踢，髋向左摆；3—4 拍：与 1—2 拍动作相同，方向相反。

5—8 拍：5 拍：左脚向左跨一步，屈膝，脚尖点地，右脚支撑，坐髋；6 拍：右脚向左一小步；7—8 拍：向前顶髋两次。

上肢：

1—4 拍：1 拍：两臂同时由上至下左右滑动；2 拍：左臂向外打出至侧平举，右臂胸前屈肘立前臂，握拳；3—4 拍：与 1—2 拍动作相同，方向相反。

5—8 拍：5 拍：左臂自然置于体侧，右臂由下而上向外画圈；6 拍：右臂划至体前时屈肘，前臂与地面平行，握拳向右拉；7 拍：两臂同时下摆后上举过头顶；8 拍：两臂过头顶后自然下摆。

躯干：身体朝向正前方。

组合 C（3×8）

第一个八拍

下肢：

1—4 拍：1—2 拍：右脚支撑，左脚脚尖向左点地，髋前后摆动；3 拍：左脚向右收回，右脚伸直，向右侧跨一步，脚尖点地；4 拍：右脚向左收回，左脚向前一小步，脚尖朝向正前方点地。

5—8 拍：5 拍：右腿支撑，左脚向后一步；6 拍：右腿不动，左脚向前一步并拢；7—8 拍：右腿支撑，左脚向左侧跨一步，脚尖点地，左腿收回，两腿并拢。

上肢：

1—4 拍：1—2 拍：两臂自然置于体侧；3 拍：左臂不动，右臂屈肘，顺右侧腿的方向推出；4 拍：两臂同时屈肘，两手相叠向前推出。

5—8 拍：5 拍：两臂于体侧，同时屈肘后压；6 拍：两臂回到直立，置于体侧位置；7 拍：两臂于体侧，左臂伸直下摆，右臂伸直上举，贴耳后贴身体，屈肘，左手叉腰，右手拂面；8 拍：左臂不动，右臂拂面，头向左转。

躯干：身体朝向正前方。

第二个八拍

下肢：

1—4 拍：1 拍：右脚向右一小步脚尖向右，左脚点地；2 拍：右脚支撑不动，左脚向后一小步；3—4 拍：左脚向前收回后向正前方一步，置于右脚之前。

5—8 拍：5 拍：两腿伸直；6 拍：两腿屈膝，左腿脚掌支撑，右腿屈膝跪于地面；7—8 拍：同 5—6 拍。

上肢：

1—4 拍：1—2 拍：左臂屈肘叉腰，右臂伸直，从左向右划过至体侧，两臂同时屈肘立前臂收于胸前后向前上方伸出；3—4 拍：两臂体前屈肘，立前臂后两臂上下相叠，向左右两边外展。

5—8 拍：5 拍：左臂伸直置于体侧，右臂屈肘于体前，手掌经胸、腹由上而下至手臂伸直；6 拍：右臂向上屈肘，拉臂至胸前屈肘平举；7—8 拍：右前臂由里向外转两圈后手臂伸直于体侧。

躯干：

1—4 拍：1—2 拍：身体朝向正右方；3—4 拍：身体朝向正前方。

5—8 拍：身体朝向正前方。

第三个八拍

下肢：

1—4 拍：1 拍：右膝跪地，左腿向左侧伸直，身体和头向右倒；2 拍：左腿向右收回至原来位置；3—4 拍：两腿向右转动，右腿脚掌支撑，左腿屈膝跪地，脚尖撑地。

5—8 拍：两腿同时缓缓伸膝站立。

上肢：

1—4 拍：1—2 拍：两臂自然置于体侧；3—4 拍：左臂前平举，屈肘立前臂，右臂屈肘前平举，前臂平行于地面，左臂置于右臂上。

5—8 拍：5 拍：左臂向下伸直，同时身体向下压，靠近双腿；6—8 拍：立前臂，身体前倾。

查看街舞完整示范

躯干：

1—4 拍：1—2 拍：身体朝向正前方；3—4 拍：身体朝向正右方。

5—8 拍：身体朝向正右方。

（二）放松套路

音乐：《月亮代表我的心》

第一段（8×8）

第一个八拍

下肢：

查看放松套路分解练习示范

1—4 拍：1 拍：左脚向右跨一步，与右腿交叉；2 拍：左脚向右侧一步点地；3 拍：左脚点地。

5—8 拍：5 拍：右腿向左跨一步，与左腿交叉；6 拍：左腿向右侧一步点地；7 拍：右脚点地。

上肢：

1—4 拍：左臂侧平举，掌心向下，右臂上举与头距 45°，掌心向外。

5—8 拍：同 1—4 拍。

躯干：身体朝向正前方。

第二个八拍至第六个八拍同第一个八拍。

第七个八拍

下肢：

1—4 拍：左脚向右一步，两腿交叉向后转动。

5—8 拍：两腿并拢。

上肢：

1—4 拍：左臂侧平举，掌心向下，右臂上举与头距 45°，掌心向外。

5—8 拍：同 1—4 拍。

躯干：身体随转动面向不同方向。

第二段

组合 A（4×8）

第一个八拍

下肢：

1—4 拍：向前自然走两步，左脚先做。

5—8 拍：5—6 拍：左脚向左跨一步，右脚向右侧点地；7—8 拍：右脚向右跨一步，左脚左侧点地。

上肢：

1—4 拍：两臂自然置于体侧。

5—8 拍：5—6 拍：右臂不动，左臂伸直，向前侧方上举；7—8 拍：手臂屈肘，回收于胸前。

躯干：身体朝向正前方。

第二个八拍

下肢：

1—4 拍：1—2 拍：左脚向左跨一步，右脚点地；3—4 拍：点地，右脚先做。

5—8 拍：5—6 拍：左腿向右后方一步，与右腿交叉，屈膝下蹲；7—8 拍：两腿交叉下蹲至直立。

上肢：

1—4 拍：右臂不动；1—2 拍：左臂向左侧方由下而上划出至侧平举，手心向上；3—4 拍：左臂上举至贴耳，手心向里。

5—8 拍：右臂不动；5—6 拍：左臂屈肘至体前；7—8 拍：左臂向上伸直贴耳，向右侧延伸。

躯干：身体朝向正前方。

第三个八拍

下肢：

1—8 拍同第二个八拍的 1—4 拍。

上肢：

1—4 拍：1—2 拍：左臂向左侧方由下而上划出至侧平举；3—4 拍：右臂向右侧

由下而上划出至侧平举。

5—8 拍：5—6 拍：两臂向胸前屈肘交叉；7—8 拍：两臂胸前交叉伸直至侧平举，手心向上。

躯干：身体朝向正前方。

第四个八拍

下肢：

1—4 拍：1—2 拍：左脚向左一步；3—4 拍：右脚点地。

5—8 拍：左脚单脚站立不动，右脚屈膝后踢后交于左腿。

上肢：

1—4 拍：两臂由侧平举，缓缓放下至体侧。

5—8 拍：5—6 拍：左手拉住右脚脚尖；7—8 拍：右手从胸前向体侧划过至侧平举，手心向上。

躯干：身体朝向正前方。

组合 B（4×8）

第一个八拍

下肢：

1—4 拍：1—2 拍：左脚向左一步；3—4 拍：右脚点地。

5—8 拍：左右脚依次点地，左脚先做。

上肢：

1—4 拍：左臂由下而上划至侧平举，右臂体前屈肘，立前臂。

5—8 拍：两臂体前屈肘，立前臂，五指张开，两臂同时划曲线。

躯干：身体朝向正前方。

第二个八拍

下肢：

1—4 拍：同第一个八拍 1—4 拍。

5—8 拍：两腿开立，略宽于肩。

上肢：

1—4 拍：同第一个八拍 1—4 拍。

5—8 拍：两臂前平举，两手五指交叉外翻。

躯干：身体朝向正前方，7—8 拍低头。

第三个八拍同第一个八拍。

第四个八拍

下肢：

1—4 拍：同第一个八拍 1—4 拍。

5—8 拍：两腿开立，略宽于肩。

上肢：

1—4 拍：同第一个八拍 1—4 拍。

5—8 拍：两臂向后伸直，两手五指交叉外翻。

躯干：身体朝向正前方，7—8 拍头后仰。

组合 C（4×8）

第一个八拍

下肢：

1—4 拍：左脚向后一步，稍屈膝，右腿伸直，勾脚尖，重心置于左腿。

5—8 拍：同 1—4 拍。

上肢：

1—4 拍：两臂从体侧伸直划出由下而上至头顶，两手五指交叉外翻。

5—8 拍：两臂屈肘经头、胸，在腹前向右脚脚尖拉伸。

躯干：身体朝向正前方，5—8 拍上体前压。

第二个八拍

下肢：

1—4 拍：右脚脚跟向前脚掌滚动，稍屈膝，左脚伸直，重心前移至右脚。

5—8 拍：右腿伸直，左脚向前一步与右脚并拢。

上肢：

1—4 拍：左臂自然置于体侧，右臂于体侧屈肘，向前上方伸直。

5—8 拍：右臂上举至最高点后稍屈肘握拳。

躯干：身体朝向正前方。

第三个八拍与第一个八拍动作相同，方向相反。

第四个八拍与第二个八拍动作相同，方向相反。

查看放松套路完整示范

第三节 健美操比赛规则与评判

一、健身健美操比赛规则及评分细则

（一）比赛规则

（1）参赛人数和性别：每队 6~12 人，性别不限。

（2）比赛时间：自编套路的时间为 2 分 30 秒 ±10 秒（从第一个可听见的声音开始，到最后一个声音结束，不包括提示音）。

（3）比赛场地：可为地板或地毯，12 米 ×12 米的比赛区域。标志带为 5 厘米宽的醒目色带，标志带是场地的一部分。

（二）计分方法及分值

比赛采用公开示分的方法。成套动作中至少出现 2 次身体接触的配合动作；成套动作中托举的数量不多于 3 次。成套动作的得分为艺术得分 10 分与完成得分 10 分之和，成套动作满分为 20 分。

（三）完成情况的评分因素及标准

小错误：稍偏离正确完成，每次扣 0.1 分。

中错误：明显偏离正确完成，每次扣 0.2 分。

大错误：较严重偏离正确完成，每次扣 0.3 分。

严重错误：严重偏离正确完成，每次扣 0.4 分。

失误：根本无法达到要求，无法清晰展示身体的位置，失去平衡（跌倒）等，每次扣 0.5 分。

集体完成动作时的动作方向、线路、幅度、力度等出现不一致，每出现一次扣 0.1 分。

（四）评分方法

最后得分是完成得分和艺术得分相加再减去评判长扣分即为最后得分。评判员评分精确到 0.1 分，运动员最后得分精确到 0.01 分。最后得分高者名次列前，若得分相等，名次排列取决顺序为最高完成分、最高艺术分；若成绩仍相等，则名次并列，无下一名次。

二、健身健美操的评判

健身健美操根据所要完成的任务分成大众性健美操和表演性健身健美操。当以大众健身为目的时，衡量的标准是健身健心效果；当以表演为主要目的时，衡量的标准是健美身心的享受效应和健与美给人带来的视听效果。

（一）大众性健身健美操的评判要求

（1）大众性：所编动作要大众化，简单易学，练习者能在领操员的带领下同步完成动作。如果动作上有一定难度，领操员要做好分解动作，化难为易。

（2）连续性：所编动作要能在 30 分钟以内不间断。这是有氧健身在实践上和强度上所提出的基本要求。动作与动作之间连接流畅优美。

（3）科学性：所编动作要遵循人体运动的规律。运动负荷的大小适宜，强度合理，锻炼方法科学，根据不同人群的不同要求，能安全地、有效地达到健身目的。

（4）娱乐性：所编动作与所选音乐要有利于提高练习者的兴奋性。场地的安排、健美操动作与风格的转换等都有精心安排，能使练习者感到轻松和愉悦。

（二）表演性健身健美操的评判要求

在比赛中，健身健美操的满分通常是 20 分，其中艺术编排分 10 分，动作完成分 10 分，由 8 名裁判分别对艺术编排和动作完成作出评判。

健身健美操的竞赛规则与竞技健美操的竞赛规则大体相似，主要的区别是健身健美操不允许出现 0.3 以上的难度动作，主要形式有操化组合、队形变化、音乐选配、造型与配合、主题与高潮以及成套动作的完成质量等。

三、竞技健美操的评判

1. 艺术裁判的评分范围（总分值 10 分）

（1）操化动作、难度动作、过渡 / 连接和托举动作的成套编排（最多 2 分）：动作内容的选择与安排必须在成套中表现出很好的均衡性；全部动作内容必须表现出多样性；难度与其他动作的连接必须表现出创造性和连贯性；过渡动作必须表现出独一无二的创造性特征；托举和动力性配合以及队形的变化必须以原创的方式出现，一次托举过程要呈现不同的身体形态（力量与柔韧的多种变化），并改变被举者的肩轴水平。

（2）音乐的使用（最多 2 分）：音乐的选择要有利于表现运动员的个性特点和技术风格，必须与音乐理念相吻合（旋律、节拍、重拍、乐段）；动作的设计必须与音乐的特色和谐一致；对两首以上乐曲的剪接，必须表现出自然流畅的转换；音效是音乐的一部分，必须音质高、音量适宜，并有与之相适应的动作来增强成套效果。

（3）操化动作组合（最多 2 分）：操化动作组合必须演绎出基本步伐和手臂动作的多样化组合形式；操化动作组合要在成套中均衡不断地展现；操化动作组合必须展示出高水准的身体协调能力。

（4）场地空间的使用（最多 2 分）：全套动作必须有效地使用比赛场地（4 个角和 1 个中央）；必须表现出各个方向的路线（向前、向后、向侧、斜线、弧线）；必须表现出三个立体空间的合理利用（地面、站立、腾空）。

（5）表演与配合（最多 2 分）：运动员必须通过完成高质量的动作给人留下整洁、干净利落的外表形象（形象的冲击）；运动员必须表现出高水准的体能状态（体能的冲击）；运动员必须通过自然与欢乐的面部表情来表现自信（情感的冲击）；在集体项目中，运动员必须表现得整齐划一、形神一致，并通过动作来表现同伴间的相互联系。

2. 完成裁判的评分范围（总分值 10 分）

竞技健美操完成情况的评分取决两个方面：一是技术技巧，二是合拍与一致性。技术技巧是指以最大限度的准确性完成动作的能力，它包含身体姿态、动作的准确性以及力量、速度与肌肉耐力等内容。合拍是指伴随音乐，与节拍同步的能力；一致性是指混双、三人和六人项目中，运动员完成动作整齐划一的能力。

3. 难度裁判的评分范围

难度动作是区分竞技健美操与健身健美操的重要标志之一。难度动作分为动力性力量、静力性力量、跳与跃、平衡与柔韧 4 个难度组别。规定运动员必须首先在各难度组别中任选一个难度动作，不得缺组，然后才能根据各自的特长继续任意选择难度动作，但最多不超过 12 个难度。

4. 违例动作

违例动作有：所有绕水平轴和横向轴的翻转动作，如空翻、滚翻和侧手翻等；有用手支撑的动作，身体不能超过水平面 30° 以上；任何违反身体自然姿态的动作，如体后屈，膝转，跪跳起；任何马戏与杂技的动作；禁止抛（抛是指一人被同伴扔出或以弹出方式将其送至腾空位置）。

作业与思考题

1. 简述健美操的起源与发展。
2. 健美操的分类有哪些？
3. 试述健美操的锻炼价值。
4. 简述健身健美操的比赛规则。

第十五章 体育舞蹈

名人名言

舞蹈让我用很多方式探索自己，学习了解自己的极限与强度，适应逆境的能力，走得比自己想象得更远，你终于发现自己是哪块料。

——A.Asnce

学习导航

体育舞蹈又称国际标准舞，是既具有文化艺术内涵，又具备体育竞赛形式，并深受各国人民喜爱的一项体育运动项目。体育舞蹈具备强身健体、陶冶情操、提高审美意识等多种功能，也是现代奥林匹克运动会的比赛项目。本章在介绍体育舞蹈概述的基础上，介绍了体育舞蹈的基本知识，重点介绍了各舞种的基本动作和学练方法。

知识目标

1. 了解体育舞蹈各舞种的起源、发展、分类和特点，明确体育舞蹈的锻炼价值。
2. 掌握体育舞蹈的基础知识。
3. 掌握各舞种的基本动作及锻炼方法，提高体育舞蹈审美能力。

能力目标

通过学习，能在科学的健身理念指导下自觉地参与体育舞蹈的学习和锻炼。

第一节　体育舞蹈概述

体育舞蹈是由竞技体育与艺术表演相结合的项目，它将形体美、舞蹈美、音乐美和服装美等多种美的因素融于一体，是一项兼具娱乐性、健身性、竞技性和表演性的体育项目。

一、体育舞蹈的起源

体育舞蹈又称国际标准舞，简称“国标舞”。它起源于西方国家的一种舞蹈形式，其前身是交际舞。在14世纪末15世纪初的意大利，出现了“社交舞”，亦称“舞厅舞”，它是由之前的民间舞融入意大利的贵族舞会中而逐渐发展演变形成的交际舞的一种形式。

二、体育舞蹈的发展

1924年，英国皇家舞蹈教师协会对当时的交际舞进行了整理，将布鲁斯、慢华尔兹、慢狐步舞、快华尔兹、快步舞、伦巴舞、探戈舞等交际舞的舞步、舞姿、跳法加以系统化和规范化，并称为“国际标准舞”，形成最早的“国标舞”类型。

国际体育舞蹈组织

目前，国际上有两个国际体育舞蹈组织：

1. 世界舞蹈及体育舞蹈理事会：简称WDDSC（World Dance and Dance Sport Council），1950年9月22日在英国爱丁堡成立，现有52个会员协会，注册地为英国伦敦，主要管理职业体育舞蹈事务和比赛。

2. 国际体育舞蹈联合会：简称IDSF（International Dance Sport Federation），1935年成立，现有85个会员协会，注册地为瑞士洛桑，主要管理业余体育舞蹈事务和比赛。

三、体育舞蹈的分类

体育舞蹈按舞蹈的风格和技术结构，分为摩登舞和拉丁舞两大类。摩登舞又称“标准舞”，它包括华尔兹、探戈舞、快步舞、狐步舞和维也纳华尔兹5个舞种；拉丁舞包括伦巴舞、恰恰恰、牛仔舞、桑巴舞和斗牛舞5个舞种。如果按照竞赛项目划分，体育舞蹈可分为三类：摩登舞、拉丁舞和团体舞。其中团体舞指的是摩登舞或拉丁舞的混合舞，属于集体比赛项目，由8对选手组成，伴随舞蹈音乐的节奏，选手们不断变换队形，组合成丰富多样的图案，从而将摩登舞或拉丁舞舞蹈的音乐、舞姿、队形、图案和选手们的和谐配合融为一体，达到完美的统一，充分展示体育舞蹈的风格特点。

四、体育舞蹈的特点

从整体上看，摩登舞除探戈舞之外，其他舞种都起源于欧洲。跳舞时，男女舞伴交手跳舞，并按逆时针方向行进，具有端庄、含蓄、稳重、典雅的风格和绅士风度。摩登舞舞步流畅，轻柔洒脱；舞姿优美，起伏有序；音乐节奏清晰，舞蹈富于技巧性。跳舞时，男性挺拔刚健、站立端庄、气宇轩昂；女性婀娜轻盈、柔媚洒脱、高贵典雅，是老少皆宜的舞蹈类型。

拉丁舞除斗牛舞之外，其他舞种都起源于非洲和拉丁美洲。跳舞时，男女舞伴跳舞时交时分，若即若离，除了桑巴舞和斗牛舞有移动之外，其他基本是在原地舞动。拉丁舞具有热情、奔放、浪漫的风格特点，舞蹈动作豪放粗犷，速度多变，手势和脚步内容丰富，充满激情，音乐节奏鲜明热烈，尤其被中青年人所喜爱。

第二节　体育舞蹈基本知识

一、体育舞蹈的基本名词

体育舞蹈的基本名词是指体育舞蹈中常用的名词术语，这些名词和有关术语已成为世界性通用的体育舞蹈语言。因此，在学习体育舞蹈之前，必须熟悉这些规范性名词的含义。

体育舞蹈基本名词主要有舞姿、反身动作、反身动作位置、升降、摆荡、倾斜、组合、套路、速度、节奏、准线、平衡等。

1. 舞姿

（1）闭式位舞姿：泛指男女舞伴相向而立，双手扶握的身体位置。

（2）开式位舞姿：亦称侧行位舞姿，简称 P. P. 舞姿。是指在闭式位舞姿的基础上，男女身体略向左右打开，两人身体形成“V”字形的身体位置。

（3）外侧位舞姿：简称 O. P. 舞姿，是指在摩登舞中，男女舞伴的一方向另一方的右外侧（常见）或左外侧（较少见）前进所形成的身体位置。

（4）并肩位舞姿：指在拉丁舞中，男女舞伴面对同一方向肩臂相并的身体位置。以男伴为基准，男伴左肩与女伴右肩相并称为“左并肩位”；男伴右肩与女伴左肩相并称“右并肩位”。

（5）影子位舞姿：指男女舞伴面对同一方向重叠而立，形影相随的身体位置，以女伴居前较为常见。

2. 反身动作

是一个动态的动作。即跳舞时，舞者一侧脚前进或后退时，同侧肩和胯后让或前送，使身体与舞步形成反向配合的身体动作。

3. 反身动作位置

是一个相对静止的滞留形态动作。即跳舞时，在身体不转动的情况下，一脚在身前或身后形成交叉，舞者两条腿形成一条直线，以展示优美的线条，并保证两人身体维持相靠姿势的身体位置。

4. 升降

是指在跳舞时，舞者身体的上升与下降。升降动作是在膝、踝、趾关节的屈和伸的转换中完成的。

5. 摆荡

是指在跳舞时，舞者在身体上升做斜向或横向移动的同时，像钟摆似的身体摇摆动作。

6. 倾斜

是指在跳舞时，舞者身体的侧斜动作。从形体上讲，是指肩的平衡线向左或向右的倾斜，它与地面的水平线成三角斜线。

7. 组合

是指两个或两个以上的舞步型的结合。

8. 套路

是指由若干个组合串编成的一套完整的舞步型。

9. 速度

这里是指音乐速度，即每分钟内所演奏的小节总数。

10. 节奏

是指以一定的规律反复出现、赋予音乐以性格的具有特色的节拍。

11. 准线

是指双脚的位置或双脚的方向与场地之间的关系。

12. 平衡

是指舞蹈中身体重心的准确分配。

二、体育舞蹈的相关知识及其动作的记写方法

1. 舞伴

指的是与自己同舞的另一个人。

2. 舞池

指的是专门为跳舞所用的场地，国际上进行体育舞蹈比赛的场地是有一定规格的，面积为 15 米 ×23 米，赛场上长的两条线叫 A 线，短的两条线叫 B 线（图 15–2–1）。

3. 舞程线

在舞蹈过程中，为避免在舞池中的相互碰撞，规定了舞者必须按逆时针方向行进，即舞程向。而沿着舞程向方向行进的路线就叫舞程线。它是一条沿着舞池四周运行的与墙壁平行的设想线，它是指移动方向，而不是一条一成不变的单道线（图 15–2–2）。

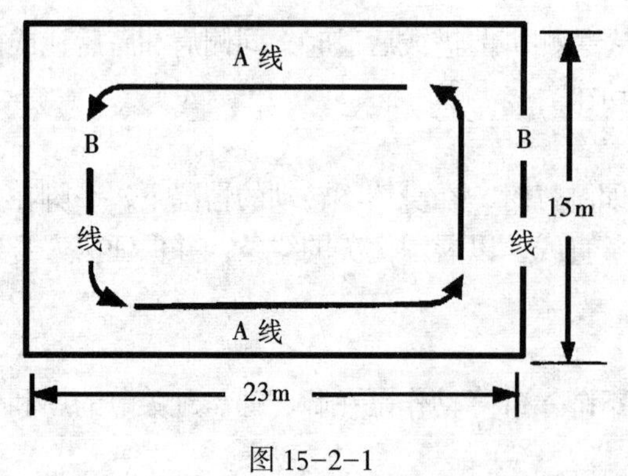

图 15–2–1

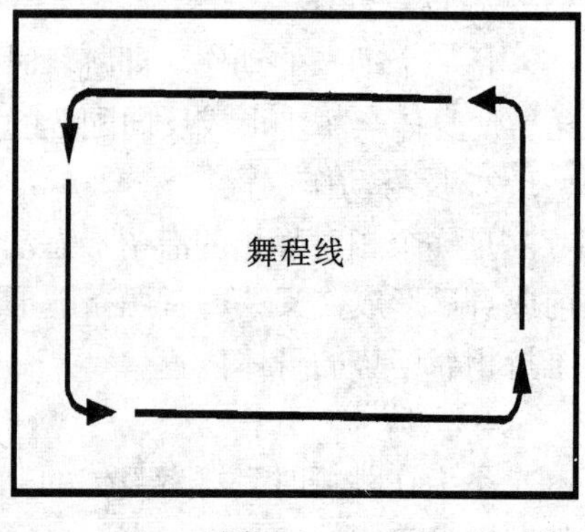

图 15–2–2

4. 角度

指的是舞者身体在运步或旋转中与环舞池一周（360°）相对应的角度，在记录旋转动作时，应先标明旋转方向（左转或右转），再标明角度。旋转角度的认定如图15−2−3所示。

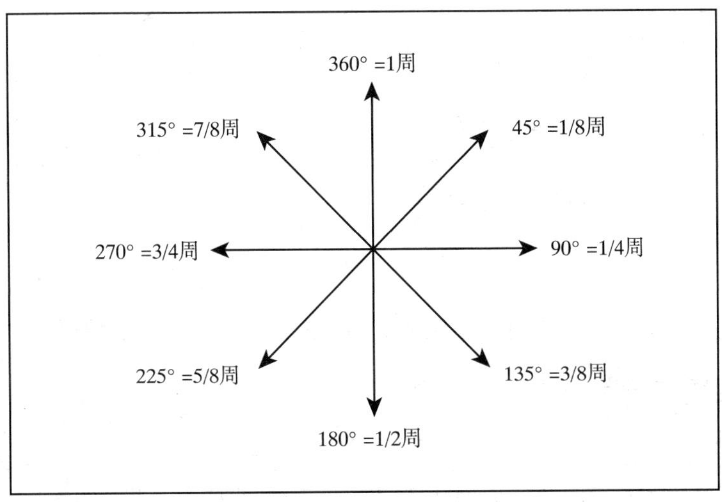

图 15−2−3

5. 方位

指舞者在完成各种不同动作时，其在舞池中所处的方向、位置。在一般情况下，多以乐队演奏台的一面为规定方位的基点，定为“1点”（也可选场地上其他任何一点）。每向顺时针方向转动45°则变动一个方位，以此类推共有8个点。因此，在场地中4个面为1、3、5、7点，4个角为2、4、6、8点（图15−2−4）。

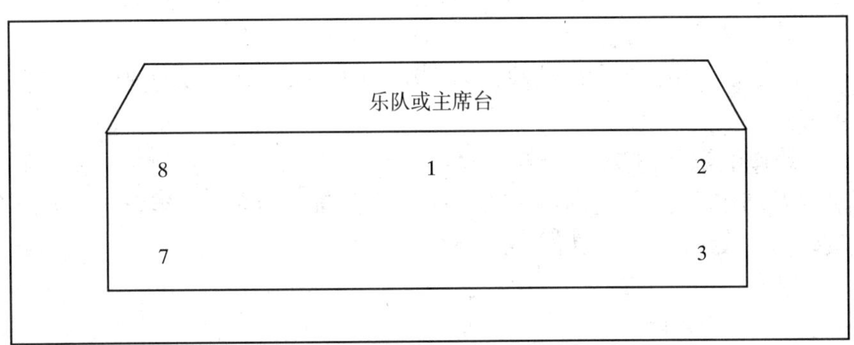

图 15−2−4

以上所谈方位，是在一个固定位置时用的。在舞蹈过程中，舞者需要不断地变换方位，和舞程线的位置关系也会发生相应的变化。因此，需要规定几条线来指示舞者每个舞步的行进方向。在国际体育舞蹈中规定了8条线：① 面对舞程线或背对逆舞程线，② 面对斜壁线，③ 面对壁线，④ 背对斜中央线，⑤ 背对舞程线或面对逆舞程线，⑥ 背对斜壁线，⑦ 面对中央线，⑧ 面对斜中央线，如图15−2−5所示。只要

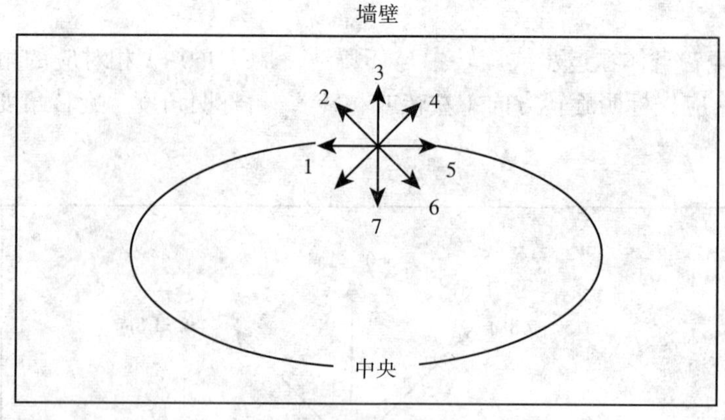

图 15-2-5

是沿着舞程线的圆周在行进，则无论行进到哪一点，上述规律都是适用的。

三、体育舞蹈的记写方法

（一）符号的记写

S：为英文 SLOW 的缩写，表示慢节奏，一般跳两拍为一步。

Q：为英文 QUICK 的缩写，表示快节奏，一般跳一拍为一步。

&：为英文 AND 的缩写，即为前面所指示的拍子的一半。如“S&”，S = 2 拍，& = 1 拍，如“Q&”，Q = 1 拍，& = 1/2 拍。

“a”：在音乐 4/4 的节拍中，“a” 表示 1/4 拍。

H：为英文 HEEL 的缩写，表示步法是脚跟着地。

T：为英文 TOE 的缩写，表示步法是脚尖着地。

H. T：表示舞者运步过程是脚跟先着地然后过渡到脚尖。

T. H：表示舞者运步过程是脚尖先着地然后过渡到脚跟。

I. E：为英文 Inside Edge 的缩写，表示舞蹈中一脚沿另一脚的内侧向前或向后的动作。

（二）动作的记写方法

体育舞蹈动作的记写方法指的是把一个独立的舞步型或一个组合（个人成套、团体舞成套动作）表示出来的书写方法。

1. “连续式”

“连续式” 分为两种：

一种是 “逗号隔开式”，即按动作的先后顺序，用逗号把相对独立部分隔开的一种书写形式。如探戈：常步，直行连步，右扭转步，并退滑行步，右滑行转至摇转步。

另一种是 “破折号隔开式”，即用破折号把相对独立的学名连接起来成为成套动作的一种书写形式。如恰恰恰：基本动作—扇形步—曲棍步—右陀螺转步—闭式扭胯步。

2. “顺序式”（数字分列式）

即按一个独立动作中每一节的先后顺序，用数字 “1～” 分行排列的一种书写形式。如恰恰恰的纽约步：

1~右转 1/4 周，左脚前进，右脚屈膝提踵，两膝靠拢，重心在两腿之间。

2~右脚落踵，重心回到右脚，同时左转 1/4 周。

3~5 向左的追步。

6~左转 1/4 周，右脚前进，左脚屈膝提踵，两膝靠拢，重心在两腿之间。

7~左脚落踵，重心回到左脚，同时右转 1/4 周。

8~10 向右的追步。

第三节 体育舞蹈的基本舞姿与学练方法

一、拉丁舞

拉丁舞起源于非洲和拉丁美洲，它以鲜明的风格、充满激情的音乐、变换多样的舞步及其丰富的情感体现，成为具有较高的技巧性与艺术性相结合的舞苑奇葩，是极富魅力的舞蹈形式。

（一）伦巴舞

伦巴起源于古巴，是拉丁舞中极富魅力的舞种之一。其最大的特点是，在舞步运行中始终保持连绵不断的胯部扭摆，尽显舞态的柔媚。它的音乐缠绵抒情，舞步婀娜多姿，是表现爱情的舞蹈，被誉为“拉丁舞之魂”。

伦巴舞的音乐是 4/4 拍，音乐速度是每分钟 27~31 小节，重音在每小节的第一拍，充分展现胯部动作。音乐节拍是“2、3、4~1”，第二拍和第三拍各走一步，第四拍和第一拍共走一步。也就是说，伦巴舞的节奏是四拍完成三步动作。

伦巴的基本步形有基本步、左右分展步、纽约步、对手步、定点转、扇形步、曲棍步等。

1. 基本步

预备姿势：闭式位舞姿（双脚开立，男士重心在右脚，女士重心在左脚）。

查看伦巴分解示范动作

男士：1~左脚经右脚向前，重心在左脚上。

2~右脚落踵，重心回到右脚上。

3~左脚再经右脚，横步稍后，重心回至左脚。

4~右脚经左脚向后，重心在右脚上。

5~左脚落踵，重心前移至左脚上。

6~右脚再经左脚，横步稍前，重心回至右脚。

女士：步法同男士，唯方向相反。

2. 左右分展步

预备姿势：闭式位舞姿（男女士保持双脚并立）。

男士：1~右脚横步稍前，重心在右脚上。

2~脚步不变，重心移至左脚上。
3~右脚并左脚，重心回至右脚。
4~左脚横步稍前，重心在左脚上。
5~脚步不变，重心移至右脚上。
6~左脚并右脚，重心回至左脚。

女士：1~左脚后退，身体左转 1/2 周（从闭式变成分展式）。
2~重心前移至右脚，后半拍右转 1/2 周。
3~左脚并右脚，重心回至左脚。
4~右脚后退，身体右转 1/2 周（从闭式变成分展式）。
5~重心前移至左脚，后半拍左转 1/2 周。
6~右脚并左脚，重心回至右脚。

3. 组约步

预备姿势：分式位舞姿（男右手女左手相握）。

男士：1~右转 1/4 周，左脚经右脚前进，重心在左脚上。
2~右脚落踵，重心回到右脚，同时左转 1/4 周。
3~左脚向左横步，重心回至左脚。
4~左转 1/4 周，右脚经左脚前进，重心在右脚上。
5~左脚落踵，重心回到左脚，同时右转 1/4 周。
6~右脚向右横步，重心回至右脚。

女士：步法同男士，唯方向相反。

4. 对手步

预备姿势：分式位舞姿（男右手女左手相握）。

男士：1~左转 1/4 周，左脚经右脚后退，重心在左脚上。
2~右脚落踵，重心移至右脚，同时右转 1/4 周。
3~左脚向左横步，重心回至左脚。
4~右转 1/4 周，右脚经左脚后退，重心在右脚上。
5~左脚落踵，重心移至左脚，同时左转 1/4 周。
6~右脚向右横步，重心回至右脚。

女士：步法同男士，唯方向相反。

5. 定点转

预备姿势：分式位舞姿（男右手女左手相握）。

男士：1~左脚越过右脚向右前进步，重心移至左脚，同时右转 1/2 周。
2~重心移至右脚，继续右转 1/2 周，同时左脚并右脚。
3~左脚向左横步，重心回至左脚。
4~右脚越过左脚向左前进步，重心移至右脚，同时左转 1/2 周。
5~重心移至左脚，继续左转 1/2 周，同时右脚并左脚。
6~右脚向右横步，重心回至右脚。

女士：步法同男士，唯方向相反。

6. 扇形步

预备姿势：闭式位舞姿（双脚开立）。

男士：1~左脚经右脚向前，重心在左脚上。
2~右脚落踵，重心回到右脚上。
3~左脚再经右脚，横步稍后，重心回至左脚。
4~右脚经左脚向后，重心在右脚上。
5~左脚落踵，重心前移至左脚上。
6~右脚向侧横步，同时左转 1/8 周。

女士：1~右脚经左脚向后，重心在右脚上。
2~左脚落踵，重心前移至左脚上。
3~右脚再经左脚，横步稍前，同时右转 1/8 周。
4~左脚经右脚向前，同时左转 1/8 周。
5~右脚向侧稍后，继续左转 1/4 周。
6~左脚横步稍后，继续左转 1/8 周。

7. 曲棍步

预备姿势：扇形位舞姿（男士左手女士右手相握）。

男士：1~左脚前进，脚尖外旋，重心在左脚上。
2~右脚落踵，重心回到右脚上。
3~左脚并右脚，重心移至左脚上。
4~右脚后退小步，同时右转 1/8 周。
5~左脚落踵，重心回到左脚上。
6~右脚前进或向右横步。

女士：1~右脚并向左脚，重心在右脚上，同时右转 1/8 周。
2~左脚前进。
3~右脚前进，靠近男伴左侧前方。
4~左脚前进，同时左转 1/8 周。
5~右脚前进，同时左转 1/2 周。
6~左脚后退或向左横步，继续左转 1/4 周。

欣赏伦巴舞蹈演练

（二）恰恰恰

恰恰恰起源于墨西哥，它与伦巴舞在胯部动作、舞步变化、舞步名称及组合方面有很多共同之处，被称为姐妹舞种。恰恰恰在音乐上热情奔放，舞步花俏利落，风格诙谐俏皮，表现欢快的情感。

恰恰恰的音乐是 4/4 拍，音乐速度是每分钟 29~32 小节，重音在每小节的第一拍，舞步的力度要在重拍上展现。音乐节拍是“2、3、4、&、1”，第一步、第二步和第五步各占一拍，第三步和第四步各占半拍。也就是说，恰恰恰的节奏是四拍完成五步动作。

恰恰恰的基本步形有左右追步、基本步、古巴断步、前进后退锁步、纽约步、对手步、定点转等。

1. 左右追步

预备姿势：闭式位舞姿（双脚开立）。

查看恰恰恰分解示范动作

男士：1~左脚并向右脚，右膝弯曲，右脚脚尖点地，重心在左脚上。
2~右脚快速落踵，左膝弯曲，左脚脚尖点地，重心回到右脚上。
3~左脚向侧横步，重心还在右脚上。
4~右脚快速并向左脚，重心在两脚之间。
5~右脚蹬地拧转，左脚向侧横步，两膝伸直，重心落在左脚上。
6~右脚并向左脚，左膝弯曲，左脚脚尖点地，重心在右脚上。
7~左脚快速落踵，右膝弯曲，右脚脚尖点地，重心回到左脚上。
8~右脚向侧横步，重心还在左脚上。
9~左脚快速并向右脚，重心在两脚之间。
10~左脚蹬地拧转，右脚向侧横步，两膝伸直，重心落在右脚上。

女士：与男士步法相同，方向相反。男士做向左的追步时，女士对应做向右的追步；男士做向右的追步，女士完成向左的追步。

2. 基本步

预备姿势：闭式位舞姿（双脚开立）。

男士：1~左脚经右脚向前，两膝夹靠，大腿夹紧，左膝伸直，右膝弯曲，重心在两腿之间。
2~右脚快速落踵，右膝伸直，重心回到右脚上。
3~左脚经右脚向侧横步，重心还在右脚上。
4~右脚快速并向左脚，重心在两脚之间。
5~右脚蹬地拧转，左脚向侧横步，两膝伸直，重心落在左脚上。
6~右脚经左脚向后，两膝伸直，重心在右脚上。
7~左脚快速落踵，重心移至左脚上。
8~右脚经左脚向侧横步，重心还在左脚上。
9~左脚快速并向右脚，重心在两脚之间。
10~左脚蹬地拧转，右脚向侧横步，两膝伸直，重心落在右脚上。

女士：1~右脚经左脚向后，两膝伸直，重心在右脚上。
2~左脚快速落踵，重心移至左脚上。
3~右脚经左脚向侧横步，重心还在左脚上。
4~左脚快速并向右脚，重心在两脚之间。
5~左脚蹬地拧转，右脚向侧横步，两膝伸直，重心落在右脚上。
6~左脚经右脚向前，两膝夹靠，大腿夹紧，左膝伸直，右膝弯曲，重心在两腿之间。
7~右脚快速落踵，右膝伸直，重心回到右脚上。
8~左脚经右脚向侧横步，重心还在右脚上。
9~右脚快速并向左脚，重心在两脚之间。
10~右脚蹬地拧转，左脚向侧横步，两膝伸直，重心落在左脚上。

3. 古巴断步

预备姿势：闭式位舞姿（男女士掌心相对合掌）。

男士：1~右转 1/8 周，同时左脚小步向前，两膝夹靠，大腿夹紧，左膝伸直，右膝弯曲，重心在两腿之间。

2~右脚快速落踵，右膝伸直，重心回到右脚上。

3~左转 1/8 周，同时右脚蹬地，左脚向左横步，两膝伸直，重心移至左脚上。

4~左转 1/8 周，同时右脚小步向前，两膝夹靠，大腿夹紧，右膝伸直，左膝弯曲，重心在两腿之间。

5~左脚快速落踵，左膝伸直，重心回到左脚上。

6~右转 1/8 周，同时左脚蹬地，右脚向右横步，两膝伸直，重心移至右脚上。

女士：与男士步法相同，方向相反。

4. 前进后退锁步

预备姿势：分式位舞姿（男右手女左手相握）。

男士：1~左脚经右脚向前，两膝夹靠，大腿夹紧，左膝伸直，右膝弯曲，重心在两腿之间。

2~右脚快速落踵，右膝伸直，重心回到右脚上。

3~左脚向后迈步，脚尖着地，左膝伸直，重心还在右脚上。

4~右脚后退交叉于左脚前面，两膝弯曲夹靠，两脚前掌着地，重心在两腿之间。

5~右脚蹬地，左脚后退，两膝伸直，重心在左脚上。

6~右脚经左脚向后，两膝伸直，重心在右脚上。

7~左脚快速落踵，重心移至左脚上。

8~右脚向前迈步，脚跟着地，重心在右脚上。

9~左脚屈膝迈步，交叉于右脚后面，两膝弯曲夹靠，两脚前掌着地重心在两腿之间。

10~左脚蹬地，右脚向前迈步，两膝伸直，重心在右脚上。

女士：1~右脚经左脚向后，两膝伸直，重心在右脚上。

2~左脚快速落踵，重心移至左脚上。

3~右脚向前迈步，脚跟着地，重心在右脚上。

4~左脚屈膝迈步，交叉于右脚后面，两膝弯曲夹靠，两脚前掌着地，重心在两腿之间。

5~左脚蹬地，右脚向前迈步，两膝伸直，重心在右脚上。

6~左脚经右脚向前，两膝夹靠，大腿夹紧，左膝伸直，右膝弯曲，重心在两腿之间。

7~右脚快速落踵，右膝伸直，重心回到右脚上。

8~左脚向后迈步，脚尖着地，左膝伸直，重心还在右脚上。

9~右脚后退交叉于左脚前面，两膝弯曲夹靠，两脚前掌着地，重心在两腿之间。

10~右脚蹬地，左脚后退，两膝伸直，重心在左脚上。

5. 纽约步

预备姿势：分式位舞姿（男右手女左手相握）。

男士：1~右转 1/4 周，左脚经右脚向前，两膝夹靠，大腿夹紧，左膝伸直，右膝弯曲，重心在两腿之间。

2~右脚快速落踵，右膝伸直，重心回到右脚上，同时左转 1/4 周。

3~左脚经右脚向侧横步，重心还在右脚上。

4~右脚快速并向左脚，重心在两脚之间。

5~右脚蹬地拧转，左脚向侧横步，两膝伸直，重心落在左脚上。

6~左转 1/4 周，右脚经左脚向前，两膝夹靠，大腿夹紧，右膝伸直，左膝弯曲，重心在两腿之间。

7~左脚快速落踵，左膝伸直，重心回到左脚上，同时右转 1/4 周。

8~右脚经左脚向侧横步，重心还在左脚上。

9~左脚快速并向右脚，重心在两脚之间。

10~左脚蹬地拧转，右脚向侧横步，两膝伸直，重心落在右脚上。

女士：与男士步法相同，方向相反。

6. 对手步

预备姿势：分式位舞姿（男右手女左手相握）。

男士：1~左转 1/4 周，左脚经右脚后退，重心在左脚上。

2~右脚快速落踵，重心移至右脚，同时右转 1/4 周。

3~左脚经右脚向侧横步，重心还在右脚上。

4~右脚快速并向左脚，重心在两脚之间。

5~右脚蹬地拧转，左脚向侧横步，两膝伸直，重心落在左脚上。

6~右转 1/4 周，右脚经左脚后退，重心在右脚上。

7~左脚快速落踵，重心移至左脚，同时左转 1/4 周。

8~右脚经左脚向侧横步，重心还在左脚上。

9~左脚快速并向右脚，重心在两脚之间。

10~左脚蹬地拧转，右脚向侧横步，两膝伸直，重心落在右脚上。

女士：与男士步法相同，方向相反。

7. 定点转

预备姿势：分式位舞姿（男右手女左手相握）。

男士：1~左脚越过右脚向右前进步，重心移至左脚，同时右转 1/2 周。

2~重心移至右脚，继续右转 1/2 周，同时左脚并右脚。

欣赏恰恰恰舞蹈演练

3~左脚经右脚向侧横步，重心还在右脚上。

4~右脚快速并向左脚，重心在两脚之间。

5~右脚蹬地拧转，左脚向侧横步，两膝伸直，重心落在左脚上。

6~右脚越过左脚向左前进步，重心移至右脚，同时左转 1/2 周。

7~重心移至左脚，继续左转 1/2 周，同时右脚并左脚。

8～右脚经左脚向侧横步，重心还在左脚上。

9～左脚快速并向右脚，重心在两脚之间。

10～左脚蹬地拧转，右脚向侧横步，两膝伸直，重心落在右脚上。

女士：与男士步法相同，方向相反。

（三）牛仔舞

牛仔舞起源于美国，是一种带有跳跃性动作的舞蹈，其最大的特点就是舞蹈中的摇摆胯动作，胯部像钟摆一样的摆荡。它的音乐欢快活泼，节奏快速多变，舞步自由灵巧，尽显愉快、热烈、奔放、风趣的舞蹈风格。

牛仔舞的音乐是 4/4 拍，音乐速度为每分钟 40～46 小节。它的动作节奏为 1、2、3a、4、5a、6。其中 3 和 5 各占 3/4 拍，a 占 1/4 拍。也就是说，牛仔舞是 6 拍完成 8 步动作。

牛仔舞的基本步形有左右追步、原地基本步、并退基本步、右到左换位、左到右换位、美式旋转、停和走等。

1. 左右追步

预备姿势：闭式位舞姿（男女保持双脚并立）。

男士：1～左脚向侧小步，膝关节微屈，重心在两脚之间。

2～右脚并左脚，膝关节微屈，重心在右脚。

3～左脚向侧一大步，当重心移到左脚时，膝关节伸直，同时右膝上抬。

4～右脚向侧小步，膝关节微屈，重心在两脚之间。

5～左脚并右脚，膝关节微屈，重心在左脚。

6～右脚向侧一大步，当重心移到右脚时，膝关节伸直，同时左膝微屈。

女士：与男士步法相同，方向相反。男士完成向左的追步的同时，女士完成向右的追步；男士做向右的追步时，女士完成向左的追步。

2. 原地基本步

预备姿势：闭式位舞姿（男女保持双脚并立）。

男士：1～左脚后退踏步，重心在左脚上。

2～右脚原地踏步，重心移至右脚。

3～5 向左的追步。

6～8 向右的追步。

女士：与男士步法相同，方向相反。

3. 并退基本步

查看牛仔舞分解示范动作

预备姿势：闭式位舞姿（男女保持双脚并立）。

男士：1～左脚后退踏步，同时左转 1/8 周，重心在左脚上。

2～右脚原地踏步，同时右转 1/8 周，重心移至右脚。

3～5 向左的追步。

6～8 向右的追步。

女士：与男士步法相同，方向相反。

4. 右到左换位

预备姿势：分式位舞姿（男左手女右手相握）。

男士：1~左脚后退踏步，同时左转 1/8 周，重心在左脚上。
2~右脚原地踏步，重心移至右脚。
3~5 在侧行位置下，跳向左的追步。
6~右脚前进，重心在右脚上。
7~左脚向前与右脚并合，双膝微屈，重心还在右脚上。
8~右脚侧前方向一大步，右膝伸直，重心在右脚。

女士：1~右脚后退踏步，同时右转 1/8 周，重心在右脚上。
2~左脚原地踏步，同时左转 1/8 周，重心移至左脚。
3~5 稍向前的位置下，跳向右的追步，最后一步时右转 5/8 周。
6~左脚斜后退，同时右转 1/8 周，重心在左脚上。
7~右脚向后与左脚并合，双膝微屈，重心还在左脚上。
8~左脚向后退步，左膝伸直，重心在左脚。

5. 左到右换位

预备姿势：分式位舞姿（男左手女右手相握）。

男士：1~左脚后退踏步，重心在左脚上。
2~右脚原地踏步，重心移至右脚。
3~左脚前进，重心在左脚上，同时右转 3/8 周。
4~右脚向前与左脚并合，双膝微屈，重心还在左脚上。
5~左脚侧前方向一大步，左膝伸直，重心在左脚。
6~右脚前进，重心在右脚上。
7~左脚向前与右脚并合，双膝微屈，重心还在右脚上。
8~右脚侧前方向一大步，右膝伸直，重心在右脚。

女士：1~右脚后退踏步，重心在右脚上。
2~左脚原地踏步，重心移至左脚。
3~右脚前进，重心在右脚上。
4~左脚向前与右脚并合，双膝微屈，重心还在右脚上。
5~右脚侧前方向一大步，右膝伸直，重心在右脚，同时左转 1/2 周。
6~左脚斜后退，重心在左脚上。
7~右脚向后与左脚并合，双膝微屈，重心还在左脚上。
8~左脚向后退步，左膝伸直，重心在左脚，同时左转 1/8 周。

6. 美式旋转

预备姿势：分式位舞姿（男左手女右手相握）。

男士：1~左脚后退踏步，重心在左脚上。
2~右脚原地踏步，重心移至右脚。
3~5 向左的追步。
6~8 向右的追步。

女士：1~右脚后退踏步，重心在右脚上。
2~左脚原地踏步，重心移至左脚。
3~5 前进的右追步，最后一步右转 3/4 周。

6~8 继续右转 1/4 周，同时做向左的追步。第一步向左横步，第二步右脚向左并步，第三步左脚后退。

7. 停和走

预备姿势：分式位舞姿（男左手女右手相握）。

男士：1~左脚后退踏步，重心在左脚上。

2~右脚原地踏步，重心移至右脚。

3~5 前进的左追步。

6~右脚前进的抑制步。

7~左脚原地踏步，重心移至左脚。

8~10 后退的右追步。

女士：1~右脚后退踏步，重心在右脚上。

2~左脚原地踏步，重心移至左脚。

3~5 向右的追步，同时左转 1/8 周。

6~左脚后退踏步，重心在左脚上。

7~右脚原地踏步，重心移至右脚。

8~10 向左的追步，同时右转 1/8 周。

欣赏牛仔舞演练

（四）桑巴舞

桑巴舞起源于巴西，是一种带有弹动动作的舞蹈，其最大的特点是丰富的胯部律动。腰胯向前后、左右方向来回摆动，加上舞蹈中不停地游走、移位，表现出极强的动律感。桑巴舞音乐热烈欢欣，舞步摇曳粗犷，动作起伏强烈，尽显活泼、动人、激情、豪放的舞蹈风格。

查看桑巴舞分解示范动作

桑巴舞的音乐是 2/4 拍，音乐速度为每分钟 40~56 小节。在一个小节中，舞步可跳出两步（SS）、三步（SQQ）或（S&S）、四步（QQQQ）等多种步型。

欣赏桑巴舞演练

（五）斗牛舞

斗牛舞起源于法国，盛行于西班牙，与上面介绍的几种拉丁舞最大的不同是，它没有胯部的扭动动作，也是拉丁舞中唯一表现男性的舞蹈。斗牛舞音乐威武雄壮，舞步突发迸进，脚下干净利落，尽显激昂、刚劲、有力的舞蹈风格。

查看斗牛舞分解示范动作

斗牛舞的音乐是 2/4 拍，音乐速度为每分钟 60~62 小节。每小节两拍，口令为“1、2”。一般是一拍跳一步，第一拍是重拍。在 2/4 拍子中一般是两小节为一个乐句，口令为“1、2、3、4”，也就是说在做一组动作时，从乐句“1”时开始起步。另外，表演时斗牛舞的音乐可以是 3/4 拍或 6/8 拍。

欣赏斗牛舞演练

二、摩登舞

摩登舞起源于欧洲，具有端庄、含蓄、稳重、典雅的风格和绅士风度。摩登舞舞步流畅，舞姿曼妙优美，动作轻柔洒脱，重心起伏有序，是娱乐性和观赏性相结合的老少皆宜的舞蹈形式。

（一）华尔兹

华尔兹起源于德国，舞蹈过程中男女舞伴如圆形转体，绕着圆形的舞池，循着圆形的舞程线进行，旋转成圆是其最大的特色，故华尔兹又称为“圆舞”。华尔兹舞姿庄重典雅，舞步飘逸潇洒、圆润柔和，尽显其委婉优雅、自然流畅的舞蹈风格，被誉为“舞中之皇”。

华尔兹的音乐是 3/4 拍，每小节三拍，舞步基本上是一拍跳一步，音乐速度为每分钟 30~32 小节，重拍在音乐的第一拍。华尔兹的基本步形有前进、后退并换步、左转步、右转步、拂步、侧行追步等。

1. 前进、后退并换步

（前进并换步以男士为例，分为左足前进并换步和右足前进并换步；后退并换步以女士为例，分为右足后退并换步和左足后退并换步。）

预备姿势：闭式位舞姿。

男士：1~左脚前进，结尾时重心开始上升。
2~右脚经左脚向侧稍向前一步，重心继续上升。
3~左脚并向右脚，重心继续上升，结尾时下降。
4~右脚前进，结尾时重心开始上升。
5~左脚经右脚向侧稍向前一步，重心继续上升。
6~右脚并向左脚，重心继续上升，结尾时下降。

注：男士完成前进并换步的同时，女士完成后退并换步。

女士：与男士步法相同，方向相反。

2. 左转步

预备姿势：闭式位舞姿。

男士：1~左脚前进，身体有反身动作，开始左转。
2~右脚经左脚横步，同时左转 1/4 周。
3~左脚并向右脚，同时左转 1/8 周。
4~右脚后退，身体有反身动作。
5~左脚经右脚横步，继续左转 3/8 周。
6~右脚并向左脚，身体完成转动。

女士：1~右脚后退，身体有反身动作，开始左转。
2~左脚经右脚横步，同时左转 3/8 周。
3~右脚并向左脚。
4~左脚前进，身体有反身动作，继续左转。
5~右脚经左脚横步，同时左转 1/4 周。
6~左脚并向右脚，同时左转 1/8 周。

3. 右转步

预备姿势：闭式位舞姿。

右转步的男女脚法同左转步，不同的是右转步时，男士右脚前进开始右转，女士左脚后退开始右转，即左右方向不同。

4. 拂步

预备姿势：闭式位舞姿。

男士：1~左脚前进，身体稍有反身动作。
2~右脚向侧稍向前。

3~左脚在侧行位置交叉于右脚后。

女士：1~右脚后退，身体稍有反身动作。

2~左脚斜向后，同时右转 1/4 周。

3~右脚在侧行位置交叉于左脚后。

5. 侧行追步

预备姿势：闭式位舞姿。

男士：1~右脚前进，并交叉于反身动作位置及侧行位置。

2~左脚经右脚横步稍前。

&~右脚并向左脚。

3~左脚向侧且稍向前。

女士：1~左脚前进，并交叉于反身动作位置及侧行位置。

2~右脚经左脚横步稍后，同时左转 1/8 周。

&~左脚并向右脚，继续左转 1/8 周。

3~右脚向侧且稍向后。

（二）探戈

探戈起源于阿根廷，是摩登舞中唯一一个带有拉丁特色的舞蹈。探戈动作刚劲有力、潇洒奔放、节奏爽快流畅、动静交织，尽显深沉、豪放、洒脱的舞蹈风格。

探戈的音乐是 2/4 拍，每分钟 31~33 小节，重拍每拍相等。其音乐的特点是以切分音为主，带有附点和停顿。基本节奏为 SSQQ 或 SQQS。其中慢拍（S）占一拍，快拍（Q）占半拍。探戈舞的基本步形有常步、直行连步、直行侧步、右摇转步、分式左转步等。

1. 常步

预备姿势：闭式位舞姿。

男士：1~（S）反身动作位置下，左脚弧线向前。

2~（S）右脚前进，右肩引导，同时左转 1/8 周。

女士：与男士步法相同，方向相反。

2. 直行连步

预备姿势：闭式位舞姿。

男士：1~（Q）左脚在反身动作位置下向前。

2~（Q）右脚横步稍后，同时身体稍向右转。

女士：1~（Q）右脚在反身动作位置下后退，同时右转 1/4 周。

2~（Q）左脚横步稍后。

3. 直行侧步

预备姿势：闭式位舞姿。

男士：1~（Q）反身动作位置下，左脚向前，向左曲转。

2~（Q）右脚向侧且稍后退。

3~（S）反身动作位置下，左脚前进。

女士：与男士步法相同，方向相反。

4. 右摇转步

预备姿势：闭式位舞姿。

男士：1~(S) 右脚向前，右肩引导。

2~(Q) 左脚向侧稍向后。

3~(Q) 右肩引导，重心向前移至右脚。以上三步完成右转 1/4 周。

4~(S) 左脚向后，左肩引导。

5~(Q) 反身动作位置下，右脚向后，身体开始左转。

6~(Q) 左脚向侧稍向前，完成左转 1/4 周。

7~(S) 右脚并于左脚。

女士：1~(S) 左脚向后，左肩引导。

2~(Q) 右脚向前稍向右。

3~(Q) 左脚向后稍向左，左肩引导。以上三步完成右转 1/4 周。

4~(S) 右脚向前小步，右肩引导。

5~(Q) 反身动作位置下，左脚向前，身体开始左转。

6~(Q) 右脚向侧稍向后，完成左转 1/4 周。

7~(S) 左脚并于右脚。

5. 分式左转步

预备姿势：闭式位舞姿。

男士：1~(Q) 反身动作位置下，左脚向前，身体左转 3/4 周。

2~(Q) 右脚向侧稍向后。

3~(S) 左脚向后，左肩引导。

4~(Q) 反身动作位置下，右脚向后。

5~(Q) 左脚向侧稍向前。

6~(S) 右脚并于左脚。

女士：1~(Q) 反身动作位置下，右脚向后，身体左转 3/4 周。

2~(Q) 左跟并右跟。

3~(S) 右脚向前，右肩引导。

4~(Q) 反身动作位置下，左脚向前。

5~(Q) 右脚向侧稍向后。

6~(S) 左脚并于右脚。

（三）快步舞

快步舞起源于美国，其最大的特点是在快速的舞步运行中伴以快速的身体运动。在轻松欢快的音乐中，快步舞灵巧弹动、舞姿轻盈动人、富有动力感和表现力，尽显洒脱、自由、热烈、奔放的舞蹈风格。

快步舞的音乐是 4/4 拍，第一和第三拍为重拍，其中第一拍最强。音乐速度为每分钟 50~52 小节，动作节奏为 SSQQS，慢拍（S）占两拍，快拍（Q）占一拍。

（四）狐步舞

狐步舞起源于美国，其最大的特点是舞蹈中不并步的长线条，没有停顿，连续进退，舞步间不露衔接的痕迹，滑行流畅。狐步舞舞姿平稳大方、温柔从容，舞步悠闲轻松，富有流动感，尽显轻柔、圆滑、优雅、恬静的舞蹈风格。

狐步舞的音乐是 4/4 拍，第一拍和第三拍为重拍，其中第一拍最强。音乐速度为每分钟 28~30 小节，动作节奏为 SQQ，慢拍（S）占两拍，快拍（Q）占一拍。

（五）维也纳华尔兹

维也纳华尔兹起源于奥地利，其最大的特点是舞步运行旋转性较强，要求在快速旋转中完成各种动作技巧。它的音乐节奏清晰、旋律活泼，舞姿华丽优雅、舞步潇洒流畅，尽显舒展、大方、热情、欢跃的舞蹈风格。

维也纳华尔兹的音乐是 3/4 拍，节拍和华尔兹相同，但运行速度比华尔兹快一倍，每分钟 58~60 小节，每小节三拍，重音在第一拍，6 拍完成一组动作，前三拍注重发力，后三拍较为舒缓。

第四节　体育舞蹈竞赛规则简介

一、体育舞蹈比赛分类及场地

（一）体育舞蹈比赛分类

体育舞蹈比赛分团体赛和个人赛两种，按预赛（淘汰赛）、复赛（选拔赛）、半决赛（资格赛）、决赛（名次赛）的程序进行。团体赛由每个参赛单位的 8 对男女运动员组成，按顺序进行比赛。个人赛分职业组和业余组，分别进行不同要求的比赛。比赛按项目又分摩登舞五项全能、摩登舞单项、拉丁舞五项全能、拉丁舞单项、十项全能、摩登团体舞、拉丁团体舞。

（二）体育舞蹈比赛场地

体育舞蹈的比赛场地一般为 23 米 ×16 米，最小尺寸为 20 米 ×15 米。赛场长的两条边线叫 A 线，短的两条边线叫 B 线。比赛选手所编的套路应按两条线的长短不同安排适当的动作。跳舞时为了防止碰撞，必须按规定的行进路线有序行进，特别是在连续行进和旋转时就更为必要。因此，规定舞者必须按照逆时针方向运行，这条路线就是舞程线，交换舞程线时必须过中线。

二、体育舞蹈比赛的评判要素

1. 基本技术

基本技术包括足部动作、身体姿态、舞蹈过程中的平衡稳定、移动、升降技法、倾倒技法。

2. 表现力

变现力体现在对各种不同舞种的节奏要求浅析、表现准确，能很好地体现音乐，要求舞者都能跳出音乐的感觉。

3. 舞蹈风格

舞蹈风格主要体现在能细致区别出各种不同舞种之间的风格、韵味上的差别和个人风格的展现。

4. 舞蹈编排

舞蹈编排体现在：动作编排流畅新颖、运用自如，既能体现出舞种的基本风格又含有一定的技术难度；动作与音乐密切配合，发挥音乐效果；编排有章法，充分利用场地。

5. 临场表现

临场表现体现在：比赛现场遇到意外情况有应变能力；比赛时能保持良好的竞技状态；专注、自信、临场发挥控制自如。

6. 赛场效果

赛场效果是指舞者的风度、气质、仪表及出入场的总体形象。

在体育舞蹈竞赛中，裁判员根据以上六要素对参赛选手进行评定。前三项主要评定选手的技艺品质，后三项是评定选手的艺术魅力。初赛和复赛着重于前三项的评判，在半决赛时着重于后三项的评判，在决赛中则全面评价选手各项要素的完成情况。

作业与思考题

1. 简述体育舞蹈的概念。
2. 体育舞蹈是怎么进行分类的？各舞种各有什么特点？

第十六章 中华民族传统体育

| 名人名言 |

拳理需静悟，拳技要勤修。

——武学格言

| 学习导航 |

民族传统体育是中华民族宝贵的文化遗产，其形式丰富多彩，内容博大精深，涉及养生、健身、竞技、搏击、休闲、娱乐等社会生活的各个方面。长拳、太极拳、五禽戏、八段锦等项目是我国民间常见的民族传统体育项目，不仅具有很强的健身价值和鲜明的民族特色，而且还有很高的艺术价值和丰富的娱乐、教育功能。

| 知识目标 |

1. 了解中华民族传统体育的相关知识，学习长拳、太极拳、五禽戏、八段锦的演练方法。
2. 懂得如何欣赏民族传统体育项目。

| 能力目标 |

在正确的教学指引下积极、自觉地参与民族传统体育项目的学习和锻炼。

第一节　武术

一、武术概述

（一）武术的起源

武术的起源可以追溯到远古先民的生产活动中。远古时期，人们为了生存不得不与兽斗，在狩猎的过程中逐渐学会了徒手和使用木棒、石头等器具击打野兽的方法。

通过本能和无意识的身体动作积累，人类逐渐形成了比较合理的攻击技能与防守技能。此外，武舞也是原始社会时期人们集宗教祭祀、教育、娱乐以及搏斗训练为一体的活动方式，人们通过武舞来模拟在狩猎、战争场景中搏斗的动作，幻想产生一种超自然的力量来战胜对手。武舞现象既是对搏杀技能操练的一种形式，也是宣扬武威的一种手段。

随着狩猎工具的不断创新和生产力的发展，人类迈入了私有制的门槛。为了部落或民族利益，抑或为了满足贪欲，频繁爆发战争。大量的生产工具转化为互相残杀的武器，在人与兽斗的过程中积累起来的技能也随之转变为人与人之间的搏杀格斗。这一时期，人类在踢、打、摔、拿、劈、砍、击、刺等技术上不断地加以强化，积累了丰富的经验，同时也具有了创造锋利工具的能动性和使用工具方法的主动性。这种在战争中运用格斗技术的自觉性，标志着武术的初步形成。

（二）武术的发展概况

在中国古代夏、商、周时期，田猎和武舞是武技训练的主要手段。据《礼记·月令》载："天子乃教于田猎，以习五戎。""五戎"即弓矢、殳、矛、戈、戟5种兵器。"田猎"是训练对各种武器的使用及驭马驾车，是集身体、技术、战术为一体的综合训练。这一时期的武舞由原始时期的武舞发展而来，是将用于实战的格杀经验按一定程式来训练，是古代武术由感性认识向理性认识的升华、由支离破碎向系统化演进的象征。

春秋战国时期是我国封建社会转型的剧烈变化时代。频繁的战争推动了练兵习武的空前盛行，武术开始向多样化发展，手搏、角力在民间拥有广泛的市场，可用拳打脚踢、连摔带拿、运用奇巧战术来制胜对方。另外，在与文化的交融中，武术逐渐与养生相结合，逐渐形成了注重整体、强调精气、平衡阴阳的保健思想，这对武术的发展产生了重要影响。

近代中国，国势日渐衰弱，有许多爱国志士寻求救国救民的途径，提出了"强种强国"的思想。因此，武术被作为一种尚武强国的重要教育手段推向学校。一批武术家结合传统武术的内容与西方军事体操的特点，创编了《中华新武术》，为近代武术转型做了有益的尝试。

20世纪90年代，随着我国体育体制改革的深化，武术呈现出新的发展趋势。在1992年全国武术工作会议上，提出了编写大、中、小学的武术教材，倡导将民族体育和现代体育联系起来进行教学，这些措施对于武术在学校的开展起到了较大的促进作用。更令人关注的是，为建立规范的全民武术锻炼体系，1997年，国家体委批准颁布实施了"中国武术段位制"，该段位制将武术定为三级九段，为武术的发展做出了贡献。

1990年，在北京举行的第11届亚运会上，武术被列为正式比赛项目。1991年，又在北京举办了首届世界武术锦标赛。这标志着武术由国际性的赛事向世界性的竞赛转变取得成功。

通过多方筹措与不懈努力，中国武术以奥运会非正式比赛项目的方式进入了第29届奥运会，即"北京2008奥运会武术比赛"，这表明作为中华民族传统体育项目的武术正逐渐被世界所接纳，竞技武术在世界的传播和影响已不容忽视，武术终于初步实现了竞技武术国际化的目标。

（三）武术的特点

武术作为一项历史悠久的运动项目，汇聚了不同地域、不同民族的智慧，形成了拳种丰富、器械多样的运动形式。武术不同于其他任何体育项目，它具有浓厚的中国传统文化特点。

踢、打、摔、拿、击、刺、砍、劈等多种攻防动作是组成武术套路的主要内容，也是武术搏斗项目中经常使用的技术动作；武术自身的发展规律，集中体现了武术技击性的本质；武术的习练讲究内外合一，形神兼备；在长期的历史演变中，武术又受到中国古代哲学、美学等方面的影响，形成了独具民族特色的运动形式。

（四）武术的锻炼价值

长期坚持武术练习，能够加强人体肌肉韧带的伸展性，加大关节的运动幅度，提高人体的反应速度、力量、灵巧、耐力，增强人体的免疫力，对治疗多种慢性疾病和调节人体内环境平衡均有良好的医疗保健作用。同时，掌握搏斗运动的技法和规律，能促进攻防格斗的意识，既可以增强体质，也可以防身自卫。

武术在长期的发展过程中，继承和发扬了中华民族重礼仪、讲道德的优秀传统。“习武先习德”、“武训”说明武术历来十分注重武德教育。“尚武”与“崇德”是武术习练过程中的两个重点，可以培养习武者尊师重道、讲礼守信、宽以待人、严于律己、坚韧不拔的良好心理素质和高尚的道德情操。

武术运动也具有很高的观赏价值。武术套路动迅静定的节奏美，踢、打、摔、拿、跌巧妙结合的方法美，内外合一、形神兼备的和谐美，给人们带来了强烈的视觉震撼和精神冲击，极大地丰富了人们的文化生活。

（五）武术的内容与分类

武术运动按照形式分类，可分为功法、套路和搏斗。

1. 功法

功法又称基本功，是以单个动作为主的练习，以提高武术套路和武术搏斗项目中身体某方面的能力。从锻炼的形式与功用来分，功法又可分为内功、外功、轻功和柔功。

（1）内功：通过站桩、静坐等练习方法，可使练习者达到精足、气壮、神明、内脏坚实、经络血脉通畅、内壮外强的功效。

（2）外功：通过击打、跌摔等练习方法，可使练习者达到强筋骨、壮体魄的功效。

（3）轻功：通过各种弹跳动作的练习，可使练习者达到蹦得高、跳得远的功效。

（4）柔功：通过压肩、压腿、下腰等练习方法，可使练习者达到提高肢体关节活动幅度和肌肉伸展能力的功效。

2. 套路

套路是指以技击动作为内容，以攻守进退、动静疾徐、刚柔虚实等矛盾运动的变化规律为依据编成的整套练习。按照套路运动形式，又可分为单练、对练和集体演练。

（1）单练：是单人演练的套路，包括徒手的拳术和器械练习。

① 拳术：是徒手练习的套路运动。其主要的拳术有长拳、太极拳、南拳、形意拳、通背拳、八极拳、八卦掌、劈挂拳、翻子拳、地躺拳、少林拳、象形拳等。

② 器械：是手持武术兵器练习的套路运动。器械的种类很多，可分为短器械、长器械、双器械和软器械 4 种。短器械主要有刀、剑、鞭等；长器械主要有枪、棍、大刀等；双器械主要有双刀、双剑、双钩、双枪等；软器械主要有三节棍、九节鞭、绳镖、流星锤等。

（2）对练：是两人或两人以上按照预定动作进行的假设性实战演练的套路形式，包括徒手对练、器械对练和徒手与器械的对练等。

（3）集体演练：是集体进行的徒手、器械和徒手与器械的演练。要求 6 人以上同时演练，队形整齐，动作协调一致，可变换队形并有音乐伴奏。

3. 搏斗

搏斗是两个人在一定条件下按照一定的规则进行斗智、较技、较力的对抗实战形式。

（1）散打：是以徒手的运动形式在擂台上进行的。使用踢、打、摔等方法制胜对方的竞技项目。

（2）推手：是以徒手的运动形式，使用掤、捋、挤、按、采、挒、肘、靠等技法，双方粘连黏随，通过肌肉感觉借劲发力将对方推出，以此决定胜负的竞技项目。

（3）短兵：是两人手持一种特制的短器械，主要使用劈、砍、斩、刺等方法进行决胜负的竞技项目。

二、武术基本功

（一）手型和步型

1. 手型

（1）拳：五指握紧，拇指压在食指、中指的第二指节上。拳面要平，腕要直（图 16–1–1）。

（2）掌：四指伸直并拢、向后伸张，拇指屈靠于虎口处或外展（图 16–1–2）。

（3）勾：五指捏拢屈腕（图 16–1–3）。

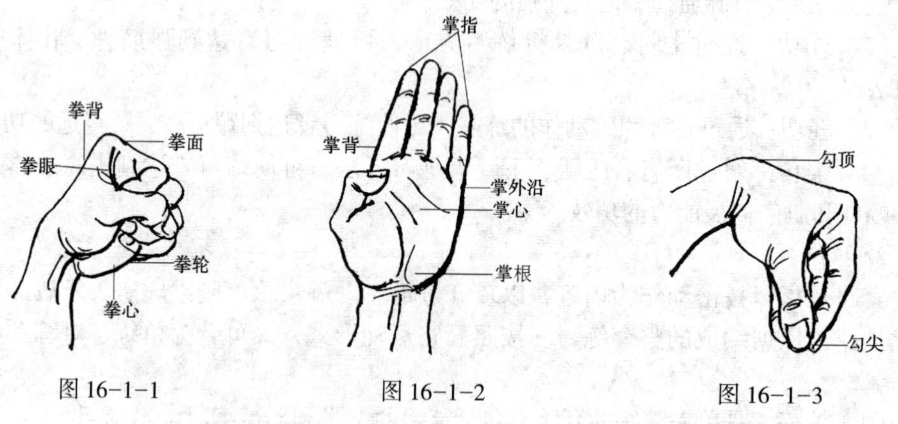

图 16–1–1　图 16–1–2　图 16–1–3

2. 步型

（1）弓步：两脚前后开立一大步，为本人脚长的4~5倍，前腿屈膝，膝与脚尖垂直，后腿挺直，脚尖外撇约45°，两脚全脚着地。上体正对前方，眼平视，两手抱拳于腰间（图16-1-4）。弓右腿为右弓步，弓左腿为左弓步。

（2）马步：两脚平行开立（约为本人脚长的3倍），脚尖正对前方，屈膝半蹲，大腿接近水平，膝不超过脚尖，全脚着地，身体重心落于两腿之间，两手抱拳于腰间（图16-1-5）。

图16-1-4

图16-1-5

（3）仆步：两脚左右开立，一腿全蹲，大小腿靠紧，臀部接近脚跟，全脚掌着地，膝、脚尖外展（约45°）；另一腿伸直平仆，脚尖内扣，全脚着地。两手抱拳于腰间，眼向仆腿方向平视（图16-1-6）。仆左脚为左仆步，仆右脚为右仆步。

（4）虚步：两脚前后开立，后脚尖外展45°，屈膝半蹲，左脚跟离地，脚面绷直，脚尖稍内扣，虚点地面，重心落于后腿上，两手叉腰，眼平视（图16-1-7）。左脚在前为左虚步，右脚在前为右虚步。

（5）歇步：两腿交叉靠拢全蹲，前脚全脚着地，脚尖外展，后脚前脚掌着地，臀部坐于后小腿接近脚跟处，两手抱拳于腰间（图16-1-8）。左脚在前为左歇步，右脚在前为右歇步。

图16-1-6

图16-1-7

图16-1-8

（二）肩臂功

1. 压肩

（1）两人相对开立步站立，上体前倾，双方互扶肩部，用力向下振动压肩（图16-1-9）。

（2）并立步或开立步，面对肋木或一定高度的物体，两臂伸直，上体前倾，做下振压肩动作（图16-1-10）。

图 16-1-9　　图 16-1-10

2. 单臂绕环

弓步站立，一手按于膝上，另一臂伸直做向前、向后绕环动作（图 16-1-11）。

图 16-1-11

3. 双臂绕环

开立步站立，两臂同时或依次做向前、向后绕环动作（图 16-1-12）。

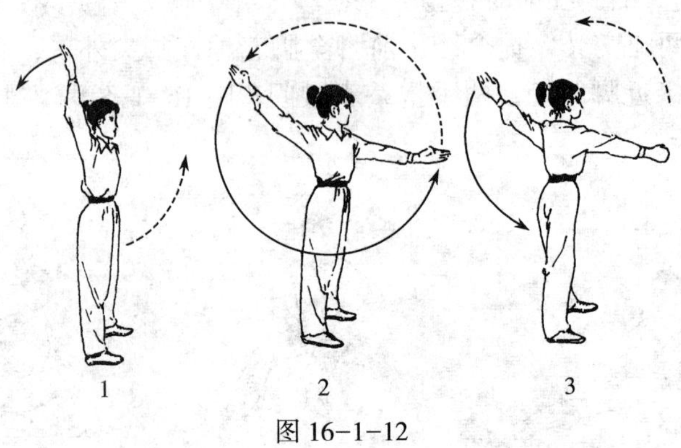

图 16-1-12

（三）腿功

1. 压腿

（1）正压腿：一腿前伸放于架上，脚尖勾紧，支撑腿脚跟着地，上体前俯，两手抱紧前脚掌，以下颌尽力接近脚尖。或者可利用肋木，一脚在肋木上，脚尖勾紧，两手按在膝上，两腿伸直，体前屈下压，两臂屈肘（图 16-1-13）。

（2）侧压腿：身体侧对肋木等物体，将一腿伸直，脚放于架上，脚尖勾紧；支撑腿挺直，脚内侧正对肋木，上体向被压腿侧侧屈（图 16-1-14）。

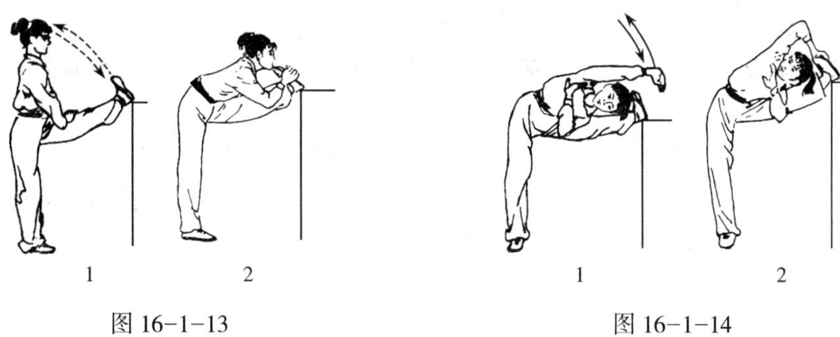

图 16-1-13　　图 16-1-14

2. 腿法

（1）正踢腿：并步，两臂侧平举，屈腕立掌或两手叉腰。一脚上前半步，直立支撑；另一腿脚尖勾紧轻快有力地向前额处踢起，下落成并直立（图 16-1-15）。

（2）侧踢腿：并步，两臂侧平举，屈腕立掌。右脚向前上半步，脚尖外撇，身体微右转，左脚尖勾紧，向左侧脑后踢起。同时，右臂上举，左臂屈肘立掌于右肩前或体前按掌，落下时脚跟靠拢支撑脚（图 16-1-16）。

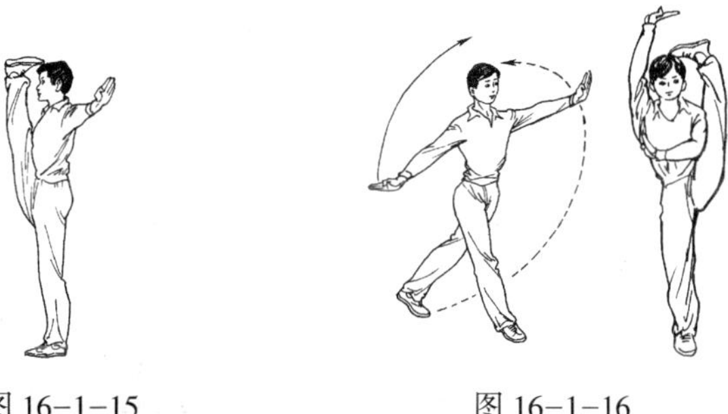

图 16-1-15　　图 16-1-16

（3）外摆腿：并步，两手侧平举，屈腕立掌。一脚上半步，腿自然伸直，全脚着地；另一腿向异侧方踢起，经面前向同侧方做直腿摆动，落在支撑腿旁，眼平视前方（图 16-1-17）。

（4）里合腿：并步，两手侧平举，屈腕立掌。一腿上半步，自然伸直，全脚着地；另一腿向侧上方踢起，经面前向异侧方向（向内）扇面直腿摆动，落于支撑腿外侧（图 16-1-18）。

图 16-1-17

图 16-1-18

（5）弹腿：并步，两手叉腰，右腿屈膝摆起，大腿与腰平，右脚绷直。提膝接近水平时，猛力向前平踢，力达脚尖，高于腰平，左腿伸直或微屈支撑，眼视前方（图 16-1-19）。

（6）蹬腿：动作与弹腿相同，唯脚尖勾起，力点达于脚跟。

（7）侧踹腿：两脚左右交叉，右脚在前，微屈膝，接着右腿蹬直或稍屈支撑，左腿屈膝提起，脚尖勾起内扣，脚跟用力向左侧上方踹出，稍高于腰，上体向右侧倾，眼视左侧方（图 16-1-20）。

图 16-1-19

图 16-1-20

（四）腰功

1. 俯腰

并步，两手五指交叉，两臂上举，手心翻上，上体前俯，两手尽量贴地。然后两手松开，抱住两脚跟腱使胸部贴近大腿。还可以向左、右两侧俯腰，两手在脚外侧贴触地面（图 16-1-21）。

1　2　3

图 16-1-21

2. 甩腰

开步，两臂上举，以腰髋为轴，上体做前后屈甩动，后屈时要抬头、挺胸、挺腹（图 16-1-22）。

3. 涮腰

两脚开立，略宽于肩，两臂自然下垂。以腰髋为轴，上体前倾，经右侧屈、后屈、左侧屈绕环一周，两臂随之绕动（图 16-1-23）。

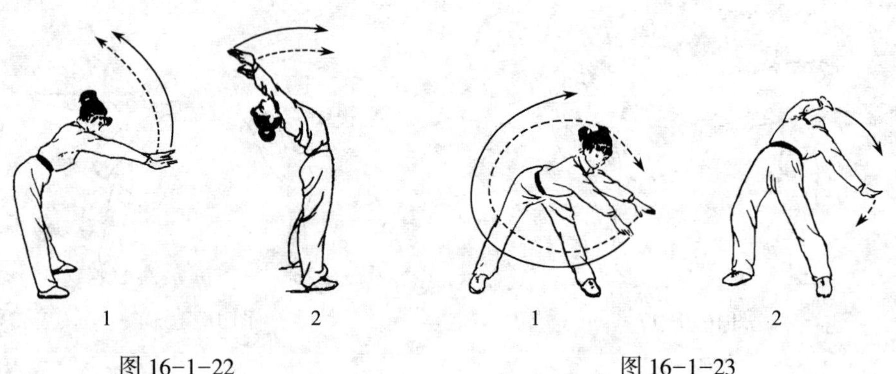

1　2　1　2

图 16-1-22　图 16-1-23

（五）平衡

1. 提膝平衡

支撑腿直立站稳，上体正直，另一腿在体前屈膝提近胸，小腿斜垂里扣，脚面绷平内收（图 16-1-24）。

2. 望月平衡

支撑腿直立站稳，上体侧倾拧腰向支撑腿同侧方上翻，挺胸塌腰。后举腿在身后向支撑腿的同侧方上举，小腿屈收，脚面绷平（图 16-1-25）。

图 16-1-24　　图 16-1-25

（六）跳跃练习

1. 腾空飞脚

摆动腿高提，起跳腿上摆伸直，脚面绷平，脚高过肩，击手和拍脚连续快速、准确响亮（图 16-1-26）。

图 16-1-26

2. 旋风脚

摆动腿直摆或屈膝，起跳脚伸直，向内腾空转体 270°，异侧手击拍脚掌，脚高过肩，击拍响亮，转体 360° 落地（图 16-1-27）。

图 16-1-27

三、初级长拳三路

（一）动作名称

组别	动作名称			
起势	1. 并步站立	2. 虚步亮掌	3. 并步对拳	
第一段	1. 弓步冲拳 5. 弹腿冲拳	2. 弹腿冲拳 6. 大跃步前穿	3. 马步冲拳 7. 弓步击掌	4. 弓步冲拳 8. 马步架掌
第二段	1. 虚步栽掌 5. 马步击掌	2. 提膝穿掌 6. 叉步双摆掌	3. 仆步穿掌 7. 弓步击掌	4. 虚步挑掌 8. 转身踢腿马步盘肘
第三段	1. 歇步抡砸拳 5. 马步冲拳	2. 仆步亮掌 6. 弓步下冲拳	3. 弓步劈拳 7. 叉步亮掌侧踹腿	4. 换跳步弓步冲拳 8. 虚步挑拳
第四段	1. 弓步顶肘 5. 歇步下冲拳	2. 转身左拍脚 6. 仆步抡劈拳	3. 右拍脚 7. 提膝挑掌	4. 腾空飞脚 8. 提膝劈掌弓步冲拳
收势	1. 虚步亮掌	2. 并步对拳	3. 并步站立	

（二）动作说明及图解

起势：

查看起势动作示范

1. 并步站立（图 16–1–28）

两脚并步站立，两臂垂于身体两侧，眼向前平视。

要点：头要端正，颌微收，挺胸、塌腰、收腹。

2. 虚步亮掌（图 16–1–29）

右脚向右后方撤步成左弓步，右掌向右向上向前划弧，左臂屈肘，左掌提至腰侧，掌心向上，目视右掌。

右腿微屈，重心后移，左掌经胸前从右臂上向前穿出伸直，右臂屈肘，右掌收至腰侧，掌心向上，目视左掌。

重心继续后移，左脚稍向右移成左虚步，左臂内旋向左、向后划弧成勾手，右手继续向后向右向前上划弧，屈肘抖腕，在头前上方屈腕亮掌，目视左方。

要点：三个动作必须连贯。成虚步时，重心落于右腿上，左脚尖点地。

图 16–1–28

图 16–1–29

3. 并步对拳（图 16-1-30）

右腿蹬直，左腿提膝，上肢姿势不变。

左脚向前落步，重心前移。左臂屈肘，左勾手变掌经左肋前伸，右臂外旋向前下落于左掌右侧，掌心向下。

右脚向前上一步，两臂下垂后摆。

左脚向右脚并步，两臂向外向上经胸前屈肘下按停于小腹前，目视左侧。

要点：并步后挺胸、塌腰；对拳、并步、转头要同时完成。

图 16-1-30

第一段：

1. 弓步冲拳（图 16-1-31）

左脚向左上一步，脚尖向斜前方，右腿微屈，成半马步。左臂向上向左格打，右拳收至腰侧，拳心向上，目视左拳。右腿蹬直成左弓步，左拳收至腰侧，拳心向上，右拳向前冲出，高与肩平，目视右拳。

查看第一段动作示范

要点：成弓步时，右腿充分蹬直，脚跟不要离地；冲拳时，尽量转腰顺肩。

2. 弹腿冲拳（图 16-1-32）

重心前移至左腿，右腿屈膝提起，猛力向前弹出伸立，高与腰平。右拳收至腰侧，左拳向前冲出，目视前方。

要点：支撑腿可微屈，弹出的腿要用爆发力，力点达于脚尖。

图 16-1-31

图 16-1-32

3. 马步冲拳（图 16-1-33）

右脚向前落步，脚尖里扣，上体左转。左拳收至腰侧，两腿下蹲成马步，右拳向前冲出，目视右拳。

要点：成马步时，大腿要平，两脚平行，脚跟外蹬，挺胸、塌腰。

4. 弓步冲拳（图 16-1-34）

上体右转 90°，右脚尖外撇向斜前方，成半马步。右臂屈肘向右格打，目视右拳。左腿蹬直成右弓步，右拳收至腰侧；左拳向前冲出，目视左拳。

要点：与本节的弓步冲拳相同，唯左右相反。

5. 弹腿冲拳（图 16-1-35）

重心前移至右腿，左腿屈膝提起，猛力向前弹出伸直，高与腰平。左拳收至腰侧，右拳向前冲出，目视前方。

要点：与本节的弹腿冲拳相同。

图 16-1-33

图 16-1-34

图 16-1-35

6. 大跃步前穿（图 16-1-36）

左腿屈膝，右拳变掌以手背向下挂至左膝外侧，上体前倾，目视右手。

左脚向前落步，右掌继续向后挂，左拳变掌，向后向下伸直，目视左掌。

右腿屈膝向前提起，左腿立即猛力蹬地向前跃出，两掌向前向上划弧摆起，目视左掌。右腿落地全蹲，左腿随即落地向前铲出成仆步，右掌变拳抱于腰侧，左掌由上向右向下划弧成立掌，停于右胸前，目视左脚。

要点：跃步要远，落地要轻。

图 16-1-36

7. 弓步击掌（图 16-1-37）

右腿猛力蹬直成左弓步。左掌经左脚面向后划弧至身后成勾手，右拳由腰侧变掌向前推出，目视右掌。

要点：推掌、勾手与弓步一致；左手向后上勾时不要挟上臂；不要弓腰、突臀、上体前倾。

8. 马步架掌（图 16-1-38）

重心移至两腿中间，左脚脚尖里扣成马步，右臂向左侧平摆，同时左勾手变掌由后经左腰侧从右臂内向前上穿出，目视左手。

右掌立于左胸前，左臂向左上屈肘抖腕亮掌于头部左上方，目向右转视。

要点：马步同前。

图 16-1-37

图 16-1-38

第二段：

1. 虚步栽掌（图 16-1-39）

右脚蹬地，左腿伸直，以前脚掌为轴向右后转体 180°，右掌由左胸前向下经右腿外侧向后划弧成勾手，左臂随体转动并外旋，目视右手。

查看第二段动作示范

右脚向右落地，重心移至右腿上，下蹲成左虚步。左掌变拳下落于左膝上，拳心向后，右勾手变拳，屈肘向上架于头右上方，拳心向前，目视左方。

要点：右手勾挂要贴近右膝外侧，虚步右腿要蹲成水平。

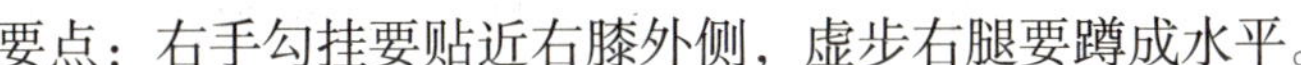

2. 提膝穿掌（图 16-1-40）

右腿稍伸直，右拳变掌收至腰侧，左拳变掌由下向左向上划弧盖压于头上方，掌心向前。

右腿蹬直，左腿屈膝提起，右掌从腰侧经左臂内侧向右前上方穿出，左掌收至右胸前成立掌，目视右掌。

要点：支撑腿与右臂充分伸直。

3. 仆步穿掌（图 16-1-41）

右腿全蹲，左腿向左后方铲出成左仆步。右臂不动，左掌由右胸前向下经左腿内侧，向左脚面穿出，目随左掌转视。

要点：穿掌时，两臂要成一条直线，切忌右臂下垂。仆步左脚尖要向内扣紧。

图 16-1-39

图 16-1-40

图 16-1-41

4. 虚步挑掌（图 16-1-42）

右腿蹬直，重心前移至左腿，成左弓步。右掌稍下降，左掌随重心前移向前挑起。

右脚向左前方上步成右虚步，身体随上步左转 180°，同时，左掌由前向上向后划弧成立掌，右掌由后向下向前挑起成立掌，目视右掌。

要点：上步要快，虚步要稳。

5. 马步击掌（图 16-1-43）

右脚落地，脚尖外撇，重心稍升高并右移，左掌变拳收至腰侧，右掌俯掌向外掳手。

左脚向前上一步，以右脚为轴向右后转体 180°，两腿下蹲成马步。左掌从右臂向上成立掌向左侧击出，右掌变拳收至腰侧，目视左掌。

要点：右手做掳手时，先使臂稍内旋，手掌向下向外转，接着臂外旋，掌心经下向上翻转，同时抓握成拳。收拳和击掌动作要同时进行。

图 16-1-42 图 16-1-43

6. 叉步双摆掌（图 16-1-44）

重心稍右移，两掌向下向右摆掌，目视右掌。

右脚向左腿后插步，两臂继续由右向上向左摆，停于身体左侧，均成立掌，右掌停于左肘窝处，目随双掌转视。

要点：两臂要划立圆，幅度要大，摆掌与后插步配合要一致。

7. 弓步击掌（图 16-1-45）

两腿不动。左掌收至腰侧，掌心向上，右掌向上向右划弧，掌心向下。

左腿后撤一步，成右弓步。右掌向下向后伸直摆动成反勾手，左掌成立掌向前推出，目视左掌。

要点：击左掌、右勾手与后撤左步、蹬腿成弓步要完整一致。

图 16-1-44

图 16-1-45

8. 转身踢腿马步盘肘（图 16-1-46）

两脚以前脚掌为轴向左后转体 180°，左臂向上向前划半立圆，右臂向下向后划半圆。

上动不停，右臂由后向上向前划半圆，左臂由前向下向后划半立圆。

上动不停，右臂向下成反勾手，左臂向上成亮掌，右腿伸直向额前踢。

右脚向前落地，脚尖里扣。右手不动，左臂屈肘下落至胸前，目视左掌。

上体左转 90°，两腿下蹲成马步，同时左掌向前向左平捞变拳收至腰侧，右勾手变拳，由体后向右向前平摆至体前时屈肘，拳心向下，目视肘尖。

要点：两臂抡动时要划立圆，动作连贯。盘肘时要快速有力，右肩前顺。

图 16-1-46

第三段：

1. 歇步抡砸拳（图 16-1-47）

重心稍升高，右脚尖外撇。右臂由胸前向上向右抡直，左拳向下向左，使臂抡直，目视右拳。

查看第三段动作示范

上动不停，两脚以前脚掌为轴向右后转体 180°。右臂向下向后抡摆，左臂向上向前随身体转动。

紧接上动，两腿全蹲成歇步。左臂随身体下蹲向下平砸，拳心向上，肘部微屈，右臂伸直向上举起，目视左拳。

要点：抡臂动作要连贯完成，划成立圆。歇步要两腿交叉全蹲，左腿大、小腿靠紧，臀部贴于左小腿外侧，膝关节在右小腿外侧，右脚尖外撇，全脚着地。

图 16-1-47

2. 仆步亮掌（图 16-1-48）

左脚由右腿后抽出上前一步成右弓步，左拳收至腰侧，右拳变掌向下经胸前向右横击掌，目视右掌。

右脚蹬地屈膝提起，上体右转。左拳变掌从右掌上向前穿出，右掌平收至左肘下。

右脚向右落步成左仆步，左掌向下向后划弧成反勾手，右掌向右向上划弧微屈，抖腕成亮掌，头随右手转动，亮掌时，目视左方。

要点：仆步时，左腿充分伸直、脚尖向里扣，右腿全蹲，两脚脚掌全部着地。上体挺胸、塌腰，稍左转。

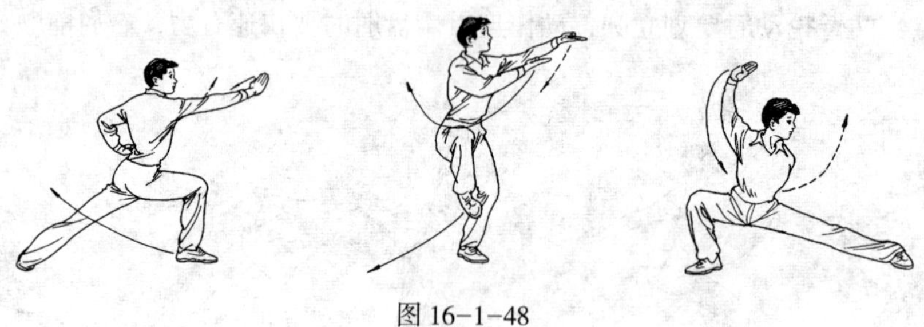

图 16-1-48

3. 弓步劈拳（图 16-1-49）

右腿蹬地立起，左腿收回并向左前方上步，右掌变拳收至腰侧，左勾手变掌由下向前上经胸前向左掳手。

右腿经左腿前方向左绕上一步，左腿蹬直成右弓步。左手向左平掳后再向前挥摆。

右拳向后平摆，然后再向前向上做抡劈拳，左掌外旋扶右前臂，目视右拳。

要点：左右脚上步稍带弧形。

图 16-1-49

4. 换跳步弓步冲拳（图 16-1-50）

重心后移，右脚稍向后移动，右拳变掌，臂内旋，以掌背向下划弧挂至右膝内侧，左掌背贴靠右肘外侧，目视右掌。

右腿自然上摆，上体稍向左扭转，右掌挂至体左侧，左掌伸向右腋下，目随右掌转视。

右脚以全脚掌用力向下震跺，与此同时，左脚急速离地提起。右手由左向上向前掳盖而后变拳收至腰侧，左掌伸直向下向上向前屈肘下按，目视左掌。

左脚向前落步成左弓步，右拳向前冲出，左掌藏于右腋下，目视右拳。

要点：换跳步动作要连贯、协调。震脚时，腿要弯曲，全脚掌着地，左脚离地不要高。

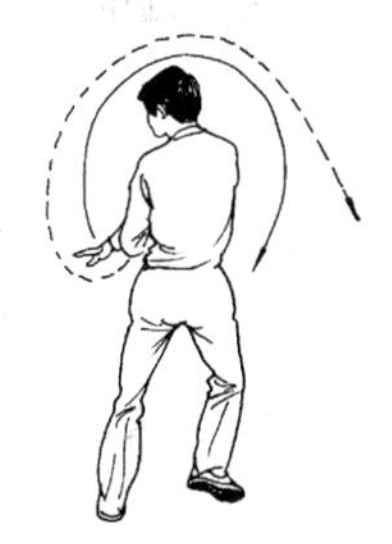

图 16-1-50

5. 马步冲拳（图 16-1-51）

上体右转 90°，重心移至两腿中间成马步。右拳收至腰侧，左掌变拳向左冲出，目视左拳。

要点：马步与冲拳要同时进行。

6. 弓步下冲拳（图 16-1-52）

右脚蹬直，左腿弯曲，上体稍向左转，成左弓步。左拳向下经体前向上架于头左上方，右拳自腰侧向左前斜下方冲出，目视右拳。

要点：拧腰转髋蹬右脚成左弓步要与架冲拳同时完成，以求动作完整。

7. 叉步亮掌侧踹腿（图 16-1-53）

左拳变掌由头上下落于右手腕上，右拳变掌，两手交叉成十字，目视双手。

右脚蹬地并向左腿后插步，左掌由体前向下向后划弧成反勾手，右掌由前向右向上划弧抖腕亮掌，目视左侧。

重心移至右腿，左腿屈膝提起，向左上方猛力蹬出，目视左侧。

要点：插步时上体稍向右倾斜，腿、臂的动作要一致。侧踹高度不能低于腰，大腿内旋，着力点在脚跟。

图 16-1-51

图 16-1-52

图 16-1-53

8. 虚步挑拳（图 16-1-54）

左脚在左侧落地，右掌变拳稍后移，左勾手变拳由体后向左上挑。

上体左转 180°，左拳继续向前向上划弧上挑，右拳向下向前划弧挂至右膝外侧，同时右膝提起，目视右拳。

右脚向左前方上步成右虚步，左拳向后划弧收至腰侧，右拳向前屈臂挑出，拳眼斜向上，与肩同高，目视右拳。

要点：臂前摆与右腿提摆要协调一致，右拳上挑与右脚前点成虚步要协调一致，力点达于虎口。

图 16-1-54

第四段：

查看第四段动作示范

1. 弓步顶肘（图 16-1-55）

重心升高，右脚踏实，右臂内旋向下直臂划弧以拳背下挂至右膝内侧，左拳不变，目视前下方。

左腿蹬直，右腿屈膝上抬。左拳变掌，右拳不变，两臂向前向上划弧摆起，目随右拳转视。

左脚蹬地起跳，身体腾空，两臂继续划弧至头上方。

右脚先落地，左脚向前落步，以前脚掌着地。同时两臂向右向下屈肘停于右胸前，右拳变掌，左掌变拳，右掌心贴靠左拳面。

左脚向左前上一步成左弓步，右掌推左拳，以左肘尖向左顶出，目视前方。

要点：交换步时不要过高，但要快。两臂抡摆时要成圆弧。

图 16-1-55

2. 转身左拍脚（图 16-1-56）

以两脚前脚掌为轴向右后转体 180°，右臂向上向右向下划弧抡摆，同时左拳变掌向下向后向前抡摆。

左腿伸直向前上踢起，左掌变拳收至腰侧，右掌由体后向上向前拍击脚面。

要点：右掌拍脚时手掌稍横过来，拍脚要准而响亮。

3. 右拍脚（图 16–1–57）

左脚向前落地，左拳变掌向下向后摆，右掌变拳收至腰侧。

右腿伸直向前上踢起，左拳变掌由后向上向前拍击右脚面。

要点：与本节的转身左拍脚相同。

图 16–1–56

图 16–1–57

4. 腾空飞脚（图 16–1–58）

右脚落地。

左脚向前摆起，右脚猛力蹬地跳起，左腿屈膝继续前上摆。同时右拳变掌向前向上摆起，左掌先上摆而后下降拍击右掌背。

右腿继续上摆，脚面绷平。右手拍击右脚面，左掌由体前向后上举。

要点：蹬地要向上冲，不要太向前冲，左膝尽量上提。击响要在腾空时完成，右臂伸直成水平。

5. 歇步下冲拳（图 16–1–59）

左、右脚先后相继落地。左掌变拳收至腰侧。

身体右转 90°，两腿全蹲成歇步。右掌抓握、外旋变拳收至腰侧，左拳由腰侧向前下方冲出，目视左拳。

要点：歇步要稳，冲拳要脆。

图 16–1–58

图 16–1–59

6. 仆步抡劈拳（图 16–1–60）

重心升高，右臂由腰侧向体后伸直，左臂随身体重心升高向上摆起。

以右脚前脚掌为轴，左腿屈膝提起，上体左转 270°。左拳由前向后下划立圆一周，右拳由后向下向前上划立圆一周。

左腿向后落一步，屈膝全蹲成右仆步。右拳由上向下抡劈，左拳后上举，目视

图 16-1-60

右拳。

要点：抡臂时一定要划立圆。

7. 提膝挑掌（图 16-1-61）

重心前移成右弓步，右拳变掌由下向上抡摆，左拳变掌稍下落，右掌心向左，左掌心向右。

左、右臂在垂直面上由前向后各划立圆一周，右臂伸直停于头上，掌心向左，左臂伸直停于身后成反勾手，同时右腿屈膝提起，目视前方。

要点：抡臂时要划立圆。

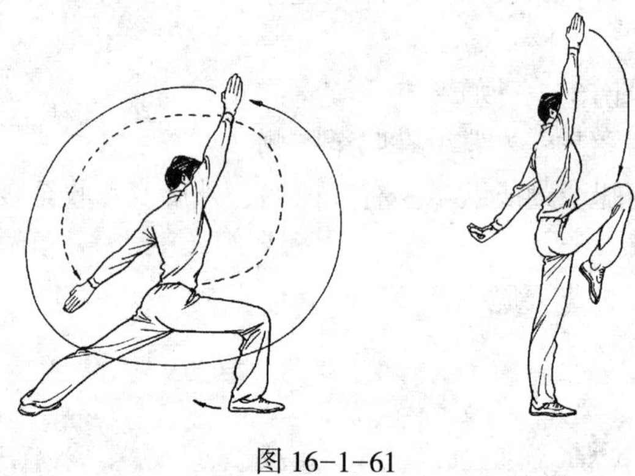

图 16-1-61

8. 提膝劈掌弓步冲拳（图 16-1-62）

右掌由上向下猛劈伸直，停于右小腿内侧，左勾手变掌，屈臂向前停于右上臂内

图 16-1-62

侧，掌心向左，目视右掌。

右脚向右后落地，身体右转 90°，同时左掌变拳收至腰侧，右臂内旋向右划弧做掳手。

上动不停，左腿蹬直成右弓步，右手抓握变拳收至腰侧，左拳由腰侧向左前方冲出，目视左拳。

要点：提膝劈掌重心要稳，掳手冲拳劲力要足。

收势：

1. 虚步亮掌（图 16-1-63）

查看收势
动作示范

右脚扣于左膝后，两拳变掌，两臂右上左下屈肘交叉于胸前，目视右掌。

右脚向右后落步，上体稍右转，同时右掌向上向右向下划弧停于左腋下，左掌向左向上划弧停于右臂上，目视左掌。

右腿下蹲成左虚步，左臂伸直向左向后划弧成反勾手，右臂伸直向下向右向上划弧抖腕亮掌，目视左方。

要点：扣腿时做舞花手；右脚后落时，两臂分摆，勾手亮举与虚步同时完成。

图 16-1-63

2. 并步对拳（图 16-1-64）

左腿后撤一步，同时两掌从两腰侧向前穿出伸直，掌心向上。

右腿后撤一步，同时两臂分别向体侧下摆。

左脚后退半步向右脚并拢。两臂由后向上经体前屈臂下按，两掌变拳，停于腹前，拳心向下，拳面相对。目视左方。

要点：同起势动作 3。

3. 并步站立（图 16-1-65）

两臂自然下垂，目视正前方。

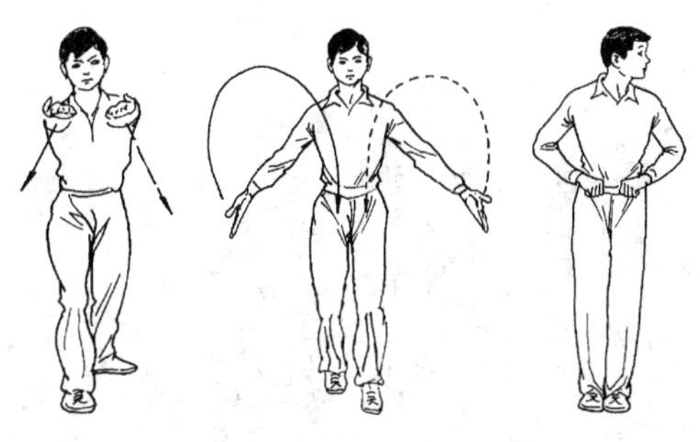

图 16-1-64

图 16-1-65

查看初级
长拳三路
完整动作
演练

四、二十四式简化太极拳

简化太极拳是在1956年由国家体委运动司整理编定的套路。它取材于我国流传面和适应性最广泛的传统杨式太极拳，按照简练明确、删繁就简、突出重点的原则整编而成。此拳分为8组，共24个动作，故又称“二十四式太极拳”。全套动作结构合理、易学易懂，是初学者入门学习掌握的基础套路。练习者可连贯演练，也可以选择单式或分组练习。整个套路的动作练习，每一举手、一投足都应遵循以下几点：① 虚领顶领；② 沉肩、坠肘、塌腕；③ 松腰胯；④ 上下相随；⑤ 立身中正；⑥ 节节贯穿；⑦ 以意导动；⑧ 连绵不断；⑨ 保持一身备五弓的绷劲；⑩ 意气少，内外合一。

（一）二十四式简化太极拳动作名称

组别	动作名称			
第一组	1. 起势	2. 左右野马分鬃	3. 白鹤亮翅	
第二组	4. 左右搂膝拗步	5. 手挥琵琶	6. 左右倒卷肱	
第三组	7. 左揽雀尾	8. 右揽雀尾		
第四组	9. 单鞭	10. 云手	11. 单鞭	
第五组	12. 高探马	13. 右蹬脚	14. 双峰贯耳	15. 转身左蹬脚
第六组	16. 左下势独立	17. 右下势独立		
第七组	18. 左右穿梭	19. 海底针	20. 闪通臂	
第八组	21. 转身搬拦捶	22. 如封似闭	23. 十字手	24. 收势

（二）二十四式简化太极拳套路

第一组：

1. 起势（图16-1-66）

动作要点：两肩下沉，两肘松垂，屈膝松腰，两臂下落和身体下蹲的动作要协调一致。

图16-1-66

2. 左右野马分鬃（图 16–1–67）

动作要点：两臂始终要保持弧形，身体转动时要以腰为轴，弓步动作与分手的速度要均匀一致；做弓步时，膝不要超过脚尖，后面的脚要向后蹬转，前后脚尖夹角成 45° ~60°，两脚之间的横向距离应保持在 10~30 厘米之间。

攻防含义：用一手化解对方攻击之手臂，另一手攻击对方。

图 16–1–67

3. 白鹤亮翅（图 16–1–68）

动作要点：两臂上下保持半圆形，左膝微屈。身体重心后移，右手上提，微向左转腰，左手下按成左虚步。动作要协调一致，并注意以腰带臂。

攻防含义：可用右手防止对方的上面攻击，左手化解对方下部的攻击。

图 16–1–68

第二组：

4. 左右搂膝拗步（图 16-1-69）

动作要点：上步时，脚跟先着地，重心要稳；向前推手时，身体不可前俯后仰，要松腰松胯；推掌时要沉肩垂肘，坐腕舒掌，同时须与松腰、弓腿上下协调一致。

攻防含义：一手化开对方的进攻，另一手攻击对方。

图 16-1-69

5. 手挥琵琶（图 16-1-70）

动作要点：定势时要沉肩垂肘，胸部放松；左手上起时不要直向上挑，要由左向上向前，微带弧形；右脚跟进时，脚掌先着地，再全脚踏实；身体重心后移和左手上起、右手回收要协调一致。

攻防含义：用右手防止对方的进攻，同时左手攻击对方。

图 16-1-70

6. 左右倒卷肱（图 16-1-71）

动作要点：两臂始终保持弧形，前推时要转腰松胯，两手的速度要一致，避免僵硬。退步时，脚掌先着地，再慢慢全脚踏实；同时，前脚随转体动作以脚掌为轴扭正。退左脚略向左后斜，退右脚略向右后斜。

攻防含义：化解对方的攻击。

图 16-1-71

第三组：

7. 左揽雀尾（图 16-1-72）

图 16-1-72

动作要点：掤出时，两臂均保持弧形，分手、松腰、弓腿三者必须协调一致；下捋时，上体不可前倾，臀部不要突出，两臂下捋须随腰旋转，仍走弧线，左脚全脚掌着地；向前挤时，上体要正直，挤的动作要与松腰、弓腿相一致；向前按时，两手须走曲线，手腕部高与肩平，两肘微屈下沉。

攻防含义：用左手向对方掤出，并用两手顺势捋拉对方，待对方失去重心或回撤时，挤按攻击对方。

8. 右揽雀尾（图 16–1–73）

动作要点：同“左揽雀尾”。

图 16–1–73

第四组：

9. 单鞭（图 16–1–74）

动作要点：上体保持正直，松腰；定势时，右肘稍下垂，左肘与左膝上下相对，两肩下沉。

攻防含义：用右手化解对方的进攻，左手攻对方胸、面部。

10. 云手（图 16–1–75）

动作要点：身体转动要以腰脊为轴，带动两臂，身体重心要平稳，不可忽高忽低；两臂转动要自然圆活，速度要缓慢均匀；移动时，脚掌先着地再踏实，脚尖向前；目随云手而移动。

攻防含义：用两手拨开对方的攻击。

图 16-1-74

图 16-1-75

11. 单鞭（图 16-1-76）

动作要点：与前“单鞭”相同。

图 16-1-76

第五组：

12. 高探马（图 16-1-77）

动作要点：上体自然正直，双肩下沉，右肘微下垂；跟步移换重心时，身体不要有起伏。

攻防含义：左手撤防，用右手攻击对方。

图 16-1-77

13. 右蹬脚（图 16-1-78）

动作要点：支撑腿膝微屈，以保持身体重心稳定，上体不可前俯后仰；两手分开时，腕部与肩齐平，右臂和右腿上下相对；蹬脚时，右脚尖回勾，力达脚跟；分手和蹬脚须协调一致。

攻防含义：用两手向外分开对方的进攻，同时用右脚蹬击对方胸、腹部。

图 16-1-78

14. 双峰贯耳（图 16-1-79）

动作要点：定势时头颈正直，松腰松胯，两拳松握；沉肩垂肘，两臂保持弧形。

攻防含义：双拳下落化开对方攻击，随之双拳合击对方耳部。

图 16-1-79

15. 转身左蹬脚（图 16-1-80）

动作要点：左蹬脚与右蹬脚方向为 180°，左手与左脚蹬出的方向要一致。

攻防含义：同右蹬脚，唯左右相反。

图 16-1-80

第六组：

16. 左下势独立（图 16-1-81）

动作要点：上体要正直，支撑腿膝微屈，提膝腿的脚尖自然下垂。

攻防含义：用右手牵带对方的进攻，并用右膝、右手进攻对方。

图 16-1-81

17. 右下势独立（图 16-1-82）

动作要点：与“左下势独立”相同，唯左右相反。

图 16-1-82

第七组：

18. 左右穿梭（图 16-1-83）

动作要点：两个定势分别面向右侧前方和左侧前方；手推出后，上体不可前俯；手上举时，不要耸肩；两手动作与弓步要协调一致。

攻防含义：一手向上架开对方的进攻，另一手推击对方。

图 16-1-83

19. 海底针（图 16-1-84）

动作要点：在右手前下插掌时，手腕稍向上提，上体稍前倾，收腹敛臀。

攻防含义：化解对方的进攻，顺势进攻对方。

图 16-1-84

20. 闪通臂（图 16-1-85）

动作要点：定势时，上体不可过于侧倾，两臂均保持微屈。

攻防含义：右手上架，左手攻对方胸部。

图 16-1-85

第八组：

21. 转身搬拦捶（图 16-1-86）

动作要点：“搬”应先按后搬并与右腿伸落相配合；“拦”应以腰带臂平行绕动向前平拦；“捶”应与弓步配合，上下肢协调一致。

攻防含义：在两手搬、拦开对方的进攻后，右拳攻对方胸部。

图 16-1-86

22. 如封似闭（图 16-1-87）

动作要点：在身体后坐时，上体不要后仰，臀部不可凸出；在两手推出时，上体不得前倾。

攻防含义：用两手化解开对方的进攻后推击对方。

图 16-1-87

23. 十字手（图 16-1-88）

动作要点：在两手分开合抱时，上体不要前俯；站起后，身体自然正直，头微向上顶，下颌稍向后收；两臂环抱时须圆满舒适，沉肩垂肘。

攻防含义：可用两手推架对方的进攻。

图 16-1-88

24. 收势（图 16-1-89）

动作要点：在两手左右分开下落时，要注意全身放松，同时气也徐徐下沉（呼吸略加长）。呼吸平稳后，慢慢把左脚收到右脚旁。

查看二十四式简化太极拳完整演练

图 16-1-89

第二节 五禽戏

五禽戏是一种中国传统健身方法，由 5 种模仿动物的动作组成，又称“五禽操”、“五禽气功”、“百步汗戏”等。五禽戏是中国民间广为流传的，也是流传时间最长的健身方法之一。1982 年 6 月 28 日，国家卫生部、教育部和国家体委联合发出通知，把五禽戏等中国传统健身法作为在医学类大学中推广的“保健体育课”的内容之一。2003 年，国家体育总局把重新编排后的五禽戏等健身法作为“健身气功”的内容向全国推广。

最早记载了“五禽戏”名目的是南北朝陶弘景的《养性延命录》。但也有人认为是由东汉名医华佗模仿熊、虎、猿、鹿、鸟 5 种动物的动作创编的一套防病、治病、延年益寿的医疗气功。它是一种外动内静、动中求静、动静兼备、有刚有柔、刚柔并济、练内练外、内外兼练的仿生功法。

五禽戏由 5 种动作组成，分别是虎戏、鹿戏、熊戏、猿戏和鸟戏，每种动作都是模仿了相应的动物动作。每种动作都是左右对称地各做一次，并配合气息调理。

一、五禽戏动作名称

预备势：起势调息

第一戏：虎戏　第一式：虎举　第二式：虎扑

第二戏：鹿戏　第一式：鹿抵　第二式：鹿奔

第三戏：熊戏　第一式：熊运　第二式：熊晃

第四戏：猿戏　第一式：猿提　第二式：猿摘

第五戏：鸟戏　第一式：鸟伸　第二式：鸟飞

收势：引气归元

二、五禽戏学练方法

（一）手型、步型和平衡

1. 基本手型

（1）虎爪：五指张开，虎口撑圆，第一、二指关节弯曲内扣（图 16-2-1）。

（2）鹿角：拇指伸直外张，食指、小指伸直，中指、无名指弯曲内扣（图 16-2-2）。

（3）熊掌：拇指压在食指指端上，其余四指并拢弯曲，虎口撑圆（图 16-2-3）。

（4）猿钩：五指指腹捏拢，屈腕（图 16-2-4）。

（5）鸟翅：五指伸直，拇指、食指、小指向上翘起，无名指、中指并拢向下（图 16-2-5）。

（6）握固：拇指抵掐无名指根节内侧，其余四指屈拢收于掌心（图 16-2-6）。

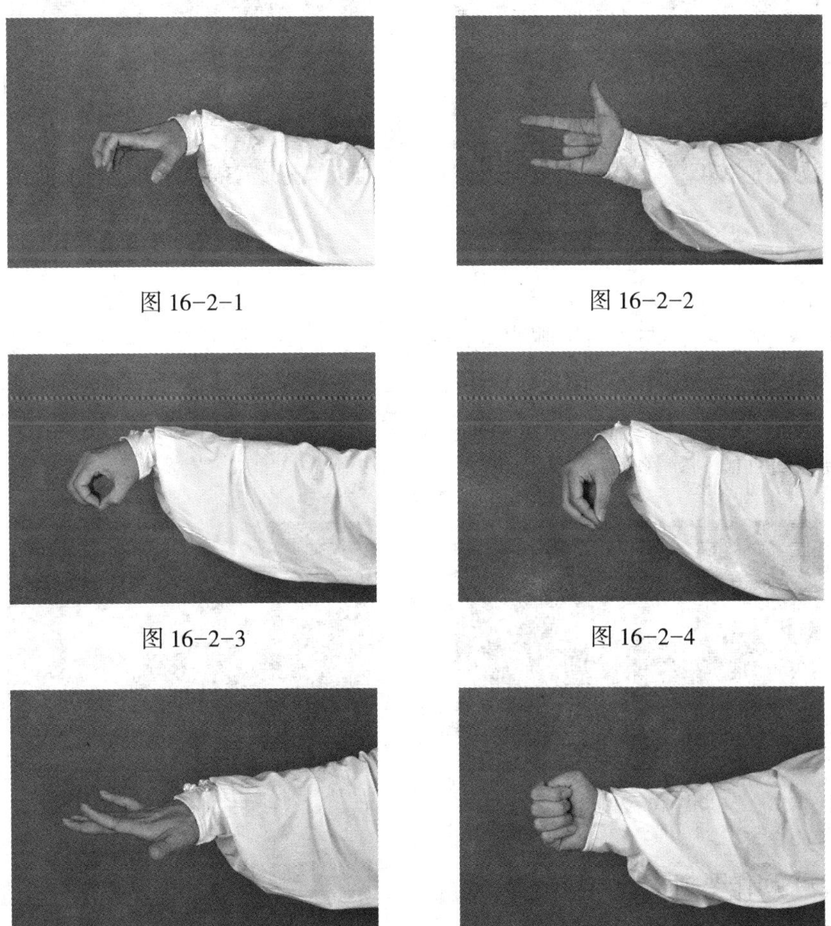

图 16-2-1　图 16-2-2

图 16-2-3　图 16-2-4

图 16-2-5　图 16-2-6

2. 基本步型

（1）弓步：两腿前后分开一大步，横向之间保持一定宽度，右（左）腿屈膝前弓，大腿斜向地面，膝与脚尖上下相对，脚尖微内扣；左（右）腿自然伸直，脚跟蹬地，脚尖稍内扣，全脚掌着地（图 16-2-7）。

图 16-2-7

（2）虚步：右（左）脚向前迈出，脚跟着地，脚尖上翘，膝微屈；左（右）腿屈膝下蹲，全脚掌着地，脚尖斜向前方，臀部与脚跟上下相对。身体重心落于左（右）腿（图 16-2-8）。

（3）丁步：两脚左右分开，间距 10~20 厘米，两腿屈膝下蹲，左（右）脚脚跟提起，脚尖着地，虚点地面，置于右（左）脚脚弓处，右（左）腿全脚掌着地踏实（图 16-2-9）。

图 16-2-8

图 16-2-9

3. 平衡

（1）提膝平衡：左（右）腿直立站稳，上体正直；右（左）腿在体前屈膝上提，小腿自然下垂，脚尖向下（图 16-2-10）。

（2）后举腿平衡：右（左）腿蹬直站稳，左（右）腿伸直，向体后举起，脚面绷平，脚尖向下（图 16-2-11）。

图 16-2-10

图 16-2-11

（二）动作要领

预备势：起势调息

动作要领：

（1）两臂上提下按，意在两掌劳宫穴，动作柔和、均匀、连贯。

（2）动作也可配合呼吸，两臂上提时吸气，下按时呼气。

第一戏：虎戏

“虎戏”要体现虎的威猛。神发于目，虎视眈眈；威生于爪，伸缩有力；神威并重，气势凌人。动作变化要做到刚中有柔、柔中生刚、外刚内柔、刚柔相济，具有动如雷霆无阻挡、静如泰山不可摇的气势。

第一式：虎举

动作要领：

（1）十指撑开、弯曲成“虎爪”和外旋握拳，三个环节均要贯注劲力。

（2）两掌向上如托举重物，提胸收腹，充分拔长躯体；两掌下落如拉双环，含胸松腹，气沉丹田。

（3）眼随手动。

（4）动作可配合呼吸，两掌上举时吸气，下落时呼气。

第二式：虎扑

动作要领：

（1）上体前俯，两手尽力向前伸，而臀部向后引，充分伸展脊柱。

（2）屈膝下蹲、收腹含胸要与伸膝、送髋、挺腹、后仰动作过程连贯，使脊柱形成由折叠到展开的蠕动，两掌下按上提要与之配合协调。

（3）虚步下扑时，速度可加快，先柔后刚，配合快速深呼气，气由丹田发出，以气催力，力达指尖，表现出虎的威猛。

第二戏：鹿戏

鹿喜挺身眺望，好角抵，运转尾闾，善奔走，通任、督两脉。习练“鹿戏”时，动作要轻盈舒展，神态要安闲雅静，意想自己置身于群鹿中，在山坡、草原上自由快乐地活动。

第一式：鹿抵

动作要领：

（1）腰部侧屈拧转，侧屈的一侧腰部要压紧，另一侧腰部则借助上举手臂后伸，得到充分牵拉。

（2）后脚脚跟要蹬实，固定下肢位置，加大腰、腹部的拧转幅度，运转尾闾。

（3）动作可配合呼吸，两掌向上划弧摆动时吸气，向后伸抵时呼气。

第二式：鹿奔

动作要领：

（1）提腿前跨要有弧度，落步轻灵，体现鹿的安舒神态。

（2）身体后坐时，两臂前伸，胸部内含，背部形成“横弓”状；头前伸，背后拱，腹收缩，臀内敛，形成“竖弓”状，使腰、背部得到充分伸展和拔长。

（3）动作可配合呼吸。身体后坐时，配合吸气。重心前移时，配合呼气。

第三戏：熊戏

“熊戏”要表现出熊憨厚沉稳、松静自然的神态。运势外阴内阳，外动内静，外刚内柔，以意领气，气沉丹田；行步外观笨重拖沓，其实笨中生灵，蕴含内劲，沉稳之中显灵敏。

第一式：熊运

动作要领：

（1）两掌划圆应随腰、腹部的摇晃而被动牵动，要协调自然。

（2）两掌划圆是外导，腰、腹摇晃为内引，意念内气在腹部丹田运行。

（3）动作可配合呼吸，身体上提时吸气，身体前俯时呼气。

第二式：熊晃

动作要领：

（1）用腰侧肌群收缩来牵动大腿上提，按提髋、起腿、屈膝的先后顺序提腿。

（2）两脚前移，横向间距稍宽于肩，随身体重心前移，全脚掌踏实，使震动感传至髋关节处，体现熊步的沉稳厚实。

第四戏：猿戏

猿生性好动，机智灵敏，善于纵跳，折枝攀树，躲躲闪闪，永不疲倦。习练“猿戏”时，外练肢体的轻灵敏捷，欲动则如疾风闪电，迅敏机警；内练精神的宁静，欲静则似静月凌空，万籁无声，从而达到“外动内静”、“动静结合”的境界。

第一式：猿提

动作要领：

（1）掌指撮拢变钩，速度稍快。

（2）按耸肩、收腹、提肛、脚跟离地、转头的顺序，上提重心。耸肩、缩胸、屈肘、提腕要充分。

（3）动作可配合提肛呼吸。两掌上提吸气时，稍用意提起会阴部；下按呼气时，放下会阴部。

第二式：猿摘

动作要领：

（1）眼要随上肢动作变化左顾右盼，表现出猿猴眼神的灵敏。

（2）屈膝下蹲时，全身呈收缩状。蹬腿迈步，向上采摘，肢体要充分展开。采摘时变“猿钩”，手指撮拢快而敏捷；变握固后，成托桃状时，掌指要及时分开。

（3）动作以神似为主，重在体会其意境，不可太夸张。

第五戏：鸟戏

鸟戏取形于鹤。鹤是轻盈安详的鸟类，人们对它进行描述时往往寓意它的健康长寿。习练时，要表现出鹤昂然挺拔、悠然自得的神韵。仿效鹤翅飞翔，抑扬开合。两臂上提，伸颈运腰，真气上引；两臂下合，含胸松腹，气沉丹田。活跃周身经络，灵活四肢关节。

第一式：鸟伸

动作要领：

（1）两掌在体前相叠，上下位置可任选，以舒适自然为宜。

（2）注意动作的松紧变化。掌上举时，颈、肩、臀部紧缩；下落时，两腿微屈，颈、肩、臀部松沉。

（3）两臂后摆时，身体向上拔伸，并形成向后反弓状。

第二式：鸟飞

动作要领：

（1）两臂侧举，动作舒展，幅度要大，尽量展开胸部两侧；两臂下落内合，尽量挤压胸部两侧。

（2）手脚变化配合协调，同起同落。

（3）动作可配合呼吸，两掌上提时吸气，下落时呼气。

收势：引气归元

动作要领：

（1）两掌由上向下按时，身体各部位要随之放松，直达脚底涌泉穴。

（2）两掌腹前划平弧动作，衔接要自然、圆活，有向前收拢物体之势；意将气息合抱引入丹田。

查看五禽戏完整动作示范

第三节 八段锦

八段锦是一套独立而完整的健身功法，据传起源于北宋，至今已有800多年的历史。古人把这套动作比喻为“锦”，意为五颜六色，美而华贵。其动作舒展优美，祛病健身，效果极好。

八段锦分为八段，每段一个动作，故名为“八段锦”。练习无须器械，无须场地，简单易学，节省时间，健身效果显著，适合于男女老少。

一、八段锦动作名称

预备势

第一式：两手托天理三焦　　第二式：左右开弓似射雕

第三式：调理脾胃须单举　　第四式：五劳七伤往后瞧

第五式：摇头摆尾去心火　　第六式：两手攀足固肾腰

第七式：攒拳怒目增气力　　第八式：背后七颠百病消

收势

二、八段锦学练方法

预备势

动作要领：

（1）头向上顶，下颌微收，舌抵上腭，双唇轻闭；沉肩坠肘，腋下虚掩；胸部宽舒，腹部松沉；收髋敛臀，上体中正。

（2）呼吸徐缓，气沉丹田，调息6~9次。

第一式：两手托天理三焦

动作要领：

（1）两掌上托要舒胸展体，略有停顿，保持抻拉。

（2）两掌下落，松腰沉髋，沉肩坠肘，松腕舒指，上体中正。

第二式：左右开弓似射雕

动作要领：

（1）侧拉之手五指并拢屈紧，肩臂放平。

（2）八字掌侧撑需沉肩坠肘，屈腕，竖指，掌心涵空。

（3）年老或体弱者可自行调整马步高度。

第三式：调理脾胃须单举

动作要领：力在掌根，上撑下按，舒胸展体，拔长腰脊。

第四式：五劳七伤往后瞧

动作要领：

（1）头向上顶，肩向下沉。

（2）转头不转体，旋臂，两肩后张。

第五式：摇头摆尾去心火

动作要领：

（1）马步下蹲要收髋敛臀，上体中正。

（2）摇转时，颈部与尾闾对拉伸长，好似两个轴在相对运转，速度应柔和缓慢，动作圆活连贯。

（3）年老或体弱者要注意动作幅度，不可强求。

第六式：两手攀足固肾腰

动作要领：

（1）反穿摩运要适当用力，至足背时松腰沉肩，两膝挺直，向上起身时手臂主动上举，带动上体立起。

（2）年老或体弱者可根据身体状况自行调整动作幅度，不可强求。

第七式：攒拳怒目增气力

动作要领：

（1）马步的高低可根据自己的腿部力量灵活掌握。

（2）冲拳时要怒目瞪眼，注视冲出之拳，同时脚趾抓地，拧腰顺肩，力达拳面；拳回收时要旋腕，五指用力抓握。

第八式：背后七颠百病消

动作要领：

（1）上提时脚趾要抓地，脚跟尽力抬起，两腿并拢，百会穴上顶，略有停顿，要掌握好平衡。

（2）脚跟下落时，咬牙，轻震地面，动作不要过急。

（3）沉肩舒臂，周身放松。

查看八段锦完整动作示范

收势

动作要领：体态安详，周身放松，呼吸自然，气沉丹田。

作业与思考题

1. 谈谈你对武术的理解。
2. 长拳与太极拳的运动特点有什么区别?
3. 试述五禽戏和八段锦的锻炼价值。

第十七章
跆拳道

名人名言

路拳道是行动哲学，跆拳道是正人之道、育人之道。

——近代跆拳道创始人之一李仲佑

学习导航

跆拳道以其快速多变的技术特点和优美实效的运动技巧获得了许多年轻人的青睐，是一项融健身、防身于一体的体育运动项目。为了方便广大学生对跆拳道进行了解和学习，本章从跆拳道的起源与发展开始，对跆拳道的文化内涵、锻炼价值等进行了阐述，对跆拳道的基本技术和学练方法进行了介绍，最后介绍了跆拳道的竞赛规则。

知识目标

了解跆拳道运动的相关知识，掌握跆拳道的基本技术要领和学练方法。

能力目标

熟练掌握并能运用跆拳道的基本拳法和腿法，在正确的练习方法指导下自觉、积极地参与跆拳道锻炼。

第一节　跆拳道概述

一、跆拳道的起源与发展

跆拳道是起源于朝鲜半岛的一项武道运动，主要利用手脚等部位进行搏击对抗。跆拳道起源于人类祖先的生存需要，源自古人捕猎野兽的技能和人类部落冲突中求得生存的对抗技巧。大约在公元 1 世纪，朝鲜半岛先后兴起了三个国家，分别是新罗国、高句丽国和百济国。三国连年征战，致使搏击武艺成为男子重要的基本技能，他们把跆拳道作为强身健体、保家卫国的手段。新罗国在三国中国力弱小，由于高句丽的入侵，新罗特别强调武艺的重要性。陈兴王创建了“事君以忠，事亲以孝，交友以信，临战无退，杀身有择”为宗旨的“花郎道”，为最终保卫新罗、统一三国造就了一大批武艺高强的勇士。公元 918 年，新罗国在中国唐朝的帮助下统一了朝鲜半岛，建立了一个统一的国家——高丽。1390 年，李朝时代开始。该时期的《武艺图谱通志》是记载跆拳道的重要文献，其中详细记载了跆拳道的起源与发展过程和兵器使用方法。1910 年，日本出兵占领朝鲜，李朝灭亡。此后，跆拳道被日本人建立的殖民政府所禁止，跆拳道发展进入低谷。

1945 年，朝鲜人民获得国家独立，跆拳道又获得了自由发展的空间，那些躲避战乱、辗转到中国或日本谋生的跆拳道练习者将中国和日本的武技带回本国，并与已有的跆拳道技术进行了融合，形成了现代的跆拳道技术体系。当时的跆拳道运动体系较为混乱，有唐手道、跆跟等多种称呼，1955 年，被正式更名为跆拳道。为了能够使国技获得很好的发展，1961 年，韩国成立了唐手道协会，后更名为跆拳道协会。1966 年，成立了国际跆拳道联盟（ITF），崔泓熙任首任主席。1973 年，世界跆拳道联盟（WTF）在韩国汉城（今首尔）成立，金云龙任首任主席。1975 年，国际体育联盟接纳世界跆拳道联盟为正式会员。1973 年、1974 年，在韩国汉城连续举办了第一届亚洲跆拳道锦标赛和第一届世界跆拳道锦标赛。与此同时，其竞赛机制和知名度也获得了较大的提高。从第 10 届亚运会起，跆拳道成为亚洲运动会的正式比赛项目。1980 年，国际奥委会正式承认世界跆拳道联盟。在此后的近 30 年，跆拳道得到了飞速的发展。由于采用了有效的推广机制，目前有 140 多个国家和地区的 3 000 多万人在进行跆拳道的练习。1994 年，国际奥林匹克委员会批准跆拳道成为 2000 年悉尼奥运会正式比赛项目，男、女各设 4 块金牌。

今天的跆拳道技术并不像传统的跆拳道技术那样圆滑流畅，也不像以前那样重视运动中身体的平衡。对跆拳道技术的检验并不取决于外观的形式，而在于实战之中的运用效果。为此，世界跆拳道联盟总部中设置了特别技术委员会，其主要的任务就是改进现有的跆拳道技术。

二、跆拳道的文化内涵

跆拳道三个字各有其特殊含义。“跆”（TAE）是用脚攻击以及与腿部相关的各种进攻和防守技术，“拳”（KWON）是指用拳击打以及与手臂相关的各种进攻和防守动作，“道”（DO）字有更深刻的含义，是指在“跆”和“拳”的修炼过程中的精神要求以及搏击的艺术方法和制胜规律，三者合称为跆拳道（TAEKWONDO）。礼仪是跆拳道精神的具体表现，又称为“礼节”。礼仪的教育和熏陶是跆拳道运动的重要组成部分。每个人在练习跆拳道时，无不为其“道”所震撼。跆拳道注重培养人的一种“气”和“量”，即志气、勇气和胆量。“气”和“量”能够使人养成勇往直前、奋力拼搏、自强不息的精神，同时能使人产生坚定的自信心。在信心的作用下，又可以产生谦虚、纯朴的良好品质，在这种品质的影响下，会使人不知不觉地克服自己的缺点，谦让别人，以和平、友爱、团结的美德促进社会的和谐。跆拳道以培养高尚情操、造就优秀品德为根基，在不断强健体魄的同时，更讲究个人心灵的感化，它追求通过格斗技击的演练形式和坚持不懈的努力，促进身心的发展，陶冶情操，磨炼意志，不断使人超越平凡，让生命更具永恒的活力，这正是跆拳道的精髓。

三、跆拳道的基本特点

（一）以腿为主，拳腿并用

跆拳道有“七分用腿，三分用拳”的说法，腿法是跆拳道技术体系中最重要的一部分。拳法以冲拳为主。

（二）方法简练，刚直硬打

跆拳道提倡用简明硬朗的方法直接去打击对方，追求以刚制刚、硬打硬拼，尽可能地保持或缩短双方的距离，进攻或反击时的动作路线多为直线，方法简练，强调击打的有效性。

（三）强调气势，发声扬威

跆拳道练习时，要求训练者发声，给人以气势上的震慑。发声可以增加自己的气势和自信心，同时也可以起到震慑对手的作用。

（四）礼始礼终，注重修养

跆拳道修炼者始终把“礼”作为训练的内容之一，强调以礼始、以礼终，也就是在训练的开始和结束都要行礼，非常注重对人的道德培养。

四、跆拳道的锻炼价值

（一）强身健体，防身自卫

通过练习跆拳道，可以提高人的速度、力量、耐力、柔韧、灵敏等基本素质，同时可以提高人体的攻击和防御能力。长期参与跆拳道练习，可以起到强身健体和防身自卫的功能。

（二）修身养性，磨炼意志

跆拳道练习需要练习者精神和身体的直接参与。任何一个想获得好成绩和晋升段位的人，都必须不断地向自己身体和精神极限冲击并与自己的惰性抗争。这无疑是对人精神与意志的考验与锻炼。只有坚持到底才会成为一个成功者。

（三）娱乐观赏，陶冶性情

跆拳道技术具有较高的艺术性，观赏跆拳道的比赛和表演不仅能得到美的享受，还能激发人的斗志，鼓舞人奋发向上、努力进取的精神，陶冶人的道德情操。跆拳道的练习内容都有一定的文化含义，通过长时间的学习和研究可以提高练习者的文化品位和修养。

第二节 跆拳道基本技术与学练方法

一、实战势

左脚在前为左势，右脚在前为右势。

动作规格：以右势为例：两脚前后开立与肩同宽，前脚尖 45° 斜向左前方，后脚跟抬起，膝关节微屈，重心落在两脚之间；上身自然直立，45° 斜向左前方，双手握拳，拳心相对，两臂弯曲置于胸前；头部直立向前，目视正前方。

查看实战势示范动作

动作要领：身体自然，肌肉放松；膝关节松而不懈，富有弹性；心无杂念，以无意为有意。

实战势练习方法：

（1）对照练习法：站在镜子前，做好实战姿势，与标准姿势进行对照，不断改进动作。

（2）分解练习和完整练习法：先将腿部的动作和手部的动作分开练习，熟练以后再组合在一起进行完整练习。

二、基本步法

在跆拳道习练中，步法训练非常重要。能否合理运用腿法，准确和强有力地击打对方，主要是通过机动、灵活、稳固的步法来实现的。

1. 上步（图 17-2-1）

动作方法：实战姿势（右势）站立，后脚朝前上一步，换为实战姿势（左势）。

查看上步、撤步示范动作

动作要点：以前脚为轴，拧腰转髋迅速，上步时上体保持平稳。

动作特点：主要用于快速进攻，使自己处于有利的进攻位置。

2. 前跃步（图 17-2-2）

动作方法：右架站立，两脚同时向前跃出一步，保持右架姿势。

动作要点：移动时两脚距离保持不变，两脚离地不要过高，滑步稳，跟步快。

动作特点：常用于调整与对手之间的距离，使自己处于有利的进攻位置。

3. 后跃步（图 17-2-3）

动作方法：两脚同时向后撤一步。

动作要点：两脚稍离开地面即可，重心保持平稳。

动作特点：主要用于调整与对手之间的距离，躲闪对方进攻或配合技术反击。

图 17-2-1　　图 17-2-2　　图 17-2-3

4. 后撤步（图 17-2-4）

动作方法：左架站立，左脚迅速由前向后退一步，成右架站立。

动作要点：以后脚为轴，拧腰转髋迅速，退步时重心保持平稳。

动作特点：主要用以快速退防，从而使自己处在防守的最佳位置，由被动变为主动。

查看跳换步示范动作

5. 跳换步（图 17-2-5）

动作方法：右架站立，两脚原地前后交换，换成左架站立。

动作要点：换步灵活，弹跳不易太高。

动作特点：主要用调整实战姿势，使自己处于有利的进攻位置。

图 17-2-4

图 17-2-5

步法练习方法：

1. 共性练习方法

查看步法配合练习

（1）对照练习法：站在镜子前，做基本步法，与标准姿势进行对照，不断改进动作。

（2）双人配合练习法：和同伴面对面做步法练习，彼此进行纠正。

（3）分解和完整练习法：以前滑步为例，将前滑步分成两个步骤：① 右脚蹬地，左脚向前滑动一个脚掌的距离；② 右脚向前跟进一个脚掌的距离。动作熟练后，将两个步骤组合在一起练习。

查看步法反应练习

（4）默练法：不做任何动作，只在头脑中回想动作的要领。

（5）反应练习法：将几种步法用数字编成号码，每个号码对应不同的步法，教练或同伴发出不同的口令，要做出相应的步法。

（6）组合练习法：将几种步法进行组合练习。

查看步法组合练习

（7）综合练习法：结合腿法进行练习。

（8）负重或抗阻练习法：可以身负重物进行步法练习。

2. 个性练习方法

（1）强化练习法：适用于跳换步、上步、撤步、交叉上步、交叉撤步。实战势站立，在两腿中间放一根木棍或一条腰带，做跳换步的时候不能踩到木棍，以此强化自己的动作。

查看步法综合练习

（2）方格练习法：适用于滑步。在训练场地选定 4 块垫子或者在地面画 4 个方格，运用 4 种滑步进行练习。

三、腿法

跆拳道以其灵活多变的腿法著称，仅腿法就有上千种之多，被世人称为踢的艺术。在这些腿法中，有很多是由一些基本的腿法组合而成的。在这里，仅介绍几种基本的腿法。

动作要求：腾空转体和劈腿动作要连续完成，受力点在脚后跟或脚前掌。

5. 后旋踢（图 17–2–10）

动作方法：

（1）左架站立，以左脚尖为轴，左脚跟外旋。

（2）身体向右后方转，同时提右腿，向斜后方蹬伸，头部向右后方转动。

（3）身体继续旋转，右腿向后划一个水平弧线，快速屈膝用脚掌击打对方头部。

（4）右脚自然落下，还原为左架站立。

动作要求：目视对方，后旋踢动作要连续完成，受力点在脚后跟或脚前掌。

查看后旋踢示范动作

图 17–2–10

6. 侧踢（图 17–2–11）

动作方法：

（1）左架站立，将重心移至左脚，同时左脚内旋。

（2）提右腿，大小腿折叠，同时左转髋，身体右侧侧对对方。

（3）勾脚面，右腿平蹬出去，用脚掌外侧攻击对方。

（4）右腿自然下落，并撤回原位。

动作要求：使用侧踢动作时，动作要快速有力，如双方相距较远，可用垫步移动接近对方。受力点在脚掌。

查看侧踢示范动作

图 17–2–11

7. 双飞踢（图 17–2–12）

动作方法：

（1）右架站立，重心移至右脚，提起左腿使用横踢。

（2）在左脚未落地时立即用右腿横踢，也就是使用两个连续横踢。击打后，两脚自然落下。两腿交换之间，髋部要快速扭转。小腿弹出后，在弹直的一刹那，要有一个制动的过程，使脚产生鞭打的效果。

动作要求：双飞踢技术是跆拳道技术中最常用的一种连续攻击技术，两腿在攻击的瞬间要快速连贯完成，身体要在悬空状态下完成该技术，两腿的连续性和速度尤为重要。受力点在脚背和脚前掌。一般来说，在中远距离时是使用双飞踢的较好时机，双飞踢中的第一个横踢常常是为了找到合适的距离或破坏对方的进攻，以利于第二个横踢。双飞踢主要用于攻击对方的胸腹、两肋和面部。

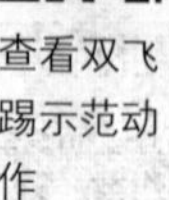
查看双飞踢示范动作

图 17-2-12

8. 前横踢（图 17-2-13）

前横踢是跆拳道比赛中较为常用的动作之一，也是运动员得分的主要技术。

动作方法：

（1）右架站立，左脚向前垫步，将身体重心移至左腿。

（2）提起右脚，向前送腿，大小腿稍折叠。

（3）绷紧脚面，右膝向内，快速弹出小腿。

（4）右腿自然落下，两腿同时后撤一步，还原成右架准备姿势。

动作要求：打击要坚决果断，后脚一定要配合积极向前移动。右腿的小腿要快速弹出，尽量增加鞭打力量。

图 17-2-13

腿法练习方法：

1. 共性练习方法

（1）对照练习法：站在镜子前，做基本腿法练习，和标准姿势进行对照，不断改进动作。

（2）分解和完整练习法：先将腿法的主要动作要点分解练习，熟练之后再组合在一起进行完整练习。

（3）默练法：不做任何动作，利用意念在头脑中进行练习。

（4）反应练习法：将几种腿法用数字编成号码，每个号码对应不同的腿法，教练或同伴发出不同的口令，要做出相应的腿法。

（5）组合练习法：将几种腿法进行组合练习。

（6）综合练习法：结合步法进行练习。

（7）空击练习法：利用相应的腿法进行空击练习。

（8）踢靶练习法：通过踢靶进行强化动作。

（9）负重或抗阻练习法：通过增加负重或增加阻力进行腿法的强化练习。

（10）实战练习法：通过实战检验自己的腿法和步法的组合运用。

2. 个性练习法

（1）下劈辅助练习：先用正踢腿的踢腿方式练习下劈；找到感觉之后，让同伴拿脚靶置于自己前方略高于膝盖的位置，做提膝的下劈练习。

查看下劈辅助练习

（2）双飞踢辅助练习：用手扶着同伴或者椅子，先提起左腿，右腿蹬地起跳左横踢动作，熟练之后换腿练习；接下来，还是先将左腿提起来，右腿蹬地起跳踢横踢动作后不落地立刻踢左腿横踢，熟练后换腿练习。

查看双飞踢辅助练习

（3）旋风踢辅助练习：主要难点在于旋转是否是直线方向，可以让同伴站在自己体侧，自己利用旋风踢旋转动作从同伴旁边转过去，但不能碰到同伴。

查看旋风踢辅助练习

四、防守动作

在跆拳道比赛中，不允许使用抓、推、抢、拌、夹等方法防守，但可以用手臂或手刀去格挡。格挡技术按照防守方向来划分，可分为向上格挡、向（左右）斜下格挡和向（左右）斜上格挡三种。

1. 向上格挡（图 17-2-14）

利用手臂或手刀自下向上的格挡动作称为向上格挡。

动作方法：左架实战姿势站立。左（右）手握拳，手臂沿身体正中线向上迅速上格。格挡时，前臂与地面平行，格挡的位置应在头部正上方，前臂外旋，以尺骨外侧接触对手的攻击腿。

动作要点：判断对手进攻要准确，上格要迅速有力。

2. 向（左右）斜下格挡（图 17-2-15）

动作方法：左架实战姿势站立。左手握拳由上至下，用左前臂向左斜下方格挡，

图 17-2-14

图 17-2-15

或是右手握拳，用右前臂向右斜下方格挡。

动作要点：应以前臂尺骨外侧接触对方的攻击腿。

3. 向（左右）斜上格挡（图 17-2-16）

动作方法：左架实战姿势站立。左手握拳由下至上，用左前臂向左斜上方格挡，或是右手握拳，用右前臂向右斜上方格挡。

动作要点：动作迅速，以前臂尺骨或桡骨外侧格挡对方的攻击。

图 17-2-16

第三节 跆拳道品势与学练方法

一、跆拳道品势

品势就是将跆拳道的进攻和防守动作进行有机的排列和组合，组成一个固定的演练套路。每章品势都有固定形式的起势和收势，每章品势都有各自的动作运行路线和文化含义。跆拳道级位品势包括太极一章至太极八章等 8 个品势，段位品势包括高丽、金刚、太白、平原、十进、地跆、天拳、汉水、一如 9 个品势。跆拳道品势还包括自编的品势，用于品势表演和品势比赛。本节课主要介绍太极一章和太极二章两套品势。

（一）品势准备姿势

动作要点：

左脚向左跨开一步，两脚开立与肩同宽。同时双手变掌，掌心相对，从小腹处向上提起双掌，同时配合以吸气动作，到达至胸口的位置时双手握拳，同时双拳内旋并向下移动至小腹处，向下移动配合呼气动作。动作完成后，双拳拳背朝前，两拳之间间隔一拳距离，拳与身体相距两拳距离，手臂略微弯曲。

查看太极一章动作示范

（二）太极一章

太极一章的含义是八卦中的“乾”，指天、阳，“乾”象征着万物的根源，意味着初始，因此是跆拳道品势当中的第一套动作。特点是以站势和简单的走步为主，动作有基础动作下格挡、中内格挡、上格挡、直拳、前踢组成，适合跆拳道黄带（八级）练习者练习。

查看太极二章动作示范

（三）太极二章

太极二章的含义是八卦中的“兑”，指外柔内刚。新的动作包括上位直拳和前踢动作。适合黄绿带（七级）练习者练习。

二、跆拳道品势学练方法

跆拳道品势虽然比较多，但是它都是一些基本动作的组合练习，所以要想学好跆拳道品势，首先要将跆拳道品势的基本动作进行刻苦练习，然后再进行组合练习，反复不断地进行演练，做到熟练自如。下面将介绍几种跆拳道品势的学练方法，适合所有跆拳道品势的练习。

查看拳法与步型组合练习

（1）单个动作练习法：将跆拳道品势的基本拳法（冲拳）、基本格挡（下格挡、中格挡、上格挡）、基本步型（前行步、弓步、马步）、基本腿法（前踢、横踢、侧踢）等动作进行反复练习，做到熟练。

（2）拳法与步型的组合练习：针对品势中常用的组合进行练习，如前行步冲拳、马步冲拳、弓步冲拳等，反复进行练习。

查看格挡与步型组合练习

（3）格挡动作与步型的组合练习：如前行步下格挡、前行步中格挡、前行步上格挡、弓步下格挡、弓步中格挡、弓步上格挡等。

（4）拳法、格挡、步型的组合练习：如前行步下格挡上步冲拳、前行步中格挡上步冲拳、弓步下格挡冲拳等。

查看拳法、格挡、步型组合练习

（5）拳法、格挡、步型、腿法的组合练习：如前行步上格挡接前踢冲拳。

（6）分段练习法：在基本动作练习熟练以后，将一套品势分成若干段，进行分段练习，体会动作与动作之间的衔接。

（7）组合练习法：一段动作熟练以后，进行整套动作的演练。

（8）视频练习法：将自己的动作拍成视频，和国内或者国际顶级选手的比赛视频进行比较，找出自己的不足，加以改正和提高。

查看拳法、格挡、步型、腿法组合练习

（9）比赛训练法：参加比赛或者和同伴进行比赛，使自己得到更大的提高。

第四节　跆拳道竞赛规则简介

一、跆拳道的场地

跆拳道的比赛场地为长 12 米、宽 12 米的水平、无障碍物的正方形场地。场地的地面应为有弹性的垫子。场地中央长 8 米、宽 8 米的区域为比赛区，其余部分为警戒区。警戒区和比赛区表面用两种不同颜色划分，同色时用 5 厘米宽的白线划分。

二、跆拳道的服装

跆拳道的服装称作道服，其款式、颜色都是特定的。系扎道服用的腰带颜色各异，以其颜色可以区分运动员的段位级别，黑带是跆拳道高手的象征，是实力的体现，更是一种荣誉和责任。

三、跆拳道的比赛时间

跆拳道的每场比赛分为三局，每局比赛时间为三分钟，局间休息一分钟。青年锦标赛每场比赛为三局，每局比赛时间为两分钟，局间休息一分钟。

四、跆拳道比赛中允许使用的技术

跆拳道比赛中使用拳的技术时必须握紧拳，用拳正面的食指或中指部分击打；使用脚的技术时，必须用踝关节以下的脚前部击打。这里需要注意：指、掌、肘、膝等技术只适合于平时练习或品势表演中使用，在比赛中禁止使用；抓、搂、抱、推等动作在比赛中也是禁止使用的。如出现，将被判罚警告一次，警告两次将被扣一分。

五、跆拳道比赛中允许攻击的部位

跆拳道比赛中允许攻击的部位包括髋骨以上至锁骨以下以及两肋部，但背部没有护具保护的部位禁止攻击。头部两耳向前头颈的前部只允许用脚的技术攻击。

六、跆拳道比赛中如何得分

有效得分部位包括躯干中部（被护具包裹的躯干部位）和头部（头盔下沿线以上的所有头部部分）。

使用允许的技术，准确、有力地击中躯干或头部得分部位，即为得分一次。击中躯干得 1 分，旋转踢技术击中躯干得 3 分；击中头部得 3 分，旋转踢击中头部得 4 分。

七、跆拳道比赛的获胜方式

（1）击倒胜（KO 胜）。

（2）主裁判终止比赛胜（RSC 胜）。

（3）比分胜（PTF 胜）。

（4）分差胜（PTG 胜）。

（5）优势判定胜（SUP 胜）。

（6）弃权胜（WDR 胜）。

（7）失去资格胜（DSQ 胜）。

（8）主裁判判罚犯规胜（PUN 胜）。

作业与思考题

1. 简述跆拳道运动的起源。
2. 跆拳道分为哪几个级别和段位？
3. 试述学习跆拳道以后的心得和体会。

第十八章 瑜伽

| 名人名言 |

任何言语都无法表达瑜伽的全部价值，瑜伽必定是一种实践。

——B.K.S. 艾扬格

| 学习导航 |

瑜伽作为一种既传统又时尚的健身运动，以其特有的魅力风靡世界。瑜伽练习不但可以锻炼身体，而且可以放松身心，预防和缓解许多身心疾病。本章介绍了瑜伽的起源、发展和锻炼价值，着重介绍了瑜伽的体位练习方法以及呼吸方法。

| 知识目标 |

1. 了解瑜伽的起源与发展、分类及锻炼价值。
2. 掌握瑜伽的呼吸方法和基本体位练习方法。

| 能力目标 |

通过参与瑜伽锻炼，增强体质，树立终身体育的观念。

第一节　瑜伽概述

一、瑜伽的起源与发展

瑜伽（Yoga）是人类智慧的结晶，产生于公元前300年左右，是东方最古老的强身术之一。“瑜伽”一词源于梵文的音译，意思是结合、联合，这也是瑜伽的宗旨和目的。瑜伽起源于印度，是一种非常古老的能量知识修炼方法，集哲学、科学和艺术于一身。瑜伽的基础建立在古印度哲学上，古代的瑜伽信徒发展了瑜伽体系，因为他们深信通过运动身体和调控呼吸，可以完全控制心智和情感，保持永远健康的身体。瑜伽修持者开始只有少数人，一般在寺院、乡间小舍、喜马拉雅山洞穴和茂密森林中心地带修持，由瑜伽师讲授给那些愿意接受的门徒。后来，瑜伽逐步在印度普通人中间流传开来。而今的瑜伽，已经是印度人民几千年来从实践中总结出的人体科学的修炼法，再也不是只限于少数隐居人仅有的秘密。在印度，现在很难区分瑜伽与印度教的关系，在寺庙中、在生活中、在许多领域，两者的关系都彼此融合。因为心理、生理和精神上的戒律已经使瑜伽成为印度文化中的一个重要组成部分。

瑜伽有一套从肉体到精神极其完备的修持方法。目前，瑜伽已在全世界广泛传播。当今的瑜伽不仅只属于哲学和宗教的范畴，它有着更广泛的含义，千年不衰，有着强大的生命力。

二、瑜伽的分类

从广义上讲，瑜伽是哲学。从狭义上讲，瑜伽是一种精神和肉体结合的运动。瑜伽作为修行和练功的方法，分为不同的体系，如哈他瑜伽、语音冥想瑜伽、八分支法瑜伽等。其中有些着重于身体，有些着重于心智和精神等。像各种叫“阿萨那答”的姿势练习，在心灵上和身体上同时有深切而积极的效益。而所谓心智的或者精神的瑜伽冥想功法，不仅仅有身体上的效益，在心智和精神上也有积极的效益。身体、心智和精神这三方面是互相联系、互相影响的。比如，当人的身体有病或者精神萎靡，那么他冥想起来就比较困难。如果一个人充满焦虑的心情，或者心里很苦闷，忧心忡忡或怨恨满腔，那就会给他的身体健康带来问题。人的思想意识和健康之间是有联系的。在健身界最受关注的是哈他瑜伽，它注重身体健康和力量，通过集中意念、调整呼吸并配合不同身体姿势的练习，来加强与改善人体的各个部位，达到联合整体、增进人们的身体、心智和精神健康的目的。

三、瑜伽的锻炼功效

瑜伽讲究自然、平衡与协调，动作柔和缓慢，是一种安全、有效的塑身练习方法。瑜伽姿势包含伸展、力量、耐力和强化心肺功能的练习，能够伸展肌肉，提高关节灵活度，增强身体的柔韧性，提高身体的平衡感，消除身体的多余脂肪，塑造优美的形体。通过练习瑜伽呼吸法，能够改善呼吸系统、神经系统、内分泌系统的功能，增强人的身体素质和免疫力，消除疲劳，安定神经，减轻压力。

瑜伽对神经系统，包括自主神经系统能产生非常有益的影响。通过练习瑜伽，不仅能保持神经系统的健康，而且还能使功能异常的神经系统恢复正常。此外，还能使交感神经系统和副交感神经系统保持平衡。瑜伽练习对内分泌腺体也十分有益，能使各种内分泌腺体得到按摩，刺激心脏，从而保持健康状态。

瑜伽姿势、呼吸练习和瑜伽冥想功对于呼吸系统也有非常好的影响。人的呼吸系统越是健康，就越能预防像肺结核、支气管炎和肺气肿等各类呼吸系统疾病。瑜伽功法对于血液循环系统、消化系统和皮肤也很有益处。

第二节 瑜伽呼吸方法

呼吸是人最重要的机能，但是人们对呼吸的了解却很少，经常以不正确的方法进行呼吸。在日常的生活中，我们的呼吸一般是随意和不规律的，大多数人呼吸浅短、缺乏规律。研究表明，人的身体状况在很大程度上依赖于呼吸的规律性，甚至呼吸方式可以高度地反映出一个人的情绪情感。当人们在心烦意乱的时候，如沮丧、悲痛或抑郁时，呼吸就会变得很慢和没有规律；而在狂怒、焦虑和紧张不安时，呼吸则会变得迅速、表浅和混乱。呼吸随年龄增长会产生变化，年龄越大，呼吸越浅弱。正确地呼吸可使人头脑灵活，体力充沛，感觉越活越年轻。普通人每分钟呼吸15~16次，坐禅时呼吸只有5~6次，修持得法者每分钟呼吸只有1~2次，甚至可达到像龟蛇一样微呼微吸，不消耗能量。瑜伽理论认为，人一生的呼吸量是有一定限度的，呼吸又快又匆忙的人，一定早逝。相反，呼吸缓慢、犹如在品尝空气的人，可获得长寿。调整呼吸是生存的基本因素，也是健康的必要基础。瑜伽练习强调用鼻呼吸，平和缓慢的深呼吸可以让紧张的身心松弛下来。不同的瑜伽体位练习有其相应的呼吸方式，有时要求保持某种姿势时需要自然的呼吸，有时则要配合动作屏息数秒钟。

一、呼吸法

1. 基本呼吸方式

人们日常的呼吸方式通常有三种：胸式呼吸、腹式呼吸和混合呼吸。

（1）胸式呼吸：胸式呼吸时，膈肌静止，肋间肌扩张胸廓，呼吸完全是通过附着在肋骨上的肋间肌的运动进行的，呼吸量不大，即腹部不动，胸部动。

（2）腹式呼吸：是膈肌收缩和向下降产生腹壁向外扩张的运动，因此，呼吸的量较大，即胸部不动，腹部动。

（3）混合呼吸：指胸式呼吸加上腹式呼吸，因此呼吸量更大。

2. 瑜伽完全呼吸法

瑜伽完全呼吸法也叫作横膈膜呼吸法。练习时，可采取感觉最舒适的姿势，仰卧、静坐、站立均可。卧或站时，双脚适度分开，双眼轻闭，一手置于胸部，另一手置于腹部上方，以便感觉横膈膜以及腹肌的活动。先以鼻腔缓慢、细长地吸气和呼气，不可出声振动或停息，然后加大正常呼吸的过程。当吸气时，横膈膜下移，腹部像气球一样慢慢鼓起，接着空气继续进入，胸部也慢慢鼓起。然后呼气，横膈膜上推，尽量把气吐尽，排出肺部，分多次吐，胸部下降，腹部下降，接着有意识地收缩腹部，使腹肌向内瘪。这种呼吸是借助横膈膜的收缩和下压形成吸气动作的，吸气时，会发觉腹壁和肋骨下部向外推出，胸部只有轻微移动。

横膈膜呼吸法对身体有三大功效：

（1）横膈膜呼吸不同于浅短的呼吸，能使能量充满整个肺部，供应身体充足的氧气，并将体内的废气、浊气和二氧化碳呼出体外。

（2）横膈膜上下移动，犹如温和的按摩，能促进脏腑的血液循环，增强其机能。

（3）横膈膜呼吸法能以最少的力得到大量的新鲜空气，是极其有效的呼吸方法。

二、调息法

1. 单鼻孔呼吸法

按简易坐或莲花坐的坐姿坐好，右手轻轻握拳，伸出拇指、食指和中指，将食指和中指并拢放于眉心，先用大拇指按住右侧鼻孔，用左鼻孔吸气，然后慢慢呼气，使气完全呼出。松开大拇指，用无名指按住左鼻孔。然后再用以上方法让右鼻孔呼吸。重复练习。

2. 左右鼻孔交替呼吸法

按简易坐或莲花坐的坐姿坐好，右手轻轻握拳，伸出拇指、食指和中指，将食指和中指并拢放于眉心，先用大拇指按住右鼻孔，通过左鼻孔吸气，然后用无名指按住左鼻孔并屏息数十秒钟，松开大拇指，用右鼻孔慢慢呼气，使气完全呼出，再从右鼻孔吸气，左鼻孔呼气。重复练习。

3. Kapalabhati 呼吸法

Kapalabhati 是“闪光的头顶”的意思，意指能给面容增色增光。按简易坐或莲花坐的坐姿坐好，做几次深呼吸使身体放松。先深呼气，面部放松，嘴并拢，躯干挺直不要前倾，尽力用腹肌呼气，就像有人拳击腹部，横膈膜快速上升，把气推向肺部；吸气，腹肌放松，横膈膜下沉还原。反复做这个练习，每组至少做 25 次快速呼吸，组与组之间做几次深呼吸放松。

第三节 瑜伽呼吸与体位练习方法

一、呼吸练习方法

腹式呼吸练习（图 18–3–1）

动作要领：

可选择山立功、任何瑜伽坐姿或仰卧放松功开始这一练习。

查看腹式呼吸练习示范

（1）将双手放在脐部，不要施加压力。吸气时，小腹隆起，双手被小腹抬起。

（2）呼气时小腹回落，当气将呼尽时，双手微向下施压，感觉肚脐内收并上提，彻底呼尽肺底残留气体。

图 18–3–1

二、体位练习

（一）树式（图 18-3-2）

图 18-3-2

查看树式、三角式、侧角伸展式、战士一式、战士二式动作示范

动作要领：

山立功，站在垫上，右膝弯曲，将右脚脚后跟放在左大腿根部，右脚脚掌紧贴左大腿。注意右膝关节尽量外展，与身体在同一平面。重心在左脚掌上，双手在胸前合掌。

吸气：指尖带动手臂向头顶方向伸展，眼睛平视前方的某一点，注意力高度集中，保持正常呼吸。

呼气：松开两臂，慢慢落回体侧。

（二）三角式（图 18-3-3）

动作要领：

山立功，站在垫上，两脚分开，两倍于肩宽，左脚向左转 90°，右脚内收 30°。

吸气：两臂侧平举，掌心朝下。

呼气：手臂带动上体向正左侧弯腰，左手轻轻搭在左腿胫骨上，右手掌心朝前，指尖向天空方向延伸，双膝伸直。保证腹部面朝正前方，眼睛看右手指尖方向，正常呼吸 10~20 秒。

吸气：手臂带动身体还原正中。

呼气：双手落回体侧，双脚收回，放松身体。

（三）侧角伸展式（图 18-3-4）

动作要领：

站立，双脚分开，两倍于肩宽，双臂侧平举，挺直脊背。

吸气：向右转动 90°，同时颈部转向右侧，眼睛看右手指。

呼气：弯曲右膝，右大腿与地面平行。将身体靠向右大腿上方，右手掌放于右腿旁的地面上。左手臂尽量向右前方伸展，扭头看上方。保持均匀呼吸，停留 10 秒。

吸气：将身体慢慢立直。

呼气：双手慢慢落回体侧，放松身体。反方向做。

图 18-3-3

图 18-3-4

（四）战士一式（图 18-3-5）

动作要领：

山立功，站在垫上，两脚分开，两倍半肩宽，左脚向左转 90°，右脚微微内收。

吸气：两手侧平举，掌心朝下。

呼气：手臂带动身体水平扭转 90°，髋向左方向一致。

吸气：两手向头顶方向延伸，双手合十。

呼气：弯曲右膝，身体下蹲，使小腿与地面垂直，如果可以，接着下蹲直到大腿与地面平行。注意调整两脚距离，膝关节不要超过左脚尖，右脚外侧尽量不要离开垫子，眼睛可以平视前方，也可以看手指方向，保持正常呼吸。

吸气：伸直左膝，将身体回到正中。

呼气：双手缓慢回落体侧，双脚内外八字收回，放松身体。反方向做。

（五）战士二式（图 18–3–6）

动作要领：

山立功，站在垫上，两脚分开，两倍半肩宽，左脚向左转 90°，右脚微微内收。

吸气：两手侧平举，掌心朝下。

呼气：弯曲右膝，身体下蹲，使小腿与地面垂直，如果可以，左大腿与地面平行。双手在同一条直线上向两侧无限延伸，注意髋要摆正，眼睛看左手指方向，保持正常呼吸。

吸气：伸直左腿，头回正中。

呼气：双手落回体侧，双脚内外八字收回，放松身体。反方向做。

图 18–3–5

图 18–3–6

（六）幻椅式（图 18–3–7）

动作要领：

查看幻椅式、鸟王式、花环式动作示范

山立功，站在垫上，双手胸前合十。

吸气：指尖带动手臂向头顶方向延伸，大臂夹耳。胸腔打开，感觉脊柱向天空无限延伸。

呼气：弯曲双膝，身体慢慢下蹲，同时收缩肛门和会阴，腰部挺直。慢慢将重心移至脚后跟。将十个脚趾向上抬起，如果可以，身体接着下蹲，直至大腿与地面平行。注意，身体要始终保持直立，正常呼吸，膝关节尽量不要超过脚尖。

吸气：将身体慢慢立直。

呼气：双手慢慢落回体侧，放松身体。

图 18–3–7

（七）鸟王式（图 18–3–8）

动作要领：

山立功，站在垫上，腰背挺直，双肩放松。

吸气：手臂前平举，弯曲手肘，右手肘在左手肘上，互抱双肩，慢慢将手臂相互缠绕，手掌合十，大腿根部靠拢，弯曲双膝，左腿绕过右膝关节上方，用左脚背勾住右脚踝或右小腿肚。

吸气：抬头沉腰，背挺直。

呼气：身体微微向前，向下与地面成 45°。如果可以的话，让下腹部与大腿相贴，眼睛看正前方，保持正常呼吸。

吸气：将身体立直。

呼气：放松双手。反方向做。

（八）花环式（图 18–3–9）

动作要领：

山立功，站在垫上。

吸气：双手前平举，掌心朝下。

呼气：身体下蹲，脚后跟踩住垫子，双膝向两侧微微分开，将双臂腋窝抵住膝关节内侧，手臂环绕小腿胫骨，双手抓住双脚跟或脚踝。

吸气：抬头，沉腰，脊柱向前上方延伸，眼睛看前方。

呼气：低头、含胸、拱背，眼睛看肚脐方向，前额点地，保持正常呼吸。

吸气：抬头，两臂前平举，双膝并拢，身体直立。注意脚后跟不要抬离垫子。

呼气：放松身体。

图 18–3–8

图 18–3–9

（九）猫式（图 18–3–10）

动作要领：

跪在垫子上，双手，双膝分开，与肩同宽，手臂和大腿与地面垂直，背部与地面平行。

吸气：抬头、沉腰、翘臀，双肩后展，感觉腹部下沉。

低头、含胸、拱背，腹部内收，感觉背部拱桥一样。眼睛看肚脐的方向，配合呼吸做 5~8 次。

吸气：抬头，将背部还原平直。

呼气：将臀部坐在脚后跟上，前额点地，放松。

图 18–3–10

查看猫式、虎式动作示范

（十）虎式

动作要领：

基本猫式，膝关节并拢。

吸气：抬头，沉腰，从左髋向上抬起左腿，左脚尖蹦直向后上方延伸，伸直膝盖。注意不要掀髋，保持骨盆的稳定。

呼气：低头、含胸、拱背，将左膝关节尽量触碰鼻尖。注意脚尖不要触碰地面，配合呼吸做 3~5 次。

吸气：抬头将左腿还原在垫子上。调整气息，做反方向练习。

（十一）半舰式（图 18-3-11）

查看半舰式、船式、蝗虫式、弓式动作示范

动作要领：

长坐垫子上（直角坐），双手十指相交放在后脑，双肩尽量后展。

吸气：腰背立直，延伸脊柱。

呼气：上体微微后仰，同时将两腿抬离地面成 30°。重心在臀部，保持自然呼吸。眼睛平视前方，保持 3~5 次自然呼吸（20 秒左右）。

呼气：将双腿慢慢落回地面，松开双手放松身体。

（十二）船式（图 18-3-12）

动作要领：

仰卧在垫子上，双臂自然放在身体两侧。

吸气：抬头，抬肩，同时将两腿抬离地面，双脚并拢，脚的高度与视线同高，两臂前平举，掌心朝下，腰背挺直，保持正常呼吸。

呼气：将身体慢慢落回地面，放松身体。

图 18-3-11

图 18-3-12

（十三）蝗虫式（图 18-3-13）

动作要领：

俯卧，下巴着地，双腿并拢伸直，脚背贴地，双手掌心向上，双臂伸直靠拢放于腹下。

吸气：依次将前额、胸部、腹部向前推送，同时抬头、抬肩、抬背，手臂伸直，双肩打开，髋部不要离开垫子，眼睛看后上方，正常呼吸。

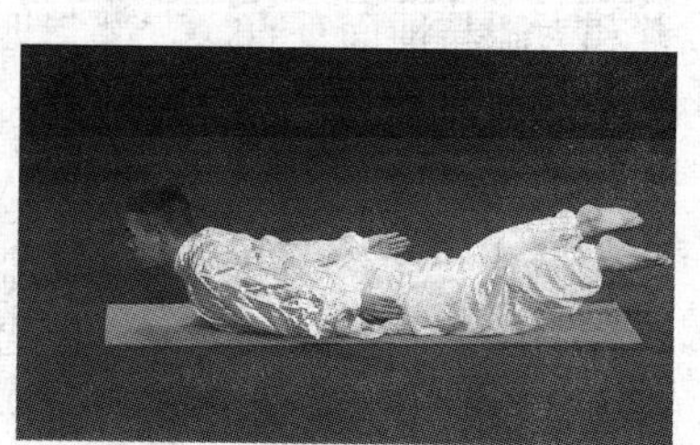

图 18-3-13

呼气：弯曲手肘，臀部微微上提，沉腰，将身体向后推送，按原路返回，臀部坐脚趾上，成大拜式放松。

（十四）弓式（图 18-3-14）

动作要领：

俯卧，双脚分开，与肩同宽，双臂自然放于身体两侧，下巴紧贴垫子，弯曲双膝，将两脚后跟尽量靠近臀部，双手经外侧抓住双脚脚踝。

吸气：抬头、抬肩、抬背，双手用力将膝关节向上向后延伸，抬至自己可控制的范围内停住，保持自然呼吸，眼睛看前上方。每次吸气时再向上一点。

呼气：松开双手，将身体慢慢地落在垫子上，放松身体。

（十五）肩倒立式（图 18-3-15）

动作要领：

仰卧，双腿并拢，双手放于体侧，掌心向下。

吸气：抬腿，与地面垂直。

呼气：抬起臀部，上手托起上体，撑在背部，双腿向上伸直，上体和下肢垂直于地面，双手托腰背部，下巴抵胸骨。保持正常呼吸。

呼气：逐渐放下双腿，松开双手，平躺在垫子上，放松。

查看肩倒立式、犁式、膝碰耳式动作示范

图 18-3-14

图 18-3-15

（十六）犁式（图 18-3-16）

动作要领：

仰卧在垫子上，双手自然放于身体两侧，双脚并拢。

吸气：将两腿抬离，与地面成 90°。

呼气：将双腿向头顶方向延伸，将脚尖轻轻点在头顶方向地面，将下巴贴近锁骨，注意不要弯曲双膝。双手护住腰部（肘关节内收），尽量使背部与地面垂直。如果可以的话，松开双手，在背后十指相交，握掌，手臂伸直，双肩后展，保持正常呼吸。

吸气：将背部脊柱一节一节地还原在垫子上。

呼气：将双腿有控制地落回垫子，放松身体。

（十七）膝碰耳式（图 18-3-17）

动作要领：

完成犁式。

吸气：弯曲双膝，把右膝放在右耳边，左膝放在左耳边。双膝放在地面上并按压

图 18-3-16

图 18-3-17

双耳。保持脚趾伸展，双脚脚后跟和脚趾并拢，双手交叉，抱住双腿弯处。

呼气：双臂松开，像犁式一样，身体回落到地面。

查看初级拜日式动作示范

（十八）初级拜日式

1. 祈祷式（图 18-3-18）
2. 后屈式（图 18-3-19）

图 18-3-18

图 18-3-19

3. 前屈式（图 18-3-20）
4. 骑马式（图 18-3-21）

图 18-3-20

图 18-3-21

5. 顶峰式（图 18-3-22）
6. 蛇击式（图 18-3-23）

图 18-3-22

图 18-3-23

7. 眼镜蛇式（图 18-3-24）
8. 顶峰式（图 18-3-25）

图 18-3-24

图 18-3-25

9. 骑马式（图 18-3-26）
10. 前屈式（图 18-3-27）

图 18-3-26

图 18-3-27

11. 后屈式（图 18-3-28）
12. 祈祷式（图 18-3-29）

图 18-3-28

图 18-3-29

三、冥想学练方法

（一）冥想的基本要素

瑜伽冥想术的最终目的是为了使人达到三昧境界。瑜伽练习者通过冥想来控制身心，超越物质三态，与真理沟通，达到无上喜乐、安宁和幸福。常规的冥想练习有很多的益处，主要有以下几点：

（1）认识自己：反应和想法可以看到一个人的思维模式，可以改变做事的方法，如果把握思维的脉络，就可以把握自己。

（2）减少压力：冥想可以让身心放松下来，看清自己，冷静思索。

（3）增强精力和集中注意力，做事情更加投入。

（4）身体和精神重获活力，增加活力和生命力，冥想时可以学会真正地享受独处的快乐。

（5）强身健体，延缓衰老。

（6）使思维更加清晰、平静，感觉敏锐。

（7）平衡激素的分泌，改善和增强免疫系统，使血压更正常。

（8）增加创造力。

（二）冥想的种类

（1）瑜伽语音冥想：瑜伽语音冥想又称曼特拉冥想。“曼特拉”的意思是能把人的心灵从其种种世俗的思想、忧虑、欲念、精神负担等引开去的一组特殊语音。瑜伽语音冥想练习极为简便易行，没有严格的规定，可以是心与口同时反复诵念，也可以只是默念。

（2）烛光冥想：取一支蜡烛，将其放在一臂距离远处，高度与目光水平线一致，凝视烛心 1~3 分钟，眼泪会慢慢渗出，然后闭上双眼，试着在眉心继续凝视烛心。反复 3~5 次。

（3）睡眠冥想：仰卧在垫子上，让身体各部位保持放松，闭上双眼，从头部到脚趾扫描全身。反复 11 次。

（4）充电冥想：坐姿或卧姿都可以，感到舒适就可以，开始观察你的呼吸，脑中没有其他杂念，不断地感受自己的呼吸，坚持 10~30 分钟。

（5）舞蹈冥想：选择自己喜欢的音乐，能较快让自己进入平静的音乐，闭上双眼，身体随着旋律随意舞动。30 分钟后，平躺在垫子上，开始观望全身 15 分钟。

（三）练习冥想的要领

（1）练习瑜伽不是单纯地去练习摆姿势，而是要动用你专注的意识、优良的情绪、安稳的心态、柔和的呼吸去练习。

（2）练习瑜伽是“相应”在你当下的状态里，而不是去随别人的姿势练习。只有通过对自我的专注，掌握了自己的练习进展和当下的感觉，由心出发，便能够身心自在而有收获。

（3）练习瑜伽不要和别人比较，瑜伽包含的本意告诉你，战胜自我，改善自我。

（4）练习瑜伽最重要的是你的意识、情绪、心态、呼吸、姿势。

（5）练习瑜伽没有标准，适合你的就是标准。

（6）练习瑜伽开始固然要调整好身体，但精神状态调理更重要。

第四节　瑜伽锻炼原则与要求

一、瑜伽锻炼五大原则

1. 适当的运动

移动是人体每天所必需的动作，倘若生活作息没有让身体的肌肉、关节以自然的移动方式来活动的话，不舒适和疾病便会随着时间的推移而渐渐产生。适当的运动让人产生愉快的感觉，对人的精神、肉体和灵性都有很大的好处。

2. 适当的呼吸

呼吸是瑜伽锻炼的精髓，瑜伽教人如何将肺能量用到最大的限度以及如何控制呼吸。瑜伽锻炼时，呼吸应保持深沉、缓慢、有规律的节奏。基本的呼吸练习可以安定神经系统，清净身体的血脉。

3. 适当的放松

放松身心的压力，对现代人来说十分重要。瑜伽的深度放松练习都是瑜伽古代修炼者所设计的特殊技巧，可以解除紧张压力，彻底放松神经系统，获得内在深度的平和。

4. 适当的食物

食物如同燃料，干净的食物不仅是维持生命的必需，同时也影响到精神的状态。瑜伽在饮食方面提倡素食主义，对瑜伽修行者而言，素食可以将身心净化，同时提升灵性的觉醒。

5. 正面的思考及冥想

正面的思考及冥想是瑜伽锻炼十分重要的方面。心里有怎样的想法，就会造就什么样的人。在瑜伽锻炼中，应发挥、保持一种常态性的正面思考，它将带给人活力与健康，抵达平和喜悦的精神层面。

二、瑜伽练习注意事项

1. 练习时间

清晨，早饭之前是瑜伽锻炼的最佳时间。傍晚或其他时间也可练习，但要保证在空腹或完全消化以后进行练习。一般在饭后 3~4 小时练习为佳，喝入流质食物或饮料可在半个小时后练习。争取每天都在同一时间内练习。

2. 练习地点

练习时，要选择安静、清洁、空气新鲜的地方。如在房间里练习，应注意保持空气的流通。不要在冷硬的地面直接练习，应在地上铺上瑜伽垫或松软的毯子，以能轻松地保持站立，不能让脚下打滑。周边不能有遮挡物，以免妨碍身体的自由舒展。瑜伽练习时必须保持安静，避免交谈，要使身心专注、集中。练习瑜伽应选择干净整洁的衣服，让皮肤更好地呼吸。

3. 练习的服装

瑜伽练习时，穿着要尽可能简单，应着舒适而宽大的衣服，如有条件的话，尽量穿瑜伽的专用服装，因为这种服装不仅弹力强，伸展自如，吸汗性能好，而且美观、大方。夏天进行瑜伽练习时，赤足最好；冬季可穿袜子或软底的布鞋。

4. 音乐

练习时播放轻松、简单的瑜伽音乐或轻音乐，可以提高练习者的兴趣，也可使神经更加安宁，心灵更加祥和。

5. 身体状况

练习前尽量解完大、小便，让膀胱及大肠内没有负担。练习时，关节或骨骼可能会发出一些响声，不必紧张，说明关节、韧带都伸开了，继续做下去，身体将变得更灵活。但如果身体某处出现极端疼痛或痉挛的现象，应立即停止，请指导教师按摩或自我按摩，以后须更加小心或不做此练习。

6. 休息

瑜伽休息非普通的休息，每一种休息其实都是一种冥想。它能够放松身体，感受获得的能量，也可以锻炼身心意志，感受自我的存在。休息有两种，第一种是短时间的休息，主要是体位法中常采用的 10 ~ 30 秒的休息，一般占用练习时间的 1/5 左右；另一种是专门的休息，有时达数小时之久，如仰卧放松术等。

作业与思考题

1. 试述瑜伽的分类及特点。
2. 瑜伽的锻炼功效有哪些？
3. 瑜伽的呼吸方法有哪些？各有什么特点？
4. 瑜伽基本体位动作有哪些？
5. 试着将几个瑜伽动作组合成一个完整的套路。

第十九章 定向运动

名人名言

定向运动可以让人回到自然的生存状态中，它不光是单纯的长跑、爬山，还要考验我们分析解决问题的能力，考验我们的意志品质，考察我们对生存基本技能掌握多少，从 8 岁到 80 岁都有人爱好它，它的趣味也就在这里。

——瑞典定向运动国家队主教练 Goran Andersson

学习导航

有人说，定向比赛就好比一个人在同时进行马拉松和国际象棋比赛。它形象地反映了定向运动的这一特征。定向运动是个人体验项目，只有亲自参与才能体验其乐趣和价值。定向运动也是团队项目，参与者分工协作完成比赛，体验团队的力量和价值。

“把握你的方向，定向你的人生”，我们一生都在定向。我们每时每刻都在对自己、团队所处的社会环境予以评估，做出决策并执行。有的人脚踏实地，有的人好高骛远，有的人迅速果断，有的人犹豫不决，有的人锲而不舍，有的人半途而废，这就是定向。定向运动不仅仅是一种身体锻炼，重要的是一种团队锻炼，一种心智锻炼，更是一种生活哲学的体验。

知识目标

1. 了解定向运动的起源和发展，明确定向运动的特点与价值。
2. 掌握定向运动的基本知识和方法，更好地享受定向运动的无限乐趣。

能力目标

掌握定向运动的基本技能，并能熟练地运用到定向活动和比赛中。

第一节 定向运动概述

定向运动是一项参赛者借助地图和指北针，在尽可能短的时间内到达若干个被分别标记在地图上和实地中检查点的运动。

按照运动模式，国际定向运动联合会将定向运动划分为徒步定向、滑雪定向、山地自行车定向和轮椅定向。其中，徒步定向也被称为定向越野。

一、定向运动的起源

定向（orienteering）一词最早出现在1886年的瑞典，意思是在地图和指北针的帮助下，穿越未知的地带。地处北欧斯堪的纳维亚半岛的瑞典，国土崎岖不平，覆盖着一望无际的森林，散布着无数的湖泊、城镇和村庄，人们主要利用隐现在林中湖畔的小径来往于各地。因而，人们必须学会并具备精确辨别方向的能力，否则会有迷失方向的危险。这样，地图和指北针就成为人们行走和生活的必需品。生活在半岛上的居民、军队，便成了定向运动的先驱者。

最初的“定向”只是一项军事活动，军人们把在山地里辨别方向、选择道路和越野行进作为军事训练的内容。后来，在瑞典和挪威的军营中，士兵利用军用地图先后组织了最初的该类体育竞赛。

1897年10月31日，在挪威组织了第一次面向民众的定向比赛，当时参赛的人数仅有8人。其后，在挪威还举行了一些小规模的定向比赛。

定向运动从军营走向社会，始于20世纪初。瑞典的一位童子军领袖吉兰特（Ernst Killander）于1918年组织了一次名为“寻宝游戏”的活动，给定向运动赋予了游戏的特性，这引起了人们的极大兴趣。从此，该项活动在北欧广泛开展起来。1919年3月25日，一次影响深远的定向比赛在斯德哥尔摩南部城市纳卡（Nacka）的林中举行，参赛人数达到217人。这项比赛的组织模式与规格标志着定向运动作为一项独立的体育项目的诞生。时任瑞典斯德哥尔摩体育联合会主席的吉兰特也被人们视作“定向运动之父”。

二、定向运动的发展

20世纪30年代，定向运动已在瑞典、挪威、芬兰和丹麦等国有了较好的发展。1932年，举行了第一次世界定向锦标赛。

1943年，定向运动传入英国。1946年，美国引进了定向运动。在随后的20年间，加拿大、澳大利亚、法国、德国、日本等国都相继开展了这项运动。从此，定向越野在西方国家得到了蓬勃的发展。

1961年5月，国际定向运动联合会（IOF）在丹麦首都哥本哈根成立。在这次成立会上，确定了定向运动正式的比赛项目，制定了一系列的比赛规则与技术规范。国际定向运动联合会的成立，标志着定向运动进入了崭新的发展时期。目前，国际定向运动联合会已拥有包括中国在内的70多个成员国和地区，是国际体育联合会总会之一，同时定向越野也是国际承认的奥林匹克体育项目。

目前，全世界有400多万名定向运动爱好者。据悉，在北欧，热爱定向运动的人数已经超过了“世界第一运动”足球的爱好者。在瑞典800多万人口中，定向运动爱好者就高达150万人，全国有700多个定向运动俱乐部，每年组织1 000多场定向比赛，每次参赛人数都是成千上万，最多时达4万多人。所有瑞典学校的学生和军人都必须学习定向运动，并将它列为一门必修课程。定向运动已成为许多瑞典人的一种生活方式。

目前，定向运动在我国也初具规模，并且呈现出强劲的发展势头。早在1992年7月，国际定向运动联合会就批准中国以“中国定向运动委员会”的名义加入了该组织，成为正式会员。1995年，“中国定向运动委员会”正式更名为“中国定向运动协会”，简称“中国定协”。此后，中国定向运动协会积极推动定向运动在国内的发展，每年在全国范围内组织“全国定向运动锦标赛”和“全国城市定向运动系列赛”。2003年，中国大学生体育协会定向运动分会的成立，对我国定向运动的发展，尤其是高校定向运动的发展起到了积极的推动作用，全国学生定向越野锦标赛已连续举行了8届。近年来，定向运动在高校如雨后春笋般地陆续开展了起来，各校纷纷建立了定向运动俱乐部并开设选项课，还举行了各种各样的定向比赛。

三、定向运动的锻炼价值

定向运动是一项智力与体力相结合的运动。参加各种各样的定向运动，既可提高体适能水平，又可以增长知识和技能，改善心理素质，培养团队精神，特别是社会化水平、自立、自信和独立解决问题的能力。现在，定向通常被人们看作军人、野外勘测者、徒步旅行者、登山者、探险者所必须具备的一种重要的生存能力。随着越来越多的人参与以回归自然为主题的户外运动，定向又成了一种必须掌握的生存技能。

第二节　定向运动基础知识

一、定向运动的装备

定向运动的基本装备有定向地图、指北针、点标旗和点签计时系统等（图19-2-1）。

定向地图

指北针

点标旗

点签计时系统

查看定向运动器材介绍

图19-2-1

一条完整的定向运动路线包括一个起点（用三角形表示）、一个终点（用双圆圈表示）和若干个检查点（用单圆圈表示），这些检查点用数字标明了顺序（图 19-2-2）。

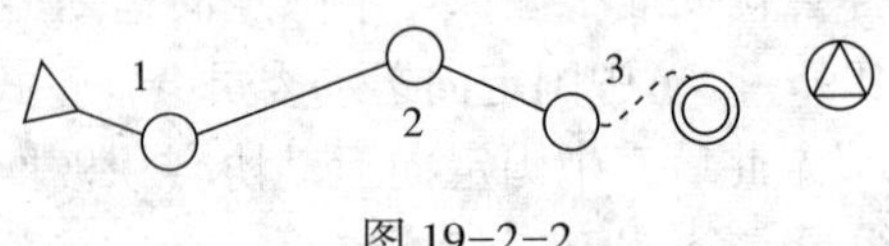

图 19-2-2

二、定向地图的识别

地图所表现的是地球上的物体和现象在平面上的缩写。定向地图是为了开展定向运动专门制作的，它要求对读图和选择路线有影响的因素都要表示出来，如地貌、地表状况、可奔跑性、水系、建筑群与独立房屋、道路网、其他线状地物以及对判定方向与确定点位有用的地物等。

（一）比例尺

比例尺是地图上某线段的长度与相应实地水平距离之比。比例尺越大，图上量测的精度就越高；比例尺越小，图上量测的精度就越低。例如，比例尺为 1∶10 000 的地图是指地图上所标示的实地面积在地图上被缩小了 10 000 倍，也说明地图上 1 毫米的距离在实地的距离为 10 000 毫米（10 米）。在定向运动中，量算实地距离是比例尺的主要作用。

（二）定向地图上的地物符号

地面上的各种地物是用形状不同、大小不一、色彩有别的符号表示的。它们不仅具有确定客观事物的空间位置、分布特点以及数量、质量特征的基本功能，还具有相互联系和共同表达地理环境诸要素总体特征的特殊功能。

1. 符号的分类（按符号所代表的事物情况来分）：

（1）面状符号：地面事物呈面状分布。当实际面积较大，按地图比例尺缩小后，仍能表示出其分布范围时，可用面状符号表示（图 19-2-3），如大的湖泊、大片森林、沼泽等。这种符号能表示事物的分布位置、形状和大小。一般又把这种符号称为依比例符号。

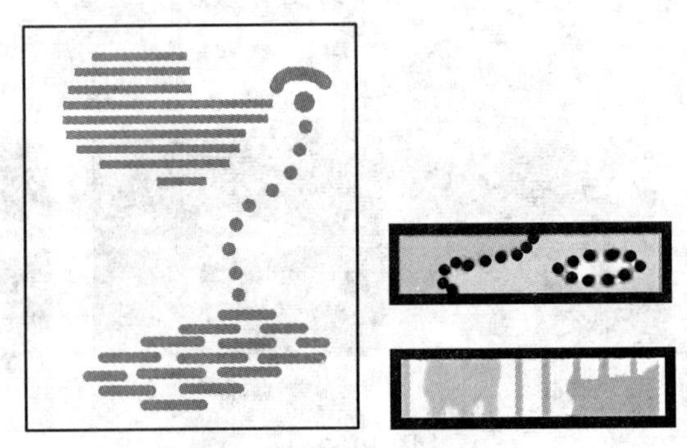

图 19-2-3

（2）线状符号：地面上呈带状或线状延伸的事物，按地图比例尺缩小后，长度可依比例表示。宽度不能依比例表示时，在图上用线状符号表示（图 19-2-4），如道路、输电线、河流等。由于这种符号仅能表示事物的分布位置、长度和形状，但不能表示其宽度，所以一般又把这种符号称为半依比例符号。

（3）点状符号：客观事物在地面上所占的面积较小，在图上不能按比例尺表示其分布范围时，则用点状符号表示（图 19-2-5），如表示居民点的房屋、小塔形建筑、石块、小树等。由于它只能表示分布位置，不能表示事物的形状和大小，所以一般又称这种符号为不依比例符号。

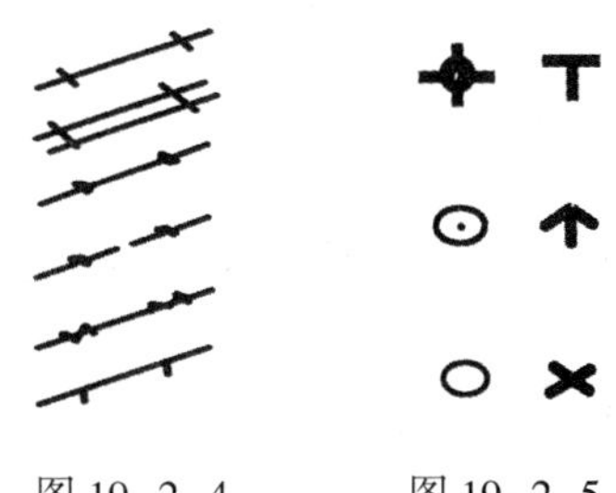

图 19-2-4　　图 19-2-5

2. 符号的构成要素：

（1）符号的图形：主要用于表达地理事物性质上的差别。面状符号的图形与事物的实际形状相似；线状符号的图形为不同线形，如双线、单线、实线、虚线和点线等。个体符号的图形多为简单的几何图形或象形图形。

符号图形具有图案化和系统化的特点。所谓图案化，就是符号图形有些类似于事物本身的形状，如图 19-2-6 所示。图案化的图形既形象又简单、规则，因而便于根据符号图形联想实际事物的形状。

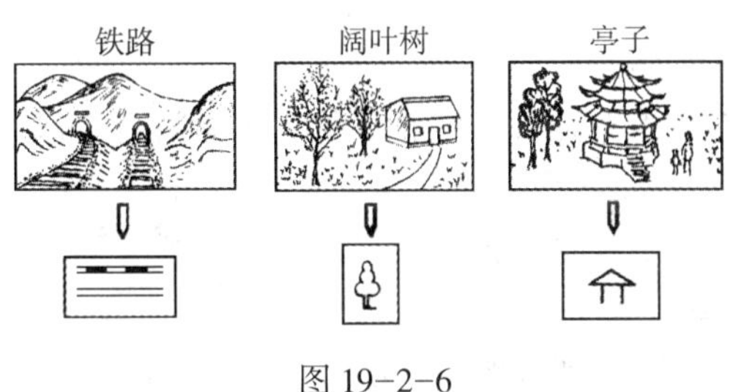

图 19-2-6

符号图形系统化，是指各种符号图形具有内在的联系，通过图形的变化，可以把事物的量和质等特征表现出来。符号图形系统化表现为同类事物符号图形相类似。例如，道路一般分为铁路、公路及其他道路，分别以黑白相间的双线、普通双线及单线、虚线、点线等表示其差异（图 19-2-7）。

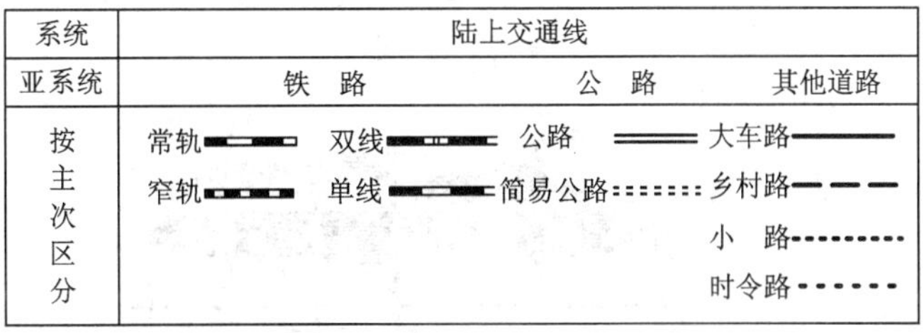

系统	陆上交通线		
亚系统	铁　路	公　路	其他道路
按主次区分	常轨　双线 窄轨　单线	公路 简易公路	大车路 乡村路 小　路 时令路

图 19-2-7

（2）符号的大小：主要反映事物的重要程度及数量差异。一般来说，表示重要的、数量多的事物的符号大些；反之，则符号小些。

为了完整而详细地表示出地形，同时又能保证定向地图清晰易读，国际定联规定了定向图符号的最小尺寸以及当它们相互靠近时的关系处理原则与最小间隔。符号的大小、线条的粗细、符号间最小距离的规定，都是以日光条件下的正常视力和当今的印刷技术水平为依据制定的。

（3）符号的颜色：主要表示事物的质量差异、数量差异和区分事物的重要程度。一般用不同颜色表示质量的差异，如用蓝色表示水系，用绿色表示植物；用同一（或相邻）颜色的深浅表示数量变化，如用深浅不同的绿色表示森林，颜色越深，则表示森林越密，越不易通过。

根据定向比赛的特殊需要，国际定向联合会对定向地图上颜色的使用规定如下：

- 黑色——代表任何人造物体、小路、岩石、悬崖峭壁和大石头等。
- 棕色——表示等高线和主干道及坚硬的路面。
- 蓝色——表示任何有水的地方。
- 白色——表示容易通过的林区。
- 绿色——表示浓密、不易通过的森林，绿色越深，越难通过。
- 黄绿色——表示禁入的民宅、私家花园或草坪。
- 黄色——表示开阔地，如田野、牧场或空旷区。
- 紫色——表示比赛线路，包括起点、检查点、终点。

（三）定向地图上的地貌符号

定向地图是利用等高线来表示山的形态及起伏状态的。利用等高线，不仅可以了解地面上各处的高差、地势起伏的特征，还可以根据地图上等高线的密度和图像分析地貌特征，如山脉的走向、斜坡的坡度和方向，了解哪里是山脊，哪里是谷坑和凹地等，而且还可以进行高程、面积、坡度等的计算。

能熟练地应用等高线图形理解地貌是从事定向运动的基础。在地物稀少的地方及森林中，地貌是主要的甚至是唯一的行进参照物。

1. 等高线显示地貌的原理

等高线是地面上高程相等的点所连成的闭合曲线。使用“平截法”，假设把一座山从底到顶，按相同的高度，用一层一层的水平面横截，则山的表面与水平面相交得到一组曲线，再将这些曲线垂直投影到地平面上，得到一圈一圈的曲线图形（图 19-2-8）。因为每条线上各点的高度恒等，所以把这些曲线叫做等高线。

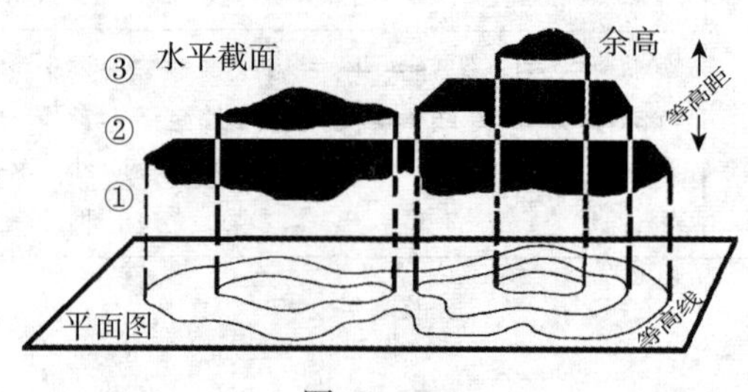

图 19-2-8

2. 等高线显示地貌的特点

（1）地图上的每条等高线都是实地等高线的水平投影，它既描绘出地貌的水平轮廓，也表示出地貌的起伏。

（2）等高线是闭合的曲线，同条等高线上的任何点的高度都相等。

（3）在同一地图上，等高线多，山高；等高线少，山低；等高线稀，坡缓；等高线密，坡陡。

（4）在同一地图上，等高线间隔大，坡缓；等高线间隔小，坡陡。

（5）地图上等高线的弯曲形状与相应的实地地貌相似。

3. 示坡线

指顺着下坡方向绘制并与等高线垂直相交的小短线（图 19–2–9）。示坡线通常被绘在等高线特征最明显的弯曲处，如山顶、鞍部或凹地底部。示坡线可以帮助读图者了解山的起伏，即哪里是上坡，哪里是下坡。顺着示坡线的方向为下坡，逆着示坡线的方向为上坡。

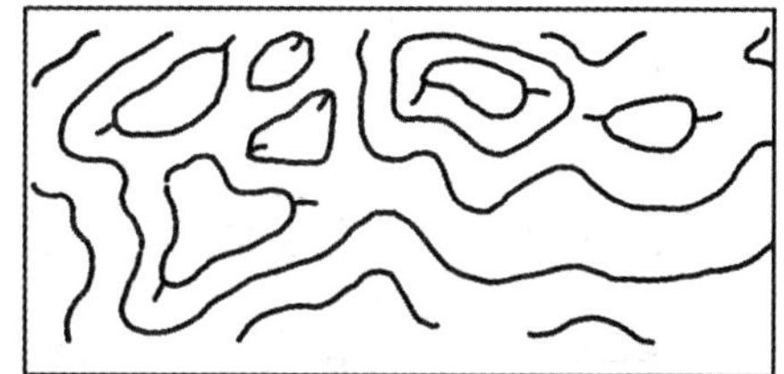

图 19–2–9

4. 等高距

是各相邻等高线的高程差，常用“↑↓”表示，它的大小在很大程度上决定了地貌表示的详略（图 19–2–10）。同一地形，等高距越小，则等高线越密，地貌显示就越详尽；相反，等高距越大，则等高线越稀，地貌显示就越简略。国际定联规定，定向地图的标准比例尺为 1 ∶ 15 000，等高距为 5 米。在大面积的平缓地形，其他地物不多的情况下，也可以采用 25 米的等高距。

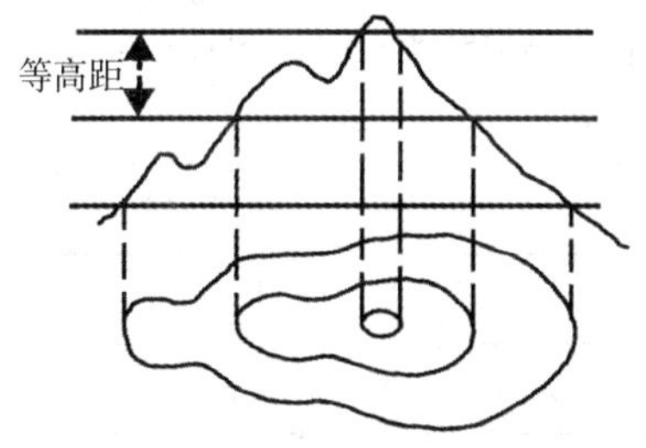

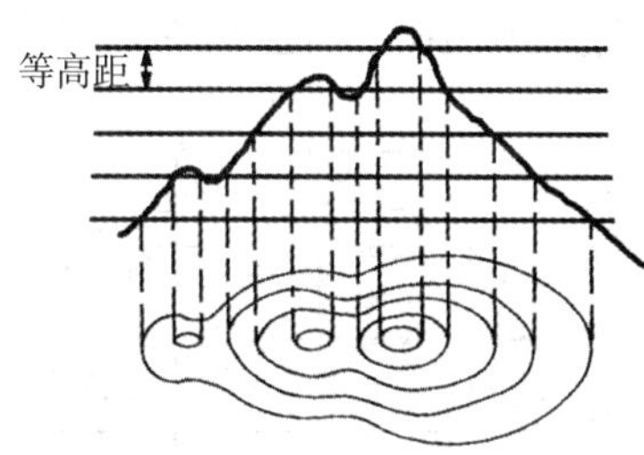

图 19–2–10

（四）定向地图的方位与磁方位角

定向地图的方位是上北下南、左西右东。图上绘有若干条相等距离的、平行的、北端带有箭头的红色线条，这就是磁北方向线（简称磁北线）。磁北线所指的方向即地图的北方。可以利用这条线确定地图的方位、标定地图、量测磁方位角、估算距离等。

磁方位角也是定向运动中的一个重要参数，这一参数对确定方位有很大的帮助。什么是磁方位角呢？在应用地图的过程中，往往需要从图上判断两点的相对位置。如果仅有两点之间的水平距离，而没有方位关系，显然无法确定两点的相对位置。而要确定两点之间的方位关系，则必须规定起始方向，然后求出两点间的连线与起始方向之间的夹角，以此确定两点的相对位置。这就需要用方位角来表示，它是指从起始方向北端算起，顺时针转至目标方向线间的水平角（图 19-2-11），角值变化范围为 0° ~360° 。起始方向为真子午线，其方位角称为真方位角；起始方向为磁子午线，则其方位角称为磁方位角。在定向地图中，都以磁北为起始方向，故所用的方位角均为磁方位角。

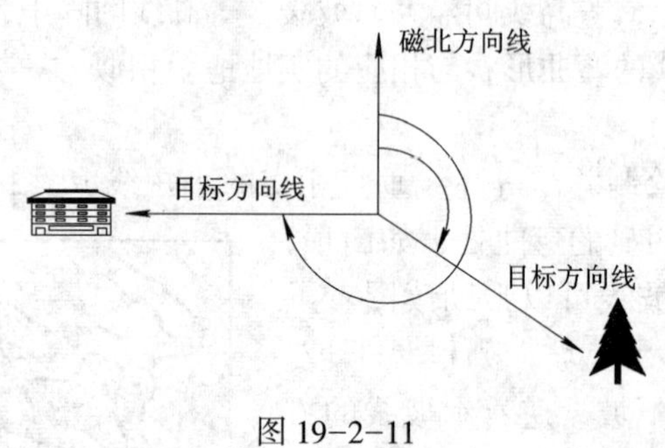

图 19-2-11

（五）在定向地图上的图例注记

在定向地图上的图例注记，除了上面介绍过的比例尺注记、等高距注记，还有图例说明、检查点说明以及图名和出版单位说明等。

图例说明可以帮助理解地图所表示的事物。它采用的是国际语言符号，所有符号在全球通用。根据国际定向联合会制定的《国际定向图制图规范》（ISOM 2000），定向地图上的语言符号分为地貌、岩石与石块、水系与淤泥地、植被、人工地物、技术符号、线路符号 7 个类别。

在定向地图的一侧，还可以看到一个以符号表的形式（有时也附有文字）出现的《检查点说明》（图 19-2-12）。它是根据国际定联颁发的一套“明确地指示检查点特

W21E			350米			270米	
1	AB						
2	QN				2.5		
3	EF				4.0		
4	DC						
5	XL				8 × 6		
6	OP						
7	ST						
8	ZK						
300米							

图 19-2-12

征物、检查点点标与该特征物之间的相对位置关系”的符号和文字说明系统，用以说明检查点点标在地貌、地物的具体位置。在比赛中，根据这一说明系统，结合地图，可以迅速地找到检查点。

一条完整线路的检查点说明符号表由表头、表体和表尾三部分组成。

1. 表头（图 19-2-13）

图中甲表示组别（分组），乙表示路线长度（单位：米），丙表示总爬高量（单位：米）。

甲	乙	丙
W21E	350米	270米

图 19-2-13

2. 表体（图 19-2-14）

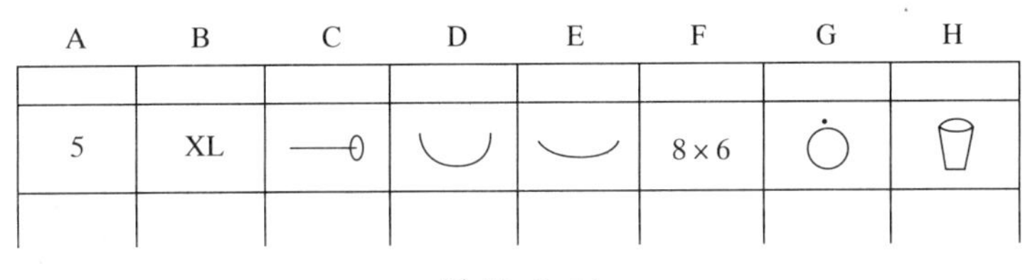

图 19-2-14

A 栏：检查点序号（按比赛路线的顺序）。

B 栏：检查点点标代号。

C 栏：检查点所在地物（地貌）的方位。

D 栏：检查点所在地物（地貌）的名称。

E 栏：检查点所在地物（地貌）的外观特征。

F 栏：检查点所在地物（地貌）的大小。

G 栏：检查点标志与地物（地貌）的相对位置。

H 栏：其他情况。

3. 表尾

表尾标出的是所有标识路段（必经路线）的长度与类型，包括赛程的、最后检查点至终点的（图 19-2-15）。

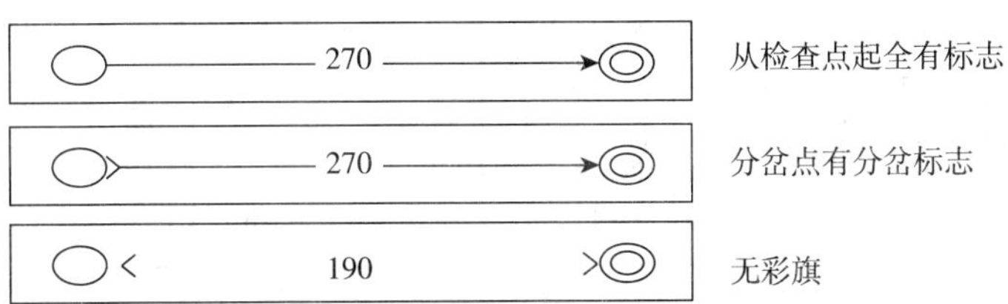

图 19-2-15

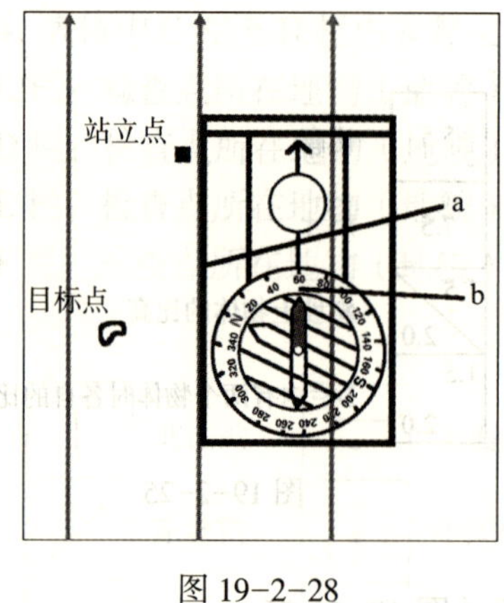

图 19-2-28

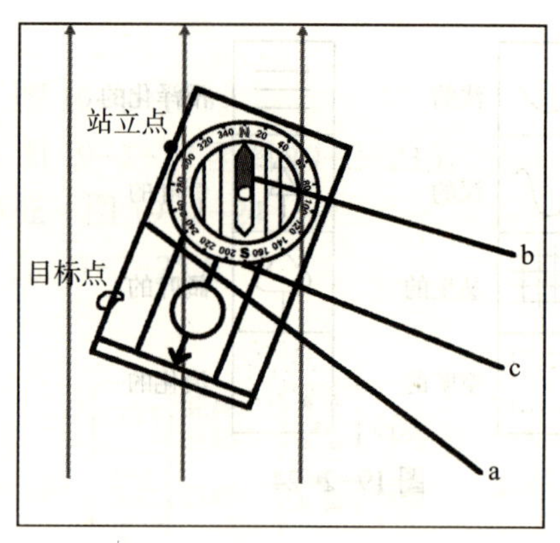

图 19-2-29

3. 测定自己的位置

在比赛中，初学者容易忽略自己的位置。遇到这种情况时，应保持冷静，可利用地理环境及指北针找出自己在地图上的位置，再定出前往目标的路线。

第三节 定向运动基本技能

查看定向方法

定向运动的实质就是用最短的时间到达规定的目标点。要想尽快地到达目标点，首先要学会辨明方向、判定方位，即了解自己实地所在的位置，并能够在地图上找到站立点位置，在此基础上确定目标点的方向和位置，迅速找到目标点。

一、实地判定方位

实地判定方位是指在实地辨明方向。了解实地的方位是使用地图的前提。在野外，可帮助我们辨明方向的工具很多，白天可利用太阳和手表来辨明方向，晚上可利用星体来辨明方向，还可以利用地物特征、建筑物、风向等来判定方位。

1. 利用指北针判定方位

将指北针放平，待磁针完全静止后，磁针的红色一端（即 N 端）代表北面，蓝色一端（即 S 端）代表南面。如果测定方位的人面向北，则他的左为西、右为东、背后为南。

如果想测某一点的方位，可将罗盘上的零刻度对准目标，待罗盘水平静止后，N 端所指的刻度便是测量点至目标的方位。如磁针 N 端指向 36°，则表示目标在测量位置的北偏东 36°。

2. 利用地物判定方位

在有地物和植物生长的野外，可以根据日常生活习惯和自然客观规律判定方位。如在北半球，我们居住的房屋或用于朝拜的庙宇大门通常都朝南开设；树木一般朝南的一侧枝叶茂盛，色泽鲜艳，树皮光泽；长在石头上的青苔喜阴湿，以北面为多旺；积雪多半是朝南的一面先融化。

3. 利用太阳和手表判定方位

在晴朗的日子，上午9时至下午4时之间，可用手表的时针对准太阳，此时手表上的时针与12时刻度夹角平分线所指向的方向为南方，相反为北方（图19-3-1）。但应注意以下几点：一是要注意将手表平置；二是在南、北纬20° 30′ 之间的地区，中午前后不宜使用；三是要把标准时间换算为当地时间。

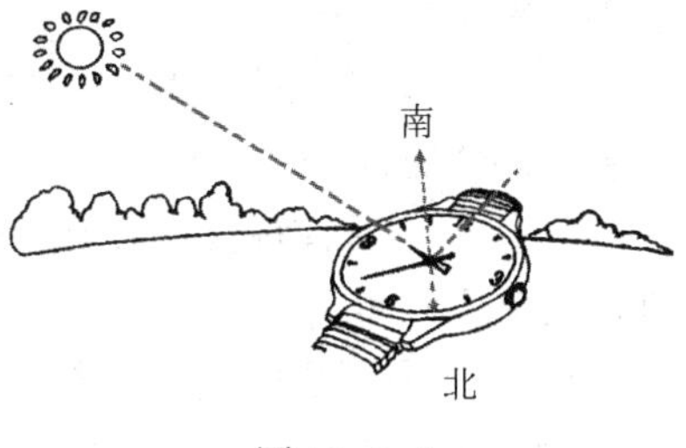

图19-3-1

二、标定地图

给地图定向就是标定地图，使地图的方位与实地的方位一致。通过标定地图，可以将地图上的地物地貌符号与实地的地物地貌一一对应，这不仅可以迅速查看地图，了解实地地物的分布和地貌的起伏以及它们之间的关系，还可以根据地图上的路线选择具体的实地运动路线。这一技能将贯穿整个运动过程。图19-3-2就是一张被定向了的地图，湖泊位于地图的右边，运动场和学校位于地图的左边。常用标定地图的方法有概略标定、利用指北针标定、利用地物标定。

1. 概略标定地图

地图上的方位是：上北、下南、左西、右东。当我们在实地正确地辨别了方向之后，只要将越野图的上方对向实地的北方，地图即已标定。这种方法简单、易学，是定向比赛中最常用的方法。

2. 利用指北针标定地图

在定向地图上标有磁北线，用红色粗线条标出，箭头指向地图的上方。利用指北针标定地图时，通过转动地图，使指北针上的红色指针与磁北线的方向吻合或平行。由于指北针上的指针和地图上的磁北线都是红色的，所以也称此方法为“红对红”或“北对北”（图19-3-3）。

图19-3-2

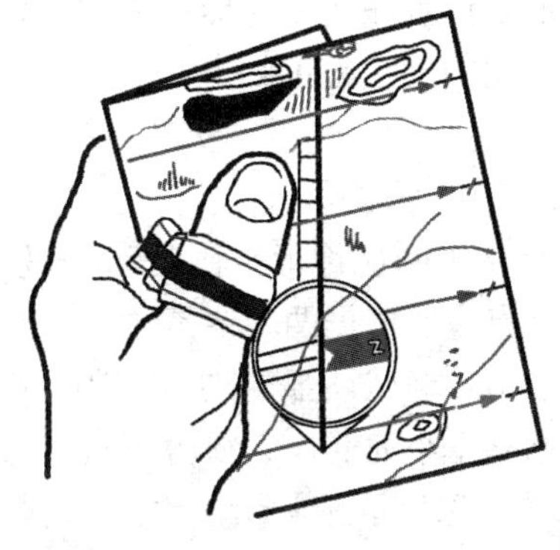
图19-3-3

3. 利用地物标定地图

（1）利用直长地物标定地图：直长地物是指较长的线状地物，如铁路、公路、土垣、沟渠、高压线等。

方法：首先在图上找到这段直长地物；然后转动地图，使图上的直长地物与实地的直长地物方向一致；再对照两侧地形，使图与实地各地形点的关系位置相符。如图19-3-4所示，利用路边的沟渠来标定地图时，平移且转动地图，使图上的沟渠与实地的沟渠大致重合。

（2）利用明显的地形点标定地图：在实地找出一个与地图上地物符号对应的明显地物，如小桥、亭子、独立的建筑等，然后转动地图，使图上的站立点至目标的连线与实地的站立点至目标的连线相重合。

方法：首先选择一个图上与实地都有的明显的地物，然后转动地图，使图上的站立点至目标的连线与实地的站立点至目标的连线相重合（图19-3-5）。

图 19-3-4

图 19-3-5

三、确定站立点在地图上的位置

确定站立点在地图上的位置是从事定向运动的一项基本技能。其主要方法是：通过标定地图，将地图与实地的地物、地貌逐一对照，来确定自己的方位。

1. 直接确定

当自己所处位置在明显地形点上时，只要从地图上找出该地形点，站立点即可确定。这是最常用的确定方位的方法。图19-3-6表示定向者可利用道路交会点来确定自己所在的位置。

2. 利用位置关系来确定

当站立点位于明显地形点附近时，可以利用相对位置关系来确定。利用位置关系法确定站立点主要依据两个要素：一是站立点至明显点的方向，二是站立点至明显点的距离。在地形起伏明显的地方，还可以结合高差情况予以判定。如图19-3-7所示，定向者站立于小河北岸、村舍正右方，左距北上偏定向运动公路150米远处。依照这样的方位关系，可在地形图上定出站立点的位置。

图 19−3−6

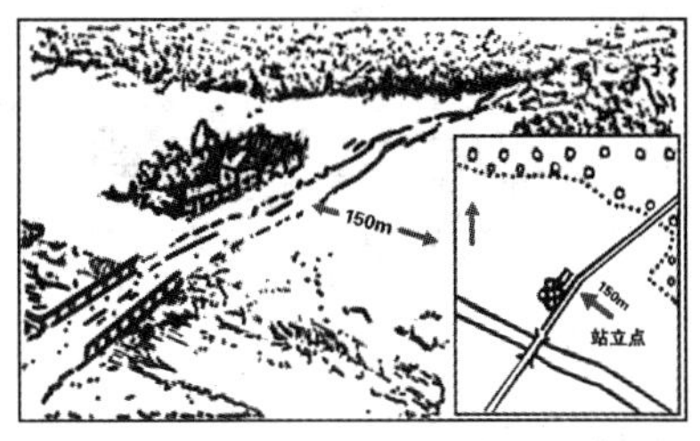

图 19−3−7

3. 利用“交会法”确定

当站立点附近无明显地形点时，可以利用“交会法”确定站立点位置。按不同情况，它又可以具体分为 90° 法、截线法、连线法、后方交会法和磁方位角交会法。这些方法的优点是不需要判断或测量距离也能确定出较为准确的站立点位置。这对于初学者学习、巩固使用定向图是很有意义的。下面介绍几种常用的方法：

（1）90° 法：当待测点位于线状地形（包括道路、沟渠、山背线、谷底线、坡度变换线等）上时，如果在与运动方向相垂直的方向上能够找出一个明显地形点，那么线状地形符号与垂直方向线的交点即为站立点（图 19−3−8）。

（2）连线法：当待测点位于线状地形上，同时待测的位置恰好是在某两个明显地形点的连线上，可以利用这种方法确定站立点（图 19−3−9）。

（3）后方交会法：在待测点上无线状地物可利用，地图与实地相应地都有两个以上的明显地形点，而且地形较开阔、视线良好的情况下，可以采用这种方法确定站立点（图 19−3−10）。

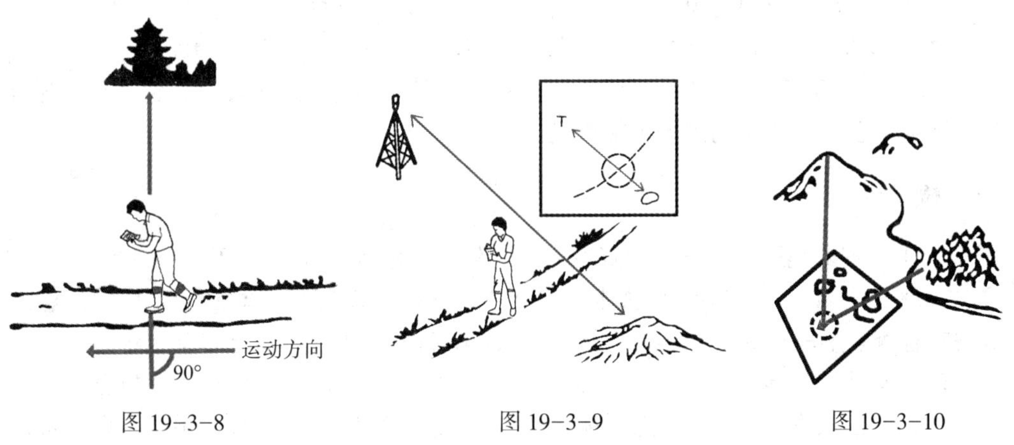

图 19−3−8　　图 19−3−9　　图 19−3−10

查看定向运动训练示范

标定地图后：

（1）在地图上取一个山顶为标志，与实地相应山顶在地图上作一直线。

（2）地图上的树丛与实地相应的树丛在地图上作一连线。

（3）两条直线的交会点就是站立点。

第四节 定向运动（越野）竞赛规则简介

一、竞赛路线符号

（1）起点用等边三角形，检查点用圆圈，终点用两个同心圆。必经路线必须用虚线表示。

（2）三角形或圆圈的中心点表示起、终点及检查点的准确位置，但中心点不必绘出。

（3）检查点按规定顺序注记编号，编号数字字头朝向磁北方向，编号数字应以不压盖图上重要目标为宜。

（4）除必经路线外，起点到检查点及检查点之间按编号顺序用直线连接；遇有重要目标又不能避开时，连线应断开或画得更细些。

（5）竞赛路线、起点、检查点、终点符号、检查点编号一律用红紫色套印或标绘。

二、检查点标志

（1）检查点标志应悬挂在图上标明的地点，一般距地面 80~120 厘米，实际位置应与检查点说明一致。

（2）检查点标志应有代号，代号用英文字母和两位阿拉伯数字表示，数字从 31 开始选用，字母和数字为黑色字体，高 5~10 厘米，笔画粗 5~10 毫米。

（3）检查点标志的设置应使运动员在寻找时具有一定的难度，但无须隐藏。

（4）每个检查点应有电子打卡计时系统，基层竞赛如没有电子打卡计时系统可用打印器，但是打印器的图案不能重复。

三、检查卡

（1）检查卡是运动员通过检查点的记录载体，是运动员完成竞赛的成绩证。

（2）电子打卡计时系统检查卡又称指卡，运动员使用指卡时必须是按顺序触及放置在检查点上的点标打卡器，当指卡插入点标打卡器中成绩就会自动记录。

（3）运动员打卡，下列情况不影响成绩：① 在寻找过程中，打到非自己路线的检查点，但已按本组规定的路线和顺序完成竞赛；② 如运动员打卡顺序错误，可以按顺序重新打卡一遍。

（4）运动员回到终点应将检查卡交给终点裁判员，读取竞赛成绩。

（5）基层竞赛中采用传统的检查卡，检查卡可用耐用的纸张制成，大小不得超过 10 厘米 ×21 厘米。运动员通过检查点时，在卡片的空格内打上清楚的标记，若标记打错位置，可在备用格中打上正确标记，但到终点交还时，需向终点裁判说明。

四、抽签和出发表

（1）在竞赛中，运动员按相等的时间间隔依次出发。在接力赛中，同组第一棒的运动员可以同时出发。

（2）出发顺序可采用人工或计算机抽签排定，但必须是在总裁判长的监督下进行。采用何种抽签形式由竞赛委员会决定。

（3）抽签顺序结束应编印出发顺序表，并应在组委会召开的裁判长及教练联席会议前公布此表。

（4）所有报名参加竞赛的运动员和运动队都编排出发顺序。如有缺席，出发顺序不变。

（5）来自同一运动队的队员不能编排连续出发。

五、警告

（1）代表队成员擅自出入预备区，但未造成后果。

（2）在出发区提前取图和抢先出发者。

（3）在比赛区域内蓄意帮助或获取他人帮助，但未造成后果。

（4）在比赛中妨碍裁判员正常工作。

（5）完成赛事者以任何形式向其他运动员传递赛场信息。

（6）出发后未到终点报到者。

（7）一次检录不到者。

（8）未按大会要求佩戴比赛标志者。

六、成绩无效

（1）受到两次警告者。

（2）在比赛中丢失检查卡、地图或号码布者。

（3）因各种原因退出比赛者。

（4）竞赛中超过组委会规定的终点关闭时间。

（5）未按规定读取成绩者。

（6）未通过全部检查点，即检查卡片上打印器图案不全者。

（7）检查卡打印器图案模糊不清，无法辨认者。

七、取消竞赛资格

（1）冒名顶替参加竞赛者。

（2）在定向越野竞赛中使用交通工具者。

（3）不符合分组年龄标准或谎报年龄、弄虚作假者。

（4）蓄意破坏点标、打卡器或其他竞赛设备者。

（5）有意妨碍他人竞赛者。

定向运动欣赏

作业与思考题

1. 简述定向运动的锻炼价值。
2. 等高线显示地貌的原理是什么？
3. 如何判定实地方位？
4. 标定地图的方法有哪些？

附录
《国家学生体质健康标准》（2014 年修订）

《国家学生体质健康标准》（以下简称《标准》）是国家学校教育工作的基础性指导文件和教育质量基本标准，是评价学生综合素质、评估学校工作和衡量各地教育发展的重要依据，是《国家体育锻炼标准》在学校的具体实施，适用于全日制普通小学、初中、普通高中、中等职业学校和普通高等学校的学生。

《标准》的修订坚持健康第一，落实《国家中长期教育改革和发展规划纲要（2010—2020 年）》《国务院办公厅转发教育部等部门关于进一步加强学校体育工作若干意见的通知》（国办发〔2012〕53 号）和教育部关于印发《学生体质健康监测评价办法》三个文件的通知（教体艺〔2014〕3 号）有关要求，着重提高《标准》应用的信度、效度和区分度，着重强化其教育激励、反馈调整和引导锻炼的功能，着重提高其教育监测和绩效评价的支撑能力。

一、《标准》的实施意义、评价指标与分值

（一）《标准》的实施意义

《标准》是促进学生体质健康发展、激励学生积极进行身体锻炼的教育手段，具有激励和教育功能。《标准》所选用的指标，可以从身体形态、身体机能和身体素质等方面综合评定学生的体质健康水平。《标准》的实施，将使学生和社会能够对影响身体健康的主要因素有一个更加明确的认识和理解，引导人们去积极追求身体的健康状态，实现学校体育的目标。

《标准》是学生体质健康的个体评价标准，并规定了各校应将每年测试的数据按时上报至“国家学生体质健康标准数据管理系统”，该系统具有按各种要求进行统计、分析、检索的功能，并定期向社会公告，具有反馈功能。该系统为学生及其家长提供了在线查询和在线评估服务，向学生提供了个性化的身体健康诊断，使学生能够在准确地了解自己体质健康状况的基础上进行锻炼。

使用《标准》，学生还可以通过“国家学生体质健康标准数据管理系统”，查询到针对性较强的运动处方，用于自身因地制宜地进行科学的体育锻炼，提高身体健康水平。

（二）《标准》评价指标与分值

《标准》里设置了符合我国学校实际情况、简便易行的测试项目，它们的可靠性、有效性、客观性和可操作性等在多年来的学校体育实践中得到了证明。这些测试项目涵盖了人体形态、机能、身体素质和运动能力的多个方面。各组别的测试指标均为必测指标。其中，身体形态类中的身高、体重，身体机能类中的肺活量，以及身体素质类中的 50 米跑、坐位体前屈为各年级学生共性指标。本标准的学年总分由标准分与附加分之和构成，满分为 120 分。标准分由各单项指标得分与权重乘积之和组成，满分为 100 分。附加分根据实测成绩确定，即对成绩超

过 100 分的加分指标进行加分，满分为 20 分；大学的加分指标为男生引体向上和 1 000 米跑，女生 1 分钟仰卧起坐和 800 米跑，各指标加分幅度均为 10 分（附表 1）。

附表 1 大学生体质健康标准评价指标与权重

评价指标（测试项目）	权重 /（%）
体重指数（BMI）	15
肺活量	15
50 米跑	20
坐位体前屈	10
立定跳远	10
引体向上（男）/1 分钟仰卧起坐（女）	10
1 000 米跑（男）/800 米跑（女）	20

注：体重指数（BMI）= 体重（千克）/ 身高 ^{2}（米 ^{2}）。

二、使用《标准》测试的操作要领

在实施《标准》的过程中，掌握各项目正确的测试方法是所有体育教师和测评人员迫切需要了解的内容。测试工作必然和所使用的测试仪器有一定的关系，目前，市场上的测试器材多种多样，有全手工操作的，也有电子仪器。手工操作与电子仪器的操作流程不完全相同。如使用带有 IC 卡的测试仪器就可以减少测试人员的记录和计算工作。但无论使用何种仪器，对测试人员的基本的操作要求是一致的，本节对《标准》中各个项目基本的测试方法及其操作要求进行介绍。对于不同的测试器材，可参考相应测试器材的说明书。

（一）体重指数（BMI）

体重指数是用体重千克数除以身高米数平方得出的数字，是目前国际上常用的衡量人体胖瘦程度以及是否健康的一个标准。

1. 身高

（1）测试目的。测试学生身高，与体重测试相配合，评定学生的身体匀称度，评价学生生长发育的水平及营养状况。

（2）场地器材。身高测量计。使用前应校对准 0 点，以钢尺测量基准板平面至立柱前面红色刻线的高度是否为 10.0 厘米，误差不得大于 0.1 厘米。同时应检查立柱是否垂直，连接处是否紧密，有无晃动，零件有无松脱等情况并及时加以纠正。

（3）测试方法。受试者赤足，立正姿势站在身高计的底板上（上肢自然下垂，足跟并拢，足尖分开成 60° 角）。足跟、骶骨部及两肩胛区与立柱相接触，躯干自然挺直，头部正直，耳屏上缘与眼眶下缘呈水平位（附图 1）。测试人员站在受试者右侧，将水平压板轻轻沿立柱下滑，轻压于受试者头顶。测试人员读数时双眼应与压板水平面等高，记录员复述后进行记录。以厘米为单位，精确到小数点后一位。测试误差不得超过 0.5 厘米。

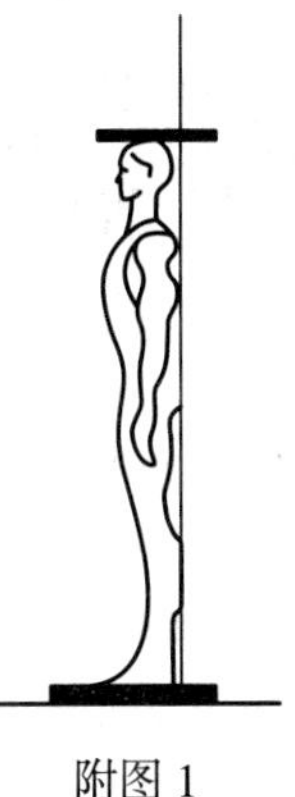
附图 1

（4）注意事项

① 身高测量计应选择平坦靠墙的地方放置，立柱的刻度尺应面向光源。

② 严格掌握“三点靠立柱”“两点呈水平”的测量姿势要求，测试人员读数时两眼一定与压板等高，两眼高于压板时要下蹲，低于压板时应垫高。

③ 水平压板与头部接触时，松紧要适度，头发蓬松者要压实，头顶的发辫、发结要放开，饰物要取下。

④ 读数完毕，立即将水平压板轻轻推向安全高度，以防碰坏。

⑤ 测量身高前，受试者应避免进行剧烈体育活动和体力劳动。

2. 体重

（1）测试目的。测试学生的体重，与身高测试相配合，评定学生的身体匀称度，评价学生生长发育的水平及营养状况。

（2）场地器材。杠杆秤或电子体重计。使用前需检验其准确度和灵敏度。准确度要求误差不超过 0.1%，即每百千克误差小于 0.1 千克。检验方法是：以备用的 10 千克、20 千克、30 千克标准砝码（或用等重标定重物代替）分别进行称量，检查指标读数与标准砝码误差是否在允许范围。灵敏度的检验方法是：置 100 克重砝码，观察刻度尺变化，如果刻度抬高了 3 毫米或游标向远移动 0.1 千克而刻度尺维持水平位时，则达到要求。

（3）测试方法。测试时，杠杆秤应放在平坦地面上，调整 0 点至刻度尺水平位。受试者赤足，男性受试者身着短裤；女性受试者身着短裤、短袖衫，站在秤台中央（附图 2）。测试人员放置适当砝码并移动游标至刻度尺平衡。读数以千克为单位，精确到小数点后一位。记录员复读后将读数记录。测试误差不超过 0.1 千克。

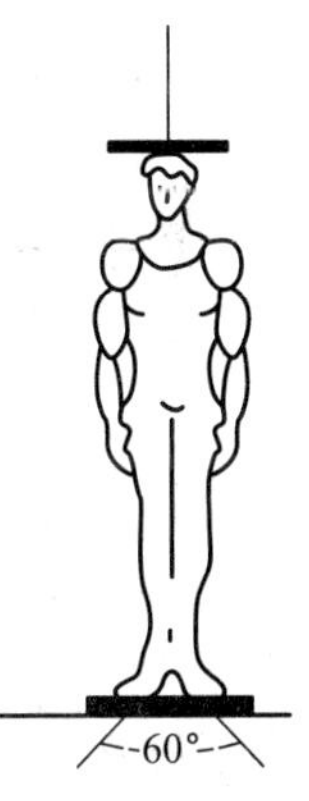

附图 2

（4）注意事项。

① 测量体重前受试者不得进行剧烈体育活动或体力劳动。

② 受试者站在秤台中央，上下杠杆秤动作要轻。

③ 每次使用杠杆秤时均需校正。测试人员每次读数前都应校对砝码标重以避免差错。

（二）肺活量

1. 测试目的

测试学生的肺通气功能。

2. 场地器材

电子肺活量计。

3. 测试方法

房间通风良好，使用干燥的一次性口嘴（非一次性口嘴，则每测一人后需将口嘴取下倒出唾液进行消毒，并注意消毒后必须使其干燥）。肺活量计主机放置于平稳桌面上，检查电源线及接口是否牢固，按工作键液晶屏显示“0”即表示机器进入工作状态，预热 5 分钟后测试为佳。

测试前，告知受试者不必紧张，以中等速度和力度尽全力吹气效果最好。令受试者手持吹气口嘴，面对肺活量计站立试吹 1 至 2 次，首先看仪表有无反应，还要试口嘴或鼻处是否漏气，调整口嘴和用鼻夹（或自己捏鼻孔）；学会深吸气（避免耸肩提气，应该像闻花似的慢吸气）。测试时，受试者进行一两次较平日深一些的呼吸动作后，更深地吸一口气，屏住气向口嘴处慢慢呼出至不能再呼为止，防止此时从口嘴处吸气，测试中不得中途二次吸气。吹气完毕后，液晶屏上最终显示的数字即为肺活量毫升值。每位受试者测三次，每次间隔 15 秒，记录三次数值，选取最大值作为测试结果。以毫升为单位，不保留小数。

4. 注意事项

（1）电子肺活量计的计量部位的通畅和干燥是仪器准确的关键，吹气筒的导管必须在上方，以免口水或杂物堵住气道。

（2）每测试 10 人及测试完毕后用干棉球及时清理和擦干气筒内部。严禁用水、酒精等任何液体冲洗气筒内部。

（3）导气管存放时不能弯折。

（4）定期校对仪器。

（三）50 米跑

查看发展速度素质的方法

1. 测试目的

测试学生速度、灵敏素质及神经系统灵活性的发展水平。

2. 场地器材

50 米直线跑道若干条，地面平坦，地质不限，跑道线要清楚。发令旗一面，口哨一个，秒表若干块（一道一表）。秒表使用前，应用标准秒表校正，每分钟误差不得超过 0.2 秒。标准秒表选定，以北京时间为准，每小时误差不超过 0.3 秒。

查看发展灵敏素质的方法

3. 测试方法

每组测试人员不得少于两人。站立式起跑，受试者听到“跑”的口令后开始起跑。发令员在发出口令的同时要摆动发令旗。计时员视旗动开表计时，受试者躯干部到达终点线的垂直面停表。以秒为单位记录测试成绩，精确到小数点后一位，小数点后第二位数按非“0”进 1 的原则进位，如 10.11 秒读成 10.2 秒记录之。

4. 注意事项

（1）受试者测试时最好穿运动鞋或平底布鞋，赤足亦可。不得穿钉鞋、皮鞋、塑料凉鞋。

（2）发现有抢跑者，要立即召回重跑。

（3）遇风时，一律顺风跑。

（四）坐位体前屈

1. 测试目的

测量学生在静止状态下的躯干、腰、髋等关节可能达到的活动幅度，主要反映这些部位的关节、韧带和肌肉的伸展性和弹性及学生身体柔韧素质的发展水平。

查看发展柔韧素质的方法

2. 场地器材

坐位体前屈测试计。

3. 测试方法

受试者两腿伸直，两脚平蹬测试纵板坐在平地上，两脚分开 10~15 厘米，上体前屈，两臂向前伸直，用两手中指尖逐渐向前推动游标，直到不能前推为止（附图 3）。测试计的脚蹬纵板内沿平面为 0 点，向内为负值，向前为正值。记录以厘米为单位，保留一位小数。测试两次，取最好成绩。

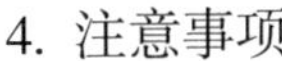

附图 3

4. 注意事项

（1）身体前屈，两臂向前推游标时两腿不能弯曲。

（2）受试者应匀速向前推动游标，不得突然发力。

（五）立定跳远

1. 测试目的

测试学生下肢爆发力及身体协调能力的发展水平。

查看发展力量素质的方法

2. 场地器材

沙坑、丈量尺。沙面应与地面平齐，如无沙坑，可在土质松软的平地上进行。起跳线至沙坑近端不得少于 30 厘米。起跳地面要平坦，不得有坑凹。

3. 测试方法

受试者两脚自然分开站立，站在起跳线后，脚尖不得踩线（最好用线绳做起跳线）。两脚原地同时起跳，不得有垫步或连跳动作。丈量起跳线后缘至最近着地点后垂直距离。每人试跳三次，记录其中成绩最好的一次。以厘米为单位，不计小数。

4. 注意事项

（1）发现犯规时，此次成绩无效。三次试跳均无成绩者，应允许再跳，直至取得成绩为止。

（2）可以赤足，但不得穿钉鞋、皮鞋、塑料凉鞋参加测试。

（六）引体向上或仰卧起坐

1. 引体向上（男）

（1）测试目的。测试学生的上肢肌肉力量和耐力的发展水平。

（2）场地器材。高单杠或高横杠，杠粗以手能握住为准。

（3）测试方法。受试者跳起双手正握杠，两手与肩同宽成直臂悬垂。静止后，两臂同时用力引体（身体不能有附加动作），上拉到下颌超过横杠上缘为完成一次。

记录引体次数。

(4) 注意事项

① 受试者应双手正握单杠，待身体静止后开始测试。

② 引体向上时，身体不得做大的摆动，也不得借助其他附加动作撑起。

③ 两次引体向上的间隔时间超过 10 秒终止测试。

2. 1 分钟仰卧起坐(女)

(1) 测试目的。测试学生的腹肌耐力。

(2) 场地器材。垫子若干块(或代用品)，铺放平坦。

(3) 测试方法。受试者仰卧于垫上，两腿稍分开，屈膝呈 90° 角左右，两手指交叉贴于脑后。同伴压住其踝关节，以固定下肢。受试者坐起时两肘触及或超过双膝为完成一次(附图 4)。仰卧时两肩胛必须触垫。测试人员发出“开始”口令的同时开表计时，记录 1 分钟内完成次数。1 分钟到时，受试者虽已坐起但肘关节未达到双膝者不计该次数，精确到个位。

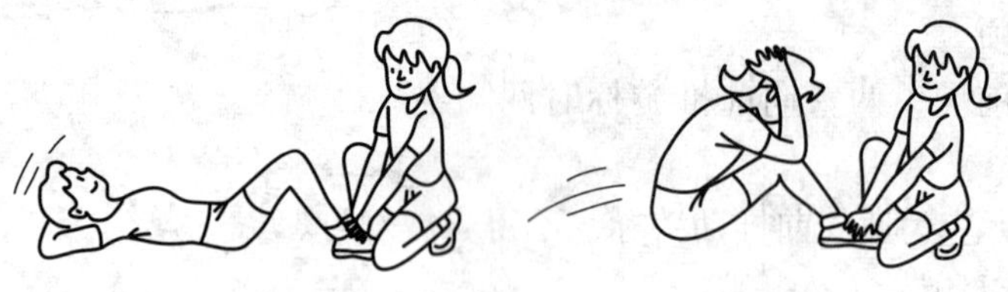

附图 4

(4) 注意事项

① 如发现受试者借用肘部撑垫或臀部起落的力量起坐时，该次不计数。

② 测试过程中，观测人员应向受试者报数。

③ 受试者双脚必须放于垫上。

查看发展耐力素质的方法

(七) 800 米跑(女)或 1 000 米跑(男)

1. 测试目的

测试学生耐力素质的发展水平，特别是心血管、呼吸系统的机能及肌肉耐力。

2. 场地器材

400 米、300 米、200 米田径场跑道均可，地质不限。也可使用其他不规则场地，但必须丈量准确，地面平坦。秒表若干块，使用前需要校正，要求同 50 米跑测试。

3. 测试方法

受试者至少两人一组进行测试，站立式起跑。当听到“跑”的口令后开始起跑。计时员看到旗动开表计时，当受试者的躯干部到达终点线垂直面时停表。以分、秒为单位记录测试成绩，不计小数。

4. 注意事项

(1) 如果在非 800 米或 1 000 米标准场地上进行测试，测试人员应向受试者报告剩余圈数，以免跑错距离。

（2）测试人员应告知受试者在跑完后应保持站立并缓慢走动，不要立刻坐下，以免发生意外。

（3）受试者不得穿皮鞋、塑料凉鞋、钉鞋参加测试。

（4）对分、秒进行换算时要细心，防止出差错。

三、使用《标准》的成绩评价

（一）《标准》评分表的使用方法

使用评分表对学生的测试结果进行评价可分为两个部分，首先是对各项测试结果分别评分，得出相应评价指标的得分和等级；第二部分是对每一个学生给出一个总的得分和等级。下面就有关事项分别予以说明。

（1）先按年级、性别找到对应的评分表，使用该表查出相应指标所处的档次及其得分。如果想要对它进行总体评价，就需要对查出的分数进行下一步计算。

（2）等级评价，分为优秀、良好、及格、不及格 4 个等级：优秀，总分 90.0 分及以上；良好，总分 80.0~89.9 分；及格，总分 60.0~79.9 分；不及格，总分 59.9 分以下。

（3）学生体质健康标准成绩每学年评定一次，按评定等级记入《国家学生体质健康标准登记卡》。学生毕业时体质健康标准的成绩和等级，按毕业当年得分和其他学年平均得分各占 50% 之和进行评定。因病或残疾免予执行本标准的学生，填写《免予执行〈国家学生体质健康标准〉申请表》。

（二）大学生体质健康评分表（附表 2~4）

附表 2 体重指数（BMI）单项评分表（单位：千克 / 米 ^{2}）

<table>
<tr><td rowspan="2">等级</td><td>单项</td><td>大学</td><td>大学</td><td>备注</td></tr>
<tr><td>得分</td><td>男生</td><td>女生</td><td rowspan="5">体重指数（BMI）= 体重（千克）/ 身高 ^{2}（米 ^{2}）</td></tr>
<tr><td>正常</td><td>100</td><td>17.9~23.9</td><td>17.2~23.9</td></tr>
<tr><td>低体重</td><td rowspan="2">80</td><td>≤ 17.8</td><td>≤ 17.1</td></tr>
<tr><td>超重</td><td>24.0~27.9</td><td>24.0~27.9</td></tr>
<tr><td>肥胖</td><td>60</td><td>≥ 28.0</td><td>≥ 28.0</td></tr>
</table>

附表 3 大学男生其他单项评分表

等级	单项得分	肺活量 / 毫升		50 米跑 / 秒		坐位体前屈 / 厘米		立定跳远 / 厘米		引体向上 / 次		1 000 米跑 / 分 · 秒	
		大一大二	大三大四	大一大二	大三大四	大一大二	大三大四	大一大二	大三大四	大一大二	大三大四	大一大二	大三大四
	100	5 040	5 140	6.7	6.6	24.9	25.1	273	275	19	20	3′17″	3′15″
优秀	95	4 920	5 020	6.8	6.7	23.1	23.3	268	270	18	19	3′22″	3′20″
	90	4 800	4 900	6.9	6.8	21.3	21.5	263	265	17	18	3′27″	3′25″
良好	85	4 550	4 650	7.0	6.9	19.5	19.9	256	258	16	17	3′34″	3′32″
	80	4 300	4 400	7.1	7.0	17.7	18.2	248	250	15	16	3′42″	3′40″
	78	4 180	4 280	7.3	7.2	16.3	16.8	244	246			3′47″	3′45″
	76	4 060	4 160	7.5	7.4	14.9	15.4	240	242	14	15	3′52″	3′50″
	74	3 940	4 040	7.7	7.6	13.5	14.0	236	238			3′57″	3′55″
	72	3 820	3 920	7.9	7.8	12.1	12.6	232	234	13	14	4′02″	4′00″
及格	70	3 700	3 800	8.1	8.0	10.7	11.2	228	230			4′07″	4′05″
	68	3 580	3 680	8.3	8.2	9.3	9.8	224	226	12	13	4′12″	4′10″
	66	3 460	3 560	8.5	8.4	7.9	8.4	220	222			4′17″	4′15″
	64	3 340	3 440	8.7	8.6	6.5	7.0	216	218	11	12	4′22″	4′20″
	62	3 220	3 320	8.9	8.8	5.1	5.6	212	214			4′27″	4′25″
	60	3 100	3 200	9.1	9.0	3.7	4.2	208	210	10	11	4′32″	4′30″
	50	2 940	3 030	9.3	9.2	2.7	3.2	203	205	9	10	4′52″	4′50″
	40	2 780	2 860	9.5	9.4	1.7	2.2	198	200	8	9	5′12″	5′10″
不及格	30	2 620	2 690	9.7	9.6	0.7	1.2	193	195	7	8	5′32″	5′30″
	20	2 460	2 520	9.9	9.8	−0.3	0.2	188	190	6	7	5′52″	5′50″
	10	2 300	2 350	10.1	10.0	−1.3	−0.8	183	185	5	6	6′12″	6′10″

附表 4　大学女生其他单项评分表

等级	单项得分	肺活量 / 毫升		50 米跑 / 秒		坐位体前屈 / 厘米		立定跳远 / 米		一分钟仰卧起坐 / 次		800 米跑 / 分·秒	
		大一大二	大三大四	大一大二	大三大四	大一大二	大三大四	大一大二	大三大四	大一大二	大三大四	大一大二	大三大四
优秀	100	3 400	3 450	7.5	7.4	25.8	26.3	207	208	56	57	3′18″	3′16″
	95	3 350	3 400	7.6	7.5	24.0	24.4	201	202	54	55	3′24″	3′22″
	90	3 300	3 350	7.7	7.6	22.2	22.4	195	196	52	53	3′30″	3′28″
良好	85	3 150	3 200	8.0	7.9	20.6	21.0	188	189	49	50	3′37″	3′35″
	80	3 000	3 050	8.3	8.2	19.0	19.5	181	182	46	47	3′44″	3′42″
及格	78	2 900	2 950	8.5	8.4	17.7	18.2	178	179	44	45	3′49″	3′47″
	76	2 800	2 850	8.7	8.6	16.4	16.9	175	176	42	43	3′54″	3′52″
	74	2 700	2 750	8.9	8.8	15.1	15.6	172	173	40	41	3′59″	3′57″
	72	2 600	2 650	9.1	9.0	13.8	14.3	169	170	38	39	4′04″	4′02″
	70	2 500	2 550	9.3	9.2	12.5	13.0	166	167	36	37	4′09″	4′07″
	68	2 400	2 450	9.5	9.4	11.2	11.7	163	164	34	35	4′14″	4′12″
	66	2 300	2 350	9.7	9.6	9.9	10.4	160	161	32	33	4′19″	4′17″
	64	2 200	2 250	9.9	9.8	8.6	9.1	157	158	30	31	4′24″	4′22″
	62	2 100	2 150	10.1	10.0	7.3	7.8	154	155	28	29	4′29″	4′27″
	60	2 000	2 050	10.3	10.2	6.0	6.5	151	152	26	27	4′34″	4′32″
不及格	50	1 960	2 010	10.5	10.4	5.2	5.7	146	147	24	25	4′44″	4′42″
	40	1 920	1 970	10.7	10.6	4.4	4.9	141	142	22	23	4′54″	4′52″
	30	1 880	1 930	10.9	10.8	3.6	4.1	136	137	20	21	5′04″	5′02″
	20	1 840	1 890	11.1	11.0	2.8	3.3	131	132	18	19	5′14″	5′12″
	10	1 800	1 850	11.3	11.2	2.0	2.5	126	127	16	17	5′24″	5′22″

参考文献

[1] 陈莉．对民族传统体育文化形成不同观点的本质辨析［J］．浙江体育科学，2007，29（5）．

[2] 朱熹撰．四书章句集注［M］．北京：中华书局，1983．

[3] 左芙蓉．古希腊民族、宗教与奥林匹克运动会［J］．学术论坛，2004，（4）．

[4] 谢翔．试论体育对人的全面发展的功能［J］．天津体育学院学报，1992，（1）．

[5] 蔡元培．蔡元培全集（第三卷）［M］．北京：中华书局，1984：121-126．

[6] 宁文晶．北方高校高山滑雪课教学中美育的实施［J］．冰雪运动，2010，32（6）．

[7] 任海．奥林匹克百科全书［M］．北京：中国大百科全书出版社，2008．

[8] 马银禄，韩广彬．论体育与人的全面发展［J］．体育世界（学术版），2007，（12）．

[9] 梁启超．饮冰室合集［M］．北京：商务印书馆，1986．

[10] 程杰．论体育与人的全面发展和人文精神塑造［J］．南京体育学院院报，2009，23（3）．

[11] 王云．健康·健全·和谐——试论先秦诸子的体育人文精神［J］．南京体育学院学报，2008，22（6）．

[12] 胡友权．人的全面发展与发展体育运动［J］．武汉体育学院院报，2003，37（1）．

[13] 魏纯擂，毛军平．体育教育与文化［M］．北京：北京体育大学出版社，2010．

[14] 陈科宁．论高校体育教学目标的发展趋势［J］．经济研究导刊，2008，（14）．

[15] 杨文轩．体育原理［M］．北京：高等教育出版社，2003．

[16] 卢元镇．中国体育社会学［M］．北京：北京体育大学出版社，1998．

[17] 易剑东．体育文化学［M］．北京：北京体育大学出版社，2006．

[18] 王智慧．体育强国战略背景下体育文化实力的维度解析与提升路径研究［J］．体育与科学，2011，32（4）．

[19] 孙民治．篮球运动教程［M］．北京：人民体育出版社，2007．

[20] 王家宏．球类运动—篮球［M］．北京：高等教育出版社，2005．

[21] 王小安，张培峰．现代篮球运动教程［M］．北京：北京体育大学出版社，2007．

[22] 张振东．篮球［M］．杭州：浙江大学出版社，2013．

[23] 谭劲松．大学体育选项教学课程［M］．北京：中国人民大学出版社，2009．

[24] 袁建国，高宇飞．大学体育与健康教育教程［M］．西安：西安交通大学出版社，2014．

[25] 沈达政，王华军．大学体育与健康教程［M］．北京：科学出版社，2011．

[26] 谭朕斌．对篮球运动起源的考证——纪念篮球运动传入中国110周年［J］．首都体育学院学报，2006，(4)．

[27] 黄滨，翁荔．篮球运动［M］．杭州：浙江大学出版社，2011．

[28] 中国篮球协会．篮球规则［M］．北京：北京体育大学出版社，2014．

[29] 黄汉升．球类运动——排球［M］．北京：高等教育出版社，2005．

[30] 葛春林．最新排球训练理论与实践［M］．北京：北京体育大学出版社，2003．

[31] 中国排球协会审定．中国青少年排球教学训练大纲［M］．北京：人民体育出版社，2004．

[32] 国家体育总局健身气功管理中心编．健身气功・五禽戏．［M］．北京：人民体育出版社，2003．

[33] 国家体育总局健身气功管理中心编．健身气功・八段锦．［M］．北京：人民体育出版社，2003．

[34] 武术套路竞赛规则与裁判法［M］．北京：人民体育出版社，2012．

[35] 中国跆拳道协会．中国大众跆拳道教程［M］．北京：人民体育出版社，2009．

[36] 胡世君，王智慧．跆拳道［M］．北京：北京体育大学出版社，2009．

[37] 刘卫军．跆拳道［M］．北京：北京体育大学出版社，2009．